Textor (Hrsg) · Hilfen für Familien

Hilfen für Familien

Eine Einführung für psychosoziale Berufe

Herausgegeben von Martin R. Textor

Beltz Verlag · Weinheim und Basel

Martin R. Textor, Jg. 1954, Dr. phil., Diplompädagoge. Er ist wissenschaftlicher Mitarbeiter am Staatsinstitut für Frühpädagogik in München.

Gesetzt nach den neuen Rechtschreibregeln

Druck nach Typoskript

Lektorat: Richard Grübling

Herstellung: Lore Amann
Satz: Satz- und Reprotechnik GmbH, Hemsbach
Druck: Druckhaus Beltz, Hemsbach
Umschlaggestaltung: Federico Luci, Köln
Umschlagfoto:Rambow + van de Sand, Frankfurt a.M.
Printed in Germany

ISBN 3-407-55812-0

Inhaltsverzeichnis

Martin R. Textor
Zur Einführung: Familienleben, Familienprobleme, Familienpolitik 7

Methoden der Familienarbeit 27

Friedhelm Güthoff
Beratung von Familien in der Sozialarbeit 28

Martin R. Textor
Ehe- und Familienbildung 49

Dieter Greese
Familienbezogene sozialpädagogische Arbeitsformen
im Kontext erzieherischer Hilfen 58

Hilfen für besondere Familienformen 69

Martin R. Textor
Teil- und Stieffamilien 70

Martin R. Textor
Pflege- und Adoptivfamilien 91

Stefan Gaitanides
Soziale und psychosoziale Arbeit mit Migrantenfamilien 109

Familien mit besonderen Belastungen 125

Dieter Oelschlägel
Sozial schwache Familien 126

Wiebke Horn
Gewaltprobleme in Familien 139

Ingrid Arenz-Greiving
Familien mit suchtkranken Mitgliedern 149

David E. Biegel
Familie und psychische Krankheit 168

Hans Layer
Familien mit behinderten bzw. pflegebedürftigen Mitgliedern 185

Autor/innen 203

Martin R. Textor

Zur Einführung: Familienleben, Familienprobleme, Familienpolitik

Trotz vieler Kritik und manchen Experimentierens mit Alternativen gilt die Familie weiterhin als die für den Menschen wichtigste soziale Gruppe und als bedeutende gesellschaftliche Institution. Hier erfolgen die primäre Sozialisation und Enkulturation des Kindes, hier erwirbt es grundlegende Kompetenzen, Orientierungsmuster und emotionale Grundhaltungen. Die Familie beeinflusst die Persönlichkeitsentwicklung eines Menschen und den Verlauf seiner Biografie, seine Alltagsgestaltung und aktuelle Befindlichkeit. In ihrem Interaktionsnetz und Beziehungsraum erfahren die meisten Menschen Geborgenheit und Akzeptanz durch andere (vgl. Kapitel von Layer).

Bedingt durch eine Vielzahl von Faktoren hat sich in den letzten Jahrzehnten ein rasanter Familienwandel vollzogen. Es kam zu einer Pluralisierung der Familienformen, verbunden mit einer Vielzahl unterschiedlicher Familienstrukturen und einer wachsenden Anzahl verschiedener Lebensstile. Zu den wichtigsten Trends gehören u.a. (vgl. Brinkhoff 1996; Brinkmann 1996; Lange/Lüscher 1996; Mansel 1996; Nave-Herz 1988; Textor 1993):

- Der Geburtenrückgang hat zu kleineren Familien geführt. Zumeist leben zwei Kinder in der Familie. Einzelkinder sind eher selten: Im Jahre 1995 hatten beispielsweise nur 18,9% der Kinder im Alter von sechs bis neun Jahren keine Geschwister im Haushalt (Engstler 1997).
- Neben Ehepaare mit Kindern treten weitere Familienformen. So gab es 1995 neben 7,8 Mio. Ehepaare mit Kindern unter 18 Jahren (darunter viele Stieffamilien) z.B. knapp 1,3 Mio. Teilfamilien und 0,4 Mio. nichteheliche Lebensgemeinschaften mit Kindern (Wingen 1997). Immer häufiger ist die Elternschaft (insbesondere die Vaterschaft) temporär bzw. nicht genetisch begründet: Erwachsene übernehmen die soziale Elternschaft für Stief-, Pflege- oder Adoptivkinder.
- Aufgrund der zunehmenden Lebenserwartung haben sich die Verwandtennetzwerke in der Vertikalen ausgedehnt (d.h., es leben oft vier Generationen gleichzeitig), während sie wegen der abnehmenden Familiengröße in der Horizontalen geschrumpft sind (d.h. es gibt weniger Onkel/Tanten und Cousins/Cousinen). Freunde und Bekannte haben an Bedeutung gegenüber Verwandten gewonnen.
- Die weltweit gestiegene Mobilität hat dazu geführt, dass in Deutschland rund 7,2 Mio. Ausländer leben. Im Jahre 1995 kamen rund 218.000 Aussiedler und 128.000 Asylsuchende in die Bundesrepublik (Statistisches Bundesamt 1996). Nebeneinander stehen somit Familien mit unterschiedlichen kulturellen und religiösen Traditionen, Beziehungsmustern und Lebensstilen.

- Der Gestaltungsspielraum für Beziehungen ist in den letzten Jahrzehnten viel größer geworden. Diese können von den Partnern (und Kindern) ganz unterschiedlich definiert werden – eine nicht immer leichte Aufgabe. Erschwerend kommt hinzu, dass zwischen verschiedenen Leitbildern bezüglich Partnerschaft, Geschlechtsrollen und Familienstruktur gewählt werden kann. Dementsprechend gibt es unterschiedliche Formen der Gestaltung der Paarbeziehung, der Arbeitsteilung und der Machtverteilung. Tendenziell nehmen Gleichberechtigung der Partner und die Partizipation von Männern an der Hausarbeit und Kindererziehung zu; die Hauptlast der Versorgung von Haushalt und Kindern liegt aber weiterhin überwiegend auf den Schultern der Frauen.
- Die Ansprüche an Ehe und Familie sind gestiegen – zugleich aber auch die Konfliktpotenziale. So sind Ehen heute weniger stabil als früher; rund 30% enden mit einer Scheidung (vgl. Engstler 1997). Da 1995 die durchschnittliche Ehedauer bei der Scheidung 12 Jahre betrug, ist nicht verwunderlich, dass bei 54,7% der 169.425 Ehescheidungen minderjährige Kinder betroffen waren. Schätzungsweise 60% der Geschiedenen heiraten jedoch erneut. So kann man davon ausgehen, dass knapp 14% aller Kinder die Transitionen von der Erstfamilie über die Scheidungsfamilie zur Teilfamilie und dann eventuell über die nichteheliche Lebensgemeinschaft zur Zweitfamilie durchlaufen.
- Die erhöhte berufliche Mobilität, die durch Veränderungen in der Arbeitswelt mitbedingt werden (Ausdehnung multinationaler Unternehmen, Arbeitsplatzwechsel aus Karrieredenken, befristete Stellen, Annahme einer neuen Stelle nach einer Phase der Arbeitslosigkeit, »neue Karriere« nach Umschulung usw.), führt häufig zu einem Wohnortwechsel – mit vielen Konsequenzen für die Familie. In manchen Fällen arbeitet und wohnt ein Elternteil in einer weiter entfernten Gemeinde (»Wochenendehe«).
- Die Beteiligung der Mütter am Arbeitsleben nimmt weiter zu und umfasst immer häufiger eine Vollerwerbstätigkeit. »1995 waren 57 Prozent aller 15- bis 64jährigen Frauen mit Kindern (im Haushalt) erwerbstätig, die Hälfte davon teilzeit (einschließlich geringfügig beschäftigter Frauen). Von den allein stehenden Müttern mit Kindern unter 18 Jahren waren 63 Prozent berufstätig, verheiratete Mütter zu 56,5 Prozent« (Engstler 1997, S. 94). Weitere 8,4% der Mütter waren erwerbslos. »Je geringer die Kinderzahl und je älter das jüngste Kind, desto eher sind Mütter berufstätig und desto höher ist der Anteil Vollerwerbstätiger unter ihnen« (a.a.O.). Bei Kindern unter drei Jahren sind aber immerhin noch 22,6% der Mütter voll erwerbstätig. Viele berufstätige Frauen leiden unter der Mehrfachbelastung durch Beruf, Hausarbeit und Kindererziehung, sind gestresst und gereizt, haben Probleme mit der Sicherstellung einer kontinuierlichen Kinderbetreuung.
- Mitbedingt durch das zweite Einkommen haben die meisten Familien ein hohes Wohlstandsniveau erreicht und bieten den Kindern gute sozioökonomische Lebensbedingungen: »Nach den Ergebnissen des Mikrozensus hatten 1995 in Deutschland 45 Prozent aller Haushalte mit minderjährigen Kindern ein monatliches Nettoeinkommen zwischen 3000 und 4000 DM; bei 29 Prozent lag es darunter, bei 26 Prozent darüber« (Engstler 1997, S. 115). Eltern mit mehreren Kindern hatten im Durchschnitt ein höheres Haushaltsnettoeinkommen als jene mit nur einem Kind, Teilfamilien ein niedrigeres als Ehepaare mit Kindern unter 18 Jahren.

- Mitbedingt durch das gestiegene Einkommen hat in den letzten Jahrzehnten die durchschnittliche Wohnfläche pro Person zugenommen. Immer mehr Kinder wachsen in Ein- oder Zweifamilienhäusern auf. Oft sind aber die Kinderzimmer die kleinsten Räume der Wohnung. Kinder aus größeren Familien, aus Teilfamilien oder Ausländerfamilien leben häufig recht beengt und/oder müssen ihr Zimmer mit Geschwistern teilen. Steht kein eigener Garten zur Verfügung, ist der außerhäusliche Spielbereich vielfach sehr begrenzt – mit negativen Konsequenzen für die motorische Entwicklung.
- Weiterhin bestehen große Unterschiede zwischen West- und Ostdeutschland, beispielsweise hinsichtlich des verfügbaren Haushaltseinkommens, der Wohnsituation, des Betroffenseins durch Arbeitslosigkeit, des Ausmaßes der Erwerbstätigkeit von Müttern und der Dauer der Fremdbetreuung von Kindern.
- Kinder haben zunehmend an Wert für ihre Eltern gewonnen: Sie sollen deren Leben Sinn und Erfüllung geben, emotionale Bedürfnisse befriedigen, eine Quelle elterlichen Glücks sein. So stehen sie oft im Mittelpunkt des Familienlebens; ihren Ansprüchen wird weitgehend entsprochen. Die Eltern-Kind-Beziehung hat sich in Richtung auf Partnerschaft und Gleichberechtigung entwickelt. Die Kinder haben große Mitspracherechte; ihre Individualität wird geachtet. Oft werden sie als vertraute Gesprächspartner behandelt.
- Der Wertewandel und die Vielzahl konkurrierender Wertesysteme haben zu ganz unterschiedlichen Erziehungszielen und -stilen geführt. Besonders werden heute Selbstverwirklichung, Individualismus, Mündigkeit, kritische Autonomie und Kooperationsfähigkeit betont. Der Erziehungsstil der meisten Eltern ist liberaler und permissiver geworden. Oft kommt es aber auch zu einer »Überpädagogisierung« des Eltern-Kind-Verhältnisses, wenn Eltern ihre Kinder besonders intensiv zu fördern versuchen und z.B. viel Zeit auf die Hausaufgabenbetreuung verwenden. Diese Entwicklung wird durch die gestiegenen Erwartungen der Gesellschaft an die Familienerziehung mitbedingt.
- Aufgrund der Urbanisierung und verschiedener Gefahren (durch Verkehr, sexuellen Missbrauch usw.) können die meisten Kinder nicht mehr auf der Straße oder im Nahbereich der Wohnungen spielen (sofern kein eigener Garten vorhanden ist); zudem fehlen oft Gleichaltrige in der Nachbarschaft. So müssen Spielkontakte, insbesondere für kleinere Kinder, von den Eltern in Mutter-Kind-Gruppen, Kindertagesstätten oder anderen (spezialisierten) Einrichtungen organisiert werden. Kindheit findet immer mehr in »kindgemäßen« »Sonderumwelten« statt, die wie »Inseln« im »Meer« der zunehmend unbekannt bleibenden Erwachsenenwelt liegen (Verinselung kindlicher Lebensräume). In diesen pädagogisch vorstrukturierten Sozialräumen konsumieren Kinder das vorgegebene Spiel- und Beschäftigungsprogramm, werden sie »gebildet« und fast kontinuierlich überwacht. Oft ist ihr Tagesablauf zerstückelt und von den Erwachsenen verplant. Ein eigenständiges Erschließen der Umwelt wie früher ist nicht mehr möglich; dies bedeutet weniger Sinneserfahrungen, weniger Selbsttätigkeit, Spontaneität, motorische Stimulierung und Körperbeherrschung.
- Aber auch durch den wachsenden Medienkonsum, der Familienleben und Kindheit prägt, treten Sekundärerfahrungen immer mehr an die Stelle von Primärerfahrungen. Die Welt wird seltener real erkundet, sondern zunehmend medial vermittelt und rezeptiv aufgenommen. Die Medien (einschließlich der Computer) ermöglichen Kindern und Jugendlichen einen umfassenden Zugang zur symbolischen Welt der Er-

wachsenen. Sie wirken so als eine Sozialisationsinstanz, die aber in Konkurrenz zu den Eltern treten kann, wenn sie andere Leitbilder, Werte und Rollenmodelle vermittelt. Außerdem kann die mediale Überflutung bzw. die zu starke Nutzung von Medien bei Kindern zu Konzentrationsschwäche, Ausdauermangel und Problemen mit der Sprachentwicklung führen, können brutale bzw. perverse Videos verrohend wirken.

- Ungleichheit in den materiellen und zeitlichen Ressourcen der Familien, bei Leistungserwartungen und Unterstützungsmöglichkeiten führt zu einer Ungleichheit der Lebenschancen: Kinder nutzen mehr oder weniger Freizeit- und Förderangebote, erhalten mehr oder weniger Hilfe beim Durchlaufen der Schule, erfahren mehr oder weniger kognitive Stimulierung, können mehr oder weniger soziale Kompetenzen für den Umgang mit Menschen verschiedener Altersgruppen erwerben.
- Die Jugendphase tritt immer früher ein und ist durch viele Probleme geprägt: Jugendliche und Heranwachsende unterliegen einem aufgrund der hohen Arbeitslosigkeit noch zunehmenden Bildungs- und Qualifizierungsdruck. Sie müssen längere und anspruchsvollere Schullaufbahnen auf sich nehmen als früher, häufiger am Nachmittag in die Schule kommen und oft Nachhilfeunterricht besuchen, wenn die Eltern als »Hauslehrer« ausfallen. Trotzdem bleibt die berufliche Zukunft unsicher. Hinzu kommt eine erschwerte Ablösung von daheim, da vielfach starke emotionale Bindungen bestehen, die Eltern den Jugendlichen bzw. Heranwachsenden aufgrund von dessen Bedeutung für ihren Gefühlshaushalt (s.o.) nicht gehen lassen wollen, dieser lange finanziell abhängig bleibt oder die Vorzüge des »Hotel Mama« weiter nutzen will. Ferner ist der Aufbau personaler Identität aufgrund konkurrierender Sinn- und Wertemuster schwierig.

Deutlich wird, dass die Enttraditionalisierung und der rasante soziokulturelle Wandel für Familien und ihre Mitglieder zu mehr Optionen bei der Gestaltung des gemeinsamen und des eigenen Lebens, zu mehr Entfaltungsmöglichkeiten und zu mehr Wahlfreiheit geführt haben - aber auch zu mehr Entscheidungsnotwendigkeit und Selbstverantwortung, zu mehr Risiken und Gefahren.

Familienprobleme

Vielen Familien gelingt es nicht, ihre Funktionen wie die Befriedigung grundlegender menschlicher Bedürfnisse, Haushaltsführung, Sozialisation, Freizeitgestaltung und emotionaler Spannungsausgleich angemessen zu erfüllen sowie entwicklungsfördernde Formen und Strukturen des Zusammenlebens aufzubauen. Besonders oft ist die Ehebeziehung gefährdet (Textor 1991a), wofür es eine Vielzahl von Gründen geben kann: zu hohe Erwartungen, irrationale Einstellungen, Kommunikationsstörungen, mangelnde Konfliktlösungskompetenz, Machtkämpfe, ungerechte Arbeitsteilung, neurotische Verhaltensweisen, psychische Erkrankung oder Suchtmittelmissbrauch eines Partners, Behinderung der Selbstentfaltung durch den Ehegatten, Einmischung von Verwandten, berufliche Belastung u.v.a.m. In diesen Fällen nehmen Ehequalität und Ehezufriedenheit allmählich ab, lassen positive Gefühle wie Liebe und Zuneigung nach, schwindet die sexuelle Befriedigung, treten negative Aspekte der Paarbeziehung immer mehr in den Vordergrund.

In einigen Ehen nimmt die Konflikthaftigkeit zu, eskalieren Auseinandersetzungen immer häufiger und münden in verbalen Verletzungen oder sogar in Gewalttätigkeiten. Manche Ehegatten unterbrechen diesen Teufelskreis, indem sie einander aus dem Weg gehen und Konflikte zu vermeiden suchen. In anderen Ehen kommt es zu einer langsamen Entfremdung, weil sich die Partner auseinander entwickeln und unterschiedliche Lebensstile ausbilden. Zu einer abrupten Verschlechterung der Paarbeziehung kann es kommen, wenn z.B. ein außereheliches Verhältnis entdeckt wurde oder Krisen wie Arbeitslosigkeit, eine schwere Erkrankung, die Geburt eines behinderten Kindes oder die Aufnahme eines pflegebedürftigen Verwandten auftreten. Die skizzierten Entwicklungen können zu ganz unterschiedlichen problematischen Beziehungsmustern führen: dauerhafte konfliktreiche Ehen, distanzierte Beziehungen (Abkapselung der Partner), Spaltung der Familie (z.B. verbündet sich ein Ehegatte mit den Kindern, der andere wird isoliert), stabile unbefriedigende Ehe etc. – oder zu Trennung und Scheidung.

Unabhängig davon, ob die Eltern in einer konflikthaften Paarbeziehung bleiben oder sich trennen, werden zumeist die Kinder in Mitleidenschaft gezogen (Rutter 1985; Textor 1985, 1991a). Sie leiden unter den Auseinandersetzungen und der Unzufriedenheit ihrer Eltern, eventuell auch unter deren Suchtmittelmissbrauch und Gewalttätigkeit. Oft werden sie vernachlässigt, da die Eltern mit ihren eigenen Problemen beschäftigt sind. In manchen Fällen werden sie in pathogene Beziehungen wie Symbiosen verwickelt oder zu Vermittlern, Schiedsrichtern, Verbündeten bzw. Ersatzpartnern gemacht. Einige Kinder versuchen, durch Verhaltensauffälligkeiten und andere Symptome die Eltern von ihren Konflikten abzulenken, die Familie zusammenzuhalten oder Hilfe von außen herbeizuholen. Kinder können auch zum Sündenbock erklärt und für Familienprobleme verantwortlich gemacht werden. Dann können die Ehepartner ihre Aggressionen an ihnen anstatt aneinander abreagieren.

Verhaltensauffälligkeiten und Erziehungsschwierigkeiten können auch unabhängig von Eheproblemen entstehen, wofür es eine Vielzahl von Ursachen geben kann (Lange/Lüscher 1996; Rutter 1985; Textor 1985, 1996). Manche liegen im Kind, wie z.B. genetische Faktoren, Persönlichkeitsmerkmale, mangelnde Belastbarkeit, (unerkannte) Behinderungen und Entwicklungsverzögerungen. Andere finden sich in einem Elternteil: So können beispielsweise dessen Depressionen, Angstzustände, Psychose, Suchterkrankung oder Delinquenz direkt bzw. über vermittelnde Faktoren (z.B. einem vernachlässigenden Erziehungsstil) auf ein Kind einwirken. Da Eltern wichtige Vorbilder sind, werden deren Verhaltensauffälligkeiten nachgeahmt, aber auch problematische Einstellungen wie geringe Leistungsbereitschaft, Akzeptanz von Gewalt und Verachtung des anderen Geschlechts. Manche Eltern sind auch so mit sich selbst, ihrem Beruf oder anderen Tätigkeiten beschäftigt, dass die Kinder kaum noch eine Rolle in ihrem Leben spielen. »Gravierender ist, wenn Eltern aufgrund des in individualisierten Gesellschaften ins Zentrum gerückten Strebens nach Individuation, nach Selbstverwirklichung und in dem Bemühen der Gestaltung einer erfolgreichen beruflichen Karriere die Belange der Kinder nur noch in die verbleibenden Zeitlücken eines hektischen oder wohlgeordneten Tagesablaufes drücken und die Kinder mit ihren Bedürfnissen nach Verständnis und Zuwendung hinter den anderen vielfältigen Interessen zurückbleiben« (Mansel 1996, S. 12).

Manche Familienprobleme und Verhaltensauffälligkeiten der Kinder resultieren aus dem Erziehungsverhalten der Eltern. Viele Erwachsene gründen heute eine Familie, ohne nennenswerte Erfahrungen mit Kindern gesammelt zu haben. So haben sie wenig Verständnis für deren Bedürfnisse, gehen nicht altersgemäß mit ihnen um, fördern ihre Entwicklung nicht angemessen und sind oft unsicher in der Erziehung, insbesondere wenn sie durch widersprüchliche pädagogische Theorien und Ratschläge verwirrt wurden. Vielfach fehlen ihnen Erziehungstechniken für die Verhaltenskontrolle, zur positiven oder zur negativen Verstärkung kindlicher Reaktionen. In manchen Familien gibt es unklare Regeln und Verhaltenserwartungen. Häufig kommt es zu Machtkämpfen mit den Kindern, vor allem wenn diese in der Familie tonangebend sind. Dann erleben sich viele Eltern als ohnmächtig. Problemerzeugend können auch autoritäre, antiautoritäre oder inkonsistente Erziehungsstile, Verwöhnung und Überbehütung, Unter- bzw. Überforderung oder Vernachlässigung der Kinder sein. Häufig kontrollieren Eltern nicht deren Verhalten und außerfamilialen Aktivitäten, kümmern sich zu wenig um schulische und soziale Belange. Manche tolerieren abweichende Verhaltensweisen oder verstärken sie sogar durch besondere Aufmerksamkeit, andere reagieren zu oft mit Körperstrafen bzw. misshandeln ihre Kinder. Ferner ist problematisch, wenn Kinder von ihren Eltern abgelehnt werden (weil sie z.B. unerwünscht waren oder bestimmte Erwartungen nicht erfüllen), kaum Zuneigung, Liebe und emotionale Wärme erfahren und nur selten gelobt werden.

Ursachen für Erziehungsschwierigkeiten und Verhaltensauffälligkeiten von Kindern können auch außerhalb der Familie liegen: In Kindertageseinrichtungen werden manche Kinder über- oder unterfordert, sind sie isoliert oder an bestimmte Rollen (z.B. Gruppenclown, Sündenbock) gebunden, werden sie von Fachkräften pädagogisch falsch behandelt. In Schulen unterliegen viele Kinder einem zu hohen Leistungsdruck, entwickeln sie Versagensängste, werden sie in ihrem Selbstverwirklichungsstreben gehemmt und erleben sie, dass nur ihre kognitiven Leistungen von Bedeutung sind. Manche Schüler/innen sind von Erziehungsfehlern der Lehrkräfte betroffen, erleben diese negativ und langweilen sich bei deren Unterricht. Andere werden von Klassenkameraden gehänselt, verspottet, bedroht oder ignoriert. Einige Kinder und Jugendliche finden keine Freunde und verbringen ihre Freizeit daheim vor dem Fernseher oder Computer. Andere schließen sich (links-/rechts-)radikalen Gruppierungen oder Banden an, experimentieren in der Gleichaltrigengruppe mit Alkohol und Drogen. Hinzu kommen negative gesellschaftliche Einflüsse wie z.B. Wertewandel und -verlust, Auflösung religiöser Bindungen, Marginalisierung natürlicher kindlicher Lebensräume, Konsumzwang, mediale Überflutung, existenzielle Bedrohung durch Umweltverschmutzung u.Ä., die unbefriedigende Situation auf dem Ausbildungs- und Arbeitsmarkt u.v.a.m.

Familienprobleme wie Erziehungsschwierigkeiten und Verhaltensauffälligkeiten von Kindern haben also Ursachen, die im Individuum, in der Familie oder in größeren gesellschaftlichen Systemen liegen können. Deutlich wird, dass auf der familialen Ebene gute oder schlechte Sozialisationsbedingungen nicht durch die jeweilige Familienform, sondern durch Familienprozesse und -strukturen bedingt werden (Textor 1985). »Von erheblichem Gewicht sind bei näherer Betrachtung die Konstellationen, in denen die Familienformen und Familienstrukturen stehen, sowie die Interpretation dieser Sachverhalte durch die Beteiligten und die sich daraus ergebende Umsetzung in Interaktionen. Untersuchungen, welche die Sichtweisen der Kinder und Jugendlichen stärker in ihr Design einbeziehen, bekräftigen dies zusätzlich« (Lange/Lüscher 1996, S. 231). Auch von außen kommende Einflüsse werden größtenteils nur über die Interpretationen und Einordnungen wirksam, die Eltern und Kinder in der Auseinandersetzung mit ihnen entwickeln.

Neben den bereits genannten gibt es noch Familienprobleme, die aus mangelnden Problem- und Konfliktlösungskompetenzen oder Kommunikationsstörungen resultieren. Manche Erwachsene scheitern an Familienfunktionen wie der Haushaltsführung (Hausarbeit, Umgang mit Geld, gesunde Ernährung) oder der Freizeitgestaltung (kaum gemeinsame Aktivitäten, keine Hobbys). Andere Personen, insbesondere Mütter, können nur sehr schwer Familie und Beruf miteinander vereinbaren. Dies war 1995 z.B. für 27% der westdeutschen und 35% der ostdeutschen 16- bis 30jährigen Frauen ein persönliches Problem (Statistisches Bundesamt 1997) – für mehr Ostdeutsche, da sie häufiger voll erwerbstätig sind bzw. sein wollen und weil die guten Kinderbetreuungsangebote aus DDR-Zeiten wegbrechen.

Viele Familien haben Schwierigkeiten, die Übergänge (Transitionen) im Familienzyklus zu durchlaufen – relativ kurze Zeiträume, in denen vom Einzelnen und vom Familiensystem eine große Zahl einschneidender Veränderungen erwartet werden bzw. zu bewältigen sind (Falicov 1988). Andere Familien müssen mit unerwarteten Schicksalsschlägen wie einer schweren (chronischen) Erkrankung, einem Unfall, einem Todesfall, der Geburt eines behinderten Kindes, der Versorgung eines pflegebedürftigen Verwandten oder Arbeitslosigkeit fertig werden – wobei die daraus resultierenden Belastungen oft jahrelang andauern. So lebten Anfang 1998 z.B. knapp 5 Mio. Arbeitslose, 6,5 Mio. Schwerbehinderte und 1,7 Mio. Pflegebedürftige in Deutschland. Viele Familien sind von »relativer Armut« betroffen, verfügen also nur über 50% und weniger des Durchschnittseinkommens. Dies galt 1995 für 13% der West- bzw. 7,9% der Ostdeutschen – aber für 28,8 bzw. 39,3% der Haushalte mit fünf und mehr Personen, für 33,8 bzw. 25,7% der Arbeitslosen und 42,4 bzw. 35,5% der Einelternhaushalte (Statistisches Bundesamt 1997). Ende 1996 erhielten mehr als 2,7 Mio. Menschen laufende Hilfe zum Lebensunterhalt nach dem Bundessozialhilfegesetz (BSHG).

Familienpolitik

Aufgrund der großen Bedeutung der Familie für die Gesellschaft, die sie insbesondere durch die Reproduktions-, Sozialisations- und Enkulturationsfunktion hat, ist sie schon lange ein Adressat politischer Maßnahmen. Diese werden seit Anfang dieses Jahrhunderts unter dem Begriff »Familienpolitik« zusammengefasst. Dieser Fachausdruck bezeichnet das bewusste, zielgerichtete und planvolle Einwirken von Bund, Ländern und Gemeinden, Unternehmen und Tarifpartnern, öffentlichen und freien Trägern der Wohlfahrtspflege, Kirchen, Selbsthilfegruppen und vielen anderen Organisationen auf die rechtliche, wirtschaftliche und soziale Lage von Familien (vgl. Kaufmann 1990; Textor 1991b; Wingen 1997).

Die Familienpolitik richtet sich entweder auf die Familie als Ganzes, auf einzelne Mitglieder oder auf die Schaffung familienfreundlicher Rahmenbedingungen. Sie geht zum einen vom »Normalfall« aus, für den vor allem Steuererleichterungen und allgemeine finanzielle Leistungen im Rahmen des Familienlastenausgleichs vorgesehen sind. Zum anderen bezieht Familienpolitik sich auf Familien in besonderen Problemsituationen. Ihnen bietet sie auf den Einzelfall zugeschnittene Maßnahmen in der Form praktischer und materieller Hilfen an. Anders gesagt, lassen sich drei Kategorien familienpolitischer Ziele unterscheiden:

1. Kompensatorische Ziele betreffen die Verminderung sozialer Ungerechtigkeit zwischen Familien und Kinderlosen sowie zwischen Familien in verschiedenen Lebenslagen. Dies geschieht vor allem durch den Familienlastenausgleich, aber auch durch die Förderung familiengerechten, finanziell tragbaren Wohnraums (angemietet oder in Eigenbesitz), durch die Verbesserung der Vereinbarkeit von Familie und Beruf (familienfreundliche Gestaltung der Arbeitswelt, Schaffung von mehr Teilzeitarbeit, Erleichterung des Wiedereintritts in den Beruf usw.) sowie durch die Bereitstellung familienergänzender Angebote wie Kindertageseinrichtungen. Auf diese Weise soll die Familie von einem Teil der Kosten für die Betreuung der nachwachsenden Generation entlastet, Steuergerechtigkeit hergestellt und die Verwirklichung von Lebensentwürfen mit (mehreren) Kindern erleichtert werden.
2. Präventive Ziele beziehen sich auf das Verhindern von Fehlentwicklungen bei Familien und einzelnen Mitgliedern. Hierzu werden z.B. Angebote der Ehevorbereitung und Familienbildung gemacht, können sich Eltern in allgemeinen Fragen der Erziehung und Entwicklung junger Menschen oder der Partnerschaft beraten lassen, können Familien Maßnahmen der Kinder- und Familienerholung nutzen.
3. Korrektive Ziele betreffen die Behebung oder Milderung von Familienproblemen und -belastungen. Hierfür gibt es eine Vielzahl von Beratungsstellen und psychosozialen Diensten, die Familien in akuten Krisen oder bei längerfristigen Schwierigkeiten unterstützen. Die Maßnahmen sind als Hilfe zur Selbsthilfe konzipiert, sollen also die Eigenständigkeit und Funktionsfähigkeit der betroffenen Familien sowie die Kompetenzen ihrer Mitglieder fördern.

Ferner strebt die Familienpolitik eine größere öffentliche Wertschätzung der Familie, ihre Sicherung als Institution sowie den Abbau von Familien- und Kinderfeindlichkeit in unserer Gesellschaft an. Bei der Weiterentwicklung des Ehe- und Familienrechts ging es in den letzten Jahren vor allem um die Gleichstellung bzw. Gleichberechtigung der Ehepartner, die Rechte und das Wohl von Kindern (z.B. Recht auf beide Eltern, auch nach Ehescheidung oder Auflösung einer nichtehelichen Lebensgemeinschaft) sowie die Verbesserung der Situation nichtehelicher Kinder.

Wichtige familienpolitische Aktivitäten des Bundes, die in der Form finanzieller Leistungen wirksam werden, sind in *Tabelle 1* zusammengefasst (vgl. Presse- und Informationsamt der Bundesregierung 1997). Im Jahre 1996 wurden hierfür folgende Beträge ausgegeben (Auskunft des Bundesministeriums für Familie, Senioren, Frauen und Jugend, Schreiben von F.D. Marx vom 15.9.1997):

- Bundeserziehungsgeld (6,95 Mrd. DM),
- Unterhaltsvorschuss nach dem Unterhaltsvorschussgesetz (UVG) (1,557 Mrd. DM, davon 50% durch Länder),
- Kindergeld nach dem Bundeskindergeldgesetz (BKGG) (0,765 Mrd. DM, größtenteils Nachzahlungen für 1995),
- Wohngeld (ca. 6,15 Mrd. DM, davon 50% durch Länder),
- Eigenheimzulage (0,571 Mrd. DM, davon 42,5% durch Länder und 15% durch Gemeinden),
- Ausbildungsförderung nach BAföG (2,721 Mrd. DM, davon 35% durch Länder),

- Anerkennung von Kindererziehungszeiten in der gesetzlichen Rentenversicherung (ca. 6 bis 7 Mrd. DM),
- Stiftung »Mutter und Kind - Schutz des ungeborenen Lebens« (0,2 Mrd. DM) sowie
- Mutterschaftsgeld (1,284 Mrd. DM, größtenteils durch Krankenkassen).

Hinzu kamen 1996 folgende Steuermindereinnahmen durch Familienkomponenten des Einkommensteuerrechts (a.a.O.):

- Kindergeld (43,202 Mrd. DM),
- Kinderfreibetrag (0,08 Mrd. DM),
- Ehegattensplitting (41,3 Mrd. DM),
- Haushaltshilfe/Heimunterbringung bei pflegebedürftigen Haushaltsangehörigen (0,31 Mrd. DM),
- Pflegepauschbetrag für Pflegende von Schwerstbehinderten (0,18 Mrd. DM),
- Haushaltsfreibetrag für Alleinerziehende (1,6 Mrd. DM),
- Kinderbetreuungskosten erwerbstätiger Alleinerziehender (0,18 Mrd. DM),
- rentenversicherte Haushaltshilfe (0,08 Mrd. DM),
- Unterhaltsleistungen für nahe Angehörige (0,83 Mrd. DM) sowie
- Ausbildungsfreibeträge für Kinder (1,4 Mrd. DM).

Obwohl sich diese familienpolitischen Leistungen des Bundes auf mehr als 116 Mrd. DM summieren, gelten sie nach Meinung nahezu aller Fachleute (z.B. Kaufmann 1990; Kleinhenz 1996; Wingen 1997) als viel zu niedrig (vgl. die Beschlüsse des Bundesverfassungsgerichts vom 7.7. und 25.9.1992; Wissenschaftlicher Beirat für Familienfragen 1995).

Tab. 1: Familienpolitische Leistungen der Bundesregierung (Auswahl)

Bundeserziehungsgeld	Das Erziehungsgeld wird ab der Geburt eines Kindes für zwei Jahre gezahlt, sofern bestimmte Einkommensgrenzen nicht überschritten werden. Es beträgt - je nach Jahreseinkommen der Eltern - bis zu 600 DM pro Monat.
Unterhaltsvorschuss	Nach dem Unterhaltsvorschussgesetz (UVG) erhalten Alleinerziehende in den alten Bundesländern 239 DM pro Monat für Kinder unter sechs Jahren und 314 DM für Kinder zwischen sieben und 12 Jahren - in den neuen Bundesländern 204 bzw. 270 DM -, und zwar längstens für 72 Monate, wenn der andere Elternteil keinen Unterhalt zahlt.
Wohngeld	Wohngeld hilft Mietern, aber auch Eigentümern von Eigenheimen oder Eigentumswohnungen, die Wohnkosten zu tragen. Die Höhe ist abhängig von der Haushaltsgröße, dem Familieneinkommen, der Miete bzw. der Belastung durch den Wohnraum.
Eigenheimzulage	Eltern, die Wohneigentum erwerben, erhalten unter bestimmten Bedingungen eine Kinderzulage von 1.500 DM pro Jahr und Kind, und zwar acht Jahre lang. Daneben gibt es weitere steuerliche Vergünstigungen sowie die Förderung des Erwerbs von Genossenschaftsanteilen, die Bausparförderung und Förderprogramme im Rahmen des Sozialen Wohnungsbaus.

BAföG	Je nach Art der Schule/Hochschule und abhängig davon, wie hoch das Familieneinkommen ist, ob das Kind bei den Eltern wohnt oder nicht und ob es sich um alte oder neue Bundesländer handelt, wird eine Ausbildungsförderung zwischen 320 und 830 DM gezahlt.
Anerkennung von Kindererziehungszeiten	Die ersten drei Jahre nach Geburt eines Kindes werden unter bestimmten Bedingungen als Pflichtbeitragszeit in der gesetzlichen Rentenversicherung angerechnet.
Bundesstiftung »Mutter und Kind«	Die Stiftung dient dem Schutz des ungeborenen Lebens, indem Schwangeren in konkreten Notlagen Hilfen individuell und unbürokratisch gewährt werden, wenn gesetzliche Hilfen allein nicht ausreichen.
Mutterschaftsgeld	Unter bestimmten Voraussetzungen erhalten berufstätige Mitglieder der gesetzlichen Krankenkassen ein Mutterschaftsgeld für den Zeitraum von sechs Wochen vor bis acht Wochen nach der Entbindung. Es richtet sich nach der Höhe des Arbeitsentgelts und beträgt höchstens 25 DM pro Tag (lag das tatsächliche Arbeitsentgelt höher, muss der Arbeitgeber die Differenz als Zuschuss zahlen). Für freiwillig, privat oder nicht krankenversicherte Erwerbstätige und Nichterwerbstätige gibt es andere Regelungen wie z.B. das Entbindungsgeld.
Kindergeld	Das Kindergeld beträgt für das erste und zweite Kind je 220 DM, für das dritte 300 DM und für weitere Kinder 350 DM im Monat. Es wird als Steuervergünstigung oder von den Familienkassen gezahlt, unter bestimmten Voraussetzungen auch über das 18. Lebensjahr des Kindes hinaus.
Kinderfreibetrag	Alternativ zum Kindergeld wird ein Kinderfreibetrag von 6.912 DM pro Kind und Jahr gewährt, wenn durch die Kindergeldzahlungen die verfassungsrechtlich gebotene Steuerfreistellung eines Einkommensbetrages in Höhe des Existenzminimums eines Kindes nicht bewirkt wurde.
Ehegattensplitting	Im Fall der Zusammenveranlagung werden die von den Ehegatten erzielten Einkünfte zusammengezählt. Dann wird für die Hälfte des gemeinsamen Einkommens die Steuer nach der Grundtabelle berechnet und die Steuer verdoppelt. Das Ehegattensplitting führt zu einer Milderung der Tarifprogression, wenn nur ein Ehegatte Einkünfte hat oder beide unterschiedlich hohe Einnahmen haben.
Haushaltshilfe/Heimunterbringung bei pflegebedürftigen Haushaltsangehörigen	Für die Beschäftigung einer Haushaltshilfe oder eine Heimunterbringung kann bis zu 1.200 DM im Jahr steuerlich berücksichtigt werden, wenn ein Haushaltsangehöriger krank oder behindert ist – und bis zu 1.800 DM bei schwerer Behinderung/Pflegebedürftigkeit oder Hilflosigkeit.
Pflegepauschbetrag	Pflegepersonen von Schwerstpflegebedürftigen können einen Pauschbetrag von 1.800 DM geltend machen.
Haushaltsfreibetrag	Dieser Betrag in Höhe von 5.616 DM pro Jahr mindert das steuerpflichtige Jahreseinkommen von Alleinerziehenden und trägt zu ihrer Gleichstellung mit Ehepaaren bei.

Kinderbetreuungskosten	Sind Alleinerziehende erwerbstätig oder behindert, so können für im Haushalt lebende Kinder unter 16 Jahren Betreuungskosten als außergewöhnliche Belastung geltend gemacht werden: ohne Nachweis von 480 DM je Kind und Jahr, gegen Nachweis von bis zu 4.000 DM für das erste und bis zu 2.000 DM für jedes weitere Kind (gemindert um einen Selbstbehalt, abhängig vom Einkommen und der Zahl der Kinder). Die gleichen Regelungen gelten für Ehepaare, wenn einer von ihnen erwerbstätig und der andere behindert oder länger krank ist.
Rentenversicherte Haushaltshilfe	In diesen Fällen wird ein Sonderausgabenabzug von bis zu 18.000 DM pro Jahr gewährt, sofern für die Haushaltshilfe Sozialversicherungsbeiträge entrichtet werden.
Unterhaltsleistungen	Solche Leistungen an nahe Angehörige können unter bestimmten Bedingungen in der Höhe von bis zu 12.000 DM geltend gemacht werden.
Ausbildungsfreibeträge	Diese Steuererleichterungen werden Familien mit Kindern in der Ausbildung gewährt, solange für diese ein Anspruch auf Kindergeld/-freibetrag besteht. Der Ausbildungsfreibetrag beträgt für Kinder über 18 Jahren 2.400 DM, wenn diese im Familienhaushalt wohnen, bzw. 4.200 DM bei auswärtiger Unterbringung sowie für Kinder unter 18 Jahren 1.800 DM, wenn sie auswärts untergebracht sind.
Stand: Juli 1997 (Presse- und Informationsamt der Bundesregierung 1997)	

Allerdings muss auch beachtet werden, dass Bundesländer und Kommunen ebenfalls hohe familienpolitische Ausgaben haben. Hierzu liegen meines Wissens keine aktuellen Übersichten vor, sodass ich mich auf einige Beispiele beschränken muss. So wurden laut dem Sozialbudget 1994 rund 24,9 Mrd. DM für Jugendhilfe und 12,5 Mrd. DM für Familienzuschläge für Beamte (einschließlich Bundesbeamte) ausgegeben (Statistisches Bundesamt 1997). Der Freistaat Bayern wendete 1996 mehr als 3 Mrd. DM für familienbezogene Leistungen auf, vor allem für Kindergärten und Kinderhorte (845 Mio. DM), den Sozialen Wohnungsbau (680 Mio. DM), die Schulwegkostenfreiheit (425 Mio. DM) und das Landeserziehungsgeld (213 Mio. DM) (Bayerisches Staatsministerium für Arbeit und Sozialordnung, Familie, Frauen und Gesundheit 1996). Ende 1992 führte ich in Bayern eine Umfrage durch (Textor 1994), an der sich alle 71 Landkreise und alle 25 kreisfreien Städte beteiligten sowie eine nicht repräsentative Auswahl von 212 kreisangehörigen Städten und 119 kreisangehörigen Gemeinden. Sie zeigte, dass manche familienpolitischen Leistungen der Kommunen aus dem Verzicht auf Einnahmen bestanden, wobei sich diese Leistungen von Kommune zu Kommune stark unterschieden. Ein Beispiel sind Familienermäßigungen beim Besuch kommunaler Einrichtungen; sie gab es beim Besuch von Freibädern bei 6% der Landkreise, aber 72% der kreisfreien Städte, beim Besuch von Hallenbädern bei 20 bzw. 56%. Natürlich waren die Familienermäßigungen, die es auch vereinzelt für den Besuch von Eisstadien, Museen, Musikschulen, Sport- und kulturellen Veranstaltungen gab, je nach Kommune unterschiedlich hoch, variierten die Berechtigungskriterien. Nur in vier kreisfreien und zwei kreisangehörigen Städten gab es Familienpässe, allerdings in 42% der Landkreise und 72% der kreisfreien Städte sowie in einzelnen Gemeinden Ferienpässe – ebenfalls mit ganz verschiedenen Angeboten und Regelungen. Rund 7% der Landkreise, 24% der kreisfreien Städte, 6% der kreisangehörigen Städte und 2% der Gemeinden förderten den Erwerb von Wohneigentum oder dessen Ausbau. Ein mehr oder minder kleiner Teil der Gemeinden bot Familienermäßigungen für den öffentlichen Nahverkehr, Zuschüsse zur Familienerholung, Stadtranderholung, Ermäßigungen in Kindertageseinrichtungen bei Anmeldung von Geschwistern oder niedrigem Einkommen, Übernahme ungedeckter Kindergartengebühren, Erweiterung der Kostenfreiheit des Schulweges, Zuschüsse zu Klassenfahrten, Hausaufgabenbetreuung, Freimilch, kostenlose Elternbriefe u.v.a.m. an.

Sehr hohe Kosten entstehen den Kommunen durch Kindertageseinrichtungen. Zum einen müssen sie dem Rechtsanspruch von Kindern ab dem vollendeten dritten Lebensjahr auf einen Kindergartenplatz genügen (§ 24 SGB VIII). Zum anderen sollen sie möglichst auch andere Kinderbetreuungsangebote – je nach Bedarf – fördern: Tagespflege, Kinderkrippen, Kinderhorte, Eltern- bzw. Mutter-Kind-Gruppen, Elterninitiativen usw. Ferner bringen die Kommunen einen großen Teil der Kosten für familienunterstützende und -entlastende Dienste auf, die sich an Familien mit besonderen Problemen und Belastungen richten und zumeist von Trägern der freien Wohlfahrtspflege bzw. Jugendhilfe bereit gestellt werden. *Tabelle 2* verdeutlicht die Vielfalt dieser Dienste, die zum Teil auch aus Eigenmitteln der Träger oder aus Landesmitteln, von Sozialversicherungen oder durch Teilnahmebeiträge finanziert werden.

Tab. 2: Hilfsangebote für Kinder und Familien

Erziehungs-, Jugend- und Familienberatungsstellen	Diese Einrichtungen helfen insbesondere bei Erziehungsfragen und -problemen, Verhaltensauffälligkeiten, Sprach-, Bewegungs- und Konzentrationsstörungen, psychosomatischen Beschwerden, Eltern-Kind-Konflikten, Kindesmisshandlung, sexuellem Missbrauch, in Fragen der Partnerschaft, Trennung und Scheidung. Ferner nimmt die Zusammenarbeit mit Kindertageseinrichtungen und Schulen einen immer breiteren Raum ein.
Frühförderstellen	Ein interdisziplinäres Team von Fachleuten diagnostiziert Entwicklungsverzögerungen, Behinderungen usw. bei Kleinst- und Kleinkindern und behandelt sie in der Frühförderstelle, der Familie und/oder der Kindertagesstätte. Dabei können medizinische, psychologische, pädagogische und andere Maßnahmen miteinander kombiniert werden. Die Eltern erfahren Beratung und Anleitung.
Jugendämter	Kinder, Jugendliche und Eltern können sich in allen Angelegenheiten der Erziehung und Entwicklung an das Jugendamt wenden. Sie finden dort Beratung und Unterstützung in Not- und Konfliktlagen. Das Jugendamt bietet Hilfen nach dem Kinder- und Jugendhilfegesetz (SGB VIII) an oder vermittelt diese. Zu den Angeboten gehören z.B. Erziehungsberatung, Beratung bei Trennung und Scheidung, Beratung bei der Ausübung der Personensorge, Betreuung des Kindes in Notsituationen, Erziehungsbeistandschaft, Sozialpädagogische Familienhilfe, Vollzeitpflege, Heimunterbringung, soziale Gruppenarbeit, erzieherischer Kinder- und Jugendschutz, Hilfe bei sexuellem Missbrauch und Kindesmisshandlung sowie Übernahme von Kinderbetreuungskosten bei Bedürftigkeit.

Jugendarbeit	Jugend- und Wohlfahrtsverbände, Kommunen und Pfarreien machen Jugendlichen Angebote zur Freizeitgestaltung, Bildung und internationalen Begegnung. Die Maßnahmen orientieren sich an den Interessen, Bedürfnissen und Mitgestaltungswünschen junger Menschen, fördern deren Sozial- und Persönlichkeitsentwicklung, unterstützen Selbstständigkeit und Eigenverantwortung.
(Kinder-)Ärzte	Ärzte für Allgemeinmedizin, Pädiater/innen und andere Fachärzte, Kinder- und Jugendpsychiater/innen führen in ihrer Praxis, in Kliniken, Sozialpädiatrischen Einrichtungen usw. Diagnose und Behandlung von Krankheiten, drohenden Behinderungen, Entwicklungsverzögerungen, psychischen Störungen etc. durch.
Freipraktizierende Logopäd/innen, Ergotherapeut/innen usw.	Sprachtherapeut/innen helfen bei Sprach- und Sprechstörungen, Beschäftigungstherapeut/innen verbessern Funktionen und Funktionsabläufe, Krankengymnast/innen fördern Bewegungsabläufe, Koordination u.a. Die Behandlungen können von Ärzt/innen verschrieben und dann von den Krankenkassen finanziert werden.
Freipraktizierende Psycholog/innen und Psychotherapeut/innen	Angeboten werden Diagnose, Beratung und Therapie für Kinder, Erwachsene, Paare und Familien, die unter psychischen Störungen, Verhaltensauffälligkeiten, interpersonalen Konflikten u.Ä. leiden. Die Behandlung kann sich – je nach Problem und therapeutischem Ansatz – über mehrere Monate oder Jahre erstrecken.
Ambulante heil-/ sonderpädagogische Dienste	Insbesondere Förderschulen, vereinzelt aber auch Wohlfahrtsverbände und Kommunen, bieten ambulante Dienste an, bei denen Sonder- und Heilpädagog/innen, Psycholog/innen u.a. verhaltensauffällige oder behinderte Kinder in Kindertagesstätten und Schulen behandeln sowie Eltern, Erzieher/innen und Lehrer/innen beraten.
Schulvorbereitende Einrichtungen (SVE)	Die SVE nimmt behinderte und von Behinderung bedrohte Kinder auf, die zur Erfüllung ihrer Volksschulpflicht einer besonderen Vorbereitung und sonderpädagogischen Förderung bedürfen.
Heilpädagogische Tagesstätten	Hier werden verhaltensauffällige, entwicklungsgestörte, behinderte oder von Behinderung bedrohte Kinder nach dem Besuch einer SVE oder Förderschule intensiv in kleinen Gruppen betreut und sonderpädagogisch gefördert. Der Elternarbeit kommt eine besondere Bedeutung zu.
Sozialberatungs- bzw. Geschäftsstellen der Wohlfahrtsverbände	Da die Mitarbeiter/innen das ganze Netz psychosozialer Dienste überblicken, erhalten Familien hier relevante Informationen über die in ihrem Fall angezeigten Hilfsangebote bzw. finanziellen Leistungen – bei Bedarf auch Hilfe beim Ausfüllen von Formularen. Im Rahmen der allgemeinen Sozialberatung werden ferner Lebens-, Sucht-, Partner- und finanzielle Probleme, lebenspraktische Fragen und Schwierigkeiten im zwischenmenschlichen Bereich besprochen. Viele Geschäftsstellen unterhalten Kleider- und Möbellager für Bedürftige.
Ehe-, Familien- und Lebensberatungsstellen	Psycholog/innen, Sozialpädagog/innen und Seelsorger beraten bei persönlichen, zwischenmenschlichen, Partnerschafts- und Familienproblemen, bei psychischen Konflikten, sexuellen Störungen, Trennung und Scheidung.

Schwangerenberatungsstellen	Einrichtungen freier Träger der Wohlfahrtspflege sowie Gesundheitsämter informieren über Sexualität, Verhütung und Familienplanung, über Schwangerschaft, Entbindung, Adoption und familienpolitische Leistungen. Sie bieten Hilfe und Beratung bei psychosozialen Problemen im Zusammenhang mit einer Schwangerschaft sowie Schwangerschaftskonfliktberatung nach § 218 StGB. Ferner werden Mittel der Bundes- und Landesstiftungen »Mutter und Kind« vergeben.
Psychosoziale Beratungsstellen	Suchtberatungsstellen helfen bei Alkohol-, Drogen- und Medikamentenmissbrauch. Sie sind auch präventiv tätig, indem sie über die hiermit verbundenen Gefahren aufklären.
Sozialpsychiatrische Dienste	Hier führen Nervenärzte, Psychotherapeut/innen und Psycholog/innen Diagnose und ambulante Behandlungen bei psychischer Erkrankung durch.
Schuldnerberatungsstellen	Hier finden Familien bei (drohender) Überschuldung Hilfe – z.B. bei der Aufstellung eines Wirtschaftsplans, Verhandlungen mit Gläubigern oder bei der Umschuldung. Daneben werden ihnen lebenspraktische Beratung und psychosoziale Hilfen geboten.
Rechtsberatung	Familien mit einem niedrigen Einkommen kann bei Angelegenheiten des Zivil-, öffentlichen, Straf-, Ordnungswidrigkeiten- und Verfassungsrechts Beratungshilfe durch Amtsgericht und Rechtsanwälte gewährt werden. Kommt es zu einem Prozess, kann unter bestimmten Voraussetzungen Prozesskostenhilfe beansprucht werden.
Sozialberatungsstellen	Diese Einrichtungen informieren ausländische Mitbürger/innen – auch in ihrer Muttersprache – über alle mit dem Leben in einem fremden Land verbundenen Fragen (z.B. Arbeits- und Wohnrecht, Schule und Ausbildung, familienpolitische Leistungen). Ferner helfen sie bei individuellen und Familienproblemen.
Beratungsstellen für Aussiedler/innen	Die zuständigen Mitarbeiter/innen von Wohlfahrtsverbänden und Ausgleichsämtern sowie die Beauftragten für Aussiedlerfragen bei den Landkreisen und kreisfreien Städten decken den Informations- und Beratungsbedarf von Aussiedlerfamilien ab. Zum Teil gewähren sie auch finanzielle Leistungen.
Beratungsstellen für Ernährung und Hauswirtschaft	Diese Einrichtungen informieren über eine rationelle Haushaltsführung, den Umgang mit Geld, eine gesunde Ernährung, Umweltschutz u.Ä.
Verbraucherberatungsstellen	Die Mitarbeiter/innen vermitteln Kenntnisse über das Markt- und Wirtschaftsgeschehen, informieren über den Verbraucherschutz, geben Entscheidungshilfen und beraten bei dem Bau und der Einrichtung von Wohnungen, über Möglichkeiten einer sparsamen Energieverwendung u.a.
Telefonseelsorge	Tag und Nacht, an Werk-, Sonn- und Feiertagen bietet die Telefonseelsorge Beratung zu nahezu allen individuellen, sozialen und Familienproblemen, wobei der/die Hilfesuchende anonym bleiben kann. Die Berater/innen informieren auch über die auf den Einzelfall zutreffenden Hilfsangebote des Staates und sozialer Dienste.

Schulberatung	Alle Lehrer/innen, insbesondere die Klassenlehrer/innen, informieren über die für den jeweiligen Schüler/die Schülerin geeignete Schullaufbahn. Sie beraten bei persönlichen Problemen des Schülers/der Schülerin, Verhaltensauffälligkeiten, einem plötzlichen Leistungsabfall u.Ä. Bei den zuletzt genannten Problemen helfen auch speziell ausgebildete Beratungslehrer/innen, Schuljugendberater/innen und Schulpsycholog/innen.
Jugendberatungs-stellen	Hier werden Jugendliche und Heranwachsende z.B. bei Fragen/ Problemen im persönlichen, partnerschaftlichen und sozialen Bereich, in Familie, Schule und Beruf, bei Gefährdung durch Suchtmittel, Sekten und radikale Gruppierungen beraten.
Notrufgruppen	Frauen und Mädchen, die innerhalb oder außerhalb ihrer Familie sexuelle Gewalt erfahren haben, finden hier Beratung und Unterstützung.
Frauenhäuser	Frauenhäuser helfen Frauen bei psychischer und/oder physischer Misshandlung durch ihre Partner, auch durch Aufnahme der Betroffenen (und ihrer Kinder).
Mutter-Kind-Einrichtungen	Hier finden werdende und junge Mütter, die sich in einer Notlage befinden, Unterkunft und Betreuung – auch bei der Pflege und Erziehung ihres Kindes. Sie können eine angefangene Ausbildung beenden und sich auf die Berufsaufnahme vorbereiten.
Gleichstellungsstellen	Frauenbeauftragte werden aktiv, wenn sich eine Person aufgrund ihres Geschlechts benachteiligt fühlt. Sie beraten und nehmen Einfluss auf andere Institutionen und die (Kommunal-)Politik.
Gesundheitsämter	Sie beraten bei Fragen zur Säuglingsernährung und -pflege, über die kindliche Entwicklung und Erziehung. Ferner informieren sie über das richtige Verhalten bei Kinderkrankheiten und Behinderungen, wobei auch Reha-Maßnahmen eingeleitet werden können. Daneben erfüllen sie viele andere Aufgaben, z.B. in der Gesundheitsvorsorge und Schwangerenberatung oder hinsichtlich von Suchtvorbeugung, Sexualpädagogik und Aids-Aufklärung.
Sozialämter	Diese Behörden werden in sozialen und finanziellen Notlagen tätig, insbesondere durch Leistungen nach dem Bundessozialhilfegesetz (BSHG) – also Hilfe zum Lebensunterhalt, Gesundheits-/Krankenhilfe, Eingliederungshilfe für Behinderte u.a. Ferner werden z.B. Leistungen für Schwerbehinderte, Aussiedler/innen, Ausländer/innen und Asylant/innen gewährt und Beschäftigungsmaßnahmen für arbeitslose Sozialhilfeempfänger/innen veranlasst.
Wohnungsämter	Unter bestimmten Voraussetzungen werden Sozialwohnungen an einkommensschwache Familien vermittelt. Bei Verlust der Wohnung kann die Einweisung in Notunterkünfte veranlasst werden.
Arbeitsämter	Die Leistungen umfassen u.a. Berufsorientierung zur Vorbereitung der Berufswahl, berufliche Einzelberatung, Vermittlung von Ausbildungs- und Arbeitsplätzen, Beratung bei Arbeitsaufnahme, Berufswechsel, beruflicher Fortbildung und Umschulung sowie Vermittlung von Leistungen nach dem Arbeitsförderungsgesetz (AFG).

Familienbildungseinrichtungen/-angebote	Familienbildungsstätten, Volkshochschulen, Pfarreien, Diözesen, Mütterzentren und andere Einrichtungen bieten Veranstaltungen zur Ehevorbereitung, Ehebereicherung, Elternbildung, Haushaltsführung, Gesundheitserziehung, Freizeitgestaltung usw. an. Manche Angebote richten sich an besondere Zielgruppen wie Alleinerziehende oder Eltern mit behinderten Kindern.
Mütterzentren	Sie sind Anlaufstellen für Mütter, Väter und Kinder aus verschiedenen sozialen und kulturellen Lebensräumen. In Selbstverwaltung wird ein vielfältiges Programm entwickelt, das Gesprächskreise, Kurse, praktische Lebenshilfe, Beratung, Kinderbetreuung, Mittagstisch, Babysitterdienst u.Ä. umfassen kann.
Müttergenesung, Mutter-Kind-Kuren	Mütter, die aufgrund besonderer Belastungen körperlich und psychisch leiden, können Vorsorge- bzw. Rehabilitationskuren erhalten. Unter bestimmten Voraussetzungen können Kinder in die Kur einbezogen werden. Dann werden auch Maßnahmen angeboten, die auf eine Verbesserung der Mutter-Kind-Beziehung abzielen.
Familienerholungsangebote	Insbesondere einkommensschwache Familien erhalten Zuschüsse für Aufenthalte in Familienferienstätten oder für den »Urlaub auf dem Bauernhof«. Ferner machen die Wohlfahrtsverbände besondere Erholungsangebote.
Kinder- und Jugenderholung	Die Maßnahmen der Wohlfahrtsverbände und Kommunen umfassen Aufenthalte in Erholungsheimen und Ferienlagern, Reisen und örtliche Angebote der Stadtranderholung. Sie sind vor allem für Kinder aus belastenden Familienverhältnissen gedacht und werden vom Staat bezuschusst.
Haushaltshilfe, Häusliche Krankenpflege, Sozialpflegerische Dienste	Bei längerer Erkrankung oder Pflegebedürftigkeit eines (behinderten) Familienmitgliedes werden unter bestimmten Voraussetzungen Haushaltshilfen oder Ersatzkräfte für die häusliche Krankenpflege gestellt bzw. bezuschusst. Sozialpflegerische Dienste wie Kranken-pflege- und Sozialstationen oder Nachbarschaftshilfen leisten Pflegeeinsätze in der Familie und führen den Haushalt weiter. Dorf-, Betriebs- und Familienhelferinnen übernehmen auch Kinderbetreuung und Aufgaben auf dem Bauernhof.
Verbände, Vereine	Behindertenverbände, Kinderschutzbund, Anonyme Alkoholiker (AA), Verband allein stehender Mütter und Väter (VAMV) und viele andere Organisationen bieten ihren Mitgliedern oder anderen Personen eine Vielzahl unterschiedlicher Leistungen: Information, Beratung, Betreuung, Hilfe, Gesprächsaustausch, Interessenvertretung usw.
Selbsthilfegruppen	Hier kommen Menschen zusammen, die z.B. von chronischer (psychischer) Krankheit, Behinderung, Sucht, Arbeitslosigkeit oder Alleinerzieherschaft betroffen sind. Daneben gibt es auch Angehörigengruppen. Die Gruppen ermöglichen den Gesprächs- und Erfahrungsaustausch, die gegenseitige Beratung und konkrete Lebenshilfe. Mancherorts gibt es Koordinationsstellen für Selbsthilfegruppen, die u.a. Kontakt zu den einzelnen Gruppen vermitteln.
Die erste Fassung meiner Tabelle erschien in: Bayerisches Staatsministerium für Arbeit und Sozialordnung, Familie, Frauen und Gesundheit 1994	

In diesem Buch werden die wichtigsten »Hilfen für Familien« vorgestellt. Als Einführung für soziale Berufe richtet es sich vor allem an Student/innen mit dem Studienfach Sozialarbeit/Sozialpädagogik und an Berufsanfänger/innen. Besonders eignet sich das Buch für Studierende an Fachhochschulen mit dem Schwerpunkt »Familienhilfen«. So wurde die Konzeption des Buches mit mehreren Fachhochschulprofessoren besprochen, um den Bezug zum Studium zu sichern. Alle Autor/innen haben generell auf Praxisnähe und Anwendungsorientierung geachtet.

Zunächst geht es in dem Buch um Angebote, die sich an alle Familien richten bzw. besonders bei Eheproblemen, Erziehungsschwierigkeiten oder Verhaltensauffälligkeiten von Kindern gefragt sind: Beratungsangebote für Familien unter besonderer Berücksichtigung der Trennungs- und Scheidungsberatung (Güthoff), Ehe- und Familienbildung (Textor) sowie andere familienorientierte Arbeitsformen im Kontext erzieherischer Hilfen (Greese). Anschließend werden die Probleme besonderer Familienformen wie Teil- und Stieffamilien (Textor), Pflege- und Adoptivfamilien (Textor) sowie Migrantenfamilien (Gaitanides) beschrieben sowie für sie entwickelte Hilfsangebote dargestellt. Im letzten Teil geht es schließlich um Familien mit besonderen Belastungen und deren Unterstützung: sozial schwache Familien (Oelschlägel), durch Gewalttätigkeit oder sexuellen Missbrauch gezeichnete Familien (Horn), Familien mit suchtkranken Mitgliedern (Arenz-Greiving), Familien mit psychisch kranken Angehörigen (Biegel) oder solche mit behinderten bzw. pflegebedürftigen Mitgliedern (Layer). Ich danke allen Mitarbeiter/innen herzlich, dass sie so gute Beiträge für diesen Sammelband zur Verfügung gestellt haben und dass sie so offen für meine Vorschläge waren.

Sollte schon jetzt oder nach dem Lesen der folgenden Kapitel der Eindruck entstehen, dass der Bereich der Familienpolitik und insbesondere der Hilfsangebote für Familien sehr unübersichtlich und verwirrend ist, so entspricht dies der Realität. Allerdings ist diese eher noch komplexer und unüberschaubarer, da die Vielzahl der Träger gleicher psychosozialer Dienste hinzukommt – und da deren Mitarbeiter/innen eine Unmenge unterschiedlicher pädagogischer, sozialpädagogischer, psychologischer und therapeutischer Handlungsansätze verwenden. Dies hat in der Praxis zum einen zur Folge, dass es vielen Hilfsbedürftigen sehr schwer fällt, das für ihre Probleme geeignete Hilfsangebot zu finden (dies gilt verstärkt für so genannte Multiproblemfamilien). Zum anderen ist die Wahrscheinlichkeit gering, dass sie mit einer Fachkraft zusammentreffen, deren Erklärungsmodell die Aufmerksamkeit genau auf die in ihrem Fall gegebene einzigartige Konstellation von Problemursachen lenkt und deren Handlungsansatz die zur Einwirkung auf diese Faktoren geeigneten Strategien und Techniken enthält (Textor 1988). Das hat zur Folge, dass einerseits Klient/innen oft von einer Einrichtung zur nächsten überwiesen werden oder mehrere psychosoziale Dienste in ihrem Fall verwickelt sind, und dass andererseits die ermittelten Erfolgsquoten recht unbefriedigend sind – sofern eine Evaluation überhaupt erfolgte bzw. durch eine externe unabhängige Stelle (Wissenschaft) gestattet wurde. Bisher wurde auf keines dieser Probleme angemessen reagiert, sieht man einmal von einigen Ansätzen ab (z.B. Erstellung von Beratungsführern, Bürgerbüros als »Vermittlungsstellen«, »Vernetzung« sozialer Dienste, Kassenzulassung von Psychotherapeuten, die einen durch wissenschaftliche Studien als erfolgversprechend bezeichneten Therapieansatz praktizieren).

Ausblick

Die Beiträge dieser Einführung verdeutlichen, wie wichtig Hilfen für Familien sind und dass bei vielen familienunterstützenden Maßnahmen Verbesserungen notwendig wären. So sollten nicht nur für den Familienlastenausgleich, sondern auch für psychosoziale Dienste und Jugendhilfeeinrichtungen mehr Mittel zur Verfügung gestellt werden. Leider hat vor wenigen Jahren eine Entwicklung in der Bundes-, Landes- und Kommunalpolitik begonnen, die mit zunehmender Tendenz zu Einsparungen im Sozialbereich führt. Für diese Mittelknappheit gibt es verschiedene Ursachen. Dazu gehören beispielsweise:

- die Folgekosten der Deutschen Einheit: Allein zwischen 1991 und 1995 wurde fast eine Billion DM in die neuen Bundesländer transferiert.
- Fehler in der Einkommensteuergesetzgebung: Neue Abschreibungsregelungen in den Jahren nach der Wiedervereinigung haben zu einem rasanten Rückgang des Einkommensteueraufkommens geführt.
- Überschuldung: Die öffentlichen Schulden haben einen Wert von mehr als 2,3 Billionen DM erreicht; die Zinslast schränkt immer mehr die finanziellen Spielräume des Bundes, der Länder und Kommunen ein.
- die Kosten der Arbeitslosigkeit: Knapp 5 Mio. Arbeitslose bedeuten nicht nur höhere Ausgaben für Arbeitslosengeld/-hilfe, Wohngeld, Sozialhilfe usw., sondern auch ein geringeres Steueraufkommen und weniger Beiträge für die Sozialversicherungen. Aufgrund von Frühverrentungen steigen zudem die Ausgaben der Rentenversicherung.

Dazu kommt eine verstärkte Sozialstaatskritik: So wird bemängelt, dass die Sozialleistungsquote (d.h. der Sozialaufwand im Verhältnis zur volkswirtschaftlichen Gesamtleistung) zu hoch sei - sie ist von 17,1% im Jahr 1950 auf 34,1% im Jahr 1995 gestiegen. Die Sozialabgaben und damit die Arbeitskosten seien so hoch, dass viele Arbeitsplätze in andere Länder verlagert würden, Investitionen (aus dem Ausland) ausblieben und die Absatzchancen deutscher Produkte auf dem Weltmarkt abnähmen. Schließlich werden Missbrauchsmöglichkeiten bei Sozialleistungen, das hohe Absicherungsniveau von Arbeitslosen und Sozialhilfeempfängern sowie die Bürokratisierung und mangelnde Effizienz des Sozialsystems kritisiert.

Die Krise der öffentlichen Haushalte und die Sozialstaatskritik bedingen den Abbau von Sozialleistungen und die damit verbundene Senkung von Sozialausgaben. Dies betrifft freiwillige bzw. so genannte »Kann-« oder »Soll-Leistungen« stärker als gesetzliche »Muss-Leistungen«. Diese Tendenz wird sich in den kommenden Jahrzehnten fortsetzen, da die Bevölkerungsentwicklung zu einer zunehmenden Alterung der Gesellschaft führt (Textor 1997): So wird voraussichtlich im Jahr 2020 eine ältere Person (ab 60 Jahren) auf zwei Personen im Alter von 20 bis 59 Jahren kommen. Diese Entwicklung wird zu rasch steigenden Ausgaben bei Renten-, Kranken- und Pflegeversicherungen, im Krankenhaus- und Altenhilfebereich führen. Bedenkt man, dass etwa im Jahr 2030 rund die Hälfte der Wähler/innen älter als 55 Jahre sein und damit die Politik bestimmen wird, ist zu erwarten, dass in den kommenden Jahrzehnten Hilfsangebote für Familien, Kinder und Jugendliche eher verstärkt abgebaut werden.

In der nächsten Zeit kommt es also darauf an, die Solidarität der Generationen zu fördern und die Notwendigkeit der Hilfen für Familien gegenüber Politiker/innen (und älteren Mitbürger/innen) zu betonen, sodass die angedeutete Tendenz gebremst und möglichst rückgängig gemacht wird. Entsprechende Bemühungen dürften aber nur erfolgreich sein, wenn zum einen die Effektivität familienunterstützender Maßnahmen und die effiziente Verwendung bereitgestellter Mittel nachgewiesen werden. Zum anderen müssen die Kräfte in diesem einflussarmen Bereich gebündelt werden, sodass sie sich in der (bundes-, landes-, kommunal-)politischen Arena Gehör verschaffen und die Belange von Familien gegenüber Alten-, Finanz- und Wirtschaftspolitiker/innen sowie den hinter ihnen stehenden Organisationen angemessen vertreten können. Es darf somit nicht bei der derzeitigen Zersplitterung in miteinander (um die immer knapper werdenden Mittel) konkurrierende Wohlfahrts-, Behinderten-, Familien-, Jugend-, Fach- und sonstige Verbände, öffentliche Träger und Selbsthilfegruppen bleiben.

Literatur

Bayerisches Staatsministerium für Arbeit und Sozialordnung, Familie, Frauen und Gesundheit (Hrsg.): Familienpolitik in Bayern. Bericht der Bayerischen Staatsregierung. Kurzfassung. München: Selbstverlag 1994

Bayerisches Staatsministerium für Arbeit und Sozialordnung, Familie, Frauen und Gesundheit: Politik für Familien in Bayern. München: Selbstverlag 1996

Brinkhoff, K.-P.: Kindsein ist kein Kinderspiel. Über die veränderten Bedingungen des Aufwachsens und notwendige Perspektivverweiterungen in der modernen Kindheitsforschung. In: Mansel, J. (Hrsg.): Glückliche Kindheit – Schwierige Zeit? Über die veränderten Bedingungen des Aufwachsens. Opladen: Leske + Budrich 1996, S. 25–39

Brinkmann, W.: Gesellschaftliche Veränderungen des Kindseins. In: Textor, M.R. (Hrsg.): Problemkinder? Auffällige Kinder in Kindergarten und Hort. Weinheim: Beltz 1996, S. 30–40

Engstler, H.: Die Familie im Spiegel der amtlichen Statistik. Lebensformen, Familienstrukturen, wirtschaftliche Situation der Familien und familiendemographische Entwicklung in Deutschland. Bonn: Bundesministerium für Familie, Senioren, Frauen und Jugend 1997

Falicov, C.J. (Hrsg.): Family transitions: continuity and change over the life cycle. New York: Guilford Press 1988

Kaufmann, F.-X.: Zukunft der Familie. Stabilität, Stabilitätsrisiken und Wandel der familialen Lebensformen sowie ihre gesellschaftlichen und politischen Bedingungen. München: Beck 1990

Kleinhenz, G.: Familienleistungsausgleich: Wann sind Kinderlasten gerecht verteilt? In: Textor, M.R. (Koord.): Sozialpolitik. Aktuelle Fragen und Probleme. Wiesbaden: Westdeutscher Verlag 1997, S. 107–121

Lange, A./Lüscher, K.: Von der Form zum Prozess? Ein konzeptueller Beitrag zur Frage nach der Bedeutung veränderter familialer Strukturen für das Aufwachsen von Kindern. Zeitschrift für Sozialisationsforschung und Erziehungssoziologie 1996, 16, S. 229–245

Mansel, J.: Glückliche Zeit – Schwierige Kindheit? In: Mansel, J. (Hrsg.): Glückliche Kindheit – Schwierige Zeit? Über die veränderten Bedingungen des Aufwachsens. Opladen: Leske + Budrich 1996, S. 7–24

Nave-Herz, R.: Kontinuität und Wandel in der Bedeutung, in der Struktur und Stabilität von Ehe und Familie in der Bundesrepublik Deutschland. In: Nave-Herz, R. (Hrsg.): Wandel und Kontinuität der Familie in der Bundesrepublik Deutschland. Stuttgart: Enke 1988, S. 61–94

Rutter, M.: Family and school influences: meanings, mechanisms and implications. In: Nicol, A.R. (Hrsg.): Longitudinal studies in child psychology and psychiatry. Practical lessons from research experience. Chichester: Wiley 1985, S. 357–403

Statistisches Bundesamt (Hrsg.): Statistisches Jahrbuch 1996 für die Bundesrepublik Deutschland. Stuttgart: Metzler-Poeschel 1996

Statistisches Bundesamt (Hrsg.): Datenreport 1997. Zahlen und Fakten über die Bundesrepublik Deutschland. Bonn: Bundeszentrale für politische Bildung 1997

Textor, M.R.: Integrative Familientherapie. Eine systematische Darstellung der Konzepte, Hypothesen und Techniken amerikanischer Therapeuten. Berlin: Springer 1985

Textor, M.R.: Erklärungsmodelle und Behandlungsansätze für Verhaltensstörungen und psychische Probleme. Die Notwendigkeit der Integration. Soziale Arbeit 1988, 37, S. 129–134

Textor, M.R.: Scheidungszyklus und Scheidungsberatung. Ein Handbuch. Göttingen: Vandenhoeck & Ruprecht 1991a

Textor, M.R.: Familienpolitik. Probleme, Maßnahmen, Forderungen. München: Bayerische Landeszentrale für politische Bildungsarbeit 1991b

Textor, M.R.: Kinder- und Jugendbetreuung im Kontext familialen und gesellschaftlichen Wandels. In: Becker-Textor, I./Textor, M.R. (Hrsg.): Handbuch der Kinder- und Jugendbetreuung. Neuwied: Luchterhand 1993, S. 1–23

Textor, M.R.: Kommunale Familienpolitik – Ergebnisse einer Umfrage in Bayern. Sozialer Fortschritt 1994, 43, S. 148–150

Textor, M.R.: Familien – Lebenslagen von »Problemkindern«. In: Textor, M.R. (Hrsg.): Problemkinder? Auffällige Kinder in Kindergarten und Hort. Weinheim: Beltz 1996, S. 12–21

Textor, M.R.: Bevölkerungsentwicklung: Konsequenzen für Gesellschaft und Politik. In: Textor, M.R. (Koord.): Sozialpolitik. Aktuelle Fragen und Probleme. Wiesbaden: Westdeutscher Verlag 1997, S. 11–28

Wingen, M.: Familienpolitik. Grundlagen und aktuelle Probleme. Bonn: Bundeszentrale für politische Bildung 1997

Wissenschaftlicher Beirat für Familienfragen: Zur Weiterentwicklung des Familienlastenausgleichs nach den Entscheidungen des Bundesverfassungsgerichts seit 1990. Stuttgart: Kohlhammer 1995

Methoden der Familienarbeit

Friedhelm Güthoff

Beratung von Familien in der Sozialarbeit

Im Folgenden sollen fachliche Strömungen in der Beratung von Familien aufgegriffen und auf ihre Bedeutung für Kinder und Jugendliche sowie ihre Eltern hinterfragt werden. Angebote der öffentlichen und freien Jugendhilfe für Familien in der Situation einer Reorganisation ihres Systems aus Gründen einer Trennung oder Scheidung finden hierbei eine besondere Berücksichtigung. Sozialarbeit und damit auch die Beratung von Familien vollzieht sich immer im Kontext einer gesellschaftlichen Prägung dieser »Keimzelle«. Der Zustand der Familie im 20. Jahrhundert nimmt erheblichen Einfluss auf das, was Sozialarbeit in der Einzel- und Familienhilfe auszurichten in der Lage ist. Es wird daher im Folgenden auch auf das »Thema Familie heute – Kindheit heute« eingegangen. Der Beitrag schließt ab mit einigen Überlegungen zu notwendigen Rahmenbedingungen für eine professionelle Beratung von Familien in der Sozialarbeit.

Die Bundesrepublik steckt heute in einer strukturell begründeten Krise, von der die Kinder und ihre Eltern massiv betroffen sind. Hierzu einige Hinweise und Zahlen: Kinder stellen für ihre Eltern ein Armutsrisiko dar. Die finanziellen Aufwendungen werden nur zur Hälfte von Kindergeld und Steuervorteilen aufgefangen. Zum Jahresende 1995 erhielten 2,52 Mio. Personen »laufende Hilfen zum Lebensunterhalt«. 38,3% der Empfänger waren Kinder unter 18 Jahren. Damit waren knapp 1 Mio. (963.000) Kinder von Sozialhilfe betroffen. Insgesamt lagen 1995 bereits 12% aller westdeutschen Haushalte unter der Armutsgrenze, die mit weniger als der Hälfte des verfügbaren Durchschnittseinkommens definiert ist.

Armut heute ist Kinderarmut. In den Großstädten lebt schon jedes fünfte bis sechste Kind unter sieben Jahren von Sozialhilfe. Mittlerweile sind 6,1% der unter 18-Jährigen von Sozialhilfe betroffen. 464.000 Kinder mit Sozialhilfebezug lebten 1995 in Haushalten von allein erziehenden Frauen. 46,2% aller von Sozialhilfe betroffenen Kinder waren jünger als sieben Jahre (Quelle: Statistisches Bundesamt 1997). Immer mehr kinderreiche Familien (ab drei Kindern) und Alleinerziehende befinden sich in einer finanziell hoffnungslosen Lage. Fast die Hälfte (42%) der Alleinerziehenden mit minderjährigen Kindern liegt mit ihrem Einkommen unter der Sozialhilfeschwelle von 1.400 DM.

Die abnehmenden Chancen auf Arbeits- und Ausbildungsplätze und die daraus resultierende Zukunftsunsicherheit haben Auswirkungen auf die Familienmilieus und damit auch auf die Kinder. Die Arbeitslosigkeit wird zunehmend zum Hauptproblem der jungen Menschen von heute. Nach einer Untersuchung des Hamburger B.A.T.-Freizeitforschungsinstituts (1997) müssen immer mehr Jugendliche die Erfahrung machen, dass Freizeit ohne finanzielle Absicherung wenig wert ist. Die berufliche Ausweglosigkeit überschattet somit auch das Freizeitleben.

Die erschreckenden Zahlen verdecken allzu leicht, dass hinter jedem von Armut und Arbeitslosigkeit der Eltern betroffenen Kind ein persönliches Einzelschicksal steht. Erzwungener Verzicht, Isolierung, Scham und viele andere individuelle Folgen treten ein, über die häufig hinweggegangen wird. Es wird geredet von unzureichender emotionaler und pädagogischer Förderung, vom Herabsetzen der Altersgrenze hinsichtlich der Strafmündigkeit und vom »Wegschließen« krimineller Kinder. Wer den täglichen Überlebensstress unzähliger Eltern und Kinder kennt, wer registriert, dass 1995 142.300 Kinder von der Scheidung ihrer Eltern betroffen waren (rund 5% mehr als 1994) (Statistisches Bundesamt 1997), dem wird klar, welche emotionalen und erzieherischen Defizite Kinder heute erleben können. Werden dann – aus Gründen so genannter Sparpolitik – auch noch Hilfs- und Unterstützungsangebote der freien wie öffentlichen Jugendhilfe gekürzt, erhöhen sich die strukturell bedingten Probleme in den Familien weiter zu Lasten der Kinder.

Seit 1989/90 verzeichnen die Statistiker in Deutschland einen krassen Anstieg der Kinder- und Jugendkriminalität. Die Anzahl der tatverdächtigen deutschen Kinder erhöhte sich 1995 gegenüber 1994 beträchtlich um 18,6% (1994: 19,4%), die der nichtdeutschen Kinder um 8,5% (1994: 5,1%) (Bundeskriminalamt 1997). Nach heutigem Erkenntnisstand ist davon auszugehen, dass Jugendkriminalität nicht nur eine oder einige wenige isolierbare Ursache/n hat, sondern dass hier viele Faktoren und Bedingungen eine Rolle spielen, wie z.B. ungünstige Sozialisationsbedingungen, Verstädterung, Armut, fehlende Ausbildung und mangelnde Arbeitsplätze. In Übereinstimmung mit Heitmeyer und seinen Mitautor/innen (1995) ist davon auszugehen, dass die auffälligen Jugendlichen die Ideale der marktradikalen Gesellschaft nicht ablehnen, sondern im Gegenteil, dass sie die Regeln dieser Gesellschaft übererfüllen nach dem Vorbild der feindlichen Übernahme im großindustriellen Bereich der Firmen Krupp und Thyssen. Heitmeyer und seine Mitautor/innen (1995) schätzen bereits die Gruppe Minderjähriger auf 5% eines Jahrgangs, die derart brutale Formen von Gewalt ausübt, dass Pädagog/innen und Therapeut/innen ratlos werden. Das Muster von Gewalt wird über misshandelnde Eltern (30.000 geschätzte Fälle pro Jahr) und über die Medien weitergereicht.

Die gesellschaftliche Situation spiegelt sich unmittelbar in den Familien wider. »Kindheit heute – Familienleben heute« ist gekennzeichnet von einem Belastungspotential, das sich manchmal aus nur wenigen, in vielen Familien aber auch aus vielen Einzelproblemen zusammensetzt:

- Jedes fünfte Kind leidet an »typischen Managerkrankheiten« wie Nervosität, Schlafstörungen oder psychisch bedingten Kopf- oder Bauchschmerzen (Hurrelmann 1996a).
- Jedes vierte Kind um die 13 Jahre leidet unter Allergien und Hautkrankheiten; 14% sind durch Fehlernährung zu dünn oder zu dick; 7% leiden wegen Jodmangels an vergrößerter Schilddrüse; 12% haben bereits Schäden am Knochensystem.
- Jedes zehnte Kind (bis 14 Jahre) hat Erfahrungen mit Suchtmitteln (Tabletten, Haschisch, Ecstasy) (Hurrelmann 1996b).
- 94% der sechs- bis 14-jährigen Kinder und Jugendlichen haben im ersten Halbjahr 1997 Medikamente oder vorbeugende Mittel genommen (Iconkids & Youth International Research 1997).
- 44% der 12- bis 14-Jährigen schluckten Kopfschmerztabletten (a.a.O.).

- 2% der bis 10-Jährigen, 7% der 13-Jährigen und 27% der 16-Jährigen rauchen regelmäßig (Hurrelmann 1996a).
- Jedes dritte Kind im Alter von 13 Jahren trinkt regelmäßig Alkohol (Hurrelmann 1996a); die Folge: 10% der 18- und 19-Jährigen sind bereits alkoholabhängig.
- 6.000 Kinder sterben jährlich an Asthma, jedes fünfte Kind hat asthmatische Symptome (von Mutius 1996).
- 600.000 Kinder gelten als »ausgeprägt aggressiv«; 6% der männlichen Kinder und Jugendlichen zwischen vier und 18 Jahren und 3% der Mädchen verhalten sich nach Aussage der Eltern als »unbeherrschbar bösartig« (Westdeutsche Allgemeine Zeitung vom 12.11.1996).
- Etwa 300.000 Kinder sind jährlich Opfer sexueller Gewalt. Etwa ein Drittel aller von sexuellem Missbrauch betroffenen Kinder sind Opfer ihrer eigenen Väter, Stiefväter und auch ihrer Mütter (die Dunkelziffer liegt im Bereich des sexuellen Missbrauchs um ein Vielfaches höher).

Familienleben heute bedeutet, dass - statistisch gesehen - 21% der Kinder ihre Kindheitsbiografie nicht mit beiden Eltern gestalten. Eine Kontinuität in Familienentwicklungsprozessen ist - bezogen auf die beteiligten Personen - bei fast einem Viertel aller Familien nicht mehr gegeben. Es kommt immer wieder zu Zusammenbrüchen, zu neuen Konstellationen mit neuen Personen und neuen Beziehungen.

Eines der markantesten Merkmale des gesellschaftlichen Wandels sind der schleichende Bedeutungsverlust traditioneller Sozialisationsinstanzen wie Familie und Kirche sowie die ständige Erosion der durch sie vermittelten Normsysteme. Das langsame Wegbröckeln dieser stabilisierenden Elemente im Sozialisationsverlauf führte in den letzten Jahren nicht nur zu einer Pluralisierung der Lebensverhältnisse (vgl. hierzu Achter Jugendbericht 1990), sondern auch zu einer Temporalisierung sozialer Bezüge. Fluktuierende Bindungen von begrenzter zeitlicher Dauer werden so zum Regelfall des sozialen Miteinanders.

Paradoxerweise steigern diese Wandlungsprozesse für bestimmte gesellschaftliche Gruppen sowohl die Abhängigkeit als auch die Unabhängigkeit von Institutionen der sozialen Arbeit. Das teilweise Wegbrechen traditioneller Versorgungsnetzwerke macht hilfsbedürftige Personengruppen unmittelbar zu Adressat/innen sozialstaatlicher Sicherungssysteme. Gleichzeitig halten aber auch subkulturelle Milieus und Szenen für potenzielle Adressat/innen sozialer Arbeit Alternativen bereit - unabhängig von gesellschaftlich anerkannten Institutionen.

Am augenscheinlichsten wird diese Unabhängigkeit bei Kindern und Jugendlichen gegenwärtig im Bereich der Häuser der offenen Tür, die sich einer immer größer werdenden Konkurrenz kommerzieller Anbieter von Freizeit- und Unterhaltungsgütern stellen müssen. Im Bereich der erzieherischen Hilfe wird diese Unabhängigkeit erst allmählich und punktuell sichtbar, so etwa an den Bahnhöfen, wo sich Jugendliche und junge Erwachsene sammeln, die sich von traditionellen Sozialisationsinstanzen ebenso unabhängig gemacht haben wie von Angeboten der Jugendhilfe.

In Anbetracht der vorgenannten Zahlen und Einschätzungen kann und darf die Familie nicht für alle familialen Probleme und Abbrüche verantwortlich gemacht werden. Beratung von Familien in der Sozialarbeit steht immer im Kontext dieser gesellschaftlichen Entwicklung.

In der Bundesrepublik hat sich in den letzten Jahren eine Beratungslandschaft mit einer Vielfalt unterschiedlicher Einrichtungen entwickelt. Unter dem Dach der öffentlichen Jugendhilfe, in Trägerschaft der etablierten Wohlfahrtsverbände oder auch in der fach- und dienstrechtlichen Verantwortung kleinerer Initiativen finden sich vielerorts Angebote der Erziehungsberatung, der Ehe- und Familienberatung oder auch der Trauerberatung. Kommunale oder landesspezifische Richtlinien eröffnen darüber hinaus den Zugang zu speziellen Förderprogrammen. Beratungsangebote wie z.B. Mädchenberatung, Anlaufstellen für Vernachlässigung und Kindesmisshandlung, Aidsberatung, Schwangerschaftskonfliktberatung oder Frauenberatung wurden auf diese Weise in den vergangenen 15 Jahren Teil einer institutionalisierten Beratungslandschaft. Unter dem Dach des Paritätischen ist heute eine Vielzahl von Einrichtungen zu finden, die die Verknüpfung einzelner Beratungssegmente in »kombinierten« Beratungsstellen sichern. Generell lassen sich die Beratungsangebote für Familien grob wie folgt differenzieren:

- generalisierte und spezialisierte Angebote sowie
- einzelorientierte und fallübergreifende Beratungsangebote.

Generalisierte Erziehungs- und Familienberatung schließt unter einem Dach eine Vielzahl von Leistungen ein. In der Regel umfasst das Angebot im Einzelnen Beratung in allgemeinen Fragen der Erziehung und Entwicklung junger Menschen, Beratung in Fragen der Partnerschaft, Trennung und Scheidung, Beratung bei der Ausübung der Personensorge und Erziehungsberatung als Hilfe zur Erziehung. In diesem Rahmen finden schulische Belange (im Sinne von Lern- und Leistungsstörungen) oder auch Sexualprobleme von Ratsuchenden die Aufmerksamkeit der Fachkräfte.

Spezialdienste sind in den letzten Jahren überwiegend als Antwort auf bedeutsame Themen der Selbsthilfebewegung entstanden. Gemeint sind hier professionelle Angebote, z.B. für Eltern mit behinderten Kindern, für von bestimmten Krankheiten betroffene Kinder (wie beispielsweise Krebs und Aids), von sexueller Gewalt betroffene Mütter etc. Für dringende Fragen, für die es keinen erkennbar angemessenen Beratungsort gibt, bereichern solche Stellen das bundesweite Netz psychosozialer Angebote (z.B. Hilfe für Eltern bei Misshandlung oder Vernachlässigung ihrer Kinder, Hilfe bei sexueller Gewalt an Mädchen und Jungen, Initiativen gegen die Gefahr von Psychokulturen, Beratung bei Trennung und Scheidung, bei psychosozialer Benachteiligung von Müttern etc.). Dem Selbstverständnis dieser Stellen entsprechend erfolgt zum einen intensive Hilfe im Einzelfall und finden zum anderen einzelfallübergreifende Aspekte der Beratungsarbeit im Sinne von Prävention, Einmischung und Weiterbildung Berücksichtigung.

So haben – abgesichert durch eine qualifizierte Jugendhilfeplanung – regional ganz unterschiedliche Beratungsangebote ihre Existenzberechtigung:

- Sozialberatungsstellen für ausländische Arbeitnehmer/innen und ihre Familien leisten mit ihrer Arbeit einen wichtigen Beitrag zu der im Grundgesetz vorgegebenen Sozialstaatlichkeit. Beratungsangebote von muttersprachlichen Diensten erreichen Migrantenfamilien, die von Arbeitslosigkeit, Wohnungsnot, unzureichender schulischer und beruflicher Qualifikation, von Verarmung und Verelendung sowie vom Widerspruch kultureller Werte betroffen sind. Die freie Wohlfahrtspflege leistet mit diesen Angeboten zur Bewältigung der individuellen Zuwanderungssituation und mit ihrer

Interessenvertretung für Migrantengruppen einen wesentlichen Beitrag für das interkulturelle Zusammenleben.

- Die Erziehungsberatung hat die Aufgabe, Verhaltensauffälligkeiten, Erziehungs- und Lernschwierigkeiten sowie Entwicklungsstörungen zu diagnostizieren und zu behandeln. Zusammenfassend werden in der Literatur (Achter Jugendbericht 1990; Menne/Golias 1992; Menne 1992) häufig folgende Aufgabenschwerpunkte genannt: (1) beratende Intervention (Unterstützung von Kindern, Jugendlichen und ihren Familien bei dem Verständnis und der Bewältigung entstandener Probleme), (2) therapeutische Intervention (auf einen bestimmten Zeitraum angelegte, methodisch strukturierte Beziehung, die Verhaltensänderung bewirken soll), (3) präventive Multiplikatorenarbeit (Beratung und Unterstützung von Eltern, Lehrkräften, Erzieher/innen u.a., damit diese Probleme in der Entwicklung von Kindern und Jugendlichen frühzeitig erkennen und eigene Lösungskompetenzen entwickeln), (4) präventive Informationsarbeit (Öffentlichkeitsarbeit und politische Einflussnahme, um Belastungen in den Lebensfeldern von Kindern und Jugendlichen zu identifizieren und entsprechende Veränderungen zu bewirken), (5) Förderung von Eltern und jungen Menschen in ihrer pädagogischen und/oder sozialen Kompetenz, (6) Kooperation mit anderen psychosozialen und pädagogischen Einrichtungen, Initiativen und Selbsthilfegruppen, (7) Supervision und/oder beraterische Unterstützung für pädagogische Einrichtungen (z.B. Schulen oder Kindertagesstätten) sowie (8) Einmischung in andere Arbeits- und Politikfelder gemäß § 1 Kinder- und Jugendhilfegesetz (KJHG).
- Beratungs-/Anlaufstellen bei sexuellem Missbrauch und Gewalt sind häufig aus Selbsthilfeprojekten der Frauenbewegung hervorgegangen. Diese Stellen leisten Erstberatung, weiter gehende Hilfe in Form der Mithilfe (z.B. bei der Wohnungssuche), Prozessunterstützung etc.
- Beratung bei Schwangerschaftsproblemen und Familienplanung: Seit dem Bundesverfassungsgerichtsurteil vom 28.5.1993 ist die Nachfrage nach dieser Beratung stark gestiegen. Die Schwangerschaftskonfliktberatung umfasst heute (1) das Eintreten in eine Konfliktberatung, (2) medizinische, soziale und rechtliche Informationen, (3) die Unterstützung bei der Geltendmachung von Rechtsansprüchen sowie (4) die Hinzuziehung psychologischer, medizinischer, juristischer und in der Frühförderung behinderter Kinder erfahrener Fachkräfte (Arbeitsgemeinschaft der Spitzenverbände der Freien Wohlfahrtspflege des Landes Nordrhein-Westfalen 1996). Die Freiwilligkeit ist durch die Pflichtberatung erheblich eingeschränkt.
- Ehe- und Lebensberatung: Dieses Angebot bekommt im Rahmen einer prophylaktisch orientierten Jugendhilfe eine besondere Bedeutung. Paaren und interessierten Einzelpersonen wird Unterstützung zum Aufbau eines partnerschaftlichen Verhaltens in der Familie gewährt. Ferner erfolgt – mit Blick auf § 17 KJHG – Beratung in Fragen der Partnerschaft, Trennung und Scheidung, die Eltern minderjähriger Kinder und Jugendlicher bei der Bewältigung von Konflikten und Krisen in der Familie helfen soll.
- Beratung bei Sektenproblemen: Im Zusammenhang mit einem zunehmenden Bedarf an Beratung (Bienemann 1997) zum Erscheinungsbild und zum Ausmaß problematischer Sekten sichern freie Träger und die Kirchen ein noch sehr unzureichendes Angebot. Insbesondere da, wo spezielle Kenntnisse im Bereich der Diagnostik, Begleitung und Beratung erforderlich sind, fehlt es bundesweit an entsprechenden

Stellen. Eltern brauchen Informationen und Aufklärung über die Gefahren durch destruktive Kulte sowie Hilfe, wenn sie oder ihre Kinder als Kultabhängige einen Ausstieg aus der Sekte suchen.

Eine Subsumierung der genannten Beratungsstellen (z.B. Beratungs- und Anlaufstellen gegen sexuellen Missbrauch) und der allgemeinen Erziehungsberatung wird in der Fachdiskussion mit Verweis auf die Bedeutung eines eigenständigen Beratungsprofils abgelehnt (vgl. z.B. Spitzenverbände der freien Wohlfahrtsverbände des Landes Nordrhein-Westfalen 1996).

Durch die Hervorhebung einer sozialpädagogischen Methode in § 28 KJHG »Erziehungsberatungsstellen und andere Beratungsdienste und Einrichtungen« als institutionell ausdifferenzierter Dienst wird der Fokus auf die einzelfallbezogenen Aspekte der Beratungsarbeit gelenkt. Gleichwohl wird die bundesrepublikanische Beratungslandschaft von Angeboten geprägt, die ihre Schwerpunkte gleichermaßen in der Prävention und Programmarbeit, der Beratung von einzelnen Familien und Familienmitgliedern sowie in der Vernetzungsarbeit sehen. Probleme, die aus strukturellen, gesellschaftlichen Notlagen entstehen, verlangen nach einem offensiven gesellschaftspolitischen Lobbying und einem Einmischen in die örtlichen und landesweiten Versorgungsmargen. Einzelfallübergreifende Leistungen einer Beratungseinrichtung entfalten sich aus der Einzelfallarbeit, gehen aber hierüber weit hinaus.

Eine Strukturdiskussion, wie sie seit 1994 von Nordrhein-Westfalen ausgeht (vgl. hierzu Heinze/Naegele 1994), nimmt auf die zunehmende Multidimensionalität der Problemlagen, auf die weitere Ausdifferenzierung der Beratungslandschaft und auf die Finanzkrise der öffentlichen Haushalte Bezug. Diese Zusammenhänge implizieren sowohl spezifische Anforderungen als auch spezifische Begrenzungen. Generalisierte Angebote für Familien werden als Antwort auf Veränderungen in den Problemlagen, als Gegenströmung zu den spezialisierten Arbeits- und Handlungskonzepten sowie als Reaktion auf die zunehmende Verfachlichung und Differenzierung des sozialen Dienstleistungssektors gesehen.

Der Bürger ist bei einer weiteren Ausdifferenzierung der Beratungslandschaft einer damit verbundenen Komplizierung von Zuständigkeiten ausgesetzt. Zugangs- und Akzeptanzprobleme bei den Ratsuchenden sind deswegen nicht selten. Wenngleich eine zunehmende Spezialisierung der Beratungsangebote mit der Gewährleistung einer hohen Angebotstransparenz für die Ratsuchenden in Einklang zu bringen ist, so muss eine »Atomisierung des Falls« strukturell vermieden werden. Begrenzungen, die sich bei der Etablierung neuer Versorgungsmodelle ergeben, begründen sich meist aus der jeweils vor Ort historisch gewachsenen Einrichtungs- und Trägerstruktur. Landesspezifische Förderstrukturen, die das Spektrum der Beratungssegmente und der Einrichtungstypen über längere Zeiträume festlegen, erhalten eine psychosoziale Infrastruktur, die häufig den aktuellen Bedarfen und trägerspezifischen Gegebenheiten nicht mehr entsprechen (z.B. *Ärztliche* Anlaufstelle bei Vernachlässigung, Misshandlung und sexuellem Missbrauch von Kindern und Jugendlichen).

Neue Überlegungen zur Struktur der Versorgung bewegen sich auf einer institutionellen Ebene und auf einer organisatorischen. Unter den Stichworten »allgemeine Anlaufstelle« oder auch »integrierte Beratungsstelle« (institutionelle Ebene) sowie »Stadtteilorientierung«, »Vernetzung« und »Versorgungsketten« (organisatorische Ebene) entwickeln sich differenzierte Beratungsangebote unter einem Dach: »Beratungshäuser« sind hier entsprechend des Bedarfs im Gemeinwesen und in bestimmten Beratungssegmenten auch überregional verortet. Integrierte Beratungsstellen unterscheiden sich hingegen konzeptionell von den Beratungshäusern. Sie stehen inhaltlich miteinander in Berührung und vereinen sich unter einer Trägerschaft. Häufig sind weitere soziale Dienstleistungen eingeschlossen (z.B. Krabbelgruppen oder Hausaufgabenbetreuung). Die fallbezogene Vernetzung ist einfacher zu gewährleisten. Integrierte Beratungsstellen bringen insbesondere in ländlichen Regionen den Vorteil, dass sie über eine Zentrale verfügen, von der aus ein Weiterverweis direkt erfolgen kann.

Dem Modell der allgemeinen Anlaufstelle entspricht der Allgemeine Soziale Dienst (ASD). Er hat die Funktion einer Erstberatung und der (zielgerichteten) Weiterleitung an spezielle Beratungsangebote. Der ASD wirkt als eine etablierte Einrichtung der Gefahr einer »Atomisierung« der ratsuchenden Familie entgegen. Der Stadtteilorientierung bzw. Dezentralisierung dieses Dienstes entspricht auf der methodischen Ebene ein Sozialraum- oder Lebensweltbezug. Auf der organisatorischen Ebene bildet er eine Angebots- und Bedarfsstruktur ab, die – kleinräumig aufeinander abgestimmt – Angebote dort bündelt, wo ein besonderer Bedarf gesehen wird.

Beratungsleistungen bei Trennung und Scheidung

Wie ernsthaft Kinderinteressen Berücksichtigung finden, bemisst sich zum einen an der Qualität und am Umfang von Bestimmungen und Gesetzen, die unmittelbar den beteiligten Kindern Rechte zuweisen, zum anderen aber auch an der Vielfalt geeigneter Angebote für Kinder und Jugendliche, am Alltagshandeln von Erwachsenen und insbesondere der Sozialarbeiter/innen, die – ausgestattet mit einem methodischen Rüstzeug – mit Familien arbeiten. Am Beispiel der Trennungs- und Scheidungsberatung wird die strukturelle wie inhaltliche Breite einer Leistung der öffentlichen wie freien Jugendhilfe deutlich. Für junge Menschen in der Situation einer Trennung oder Scheidung ihrer Eltern hat sich in der Gesetzgebung, in der Jugendhilfe und im Rollenverhalten von Müttern und Vätern einiges getan. Dennoch besteht im Interesse der betroffenen Kinder und Jugendlichen weiterhin ein Handlungsbedarf.

Eng mit der Festlegung materieller Rechte verbunden bleibt die Notwendigkeit, die im KJHG formulierten Leistungen für junge Menschen stärker herauszuheben und für diese auch zugänglich zu machen. Gemäß § 8 KJHG können sich Kinder und Jugendliche an die öffentliche wie freie Jugendhilfe wenden und ihre eigenen Anliegen einbringen. Bedeutung erlangt diese Vorschrift aber nur dann, wenn im Rahmen tatsächlicher Angebote und einer offensiven Öffentlichkeitsarbeit diese Möglichkeit größere qualitative wie quantitative Bedeutung erlangt. Gleiches gilt auch hinsichtlich der Beratung von Eltern im Trennungs- und Scheidungsverfahren nach § 17 KJHG. Auch hier muss sichergestellt werden, dass eine Vielzahl qualifizierter Angebote sozialraumnah vorgehalten und publik gemacht wird. Die Spannbreite reicht hierbei von der Einzelberatung bis zum Gruppeninterventionsprogramm für Eltern und Kinder.

In der Praxis der Jugendhilfe zeigen sich diesbezüglich mittlerweile einige verheißungsvolle Ansätze. Wenn noch vor wenigen Jahren die freie wie öffentliche Jugendhilfe nur sehr zögerlich darüber nachgedacht hat, ob überhaupt und wenn ja, in welcher Form und welchem Umfang Kinder und Jugendliche mit in das Geschehen eingebunden werden können und sollen, so sind heute einige, durchaus richtungsweisende Leistungen für junge Menschen bekannt. Aus dem KJHG ergibt sich generell ein klarer Handlungsauftrag für die Jugendhilfe (vgl. hierzu Münder et al. 1993) zur Beteiligung auch von Kindern und Jugendlichen an allen sie betreffenden Entscheidungen und zur Bereitstellung einer spezifischen Infrastruktur. In den Bereichen Jugendarbeit und Familienbildung benennt das KJHG ein rechtlich normiertes Fundament für solche Angebote.

Zu berücksichtigen gilt in diesem Zusammenhang, dass in aller Regel nicht nur die Eltern, sondern die jungen Menschen selbst als Beteiligte im Prozess auftreten. In variablen und flexiblen Settings müssen unterschiedliche Formen von Hilfen trägerübergreifend miteinander verknüpft werden, und zwar insbesondere unter Berücksichtigung

- eines von dem jungen Menschen vorgegebenen Tempos,
- seiner Wünsche nach persönlicher Kontinuität und Nähe sowie
- seiner Erwartungen an die Ausgestaltung der Hilfen.

Dem Konzept einer lebensweltorientierten Jugendhilfe folgend, müssen sich die Organisations- und Handlungsmuster der Jugendhilfe in Richtung auf ein flexibles, den individuell unterschiedlichen Bedürfnissen Rechnung tragendes Angebot hin weiterentwickeln. Dieses schließt eine grundsätzliche Überprüfung bzw. Infragestellung bisheriger (formeller) Angebotsformen ein und weist auf eine mögliche Neuverteilung von Aufgaben und Verantwortlichkeiten zwischen öffentlicher und freier Jugendhilfe hin. Für die Weiterentwicklung ergeben sich dabei folgende Leitorientierungen:

1. Umstrukturierung von standardisierten zu flexiblen, individuell variierbaren Angebotsformen,
2. nutzerorientierte Bündelung und Koordinierung von Leistungen statt partieller Leistungserbringung,
3. Berücksichtigung und Miteinbeziehung von informellen Unterstützungsstrukturen im Umfeld, anstatt die Adressat/innen als isolierte »Klient/innen« zu sehen, sowie
4. Umorientierung von der stillschweigenden Nutzung zur ausdrücklichen Interaktion mit informellen Unterstützungsnetzwerken.

Eine Beteiligung von jungen Menschen darf sich aber nicht nur auf eine bloße Anhörung des Kindes oder Jugendlichen oder auf eine kurze Routinebegegnung zwischen sozialpädagogischer Fachkraft und dem Kind im Rahmen eines Hausbesuches beschränken (eine solche Anhörung entfällt mit der Reform des Kindschaftsrechts). Vielmehr müssen betroffene Kinder und Jugendliche am Prozess der Reorganisation des familiären Systems (vgl. hierzu Fthenakis 1996a) intensiv beteiligt und zur Beteiligung befähigt werden. Es muss ihnen Hilfe und Unterstützung bei der Bewältigung ihrer Lebenssituation gewährt werden.

Ausdruck einer solchen Veränderung ist das neue Kindschaftsrecht. Die Reform war seit langer Zeit aus verfassungsrechtlichen, gesellschaftlichen und rechtsstaatlichen Gründen dringend geboten. Am 17.10.1997 wurde mit der Zustimmung des Bundestages der Gesetzgebungsprozess abgeschlossen. Das neue Kindschaftsrecht trat zum 1.7.1998 in Kraft. Eine wichtige Neuregelung ist die Einführung der gemeinsamen Sorge für geschiedene oder unverheiratete Eltern. Kinder erhalten zudem einen rechtlich verbrieften Anspruch auf Kontakt zu Mutter und Vater, wenn sie nicht zusammen leben. Beide Elternteile können zum Umgang mit dem Kind verpflichtet werden. Großeltern, Geschwister, Stiefelternteile oder auch frühere Pflegeeltern bekommen durch das Gesetz ebenfalls ein Umgangsrecht, wenn dies dem Wohl des Kindes dient.

Das Gesetz zur Reform des Kindschaftsrechts berücksichtigt an vielen Stellen Grundrechte, Bedürfnisse und Interessen des Kindes. Ein Paradigmenwechsel im Sinne einer konsequenten Orientierung am Kind ist dennoch mit dem Gesetz nicht gegeben. So fehlen z.B. verfahrensrechtliche Bestimmungen, die Kindern schon im Alter von 12 Jahren eigene Antragsrechte einräumen, sowie Regelungen, die eine Beteiligung von Kindern in den sie betreffenden Verfahren als zwingend vorsehen. So ist zweifellos eine Trennung und Scheidung für Kinder eine einschneidende und belastende Lebenssituation. Sie sind betroffen vom Verlauf und vom Ergebnis des Trennungs- und Scheidungsverfahrens. Die nun in § 1671 BGB festgeschriebene Regelung zum Sorgerecht – Übertragung der elterlichen Sorge allein auf Mutter oder Vater – ist aus der Perspektive der betroffenen Kinder mit der Gefahr verbunden, dass ihre Interessen nicht ausreichend Berücksichtigung finden. Mit dem Wegfall einer Entscheidung über das Sorgerecht als zwingendem Bestandteil eines Scheidungsverfahrens entfällt auch die Anhörung der betroffenen Kinder durch Jugendamt und Gericht.

Ein Zurück zur alten Staatsintervention sollte es dennoch nicht geben. Hilfreich für alle Beteiligten wäre vielmehr ein offensiver Umgang der Sozialarbeit mit diesem für alle Beteiligten in der Regel kritischen Lebensereignis. Die Gewährleistung einer guten sozialen Infrastruktur auf kommunaler Ebene in Verbindung mit einer Rechtsnorm, die Kindern nicht erst beim Umgangsrecht, sondern auch bei der Sorgerechtsentscheidung eigene Antragsrechte einräumt, bleibt als Forderung erhalten. Gerade in strittigen Scheidungsverfahren gewinnt diese in Verbindung mit klaren Vertretungsrechten eine besondere Bedeutung.

Kinder reagieren unterschiedlich auf die Herausforderungen, die die Trennung oder Scheidung der Eltern mit sich bringen. Die Reaktionen sind abhängig zum einen von den persönlichen Kompetenzen der Kinder oder Jugendlichen, zum anderen von den Ressourcen der Umwelt. Die Vielfalt möglicher Verhaltensweisen als Reaktion auf den Trennungsprozess der Eltern ist in der Literatur vielfach beschrieben worden (z.B. Fthenakis 1996b; Napp-Peters 1988; Wallerstein/Blakeslee 1989). Unmittelbare Reaktionen der Kinder auf den akuten Stress, den die Trennung der Eltern bzw. von einer Bezugsperson mit sich bringt, können als durchaus »gesunde« Reaktionen auf ein kritisches Lebensereignis und als hilfesuchende Signale der Kinder an ihre Umwelt betrachtet werden. Reaktionen auf chronische Stressoren eines Scheidungsprozesses dagegen haben häufig langfristige Folgen in der psychischen Entwicklung bis hin in das Erwachsenenalter.

Eltern sind in der besonderen Situation einer Trennung oder Scheidung meist mit ihren eigenen Problemen beschäftigt und oft nicht in der Lage, sich mit ihren Kindern hilfreich auseinander zu setzen. Im Wechselbad der Gefühle begegnen Eltern/teile ihren Kindern mal ohnmächtig, wütend, zornig oder traurig, mal streng und unnachgiebig, manchmal aber auch glücklicher als sonst. Junge Menschen fühlen sich in dieser Situation oft hilflos, allein gelassen, auf sich allein gestellt.

Kinder zeigen Erleichterung über das Ende unzähliger Auseinandersetzungen zwischen Vater und Mutter, äußern Selbstmordgedanken, plagen sich aber auch mit

Schuldgefühlen, heftigen Aggressionen, Wut und Zukunftsängsten. Viele hegen den Wunsch nach einer glücklichen Familie, nach Eltern, denen es gut geht. Sie suchen nach Wegen, sich mit dieser Situation zu arrangieren – oft als der/die Vermittler/in zwischen beiden Elternteilen oder als Bündnispartner/in.

Gerade in einer familialen Umbruchsituation brauchen Kinder und Jugendliche aber für eine positive Entwicklung ihrer Persönlichkeit, für die Förderung ihres Selbstwertgefühls und für eine Auseinandersetzung mit ihrer Umwelt die vorurteilsfreie kindorientierte Begegnung mit verlässlichen Personen. Sie benötigen Vertrauen, Zuneigung, Sicherheit und die Zuverlässigkeit von betreuenden Personen, Orientierungshilfen für ihr Leben und Identifikationsmöglichkeiten. Kinder bedürfen in dieser Situation Schutz vor destruktivem Streit und Gewalt in der Familie; sie brauchen die Möglichkeit, über ihre Gefühle und Probleme sprechen zu können.

Es muss davon ausgegangen werden, dass in den allermeisten Fällen junge Menschen an der Aufrechterhaltung der einzigartigen Eltern-Kind-Beziehung bzw. Kind-Großeltern-Beziehung interessiert sind. Es muss daher – auch im Zusammenwirken mit den jungen Menschen – nach Wegen gesucht werden, die geeignet sind, das jeweilige System für Veränderungen und für die Entwicklung neuer Beziehungsformen zu öffnen. Eine besondere Herausforderung liegt hier in der Notwendigkeit, Eltern und Kinder zu ermutigen, eine Veränderung ihres Systems anzustreben – und hierzu zählt dann nicht nur das System »Familie« als Mikrosystem, sondern auch das erweiterte soziale System (das Mesosystem), sofern eine Vertrauens- und Liebesbeziehung zu einzelnen Mitgliedern desselben bestand und besteht.

Ehescheidungen sind psychologisch als kein einheitliches Phänomen, kein Einzelergebnis, sondern als Prozess von Veränderungen anzusehen. Dieser Prozess verlangt enorme Anpassungsleistungen von allen Familienmitgliedern. Von daher ist auch ein flexibler Einsatz sich verändernder Settings in der Beratungsarbeit notwendig: Eltern allein, Eltern getrennt mit Kindern, Kinder allein, Eltern gemeinsam oder auch die gesamte Familie. Berater/innen haben bei Einbezug der Kinder nicht nur abstrakte Erläuterungen der Kinderinteressen oder vermittelte Botschaften zur Verfügung – sie können anhand direkter Bedürfnisäußerungen der Kinder sehr konkret und realitätsnah die Elternebene und die Elternverantwortung in der Beratung beleuchten.

Ziel der Beratung ist es, den Eltern zu helfen, ihre Probleme unter Berücksichtigung der Bedürfnisse der Kinder zu lösen und ihre Elternverantwortung wieder wahrzunehmen. Ein Einvernehmen der Eltern in diesen Punkten lässt sich am ehesten erreichen, wenn die Interessen und Bedürfnisse der Eltern und der Kinder, ihre Interessenkonflikte und die Lösungsmöglichkeiten geklärt werden. Auch Kinder sind an diesem Klärungsprozess – so weit möglich – aktiv zu beteiligen. Voraussetzung hierfür ist aber eine Kommunikationsfähigkeit und -bereitschaft. Die Akzeptanz einer einvernehmlichen Regelung ist langfristig am besten gewährleistet, wenn die Lösung die Interessen aller Beteiligter angemessen berücksichtigt. Der Schwerpunkt der Beratung liegt somit in vermittelnden Gesprächen mit und zwischen Eltern und Kindern. Gespräche müssen so geführt werden, dass alle Beteiligten Gelegenheit erhalten, ihre Sichtweise der Probleme und ihre Ziele darzustellen, während die anderen diese Darstellung in sich aufnehmen. Die Parteien sollen davon abgehalten werden, sich vergangenheitsorientierte Vorwürfe zu machen. Nach der Klärung der Streitpunkte sind Lösungsmöglichkeiten zu benennen und wahrscheinliche Konsequenzen zu prüfen.

Für den Beratungserfolg sind ein Kontrakt über den Rahmen des Beratungsprozesses (Zeiten, Wechsel von Einzel- und Familiengesprächen, Dauer der Beratung etc.) und eine gute Beziehung zum Kind von ausschlaggebender Bedeutung. Der Zweck der Beratung muss mit den Kindern – für diese verständlich – besprochen und die Vertraulichkeit der Gespräche mit dem Kind betont werden. Es hat sich in der Beratungspraxis als sinnvoll erwiesen, bei Kontakten nur mit dem Kind mit diesem gemeinsam durchzugehen, was den Eltern in welcher Form aus den Gesprächen mit ihm mitgeteilt werden kann.

Durch die Einbeziehung der Kinder in einen Beratungsprozess mit Eltern besteht die Chance, eine den Bedürfnissen der Kinder am besten gerecht werdende Alltagsregelung zu finden. Junge Menschen haben in einer Beratung oft erstmals die Gelegenheit, ihre Trauer über die Trennung von einem Elternteil, ihre Ängste um sich und die Eltern oder die Furcht zu äußern, in schwierigen Alltagssituationen allein zu sein. Kinder fühlen sich an der Trennung ihrer Eltern (mit-)schuldig. Hilfreich ist es für Kinder, wenn sie die Möglichkeit erhalten, die Gefühle angstfrei in einer professionellen Beziehung zu äußern. Beratung heißt hier, einen »Zug« anzubieten, in dem das Kind in bekannter Umgebung und auf sicheren Gleisen mitfahren kann. Der Berater ist in diesem Zug für eine begrenzte Zeit Begleiter auf einer Reise mit einem häufig noch unbekannten Ziel.

Förderung, Schutz und Möglichkeiten einer Beteiligung brauchen vor allem Kinder, die übermäßig Rücksicht auf ihre Eltern nehmen und meinen, ihnen Trost, Sicherheit und Halt geben zu müssen. Wenn in diesen Situationen das primäre Netzwerk, also Freunde, Bekannte, Verwandte etc., nicht zur Verfügung steht oder stehen kann, dann ist die öffentliche und/oder freie Jugendhilfe gefordert, diesen jungen Menschen Begleitung und Unterstützung anzubieten. Die aus der Praxis bekannten Angebote (vgl. z.B. Fthenakis et al. 1995; Projekt KUGEL 1996; Trialog e.V. in Münster) weisen auf eine Palette von Formen hin, die sich hinsichtlich der Zielgruppe sowie ihrer Inhalte und methodisch-didaktischen Ausrichtung unterscheiden, insgesamt aber den Kindern und Jugendlichen eine gute Begleitung nicht nur in Hinblick auf die Bewältigung der aktuellen Situation, sondern auch in Hinblick auf eine Kompetenzerweiterung im Umgang mit kritischen Lebensereignissen zu gewähren in der Lage sind.

Neben Unterstützungsleistungen für Kinder, Jugendliche und Eltern/teile im Rahmen von Einzel- bzw. Familiengesprächen erweisen sich Gruppenangebote für Kinder und Jugendliche als formloses Angebot des Jugendamtes oder der in diesem Bereich tätigen freien Träger der Jugendhilfe als hilfreich. Solche Angebote für Kinder und Jugendliche in der Situation während einer Trennung/Scheidung sind mittlerweile im bundesrepublikanischen Raum entwickelt und in der Praxis überprüft worden (z.B. Gruppeninterventionsprogramm für Kinder mit getrennt lebenden oder geschiedenen Eltern; Fthenakis et al. 1995). Gruppenarbeit mit Kindern bietet Raum für die Aktivierung von Selbsthilfekräften und fördert den Austausch von Erfahrungen, Sorgen und Wünschen der beteiligten Kinder. Ziel dieser Interventionsprogramme ist es, Kinder und Jugendliche vor und in einer kritischen Lebenssituation durch

- Erwerb eines kognitiven Verständnisses für bestimmte Veränderungen,
- Vermittlung von Situationsbewältigungsstrategien,
- Förderung positiver (Selbst-)Wahrnehmungen,
- Vermittlung und Aufbau neuer sozialer Netzwerke sowie
- Öffnung von Zugängen zu Gefühlen und Empfindungen

zu stärken. Diese Programme haben bei kritischen Lebensereignissen wie der Veränderung des familialen Systems durch Scheidung bewährt. Die hier gemachten Erfahrungen lassen sich auch auf andere Lebensereignisse, wie z.B. Geburt oder Tod eines Geschwisterkindes, übertragen.

Der Deutsche Kinderschutzbund Landesverband Nordrhein-Westfalen (DKSB) hält mit dem bundesweit bekannten Projekt KUGEL (1996) ein Angebot vor, an dem interessierte Initiativen und Organisationen auf kommunaler Ebene (z.B. Jugendämter) teilhaben können. Durch ein »Tandem-Verfahren« sichert der DKSB eine gute Kooperation mit örtlichen Trägern der Jugendhilfe und schafft damit zum einen ein dezentrales, sozialraumorientiertes Angebot für Kinder, Jugendliche und Eltern in der Situation einer Trennung und Scheidung sowie zum anderen die Partizipation eines Trägers an den Erfahrungen der KUGEL in der Durchführung solcher Gruppen. Das »Tandem-Verfahren« eröffnet dem örtlichen Träger eine Erfahrung, aus der heraus er zukünftig alleine weitere Gruppen anbieten und durchführen kann.

Die im Folgenden dargestellten Ansätze haben sich in der Praxis der Sozialarbeit bewährt. Sie sollen Mut machen, den bekannten Weg einer Beratung im Rahmen von Einzel- oder Familiengesprächen mit Eltern/teilen zu verlassen und entsprechend eigener Stärken und Schwächen neue Wege – auch im methodischen Handeln – zu gehen. Die genannten Ansätze sind als Anregung und Ausgangspunkt für eine Weiterentwicklung zu verstehen.

Gesprächsgruppen für betroffene Eltern/Elternteile

In der Gesprächsgruppe können Eltern/teile Unterstützung bei der Bewältigung der Aufgabe erfahren, trotz aufgelöster Partnerschaft weiterhin ihre Rolle als Mutter bzw. Vater zur eigenen sowie zur Zufriedenheit ihrer Kinder wahrzunehmen. Im Vordergrund steht hier die Entwicklung von Selbsthilfekompetenzen und einer Bereitschaft zum gemeinsamen Aushandeln neuer Beziehungsmuster und -strukturen im Interesse der Kinder.

Das Angebot gliedert sich in Blöcke mit unterschiedlichen inhaltlichen Schwerpunkten. Im Vordergrund steht die Vermittlung von Informationen. Die methodisch-didaktische Gestaltung der Veranstaltungen ist auf einen möglichst lebendigen teilnehmerorientierten Einbezug der Eltern/teile ausgerichtet. Unter Beteiligung verschiedener Fachreferent/innen können folgende Themen angeboten werden:

- Mögliche Reaktionen von jungen Menschen auf Trennung und Scheidung der Eltern.
- Eigene Betroffenheit: Ohnmacht, Stärke, Hilflosigkeit, Wut ...
- Trennung/Scheidung als eine Etappe in Familienentwicklungsprozessen.
- Wirtschaftliche (steuerrechtliche und allgemeine finanzielle) Aspekte einer Trennung/Scheidung.
- Familienrechtliche Aspekte einer Scheidung.
- Formen familialer Gemeinschaften (Ein-Eltern-Familie, Stieffamilie, Patchwork-Familie etc.).
- Möglichkeiten und Grenzen der Jugendhilfe bei der Bewältigung von Problemen.
- Nutzung informeller Unterstützungsstrukturen im sozialen Umfeld der Familie bzw. einzelner Familienmitglieder.

Angesprochen werden Eltern/teile, die sich in persönlicher Betroffenheit mit den unterschiedlichen Aspekten einer Trennung/Scheidung auseinander setzen wollen. Adressat/innen sind aber auch Eltern/teile, die bereits die Trennung vollzogen haben und sich nun mit den verschiedenen Aspekten und Konsequenzen beschäftigen wollen.

Die Seminarreihe wird in Verantwortung einer sozialpädagogischen Fachkraft vorbereitet und von ihr geleitet. Zusätzlich können Fachkräfte aus unterschiedlichen Arbeitsfeldern (Beratungsstellen, Jugendhilfe, Allgemeiner Sozialer Dienst, Familiengericht) und Professionen (Sozialarbeiter/innen, Diplom-Psycholog/innen, Steuerberater/innen, Familienrichter/innen etc.) zu einzelnen Blöcken hinzugezogen werden.

Pädagogische Arbeit mit Kindern in Trennungs-/Scheidungssituationen

Während der Trennungs- oder Scheidungsphase werden für Kinder Stabilität, Kontinuität und Verlässlichkeit von sozialen Gefügen grundlegend infrage gestellt. Sie erleben häufig eine tiefe Verunsicherung und eine existenzielle Bedrohung. Eine Kindergruppe kann jungen Menschen bei der Bewältigung dieser kritischen Umgestaltungsphase Hilfe und Unterstützung bieten.

Ein umfassendes Gruppenprogramm für Kinder mit getrennt lebenden oder geschiedenen Eltern erschien 1995 für den deutschsprachigen Raum (Fthenakis et al. 1995). Das Angebot richtet sich an Jungen und Mädchen der Altersgruppe der Sieben- bis Neun-Jährigen bzw. der Neun- bis 12-Jährigen. Da es sich hier um eine Leistung im Rahmen der Familienbildung handelt, werden keine Kinder berücksichtigt, die therapeutische Hilfen benötigen. Wenngleich mit diesem Angebot auch Kinder und Eltern in einer Krise erreicht werden können, handelt es sich hier um kein therapeutisch geprägtes Programm.

Die Kinder treffen sich über ca. 12 Nachmittage für je anderthalb Stunden im Kreis von gleichaltrigen Kindern. Für die Zusammenkünfte mit den Kindern wird eine wiederkehrende Struktur aus folgenden vier Blöcken angestrebt:

1. Einstiegsphase (Befindlichkeitsrunde, Vorstellung des Themas und der Übungen),
2. Bearbeitung eines Themas (Durchführung von Übungen, Rollenspiele, Erarbeitung von Erzähltexten etc.),
3. Pause (mit Getränken und Keksen),
4. Abschlussphase (Zusammenfassung der Inhalte und Arbeitsergebnisse aus Block 2, gegebenenfalls für eine »Gruppenzeitung«, Zublinzelspiel, Abschlussritual).

Übungen, Spiele etc. und die von der Gruppenleitung vorgestellten Themen sind so gewählt, dass sie in der Regel abseits eines therapeutischen Gestaltungsrahmens von den jungen Teilnehmer/innen bewältigt werden können. Um mit den jungen Menschen in Kontakt zu kommen, haben sich in der Praxis einige Methoden bewährt:

- Entwickeln von Fantasiegeschichten,
- Rollenspiele mit Familienpuppen,
- Malen von Familienbildern sowie
- Stellen eines Familienbrettes.

Ziel der Gruppe ist es, die Gefühle, die Fragen und die Sorgen der Kinder zu erkennen und anzusprechen sowie – zusammen mit den anderen Kindern – nach Wegen der Erleichterung zu suchen. Die Gruppe bietet Kindern:

- eine emotionale Unterstützung bei ihren individuellen Problemen,
- Hilfe zur Stabilisierung ihres Verhaltens und zur Bewältigung der mit der Trennung/Scheidung entstandenen Situation,
- eine Stärkung ihres Selbstwertgefühls sowie
- die Möglichkeit, sich mit ihren erfüllbaren und nicht erfüllbaren Wünschen auseinander zu setzen.

Die Zusammenarbeit mit den Eltern, deren Kinder an der Gruppenarbeit teilnehmen, ist integraler Bestandteil dieses Konzeptes. An vier Elternabenden werden Informationen über das Kinderprogramm vermittelt, die Auseinandersetzung mit eigenen und kindlichen Reaktionen auf Trennung und Scheidung ermöglicht sowie geschlechtsspezifische Wünsche und Bedürfnisse ausgetauscht. Konzeptionell gewährleistet ist, dass persönliche Aussagen der Kinder nicht an die Eltern weitergegeben werden.

Prinzipien und neue Entwicklungen

Spätestens mit der Diskussion über den Achten Jugendbericht (1990) der Bundesregierung ist für die Jugendhilfe klar, dass das professionelle Handeln sich an den unterschiedlichen Lebenswelten der Bürger/innen einer Region zu orientieren hat. Professionelles Handeln in der Sozialarbeit bedeutet demzufolge nicht mehr, das Kindeswohl nach Maßgabe einer bei Richtern und Sozialarbeiter/innen liegenden Definition zu sichern, sondern Mütter und Väter in der Wahrnehmung ihrer Verantwortung zu unterstützen und Kindern zu ihren Rechten zu verhelfen. Mitarbeiter/innen der Jugendhilfe sind nicht berufen, den Mitgliedern des Systems Familie ihr Verständnis von Familie oder von Vater-/Muttersein als allein gültige Maßgabe für die Sicherung des Kindeswohls aufzuoktroyieren.

Ein solcher Paradigmenwechsel in der Jugendhilfe – der durch das KJHG ein rechtliches Fundament bekam – bedeutet konsequenterweise, dass die Frage, wie Eltern ihre Verantwortung gegenüber ihren Kindern wahrnehmen, vorrangig keine Antwort von Sozialarbeiter/innen oder auch von Rechtsanwält/innen oder Richter/innen erfordert, sondern einen Prozess der Neuorganisation des familialen Systems durch seine Mitglieder selbst. Ein solcher Prozess sollte dabei durch miteinander vernetzte Angebote interdisziplinär begleitet werden. Selbstverständlich gilt dies nicht bzw. nur eingeschränkt bei dem Verdacht einer Kindeswohlgefährdung gemäß § 1666 BGB.

Fachkräfte der öffentlichen wie freien Jugendhilfe verstehen sich nicht mehr als Gutachter, sondern als Vermittler und Wegbereiter für einen Dialog zwischen Familienmitgliedern. Es gilt, Eltern zu befähigen, die Situation ihrer Kinder in einer Trennungs-/Scheidungssituation zu sehen und im Handeln zu berücksichtigen. In diesem Sinne zeigt sich zunehmend deutlicher, dass Fachkräfte der Jugendhilfe bereit sind, sich auf einen Arbeitsansatz einzulassen, der sich durch die Bereitschaft auszeichnet, Kinder, Jugendliche und Eltern lebensweltorientiert, d.h. niederschwellig, anzusprechen (z.B. Beratungsgespräche in den Abendstunden, Gruppengespräche, Begegnungen im Stadtteilcafé).

Hoffnung im Interesse der betroffenen Kinder wecken auch Berichte von Eltern, Erklärungen von Rechtsanwält/innen und Äußerungen von Praktiker/innen der Jugendhilfe bezüglich von Mitgliedern einer Berufsgruppe, der ehedem blinde Parteilichkeit nur für ihre Mandanten nachgesagt wurde: In zunehmendem Maße beteiligen sich Rechtsanwält/innen partiell an Familiengesprächen unter der Moderation von Mitarbeiter/innen der Jugendhilfe, motivieren Mandant/innen zu Gesprächen mit Psycholog/innen und sozialpädagogischen Fachkräften und verstehen es, die Unterschiede zwischen der Ebene der Trennung als Paar und der Ebene der Trennung als Eltern in Beratungsprozessen zu verdeutlichen.

Rahmenbedingungen für eine lebensweltorientierte Fachlichkeit

Familienorientierte Beratung wird parteilich dann, wenn auch die Rechte von Kindern und Jugendlichen in Verbindung mit einer Akzeptanz ihres eigenen Lebensstils Berücksichtigung findet. In diesem Zusammenhang wird § 36 KJHG zu einer neuen Herausforderung für die Jugendhilfe.

Es muss gelingen, die bereits im Achten Jugendbericht (1990) der Bundesregierung formulierten Strukturmaximen endlich konsequent umzusetzen. Die Weiterentwicklung des örtlichen Hilfsangebots mit dem Schwerpunkt flexibler, differenzierter und bedarfsgerechter Hilfen ist in folgenden drei Bereichen zu sehen:

1. Entlastung und Unterstützung für familiale Versorgungs- und Erziehungsleistungen (z.B. im Rahmen von niederschwelligen Beratungsangeboten für Familien, gemeinwesenorientierten Schulhilfen, regionalen Freizeitangeboten und Erholungsmaßnahmen);
2. Kompensation familialer Versorgungs- und Erziehungsleistungen (z.B. durch gezielte Hilfen im Sinne einer Sonderförderung, durch personenbezogene Beschulung, durch Tagesgruppenangebote, Gruppenarbeit oder auch durch Einzelbetreuungen);
3. Ersatz und außerfamiliale Ergänzung familialer Versorgungs- und Erziehungsleistungen (z.B. durch Unterbringung in betreuten Wohnformen, in Heimerziehung, Erziehungsstellen, Familienpflege).

Bei der Weiterentwicklung gilt es vorrangig, Hilfsangebote mit starkem regionalen Bezug zum Lebensfeld der Familien zu entwickeln. Gerade hier sind freie Träger gefordert, neue Schwerpunkte zu setzen. Für die Konzeption örtlicher Hilfsangebote ergeben sich zwei Forderungen:

1. Entlastung und Unterstützung müssen frühzeitig und niederschwellig zur Verfügung stehen. Sie sollten von Eltern, insbesondere aber auch von Jugendlichen und Kindern, ortsnah und ohne zusätzliche soziale Belastungen in Anspruch genommen werden können.
2. Kompensation und gegebenenfalls Ersatz familialer Versorgungs- und Erziehungsleistungen müssen sich flexibel an die individuellen Lebenssituationen, an Krisen und Ausfälle anpassen. Entsprechend dem Wohl des Kindes bzw. Jugendlichen muss so viel wie möglich der verbleibenden Familienbeziehung bzw. sozialen Umgebung erhalten bleiben.

In Zusammenhang mit diesen Aufgaben kommt dem Bezirkssozialdienst bzw. Allgemeinen Sozialen Dienst eine zentrale Rolle bei der Gestaltung einer Jugendhilfe als infrastrukturelle Leistung zu. Zum einen stellen diese Dienste selbst

- als Basis-Sozialdienst mit entsprechenden Aufgaben,
- als Sensor für soziale Lebens- und Problemlagen,
- als erstberatende Instanz,
- als Betreuungsinstanz,
- als Moderator eines Hilfeplanungsprozesses sowie
- als Vermittlungsinstanz zu intensiveren Hilfsangeboten

einen wesentlichen Bestandteil der Jugendhilfeinfrastruktur dar (vgl. hierzu Gintzel/Güthoff/Schone 1991). Von daher ist es zunächst einmal im Interesse einer wirkungsvollen Jugendhilfe wichtig, über einen leistungsfähigen Bezirkssozialdienst zu verfügen. Zum anderen bedarf es allerdings - wie bereits an anderer Stelle ausgeführt - der Entwicklung und des Aufbaus ortsnaher, differenzierter und flexibler Angebote, die den Zielen und Standards des KJHG und den Strukturmaximen einer lebensweltorientierten Jugendhilfe - Prävention, Regionalisierung, Alltagsorientierung, Integration und Partizipation - verpflichtet sind.

Wahrnehmung eines generellen Einmischungsauftrags

Es besteht Einigkeit darüber, dass der Sozialstaat mit seinen unterschiedlichen Netzen für Kinder, Jugendliche und Eltern an Kraft verliert. Es sind klare und eindeutige Schritte auf der politischen Ebene vonnöten, die z.B. der wachsenden Armut von Familien ein Ende setzen. Hier ist Politik gefordert. Freie wie öffentliche Träger der Jugendhilfe müssen über den engen Zuständigkeitsbereich des eigenen Ressorts hinaus im Interesse von Kindern und Jugendlichen auch in andere gesellschaftliche Bereiche hineinwirken, für die nach traditionellem Jugendhilfeverständnis andere Politikfelder, Ämter oder Institutionen zuständig sind. Insbesondere das institutionelle Hineinwirken in für junge Menschen und Familien zentrale Felder wie Schule, Ausbildung, Arbeitsmarkt, Bau- und Wohnungspolitik oder Stadtentwicklung - also in Bereiche, in denen wesentliche Infrastrukturleistungen für das aktuelle Aufwachsen junger Menschen und für ihre zukünftigen Lebenschancen bzw. ihre zukünftige Lebensqualität erbracht werden - stellt einerseits eine Lobbytätigkeit für Minderjährige dar. Andererseits wird das Handlungsspektrum der Jugendhilfe um die Dimension der kontinuierlichen Einmischung in andere Politikfelder zur Gewährleistung oder Schaffung einer sozialen Infrastruktur erweitert, die den Leitzielen des § 1 KJHG Geltung verschaffen kann.

Weiterentwicklung einer sozialen wie jugendhilfespezifischen Infrastruktur

Die grundsätzliche Überprüfung bzw. Infragestellung bisheriger Angebotsformen eröffnet die Möglichkeit, darüber nachzudenken, in welcher Weise ein Transfer der Erfahrungen mit den Bezirkssozialdiensten (ASD) auf andere Einrichtungen geleistet werden kann. Zu denken ist hier z.B. an Angebote der Jugendarbeit, in Jugendhäusern Leistungen wie Gruppenarbeit mit Kindern und Jugendlichen in der Situation einer Trennung/Scheidung ihrer Eltern vorzuhalten.

Die traditionelle Spaltung der Jugendhilfe in Jugendförderung und Jugendfürsorge gilt es noch immer zu überwinden und sie nicht erneut im Gewand des KJHG zu reproduzieren. So muss es beispielsweise neben Bildung, Betreuung und Erziehung auch zur Aufgabe und zum Selbstverständnis von Jugendarbeit gehören, besondere Unterstützungsmaßnahmen für Kinder oder Familien in Not- und Krisensituationen zu entwickeln und gegebenenfalls im eigenen Handlungskontext in Kooperation mit Fachkräften aus den Bereichen »Förderung der Erziehung in der Familie« oder »Hilfen zur Erziehung« umzusetzen.

Jugendlichen, die vom Jugendhilfesystem ausgegrenzt oder noch nicht erreicht werden, sowie Mädchen und Jungen, die in ihrem Leben kaum befriedigende und kontinuierliche Beziehungen und Zugehörigkeiten entwickeln konnten, muss größere Aufmerksamkeit geschenkt werden. Junge Menschen in problemverdichteten Milieus oder auch Jugendliche mit Gewalterfahrungen brauchen niederschwellige Angebote, die Optionen auf weitere Leistungen eröffnen. Es gilt, die in der Praxis häufig noch vorherrschende »Versäulung«, d.h. die im Gesetz getrennt voneinander normierten Leistungsbereiche – Jugendarbeit, Förderung der Erziehung in der Familie, Hilfen zur Erziehung –, aufzulösen. Diese »Versäulung« reproduziert sich auch bei den freien Trägern, die entweder nur in einem Bereich – Jugendarbeit, Kinderförderung oder Hilfen zur Erziehung – tätig sind oder, wenn es sich um größere Träger handelt, mehrere Bereiche abdecken und diese durch interne Strukturen wieder voneinander abschotten.

Ansätze zu einer leistungsbereich-übergreifenden Vernetzung lassen sich vielerorts immer deutlicher erkennen. Mitarbeiter/innen aus dem Bereich der öffentlichen wie freien Jugendhilfe beschreiben immer deutlicher das Bild eines Sozialleistungszentrums, in dem die genannten Säulen verschwimmen bzw. im Rahmen einer ganzheitlichen Zuständigkeit eines Teams für eine bestimmte Region oder einen bestimmten Bezirk miteinander verschmolzen werden. Zu einer auch konzeptionell verankerten Vernetzung zwischen den Bereichen der offenen Jugendarbeit, der Förderung der Erziehung in der Familie – in der Regel beim Allgemeinen Sozialen Dienst angesiedelt – und den Hilfen zur Erziehung kommt es auf kommunaler Ebene z.B. schon da, wo Jugendhilfezentren ihre Arbeit aufnehmen.

Aufgabe des Jugendamtes ist es, mit den Leistungsträgern von Angeboten und Unterstützungsleistungen in einen fachlichen und fachpolitischen Dialog über die konkrete Umsetzung der gesetzlichen Vorgaben zu treten. Entscheidend ist hierbei, dass die Jugendhilfeplanung nicht zu einem Verteilungskampf der Träger und Verbände wird, sondern dass man kontinuierlich das Ziel verfolgt, sich – durchaus nach Kontroversen über den »richtigen Weg« – verbindlich auf die Gestaltung und Umsetzung eines problemangemessenen und bedarfsgerechten Angebots zu verständigen.

Kollegiale Beratung und Stärkung des Bezirkssozialdienstes

Mit Einführung des KJHG mussten sich auch innovationsresistente Sozialarbeiter/innen mit der Notwendigkeit einer Zusammenarbeit mit anderen Fachkräften auseinander setzen. Seit dem 1.1.1991 (in den neuen Bundesländern schon ab dem 3.10.1990) kommt dem Zusammenwirken mehrerer Fachkräfte gemäß §§ 36, 37 KJHG eine besondere Bedeutung zu. Eine durch das Gesetz normierte Kultur der fachlichen Absicherung von Entscheidungen berührte auch andere Leistungsbereiche der sozialen Arbeit. Die kollegiale Beratung erlebte eine Aufwertung in der Praxis der sozialen Arbeit. Als ein Konzeptelement zur qualifizierten Gestaltung von Beratungsprozessen wurde diese Methode in zahlreichen Jugendämtern eingeführt. Dieses Element geht weit über das hinaus, was sich in den letzten Jahren als Kultur einer Entscheidungsfindung bei der Gewährung von Hilfen in der bundesrepublikanischen Jugendhilfe herausgebildet hat.

Historisch betrachtet wird mit der kollegialen Beratung eine Praxis beendet, die sich als eine einsame und enge Entscheidung von Fachkräften der Jugendhilfe beschreiben lässt. Folgenreiche Gespräche z.B. nur mit dem gerade aus der gemeinsamen Wohnung ausgezogenen Vater oder nur mit dem Kind – geheim und ohne Rücksprache mit den Eltern z.B. zur Frage, wer denn was zukünftig zu unternehmen plant – wurden im Alltag der Jugendhilfe häufig einsam im Sinne von »einzeln« vorbereitet. Gelegentliche Team- oder Tür-und-Angel-Gespräche mit Kolleg/innen sowie Rücksprachen mit Vorgesetzten über eine angemessene Vorgehensweise oder die häufig praktizierte Kultur der Verschiebung von Unsicherheiten und Problementscheidungen hin zur Leitung mindern diesen Tatbestand nur geringfügig. Wertet man die Arbeitspraxis von Sozialarbeiter/innen in den Jugendämtern bundesweit aus, so wird die Enge im methodischen Handlungsrepertoire und von Entscheidungen an der Zahl der in einer Kommune zur Verfügung stehenden Maßnahmen und Hilfeformen sichtbar (stehen in der Kommune z.B. neben einer formlosen Beratung durch eine völlig überlastete Mitarbeiterin auch Gruppenangebote für Mütter und Väter in der Situation einer Trennung und Scheidung zur Verfügung).

Vor diesem Hintergrund macht es Sinn, die Kompetenzen und Erfahrungen der Fachkräfte zu nutzen und den Gedanken der Teamarbeit – so wie bereits 1976 in den Empfehlungen des Deutschen Vereins für öffentliche und private Fürsorge konzipiert – im Sinne einer neuen Kooperationsform zu erweitern. Kollegiale Beratung ist eine anspruchsvolle Arbeitsform, die den fachlichen Anforderungen des KJHG, in dem beispielsweise das Zusammenwirken mehrerer Fachkräfte gefordert wird, gerecht wird. Die Ansprüche richten sich sowohl an eine Veränderung von Entscheidungs- und Legitimationsabläufen in der Verwaltung als auch an die fachlichen Kompetenzen der Mitarbeiter/innen bezüglich Kooperation, Flexibilität und methodischem Handeln. Eine besondere Bedeutung erhält dieses Konzept durch die gesetzliche wie fachliche Notwendigkeit, Eltern, Kinder und Jugendliche an allen sie betreffenden Entscheidungen zu beteiligen. Und dies gilt nicht nur für Entscheidungen gemäß §§ 27ff. KJHG (vgl. hierzu Münder et al. 1993, S. 144).

Kooperation im Sinne einer kollegialen Beratung zwischen den beteiligten Fachkräften eines Hilfeprozesses fordert

1. Polarität im Denken und Handeln, d.h., es wird eine Arbeitsform eingeführt, in der in Polaritäten (sowohl – als auch) und nicht in Dualitäten (entweder – oder) gedacht wird. Beratung und Entscheidung, Kollegialität und Fachlichkeit, Hilfe und Kontrolle sind Pole in einem Spannungsfeld, in dem sich Fachkräfte der sozialen Arbeit bewegen und zielgerichtet verhalten müssen.
2. Übernahme von Fachverantwortung, d.h., die Sozialarbeiter/innen sind für ihren »Fall« fachlich voll verantwortlich und müssen die Qualität der Beratung fordern und sichern. Hierbei müssen sie nicht nur sozialpädagogische Standards einer qualifizier-

ten Jugendhilfe, sondern auch die hierfür bereitgestellten Finanz- und Zeitbudgets im Blick haben.

3. Übernahme einer Prozessverantwortung, d.h., Basissozialarbeiter/innen und Leitungsfachkräfte müssen jeweils ihren Beitrag zum Aufbau und zur Sicherung einer effizienten Kooperation leisten. Gerade im Rahmen dieser Prozessverantwortung muss (1) die Einhaltung von Vereinbarungen zu Ort, Zeit und Arbeitsform, (2) eine Unterstützung bei der ständigen Verbesserung der Arbeitsqualität, (3) eine fachlich fundierte Rückmeldung zu Wahrnehmungen, Einschätzungen und Handlungen von Kolleg/innen bezüglich ihrer Arbeit mit Kindern und Jugendlichen sowie (4) ein auf Partnerschaftlichkeit ausgerichteter Aushandlungsprozess zwischen Fachkräften des Bezirkssozialdienstes sowie Eltern und Kindern gewährleistet werden.

Ein so gestalteter Beratungs- und Entscheidungsprozess ist ein Organisations- und Arbeitsprozess, der hohe Anforderungen an Leitung, Kollegialität sowie das menschliche und fachliche Handeln gegenüber den Leistungsberechtigten stellt. Die Entwicklung einer solchen Arbeitskultur kann nur gelingen, wenn Menschen mit Visionen, mit dem Streben nach kritischer Reflexion und Veränderung alter Strukturen sowie mit Interesse an einem kollegialen Zusammenwirken mit dem Ziel, neue Wege im professionellen Handeln zu finden und durchzusetzen, zusammenkommen.

Zur Fachlichkeit gehört aber auch, sich einem systemischen Wahrnehmungs- und Handlungskonzept zu verpflichten, ohne eine Parteilichkeit zugunsten der Kinder und Jugendlichen aufgeben zu müssen.

Familienorientierte Hilfen – Überlegungen zu ihrer Zukunft

Es ist nicht verwunderlich, wenn sich die Sozialarbeit immer stärker gefordert sieht, bekannte Hilfeformen zu reformieren und neue Methoden zu entwickeln. Angesichts der nicht nur individuell, sondern insbesondere gesellschaftspolitisch zu verantwortenden Belastungen von Familien stoßen anerkannte »Reparaturbetriebe« der freien und öffentlichen Jugendhilfe immer häufiger an ihre Grenzen im Bemühen, das System Familie zu stärken und zu reorganisieren: Da, wo Armut den Alltag bestimmt, kann nur schwer Selbstbestimmung proklamiert werden. Da, wo Gewalt das Miteinander im Stadtteil prägt, kann nur ansatzweise das gewaltfreie Miteinander in der Familie Früchte tragen. Da, wo Selbstverwirklichung für Mann und Frau abseits der Familie Wirklichkeit wird, reicht ein Verweis auf das Treuegelöbnis nicht mehr.

Die Herausforderung liegt vielmehr darin, in Kenntnis dieser Situation und dieser gesellschaftlichen Veränderungen mit den Möglichkeiten der Sozialarbeit zu reagieren. Es gilt, den bereits beschrittenen Weg des Auf- und Ausbaus einer allgemeinen sozialen wie jugendhilfespezifischen Infrastruktur weiterzuentwickeln (Institut für soziale Arbeit 1995). Die Möglichkeit, Familien und ihre einzelnen Mitglieder im Alltag zu erreichen, muss weiter ausgebaut werden. Insbesondere der Gestaltung von familienunterstützenden Maßnahmen, wie z.B. Beratung in Trennungs- und Scheidungssituationen, betreutes Umgangsrecht und Entwicklung zielgruppenspezifischer Angebote (wie Freizeiteinrichtungen für Mädchen, Gruppenangebote für Kinder in Trennungs- und Scheidungssituationen usw.), wird in den nächsten Jahren größere Aufmerksamkeit erhalten. Gerade vor dem Hintergrund der aktuellen Partizipationsdebatte stehen den Kindern und Jugendlichen klar verankerte Mitwirkungs- und Mitsprachemöglichkeiten zu.

Bei all dem darf nicht vergessen werden: Die Dominanz des Restaurativen muss ersetzt werden durch die Dominanz des Präventiven. Wie eingangs ausgeführt, ist hier nicht nur die Sozialarbeit, sondern insbesondere auch die Politik gefordert. Die Gefahr ist groß, dass Erwachsene – viele Eltern, insbesondere aber auch Akteure in der Sozialarbeit – eisern nach der Devise »Kinder zuerst« handeln, aber in der Ökonomie und Politik diese Devise fast keine Bedeutung erfährt. Auch die Politik propagiert, dass Kinder in Freiheit und Demokratie erzogen werden müssen, aber gleichzeitig reduziert sie regional familienorientierte Unterstützungs- und Beratungsleistungen durch eine radikale Rotstiftpolitik im sozialen Bereich.

Während naive Zeitgenossen noch den Abbau der staatlichen Bürokratie bejubeln, beginnen zunehmend mehr Betroffene vor Ort und Sozialarbeiter/innen an der Basis zu begreifen, was es heißt, wenn Kindergartenplätze teurer werden, Gruppenfrequenzen heraufgesetzt werden und der Personalschlüssel in den Einrichtungen reduziert wird, wenn Jugendhäuser und Beratungsstellen schließen müssen, wenn erzieherische Hilfen immer zurückhaltender gewährt und Zuschüsse für Verbände der Kinder- und Jugendhilfe reduziert oder gestrichen werden.

Die Familie ist am Ende – die Familie lebt, und damit hat auch die familienorientierte Hilfe eine Zukunft. Sowohl als Angebot an Familien als auch als Hilfeform ist sie nicht vom Aussterben bedroht. Die gesellschaftliche Anforderungen an Familie machen ein neues Verständnis von den Möglichkeiten und Grenzen dieses Systems und dieser Hilfeform nötig. Weder das Schönreden noch das Totreden der heutigen Familie ist angemessen. In der Familienforschung hat die Vielfalt unterschiedlicher Familienformen bereits Anerkennung gefunden. Wenn es gelingt, dem Familienbild aus der bekannten »Rama«-Werbung ein neues und der Realität entsprechendes Familienbild entgegenzusetzen, wird es auch wieder leichter gelingen, Personen für die familienorientierte Hilfeform zu begeistern. Natürlich brauchen diese Familien Rahmenbedingungen, die dem gesellschaftlichen Zeitgeist einer materiellen Sicherung, einer Beteiligung an allen sie betreffenden Angelegenheiten etc. entsprechen.

Literatur

Achter Jugendbericht. Drucksache 11/6576. Bonn: Deutscher Bundestag 1990

Arbeitsgemeinschaft der Spitzenverbände der Freien Wohlfahrtspflege des Landes Nordrhein-Westfalen: Bestandserhebung sozialer Beratungseinrichtungen in NRW. Münster: Selbstverlag 1996

Bienemann, G.: Gefahren auf dem Psychomarkt – Was bedeutet Prävention? Münster: Votum 1997

Bundeskriminalamt (Hrsg.): Polizeiliche Kriminalstatistik 1991–1996. Wiesbaden: Selbstverlag 1997

Deutscher Verein für öffentliche und private Fürsorge: Empfehlungen zur Teamarbeit in Sozialen Diensten. Frankfurt/Main: Eigenverlag 1976

Deutsches Kinderhilfswerk e.V.: Berliner Appell zur »Kindergesundheit«. Berlin: Selbstverlag 1997

Fthenakis, W.E./Niesel, R./Griebel, W.: Interventionsansätze zur Ehescheidung. Zeitschrift für Familienforschung 1991, 3, S. 52–61

Fthenakis, W.E. u.a.: Gruppeninterventionsprogramm für Kinder mit getrennt lebenden oder geschiedenen Eltern. TSK Trennungs- und Scheidungskinder. Herausgegeben von der LBS-Initiative Junge Familie. Weinheim: Beltz 1995

Fthenakis, W.E.: Ausgestaltung der Beziehung zwischen Kindern und deren Eltern während und nach einer Scheidung. In: LBS-Initiative Junge Familie (Hrsg.): Trennung, Scheidung und Wiederheirat. Weinheim: Beltz 1996a, S. 83–108
Fthenakis, W.E.: Langfristige Auswirkungen von Trennung und Scheidung auf die Entwicklung des Kindes. In: LBS-Initiative Junge Familie (Hrsg.): Trennung, Scheidung und Wiederheirat. Weinheim: Beltz 1996b, S. 57–60
Gintzel, U./Güthoff, F./Schone, R.: Lebensweltorientierung in der Jugendhilfe. In: Institut für soziale Arbeit e.V. (Hrsg.): ASD – Beiträge zur Standortbestimmung. Münster: Votum 1991
Hamburger B.A.T.-Freizeitforschungsinstitut: Untersuchung zum Kaufverhalten von Kindern und Jugendlichen. Hamburg: Selbstverlag 1997
Heinze, R.G./Naegele, G.: Neue Anforderungen an die sozialen Dienste. In: Ministerium für Arbeit, Gesundheit und Soziales des Landes Nordrhein-Westfalen (Hrsg.): Zukunft des Sozialstaates. Leitideen und Perspektiven für eine Sozialpolitik der Zukunft. Düsseldorf: Selbstverlag 1994, S. 199–223
Heitmeyer, W./Collmann, B./Conrads, J./Matuschek, I./Kraul, D./Kühnel, W./Möller, R./Ulbrich-Hermann, M.: Gewalt. Schattenseiten der Individualisierungsprozesse bei Jugendlichen. Weinheim: Juventa 1995
Hurrelmann, K: Lebenssituation von Kindern. Expertenanhörung auf der medica '96. Unveröffentlichtes Manuskript. Düsseldorf 1996a
Hurrelmann, K.: Studie Problembelastung Jugendlicher in unterschiedlichen sozialen Lebenslagen. Manuskript. Bielefeld: Universität Bielefeld 1996b
Hurrelmann, K.: Jugendstudie: Ohne Arbeit wächst Gewalt. Westdeutsche Allgemeine Zeitung, 11.2.1997a
Hurrelmann, K.: Kinderarmut. Presseerklärung. Bielefeld: Universität Bielefeld 1997b
Hurrelmann, K.: Arme Kinder. Sozialmagazin 1998, 23, S. 6
Iconkids & Youth International Research: Ergebnisse einer Repräsentativ-Untersuchung zur Verwendung von Medikamenten durch Kinder und Jugendliche in Deutschland. Pressemeldung. München 1997
Institut für soziale Arbeit e.V.: Das KJHG in der Praxis. Münster: Eigenverlag 1995
Menne, K.: Die Arbeitsbedingungen für Erziehungsberatung nach dem KJHG – Probleme der Umsetzung. Forum Jugendhilfe 1992, Nr. 1/2, S. 21–25
Menne, K./Golias, E.: Trennungs- und Scheidungsberatung in Erziehungsberatungsstellen. Neue Praxis, 1992, 5, S. 412–423
Münder, J./Greese, D./Jordan, E./Kreft, D./Lakies, T./Lauer, H./Proksch, R./Schäfer, K.: Frankfurter Lehr- und Praxiskommentar zum Kinder- und Jugendhilfegesetz. Stand: 1.4.1993. Münster: Votum 1993
Mutius, E. von: Asthmabronchiale im Kindesalter. Allergologie 1996, 19, S. 302–309
Napp-Peters, A.: Scheidungsfamilien. Interaktionsmuster und kindliche Entwicklung. Frankfurt/Main: Eigenverlag des Deutschen Vereins für öffentliche und private Fürsorge 1988
Projekt KUGEL: Hilfen für Kinder in der Situation einer Trennung und Scheidung ihrer Eltern. Wuppertal: Eigenverlag Deutscher Kinderschutzbund Landesverband Nordrhein-Westfalen e.V. 1996
Statistisches Bundesamt: Datenreport. Wiesbaden: Selbstverlag 1997
Wallerstein, J./Blakeslee, S.: Gewinner und Verlierer. München: Droemer Knaur 1989

Martin R. Textor

Ehe- und Familienbildung

In einer Zeit des schnellen gesellschaftlichen und kulturellen Wandels, der Pluralisierung der Lebensformen und der Individualisierung bieten tradierte Leitbilder, Normen und Werte kaum noch Orientierung für die Gestaltung der Paarbeziehung und der Familienerziehung. Die Familienmitglieder müssen deshalb ihr Zusammenleben eigenverantwortlich und individuell gestalten. Auf diese Aufgabe sind sie jedoch in der Regel nicht vorbereitet: »Eine Familie zu gründen und das Leben in ihr zu gestalten, ist einer der wenigen Bereiche, für die eine vorausgehende Qualifikation weder notwendig ist noch meist als erforderlich erachtet wird« (Eichhoff et al. 1996, S. 8). Die fehlende Qualifizierung für diesen Lebensbereich steht in direktem Widerspruch zu dem Stellenwert, der den Familien von der Gesellschaft beigemessen wird, und ihrer Bedeutung für das Wohlbefinden von Menschen und für die Entwicklung von Kindern.

Wenn eine vorgeschriebene Qualifikation für Eheschließung und Familiengründung fehlt, so bedeutet dies aber nicht, dass interessierte Einzelpersonen, Paare und Familienmitglieder nicht *freiwillig* an entsprechenden Angeboten teilnehmen könnten. Inzwischen werden bundesweit Maßnahmen der Familienbildung durchgeführt. Sie beruhen zum einen auf § 16 SGB VIII (Kinder- und Jugendhilfegesetz) »Allgemeine Förderung der Erziehung in der Familie«, in dem erstmals die Familienbildung bundeseinheitlich als Teil des Leistungskatalogs der Jugendhilfe rechtlich verankert wurde. Die Absätze 1 und 2 Nr. 1 lauten: »(1) Müttern, Vätern, anderen Erziehungsberechtigten und jungen Menschen sollen Leistungen der allgemeinen Förderung der Erziehung in der Familie angeboten werden. Sie sollen dazu beitragen, dass Mütter, Väter und andere Erziehungsberechtigte ihre Erziehungsverantwortung besser wahrnehmen können. (2) Leistungen zur Förderung der Erziehung in der Familie sind insbesondere 1. Angebote der Familienbildung, die auf Bedürfnisse und Interessen sowie auf Erfahrungen von Familien in unterschiedlichen Lebenslagen und Erziehungssituationen eingehen, die Familie zur Mitarbeit in Erziehungseinrichtungen und in Formen der Selbst- und Nachbarschaftshilfe besser befähigen sowie junge Menschen auf Ehe, Partnerschaft und das Zusammenleben mit Kindern vorbereiten ...« Zum anderen werden Ehe- und Familienbildung in vielen Bundesländern in Erwachsenenbildungsgesetzen geregelt – hier wird die große Bedeutung von Volkshochschulen, Bildungswerken und anderen Erwachsenenbildungseinrichtungen als Anbieter entsprechender Veranstaltungen deutlich. Angebote der Ehe- und Familienbildung werden an keinerlei Voraussetzungen und Bedingungen geknüpft und richten sich prinzipiell an alle Familien, an Erwachsene und junge Menschen – und zwar unabhängig von der Familienform, der Schichtzugehörigkeit, dem Vorhandensein einer Problemlage usw.

Ziele und Ansatzpunkte der Ehe- und Familienbildung

Als allgemeines Ziel der Familienbildung kann die Unterstützung von Familien durch überwiegend bildende Angebote bezeichnet werden, die ein erfolgreiches Durchlaufen des Familienzyklus mit stressarmer Bewältigung der Übergänge ermöglichen sollen. »Die Familien sollen zur aktiven Gestaltung neuartiger Situationen motiviert sowie zur Nutzung von Chancen für die gemeinsame positive Weiterentwicklung und ein partnerschaftliches Miteinander angehalten werden. Außerdem will Familienbildung Orientierung in einer komplexen und sich rasch wandelnden Gesellschaft bieten sowie bei der Bewältigung von aus der Pluralisierung der Familienformen und aus der Individualisierung von Lebensläufen resultierenden Herausforderungen helfen. Da die Vielfalt heutiger Familienrealitäten und individueller Biografien nicht mehr fassbar ist, muss jede Familie bzw. jedes Familienmitglied ihren bzw. seinen eigenen Weg, eigene Lebensziele und Wertepräferenzen finden. Bei diesen schwierigen Aufgaben, für deren Lösung es keine ›Rezepte‹ gibt, können Reflexionshilfen, Begleitung und Beratung im Rahmen der Familienbildung genutzt werden« (Textor 1996, S. 49).

Wie im gesamten Bildungsbereich gilt auch in der Familienbildung das Prinzip des lebenslangen Lernens. »Familienbildung wendet sich an Eltern mit Kleinkindern und Heranwachsenden ebenso, wie sie Orientierungs- und Lebenshilfe in der Phase des Ablösungsprozesses der Kinder, in dem Alleinsein der Eltern und beim Verlust des Partners bereitstellt. Familienbildung ist eine lebenslange Aufgabe, die nicht bei einem bestimmten Alter des Kindes aufhört« (Schuster 1984, S. 3). Sie muss sich am Alltag, an den Erwartungen und Bedürfnissen, den Fragen und Problemen der Teilnehmer/innen ausrichten. Kommen individuelle oder familiale Schwierigkeiten und Belastungen zum Ausdruck, werden einerseits die Fachkräfte beraterisch tätig, während sich andererseits die Teilnehmer/innen wechselseitig beraten. Lebenshilfe und Beratung im Rahmen der Familienbildung haben aber eher einen allgemeinen prophylaktischen Charakter; bei größeren Problemen müssen die Betroffenen an Beratungsstellen und psychosoziale Dienste weitervermittelt werden.

Generell lassen sich verschiedene Arten von Familienbildung unterscheiden: (1) Ehevorbereitung: Jugendliche und Heranwachsende, junge Erwachsene mit (festem) Partner sowie Paare mit konkreter Heiratsabsicht sollen auf Partnerschaft und Ehe vorbereitet werden. Sie werden bei der Entwicklung tragfähiger Lebenskonzepte, von Kommunikations-, Problem- und Konfliktlösungskompetenzen unterstützt. (2) Ehebildung: Ehebildung umfasst die Begleitung von (Ehe-)Partnern durch die verschiedenen Phasen ihres Zusammenlebens. Es werden z.B. unterschiedliche Leitbilder von Ehe und Familie diskutiert, »männliche« und »weibliche« Rollen hinterfragt, über die Bedeutung der Sexualität gesprochen, wechselseitige Erwartungen abgeklärt und Kompetenzen für einen partnerschaftlichen Umgang miteinander vermittelt. (3) Elternbildung: Durch sie soll die Familie als Erziehungsinstanz gestärkt werden, indem Eltern geholfen wird, für ihre Kinder ein entwicklungsförderndes Sozialisationsfeld zu schaffen. Beispielsweise wird die in der eigenen Kindheit erfahrene Erziehung der Erwachsenen reflektiert, wird die kritische Auseinandersetzung mit unterschiedlichen Erziehungskonzepten gefördert, werden pädagogische und entwicklungspsychologische Kenntnisse vermittelt, Erziehungsziele und -praktiken zwischen den Partnern abgestimmt und neue Wege zur Lösung von Konflikten mit Kindern vorgeschlagen. (4) Familienbildung i.e.S.: Familienbildung im engeren

Sinne richtet sich auf die Familie als ein Ganzes, als ein System. Durch gemeinsame Angebote für Eltern und Kinder soll der Zusammenhalt zwischen den Familienmitgliedern gestärkt, neue Gesprächsinhalte eingeführt sowie Konflikte zwischen den Generationen angesprochen und gelöst werden.

Ferner lassen sich verschiedene Formen der Ehe- und Familienbildung unterscheiden: (1) institutionelle Familienbildung: Sie erfolgt überwiegend in Familienbildungsstätten und Einrichtungen der allgemeinen Erwachsenenbildung, in Kindertagesstätten, Jugendämtern und kirchlichen Einrichtungen. Die Angebote werden zumeist explizit der Ehe- und Familienbildung zugeordnet und finden vor allem in der Form von Vorträgen, Kursen/Seminaren und Gesprächskreisen statt. (2) informelle Familienbildung: Damit ist der Erfahrungsaustausch von Eltern ohne professionelle Anleitung gemeint, z.B. im Rahmen der Familienselbsthilfe. (3) mediale Familienbildung: Fernsehen, Rundfunk, Zeitschriften, Bücher, Elternbriefe, Kassetten, Videofilme usw. vermitteln viele Informationen, die explizit der Ehe- und Familienbildung dienen.

Außerdem kann zwischen verschiedenen Ansatzpunkten der Ehe- und Familienbildung differenziert werden (vgl. Eichhoff et al. 1996):

1. Familienzyklus: Familien durchlaufen einzelne Phasen (z.B. erste Ehejahre, Familie mit Kleinkindern, Familie mit Schulkindern, Familie mit Jugendlichen im Prozess der Ablösung, »empty nest« usw.), die durch Veränderungen in der Rollenstruktur und die besonderen Anforderungen durch unterschiedlich alte Kinder geprägt werden. Sie werden durch Übergangsphasen voneinander getrennt (z.B. Geburt des ersten Kindes, Eintritt in den Kindergarten, Einschulung usw.), in denen große Umstellungen mit den entsprechenden Verhaltensunsicherheiten, Krisen und Konflikten anstehen. Die jeweiligen Angebote der Ehe- und Familienbildung dienen der Vorbereitung auf solche Transitionen, indem die dann anstehenden Aufgaben deutlich gemacht und die zu ihrer Bewältigung benötigten Kompetenzen vermittelt werden. Dies kann zu einer großen Entlastung führen, da sonst die auftretenden Probleme von den Erwachsenen sehr leicht als persönliche Defizite erlebt werden.
2. Familienfunktionen: Diese Angebote der Ehe- und Familienbildung sollen den Teilnehmer/innen beim Erfüllen der Familienfunktionen wie Haushaltsführung (Hausarbeit, Ernährung, Umweltschutz, Wohnen, Handarbeit, Arbeitsteilung, Geldverwendung), Reproduktion, Sozialisation und Erziehung, Beziehungsarbeit (Förderung der Kommunikation, Befriedigung grundlegender menschlicher Bedürfnisse, Stärkung der Position von Frauen usw.) und Freizeitgestaltung (Aktivitäten in der Familie bzw. mit Kindern, Umgang mit Medien usw.) helfen.
3. besondere Lebenssituationen: Diese Angebote der Ehe- und Familienbildung sollen z.B. Alleinerziehenden, Stiefeltern oder Mitgliedern von Familien, in denen drei oder vier Generationen zusammenleben, helfen, die spezifischen Herausforderungen der jeweiligen Familienform zu bewältigen.
4. besondere Familienbelastungen: Viele Angebote sollen Familien unterstützen beim Umgang mit nicht-normativen Krisen und Belastungen wie z.B. Arbeitslosigkeit, schwere Erkrankung, Versorgung einer pflegebedürftigen Person, Geburt eines behinderten Kindes, Übersiedlung, Leben in einer fremden Kultur, Armut oder Überschuldung.

Außerdem kann noch unterschieden werden, ob das jeweilige Angebot der Ehe- und Familienbildung überwiegend auf Einstellungen, Haltungen und Werte, auf Kognitionen und Bewusstseinsänderung oder auf das Verhalten der Teilnehmer/innen abzielt.

Anbieter von Familienbildung

Die wohl wichtigsten Träger der Familienbildung sind die *Familienbildungsstätten*, die sich überwiegend in größeren Städten befinden; der ländliche Raum ist hingegen unterversorgt. Ihre Angebote decken in der Regel alle zentralen Themenbereiche der Familienbildung ab und richten sich an alle Bürger. Diese werden zum weitaus größten Teil von Honorarkräften getragen. Im Zentrum des Veranstaltungsprogramms von Familienbildungsstätten stehen zumeist Angebote für werdende und junge Eltern: »Die Geburtsvorbereitung für werdende Eltern (in immer stärkerem Maße unter Einbeziehung der Väter) sowie die Säuglings- und Kleinkindbetreuung nehmen im Gesamtkatalog der Themen einen sehr breiten Raum ein. Es ist die Phase der Familienentstehung, in der Frauen und Männer ein völlig neues Feld des Erlebens und der Verantwortung betreten. Viele wollen diese Schritte nicht unvorbereitet tun« (Senat von Berlin 1995, S. 63). Auch Angebote zur Säuglingspflege und -ernährung sowie Rückbildungsgymnastik werden gut angenommen.

In den letzten Jahren haben Stillgruppen, Babytreffs, Miniclubs, Krabbelgruppen und Mutter-Kind-Gruppen zunehmend an Bedeutung gewonnen. So machen Eltern-Kind-Gruppen inzwischen rund 30% des Gesamtangebots von Familienbildungsstätten aus (Eichhoff et al. 1996). Hier kommen circa zehn Mütter mit ihren Kleinkindern einmal pro Woche für zwei Stunden zusammen, um gemeinsam zu spielen und den (Einzel-) Kindern Begegnungsmöglichkeiten mit Gleichaltrigen zu bieten. Häufig werden zusätzlich themenspezifische Elternabende durchgeführt. Unterschieden werden (1) mütterzentrierte Gruppen, bei denen die Entwicklung und Förderung des Kindes, die Sensibilisierung für seine Bedürfnisse und das Erziehungsverhalten im Mittelpunkt stehen; (2) frauenzentrierte Gruppen, in denen vor allem der Gesprächsaustausch zwischen den Müttern gefördert wird und wo deren Identitätsentwicklung, die Anpassung an die neue Familiensituation nach Geburt des Kindes und ihre weitere Lebensplanung, insbesondere hinsichtlich der Berufsausübung, thematisiert werden; und (3) elternzentrierte Gruppen, in denen versucht wird, auch die Väter zu erreichen und in die Treffen einzubinden (Eichhoff et al. 1996). Vereinzelt gibt es ferner spezielle Vater-Kind-Gruppen oder Männergruppen, in denen die Teilnehmer ihre Familien- und Berufsrollen reflektieren, andere Seiten des Mann-Seins suchen und über ihre Beziehung zu Frau und Kindern nachdenken. Allerdings waren 1992 erst 11,7% aller Teilnehmer an Familienbildungsveranstaltungen Väter (a.a.O.). Außerdem werden an Familienbildungsstätten Familienseminare durchgeführt, an denen Eltern mit (Schul-)Kindern bzw. Jugendlichen teilnehmen können. Schließlich gibt es noch ein großes Angebot an Einzelveranstaltungen, Kursen und Gesprächsforen zu Erziehungsfragen.

Im Vergleich zu Angeboten der Elternbildung werden solche der Ehevorbereitung bzw. -bildung in sehr viel geringerem Maße angenommen, da hier die Angst vor Selbstoffenbarung und dem Gespräch über konkrete Partnerschaftsprobleme besonders groß ist. Frauenspezifische Themen stoßen hingegen auf großes Interesse. Bei diesen

Veranstaltungen geht es z.B. um die Frauenrolle, um Selbsterfahrung, den Wiedereinstieg in die Arbeitswelt oder die Vereinbarkeit von Familie und Beruf. Gut besucht werden auch Veranstaltungen, bei denen die zur Führung eines Haushalts notwendigen Kenntnisse und Fertigkeiten vermittelt werden (z.B. Handarbeits- und Kochkurse) oder die der Steigerung der körperlichen Leistungsfähigkeit, der Entspannung oder der Förderung psychischen Ausgeglichenseins dienen (Gymnastik, Yoga, autogenes Training usw.).

In den letzten Jahren ist bei Familienbildungsstätten eine zunehmende Zielgruppenorientierung festzustellen: Am häufigsten sind hier Angebote für Alleinerziehende, Getrenntlebende und Geschiedene, bei denen es z.B. um die Auseinandersetzung mit den eigenen Anteilen an der Auflösung der (Ehe-)Beziehung, mit den Scheidungsfolgen und den Auswirkungen auf die Kinder geht. Die Teilnehmer/innen erfahren Unterstützung beim Umgang mit Trennungsschmerz und Trauer, bei Erziehungsschwierigkeiten und anderen Problemen mit ihren Kindern. Weitere Themen in Alleinerziehendengruppen sind die Beziehung zum früheren Partner, Sorge- und Umgangsrechtsregelungen, die Überwindung von sozialer Isolation (auch durch Mitgliedschaft in Selbsthilfegruppen) und neue Partnerschaften.

Vereinzelt gibt es ferner Angebote für nichtsorgeberechtigte Elternteile und – etwas häufiger – für Stieffamilien. Im letztgenannten Fall werden vor allem die Spezifika von Zweitfamilien herausgearbeitet und die Teilnehmer/innen so zum Anerkennen der Besonderheit dieser Familienform geführt. Ansonsten werden im Gespräch mit anderen Betroffenen z.B. Probleme bei der Entstehung von Stieffamilien, die Beziehung der Kinder zum Stiefelternteil und zum außen stehenden (nichtsorgeberechtigten) Elternteil, das Verhältnis zwischen den neuen Partnern und dasjenige zum Ex-Partner sowie Fragen der Organisation des Zusammenlebens behandelt.

Manche Familienbildungsstätten bieten Veranstaltungen speziell für Aussiedler- und Ausländerfamilien an. Viele Kurse – oft mit paralleler Kinderbetreuung – dienen dem Erlernen der deutschen Sprache, da dies die entscheidende Voraussetzung für die Integration in unsere Gesellschaft ist. Auch werden Kenntnisse über die deutsche Kultur, das Bildungswesen, das politische System, Rechtsansprüche usw. vermittelt. Oft kommt es zum Austausch über die persönliche und familiäre Situation. Bei all diesen Angeboten müssen kulturelle Eigenarten respektiert werden (z.B. nur weibliche Kursleiter und Teilnehmer bei einem Kurs für Türkinnen). Daneben werden auch Veranstaltungen im Rahmen der kulturellen Bildungsarbeit durchgeführt, die dem Aufbrechen der Isolation von Aussiedler- und Ausländerfamilien sowie dem Abbau von Berührungsängsten und Vorurteilen dienen. Obwohl der Anteil bi-kultureller Partnerschaften und Familien stetig zunimmt, gibt es nur selten Angebote für diese Zielgruppe mit ihren besonderen Schwierigkeiten.

Vereinzelt bieten Familienbildungsstätten Seminare für chronisch Kranke (auch Suchtkranke) und/oder deren Familien sowie für Familien mit behinderten Mitgliedern an. Diese dienen der Information und Aufklärung über die jeweilige Erkrankung bzw. Behinderung, der Unterstützung beim Verarbeiten des Krankheitserlebens und anderer Probleme (z.B. existenzielle Ängste, Aufgabe der Erwerbstätigkeit, Isolation, Depressivität, Angst vor Verlust des Partners), der Besprechung der Situation pflegender Angehöriger, der Klärung von Erziehungs- und Behandlungsfragen, der emotionalen Stärkung und der Suche nach Entlastungsmöglichkeiten.

Trotz der hohen Arbeitslosenzahlen und der inzwischen weit verbreiteten Armut gelingt es nur wenigen Familienbildungsstätten, die hier angesprochenen Zielgruppen zu erreichen. Die Veranstaltungen dienen dem Austausch über den Verlust der Berufsrolle und die damit verbundenen Gefühle (Minderwertigkeit, Langeweile, Angst usw.), über die persönliche und familiale Situation, die Erfahrungen mit Arbeits- und Sozialamt, die rechtlichen Ansprüche, Möglichkeiten der beruflichen Weiterqualifizierung und die Gestaltung der Freizeit.

Neben Familienbildungsstätten bieten auch *Volkshochschulen* oder *Erwachsenenbildungsstätten* in kirchlicher Trägerschaft Veranstaltungen zur Familienbildung an. Die *Bildungswerke* der Kirchen vermitteln in erster Linie Referenten, die dann vor Ort - in der jeweiligen Pfarrei, im Gemeindezentrum usw. - ihre Veranstaltung durchführen. Sie suchen den Kontakt zu Institutionen in ihrem Einzugsbereich, die als Anbieter von Kursen der Familienbildung bzw. als Mitveranstalter infrage kommen. Neben Pfarreien können dies z.B. Familienkreise, Frauenbund, Erziehungsberatungsstellen oder Kindertageseinrichtungen sein.

Ein wichtiger Anbieter von Familienbildung sind auch die *Kirchen* mit ihren Pfarrgemeinden. In der Katholischen Kirche wird beispielsweise großer Wert auf die Ehe- und Familienpastoral gelegt, die Hilfen zur Gestaltung des Ehe- und Familienlebens geben und in Krisen beratend und unterstützend eingreifen will. Insbesondere von den Diözesen wird der Kursus »Ehevorbereitung - ein Partnerschaftliches Lernprogramm« (EPL) angeboten (Hahlweg et al. 1993). In der Regel führt ein Trainerpaar mit jeweils vier Paaren einen Kurs durch, der entweder sechs Abende oder ein Wochenende in Anspruch nimmt. Während der ersten drei Einheiten werden häufige Kommunikationsfehler verdeutlicht und beziehungsfördernde Gesprächsmuster (Verwendung der Ich-Form, konkrete Äußerung angemessener Wünsche, Gegenwartsorientierung usw.) sowie Problemlösestrategien vermittelt. »In den darauf folgenden Einheiten werden dann die erlernten Fertigkeiten an speziellen Themenkreisen angewandt und eingeübt. Im Einzelnen sprechen hier die Paare darüber, was ihnen für ihre Ehe/Partnerschaft wichtig ist, welche Erwartungen sie an diese haben (4. Einheit), wie sie sich ihre erotische und sexuelle Begegnung vorstellen (5. Einheit) und was für sie christlich gelebte Ehe bedeutet (6. Einheit)« (Thurmaier et al. 1992, S. 120). Andere Formen der Ehevorbereitung reichen von einem ausführlichen Gespräch mit dem Priester über Brautleutetage und mehrtägige Seminare bis hin zu Wochenendveranstaltungen.

Da nahezu alle Familien in Kontakt mit Kindertageseinrichtungen und Schulen kommen, erreichen familienbildende Maßnahmen, die von diesen Institutionen ausgehen, potenziell alle Eltern. Allerdings sind nur *Kindertageseinrichtungen*, insbesondere Kindergärten, mehr als ansatzweise auf dem Gebiet der Familienbildung aktiv. Sie entsprechen den Erwartungen der Eltern bzw. den Bedürfnissen von Familien durch ganz verschiedene Formen der Elternarbeit, z.B. durch Elternabende, Einzelgespräche über die Entwicklung und Erziehung des jeweiligen Kindes, Elterngruppen (mit/ohne Kinderbetreuung), themenspezifische Gesprächskreise, Elterncafé/Teestube oder Elternstammtische (Textor 1994). Neben Elternbildung zur Verbesserung der Familienerziehung erfolgt oft auch eine Beratung bei Erziehungsschwierigkeiten und Verhaltensauffälligkeiten. Die Vielfalt der Angebote stellt sicher, dass Eltern aus ganz unterschiedlichen Schichten erreicht werden. Elternabende in Kindertageseinrichtungen werden entweder von Erzieher/innen oder einem von außen kommenden Referenten (z.B. Erziehungsberaterin,

Familienbildner oder Sozialpädagogin) gestaltet. Ähnliches gilt für Elterngruppen, deren Themen entweder von Treffen zu Treffen (spontan) festgelegt oder die mit einer bestimmten Thematik angekündigt werden (z.B. »Wie fördern Eltern am besten die Entwicklung ihrer Kinder?«). Das Interesse an solchen Veranstaltungen ist besonders groß, wenn Fragen der Erziehung und Entwicklung von (Klein-)Kindern auf eine nicht angsterzeugende Weise angesprochen werden. Auch sollte der Erfahrungsaustausch zwischen den Eltern im Mittelpunkt stehen.

Schulen nehmen sich hingegen kaum der Familienbildung an: »Geschichte und Gegenwart des familialen Lebens, seiner Bedingungen und Aufgaben finden im Unterrichtsgeschehen bisher keinen ihrer Bedeutung entsprechenden Platz. Auswahl und Darbietung der Unterrichtsinhalte sind noch weitgehend von einem Menschen- und Gesellschaftsbild geprägt, das auf Anforderungen bzw. Ereignisse im ›öffentlichen Raum‹ ausgerichtet ist. Eine entsprechend geringe Beachtung gilt der Befähigung zu einer Lebensplanung, die Beruf und ein aktives Familienleben sowie eine dazugehörige Vorbereitung auf die familiale Alltagsbewältigung einschließt« (Arbeitsgruppe 9 für das Internationale Jahr der Familie 1993, S. 37). Es wird kaum auf die Familienerziehung oder die Hausaufgabenbetreuung durch die Eltern eingewirkt, obwohl dadurch sicherlich kindliche Verhaltensauffälligkeiten, Aggressionen, Lernstörungen, Suchtmittelmissbrauch u.Ä. reduziert und die Schulleistungen gefördert werden könnten.

Ein in den letzten Jahren immer wichtiger gewordener Anbieter von Familienbildung ist die *Familienselbsthilfe*, die z.B. Elterninitiativen, Mütter-, Familien- und Nachbarschaftszentren, Kontaktkreise für Alleinerziehende, Selbsthilfegruppen (z.B. nach Geburt eines behinderten Kindes) oder selbstständige Eltern-Kind-Gruppen umfasst. Hier diskutieren Eltern ohne professionelle Anleitung mit Personen in derselben Lebenssituation über ihre Probleme und Belastungen, tauschen Erfahrungen über das Familienleben und die Erziehung aus, erweitern ihre erzieherischen Kompetenzen durch den Umgang mit fremden Kindern, suchen gemeinsam nach Entlastungsmöglichkeiten. Angebote wie Kurse, Handarbeitsgruppen, Gesprächskreise, Bastelnachmittage, kreativ-künstlerische Projekte, Kinderbetreuung mit festen oder offenen Gruppen usw. werden in der Regel von einzelnen Eltern durchgeführt, die auf solche Weise eigene Kompetenzen einbringen und weiterentwickeln (»Laienprinzip«). Besonders häufig sind offene Angebote, die eine niedrige Zugangsschwelle haben (Höchstmaß an Freiwilligkeit), spontan mitgestaltet werden können und dem Lebensrhythmus von Frauen mit (Klein-)Kindern entsprechen, die sich nur schwer auf regelmäßige Termine festlegen können.

In Selbsthilfegruppen, die entweder selbstständig oder Teil des Angebots eines Verbandes sind (z.B. Bundesvereinigung Lebenshilfe, Anonyme Alkoholiker, Verband allein stehender Mütter und Väter, Bundesverband der Pflege- und Adoptiveltern), solidarisieren sich die Familienmitglieder schnell aus dem Gefühl gleicher Betroffenheit heraus, bieten einander Verständnis, emotionale Unterstützung und wechselseitige Beratung. Sie tauschen sich über ihre Probleme und Belastungen aus, aber auch über Problemlösungen und erfolgreiche Bewältigungsversuche. Ferner kommt es in Selbsthilfegruppen häufig zur gemeinsamen Freizeitgestaltung (Ausflüge, Spielnachmittage, Wochenendfreizeiten usw.).

Viele *Kreis- und Stadtjugendämter* machen eigene Angebote im Bereich der Familienbildung, die aber überwiegend nur der Ergänzung der Maßnahmen anderer Träger dienen. Dazu gehören beispielsweise Abendveranstaltungen, Gesprächskreise und

Wochenendseminare für Alleinerziehende, Pflege- und Stieffamilien. Eher offene und informelle Formen der Familienbildung werden im Kontext der Stadtteil- und Gemeinwesenarbeit praktiziert (z.B. Gruppenangebote, Nachbarschaftsheime, Müttertreffs, Café- und Teestuben). Die Angebote setzen bei der Familie als Ganzes an, berücksichtigen ihren Lebensalltag, sind auf eine breite Palette familialer Bedürfnisse zugeschnitten, fördern Selbsterfahrung und die Analyse der eigenen Situation sowie das Gespräch darüber mit anderen Familien. Ein weiterer Schwerpunkt der Familienbildungsarbeit vieler Jugendämter ist der Versand von Elternbriefen an alle Familien nach Geburt des ersten Kindes bis zu dessen sechstem Lebensjahr, teilweise aber noch länger.

Familienbildung wird ferner von Wohlfahrts-, Familien-, Eltern-, Frauen-, Behinderten- und anderen *Verbänden* angeboten, die sich um Familienmitglieder mit besonderen Krankheiten, Suchtproblemen, psychischen Störungen oder anderen Belastungen kümmern – aber auch von Gesundheitsämtern, der Säuglingsfürsorge, Beratungsstellen, Sozialdiensten für Ausländer und Vereinen, z.B. für Männer mit Gewaltproblemen. Eine besondere Bedeutung kommt der offenen und verbandlichen *Jugendarbeit* zu, wo sich Jugendliche frühzeitig mit ihren Erfahrungen mit dem anderen Geschlecht auseinander setzen, Kommunikations- und Konfliktlösefertigkeiten sowie ein partnerschaftliches Verhalten einüben und ihre Vorstellungen über Sexualität, Paarbeziehungen, Familienrollen und Erziehung diskutieren können.

Schlusswort

In diesem Kapitel wurden die vielen Formen und Anbieter von Ehe- und Familienbildung vorgestellt. Es wurde deutlich, wie komplex und vielfältig dieses Teilsystem der Jugendhilfe und Erwachsenenbildung ist. Allerdings nützen in erster Linie Mütter aus der Mittelschicht die Angebote – Zielgruppen wie Väter, Alleinerziehende, Stieffamilien, Pflege- und Adoptivfamilien, unterprivilegierte Familien, Ausländer, Aussiedler, Familien in bevölkerungsarmen Regionen, nichteheliche Lebensgemeinschaften oder Familien mit besonderen Belastungen (Arbeitslosigkeit, Behinderung, Krankheit, Drogensucht, Alkoholismus usw.) werden eher selten erreicht.

Auch bietet dieser Bereich nur wenigen Sozialpädagog/innen oder Psycholog/innen eine Vollzeitbeschäftigung. Die meisten Veranstaltungen werden von Honorarkräften durchgeführt, die überwiegend keine pädagogische Ausbildung haben und nur selten die Möglichkeit erhalten, an Fortbildungsveranstaltungen teilzunehmen oder gar eine Supervision zu erfahren. Hinzu kommt, dass dieser Bereich schon traditionell unter finanziellen Problemen leidet, die heute noch durch stagnierende oder zurückgehende Zuschüsse verschärft werden.

Es ist somit dringend erforderlich, dass dem hohen Stellenwert, der der Ehe- und Familienbildung von Staat und Gesellschaft beigemessen wird, (1) durch eine bedarfsgerechte Weiterentwicklung der Angebote, (2) durch eine bessere Qualifikation der Mitarbeiter/innen und mehr Vollzeitstellen sowie (3) durch eine sichere und ausreichende finanzielle Grundlage entsprochen wird.

Literatur

Arbeitsgruppe 9 für das Internationale Jahr der Familie 1994: Familie und Bildung. Zu Analyse und Ausbau von Familienbildung und Familienselbsthilfe in der BRD. Langfassung. Bonn: Geschäftsstelle der Deutschen Nationalkommission für das Internationale Jahr der Familie, September 1993

Eichhoff, G./Janssen, E./Kunz, L. et al.: Familienbildung als Angebot der Jugendhilfe. Aufgaben und Perspektiven nach dem Kinder- und Jugendhilfegesetz (Sozialgesetzbuch VIII). Schriftenreihe des Bundesministeriums für Familie, Senioren, Frauen und Jugend, Bd. 120. Stuttgart: Kohlhammer 1996

Eisenbraun, L./Schulz-Müllensiefen, E.: Familienbildung. In: Textor, M.R. (Hrsg.): Praxis der Kinder- und Jugendhilfe. Handbuch für die sozialpädagogische Anwendung des KJHG. Weinheim: Beltz 1992, S. 85–87

Empfehlungen des Deutschen Vereins zur Familienbildung und zu der Umsetzung des gesetzlichen Auftrages in der Jugendhilfe. Nachrichtendienst des Deutschen Vereins für öffentliche und private Fürsorge 1995, 75, S. 221–225

Hahlweg, K./Thurmaier, F./Engl, J./Eckert, V./Markman, H.: Prävention von Beziehungsstörungen. System Familie 1993, 6, S. 89–100

Presse- und Informationsamt der Bundesregierung: Informationen für Familien. Bonn: Selbstverlag 1997

Schuster, A.: Familienbildung und Sozialarbeit. In: Parlamentarische Staatssekretärin für Familie und soziale Verbände im Sozialministerium des Landes Schleswig-Holstein (Hrsg.): Familienbildung und Sozialarbeit. Vier Projektberichte aus Schleswig-Holstein. Kiel: Selbstverlag 1984, S. 3–4

Senat von Berlin (Hrsg.): Bericht über die Situation der Familien in Berlin. Drucksache 12/5997. Berlin: Abgeordnetenhaus von Berlin 1995

Strätling, B.: Eltern- und Familienbildung. In: Textor, M.R. (Hrsg.): Hilfen für Familien. Ein Handbuch für psychosoziale Berufe. Frankfurt/Main: Fischer Taschenbuch Verlag 1990, S. 215–237

Strätling, B.: Die Stieffamilie/Zweitfamilie als Thema der Familienbildungsarbeit. In: Horstmann, J. (Hrsg.): Stieffamilie/Zweitfamilie. Reflexionen über einen an gesellschaftlicher Bedeutung zunehmenden Familientypus. Grafschaft: Vektor-Verlag 1994, S. 175–189

Textor, M.R. (Hrsg.): Elternarbeit mit neuen Akzenten. Reflexion und Praxis. Freiburg: Herder 1994

Textor, M.R.: Allgemeine Förderung der Erziehung in der Familie. § 16 SGB VIII. Stuttgart: Boorberg 1996

Thurmaier, F./Engl, J./Eckert, V./Hahlweg, K.: Prävention von Ehe- und Partnerschaftsstörungen EPL (Ehevorbereitung – Ein Partnerschaftliches Lernprogramm). Verhaltenstherapie 1992, 2, S. 116–124

Dieter Greese

Familienbezogene sozialpädagogische Arbeitsformen im Kontext erzieherischer Hilfen

Wenn man von »Familie« spricht, glauben alle Gesprächsteilnehmer/innen bereits zu wissen, wovon die Rede ist. Schließlich haben alle eine bzw. stammen aus einer. Wer ihre Bedeutung als Hort von Sicherheit und Geborgenheit sowie als Quelle von Werten, Normen und lebenspraktischen Erkenntnissen beschwört, findet selbst bei denen Zustimmung, die mit ihrer Familie wenig Glück hatten. Für diese bleibt das Bild der heilen Familie Fixpunkt sehnsuchtsvoller Hoffnungen. Was nicht so war, sollte aber doch so sein; erforderlichenfalls muss Sozialarbeit/Sozialpädagogik den idealen Zustand wieder herstellen.

So kann man zyklisch beobachten, wie in Zeiten knapper öffentlicher Kassen die Bedeutung familiärer Privatheit für das Aufwachsen der Kinder und Jugendlichen öffentlich aufgewertet und die Wirkungen teurer öffentlicher Ersatz- und Ergänzungserziehung kleingeredet werden. Der allgemeine Beifall ist den Protagonisten hierfür immer gewiss. Dabei hat der Gesetzgeber des Kinder- und Jugendhilfegesetzes (KJHG) aus dem Juni 1990 in doktrinär enger Auslegung des Grundgesetzes klargestellt, dass alle in den Paragraphen 28 bis 35a dargestellten Angebote Hilfen zu Erziehung für im Prinzip erziehungspflichtige Eltern sind. Auf alle genannten Hilfearten, auch auf die, die außerhalb des Elternhauses stattfinden, haben die Eltern einen Rechtsanspruch, wenn anders das Wohl des Kindes in seiner Familie nicht gewährleistet werden kann.

So gesehen geht jede erzieherische Hilfe von der Familie aus und ist zugleich auch Familienhilfe, reorganisiert sie doch das Familiensystem durch eine problemangemessene Platzierung aller Beteiligten. Ein Hilfeversprechen, das lautet: »Selbst, wenn ihr es nicht mehr leisten zu können glaubt, wir finden einen Weg, dass ihr es doch selbst tun könnt«, ist eine unzulässige Einschränkung der Potentiale des KJHG.

In der »Bielefelder Erklärung zur Kinder- und Jugendpolitik« (Hurrelmann 1997) vom 7.6.1997 formulierten die Autoren: »Die Entwicklungschancen von Kindern werden in nachhaltiger Weise von Problemen des familialen Zusammenlebens berührt, die sich aus finanziellen Notlagen vieler Eltern und der fortschreitenden Veränderung der familialen Lebensformen ergeben.« Das heißt: Nicht jedes Problem zwischen Eltern und Kindern ist pädagogisierbar und die Vielfalt der Unterstützungs- und Interventionsstrategien muss der Vielfalt der heute existenten Familienformen bzw. Formen des Zusammenlebens von Erwachsenen und Kindern entsprechen.

Unstreitig ist dabei, dass Kinder und Jugendliche davon träumen, einst selbst eine intakte Familie zu gründen und zu halten. Von daher macht es Sinn, ihnen möglichst viele Erfahrungen mit diesem Sozialverband zu ermöglichen. Und da bietet es sich an, mit diesem Bemühen bei der Familie anzusetzen, in die sie hineingeboren worden sind. Die Generalnorm für alle erzieherischen Hilfen, der § 27 KJHG, schreibt vor, das engere soziale Umfeld des Kindes oder des Jugendlichen in alle Leistungen einzubeziehen. Das engste soziale Umfeld ist die Familie. So muss man zwischen sozialpädagogischen Arbeitsformen unterscheiden, die den Verbleib des Kindes oder Jugendlichen in der Familie sichern helfen sollen, und solchen, deren Gegenstand die Familie selbst ist. Zu den ersteren zählen

- die Soziale Gruppenarbeit (§ 19 KJHG),
- der Erziehungsbeistand (§ 30 KJHG) und
- die Tagesgruppe (§ 32 KJHG).

Die zweite Kategorie wird explizit nur durch

- die sozialpädagogische Familienhilfe (§ 31 KJHG)

vertreten. Da die in dem § 27 KJHG folgenden Paragraphen genannten einzelnen Angebote erzieherischer Hilfen aber nicht enumerativ, sondern im Verständnis des Gesetzgebers als nicht abgeschlossene Aufzählung denkbarer Handlungsstrategien gemeint sind, können neue Angebotsformen entstehen, wenn diese veränderten Bedarfslagen besser gerecht zu werden versprechen als die, welche das Gesetz eh schon vorsieht.

Unter Verweis auf meine eingangs gemachten grundsätzlichen Bemerkungen zur krisenbedingten Konjunktur familienbezogener Interventionsformen sind die unter dem Begriff »Familienaktivierung« aus den USA und Holland zu uns importierten Programme wie »Homebuilding«, »Family First«, »FAM« (Familienaktivierungsmanagement) und »FIM« (Familien im Mittelpunkt) hier zu nennen. Aber auch ohne Importanleihen haben Jugendämter familienbezogene Hilfeformen wie z.B. »Mobile pädagogische Krisenintervention«, »Heimkinderelterngruppen« und »Fünf-Tage-Internatsgruppen« aus eigener Erkenntnis entwickelt.

Erzieherische Hilfen mit Familienorientierung

Soziale Gruppenarbeit

Soziale Gruppenarbeit gemäß § 29 KJHG hat ältere Kinder und Jugendliche als Zielgruppe, die durch gravierende Entwicklungsschwierigkeiten und durch ihr soziales Umfeld (Schule und Familie) sehr belastende Verhaltensweisen zum Problem geworden sind. Nicht selten richtet sich dieses Angebot an noch nicht strafmündige, aber delinquent gewordene Kinder. Hier sind deutliche Anleihen an die Praxis der sozialen Trainingskurse nach § 10 Abs. 1 Ziffer 6 des Jugendgerichtsgesetzes (JGG) festzustellen. Die Wurzeln dieser Hilfeform liegen im Übrigen in Erfahrungen begründet, die man unter dem Begriff »Soziale Gruppenarbeit« schon in den 50er und 60er Jahren insbesondere in Hamburg mit straffälligen Jugendlichen gemacht hat.

Je nachdem, von welcher Art die Auffälligkeiten und Schwierigkeiten der für dieses Angebot in Frage kommenden Kinder und Jugendlichen sind, ist ein je spezifisches gruppenpädagogisches Konzept zu erarbeiten. Anhand dieses Konzeptes sind soziale Lernprozesse zu initiieren, über die ein angemessenes Sozialverhalten erworben werden kann. Dadurch soll auch familienbezogenes Konfliktverhalten so korrigiert werden, dass ein besseres Miteinander von Eltern und Kindern erreicht wird und eine Fremdplatzierung des Kindes nicht in Erwägung gezogen werden muss.

Soziale Gruppenarbeit, die den individuellen Dispositionen der jeweils beteiligten Kinder und Jugendlichen gerecht werden soll, ist ein diskontinuierliches Angebot. Es dauert in der Regel eine gewisse Zeit, bis die sozialen Dienste eine arbeitsfähige Gruppe von sechs bis zehn Teilnehmer/innen zusammen haben und ein für diese Personen passendes Konzept erarbeitet ist. Dafür einen Spezialdienst zu schaffen, ist nicht ratsam, weil dann Kinder und Jugendliche den Standards dieses Dienstes und nicht das Angebot den Bedürfnissen der konkreten Klientel angepasst werden müssten. So empfiehlt es sich, in den Teams der sozialen Dienste eine Schwerpunktverantwortung für dieses Angebot festzulegen, über die der jeweilige Kurs mit allen Sozialarbeiter/innen konzipiert und die Teilnehmer/innen rekrutiert werden.

Dauer, Inhalt und Kosten richten sich nach dem jeweiligen Konzept. Wo die eigene Personalkapazität für die Durchführung eines Kurses nicht ausreicht, müssen externe Fachleute über Honorar- oder Dienstleistungsverträge angeworben werden. Mit der Zeit entsteht ein Stamm qualifizierter externer Mitarbeiter/innen, der in dieser Methodik versiert ist und auch für die Weiterentwicklung des Angebots in Anspruch genommen werden kann.

Gerade im Kontext der leidigen politischen Diskussion über die Herabsetzung des Strafmündigkeitsalters aufgrund steigender Deliktquoten bei Kindern kann es Sinn machen, ältere Kinder in die Trainingskurse für Jugendliche einzubeziehen, die z.B. wegen Ladendiebstahl, Beförderungserschleichung oder Sachbeschädigung an Fahrzeugen bzw. Immobilien (z.B. durch Graffiti) angezeigt worden sind. Die Teilnahme an solchen deliktbezogenen Trainingskursen verspricht einen hohen Präventionseffekt.

Erziehungsbeistand

Der Erziehungsbeistand nach § 30 KJHG könnte begriffliche Fehldeutungen auslösen: Da Erziehung Pflicht der Eltern ist, müsste demgemäß hiermit ein Beistand für Eltern gemeint sein. Der Wortlaut des Gesetzes verdeutlicht dagegen, dass diese Fachkraft das Kind oder den Jugendlichen bei der Bewältigung von Entwicklungsproblemen unterstützen und seine Verselbstständigung gegenüber der Familie fördern soll. Allerdings soll dabei das soziale Umfeld, in dessen Mitte die Familie steht, einbezogen und der Lebensbezug zur Herkunftsfamilie erhalten werden. Also sollten die erwachsenen Mitglieder der Familie Teil des methodischen Settings sein.

Über die Chancen von Erziehungsbeiständen ist in der Fachliteratur wenig zu lesen; die Praxisforschung scheint dieses Gebiet zu ignorieren. Gründe dafür könnten im historischen Ballast liegen, der sich sogar heute noch in § 30 KJHG selbst widerspiegelt – denn dort ist der Erziehungsbeistand gleichgestellt mit dem Betreuungshelfer, der seinen spezifischen Auftrag aus dem Jugendgerichtsgesetz (§§ 10 Abs. 1 Ziffer 5 und 38 Abs.

3 JGG) bezieht. Dort findet man für ihn u.a. die Aufgabe, einen Jugendlichen einer »Aufsicht zu unterstellen«. Vor 1961 kannte das Reichsjugendwohlfahrtsgesetz (RJWG) das Rechtsinstitut der »Schutzaufsicht«, die dem »Schutze und der Überwachung« der Minderjährigen dienen sollte, um damit Verwahrlosung zu verhüten. Im Jugendwohlfahrtsgesetz (JWG) mutierte dann die Schutzaufsicht zur Erziehungsbeistandschaft, die aber auch dort der eingreifenden öffentlichen Erziehung zugeordnet wurde und vom Vormundschafts- bzw. Jugendrichter angeordnet werden konnte. Erziehungsbeistände wurden vor dem KJHG durch die Leitung des Jugendamtes per Urkunde mit besonderen hoheitlichen Vollmachten ausgestattet.

1975 nahm sich die Kommunale Gemeinschaftsstelle für Verwaltungsvereinfachung (KGSt) beim Deutschen Städtetag der Erziehungsbeistandschaft in ihrem Bericht 7/1975 an und formulierte: »Wesentliches Ziel der Erziehungsbeistandschaft ist es, die Erziehungsfunktion der Familie zu stärken und aufrechtzuerhalten, die Erziehungsbeistandschaft soll vor allem kostspielige Heimunterbringungen und eine Kriminalität verhindern« (S. 5). Damals wurde auch das Maß für dieses relativ intensive Betreuungsangebot festgelegt: pro Fachkraft 25 Fälle im Jahr. Verbreitet ist aber auch noch die Praxis, dass Sozialarbeiter/innen in allgemeinen sozialen Diensten einzelne Minderjährige als Erziehungsbeistand intensiver betreuen als ihre übliche Klientel.

Das Zeitmaß, das dem einzelnen betreuten Kind oder Jugendlichen gewidmet werden kann, und die Formen der Unterstützung und Förderung müssen dem Einzelfall angepasst werden. Für die Zuspitzung der Probleme junger Menschen beim Hineinwachsen in die Gesellschaft spricht die in den letzten zehn Jahren deutlich angestiegene Betreuungsdauer. 1986 betrug deren Durchschnitt in der Großstadt Essen 2,2 Jahre; 1996 ist ein Anstieg auf 3,6 Jahre zu verzeichnen. Etwa 40% der Erziehungsbeistandschaften enden mit Eintritt der Volljährigkeit. Das KJHG lässt auch eine Verlängerung darüber hinaus zu.

Methodisch ist zu konstatieren, dass isolierte Einzelfallarbeit mit individualtherapeutischen Ambitionen zunehmend der Vergangenheit angehört. Freizeit- und erlebnisorientierte Gruppenarbeit kennzeichnen die Praxis. Durch eine Vernetzung mit Einrichtungen und Angeboten verbandlicher und offener Jugendarbeit ist vielerorts das Angebot lebensweltorientierter geworden. Gleiches lässt sich über die Arbeit mit den Eltern berichten. Insbesondere mit Alleinerziehenden, deren Anteil an der Erziehungsbeistandschaft ca. 50% beträgt, sind vielfältige Formen der Gruppenarbeit entwickelt worden.

Zusammenfassend lässt sich sagen, dass die Erziehungsbeistandschaft eine kostengünstige, leider viel zu wenig eingesetzte Hilfeform ist, um Kindern und Jugendlichen die erforderliche Unterstützung während der Phase konflikthafter Auseinandersetzung mit dem Elternhaus zu geben. Sie hat ein annähernd gleiches Leistungsprofil wie die Heimerziehung und hat immer dann Aussicht auf Erfolg, wenn Eltern hinreichendes Interesse an ihren Kindern und Kooperationsbereitschaft zeigen.

Tagesgruppe

Ausdrücklich mit der Zielsetzung, den Verbleib des Kindes oder Jugendlichen in seiner Familie zu sichern, ist mit § 32 KJHG die Hilfeform der Tagesgruppe eingeführt worden. Bei neun bis 12 Kindern und drei Fachkräften pro Gruppe unterscheidet sie sich insbesondere von der Hortgruppe einer Tageseinrichtung für Kinder mit in der Regel 20 Kindern durch die größere Intensität und Beziehungsdichte. Das Gesetz verpflichtet die Träger, in dieses Angebot schulische Förderung und Elternarbeit konzeptionell zu integrieren.

Die relativ gute Personalausstattung, meistens eingebunden in einen größeren Heimbetrieb, der auch Chancen zu Supervision und kollegialer Beratung bietet, erlaubt eine intensive Arbeit mit Elternhäusern und Schulen. So gelingt es meistens, die Kinder in ihren Milieus zu belassen und die schulische Weiterentwicklung zu ermöglichen.

Fünf-Tage-Internat

Eine Steigerung des Versuches, Kindern zwar außerfamiliär zu helfen, sie aber nicht durch dauerhafte stationäre Unterbringung ihren Familien zu entfremden, stellt die Einrichtung so genannter Fünf-Tage-Internate dar. Diese Hilfeform hat keine spezifische Rechtsgrundlage im KJHG, sondern ist von der Praxis in Ausschöpfung der grundlegenden Rechtsnorm des § 27 KJHG entwickelt worden.

In Fällen, in denen die werktägliche Situation in der Familie eine vertretbare Erziehung des Kindes nicht garantieren kann – was häufig bei Alleinerziehenden der Fall ist –, aber an den Wochenenden Zeit, Kraft und Interesse der Eltern an ihren Kindern vorhanden sind, reicht es aus, das Heim nur an fünf Wochentagen zu nutzen. Dies kann auch bei allmählicher Ablösung aus der Heimerziehung angeraten sein. Der für dieses Angebot charakteristische permanente Wechsel zwischen Heim- und Familienmilieu macht eine intensive flankierende Elternarbeit und eine entsprechende Qualifizierung der Fachkräfte unumgänglich.

Familie als Gegenstand erzieherischer Hilfen

Sozialpädagogische Familienhilfe

1969 erblickte in Berlin erstmalig eine Hilfeform das Licht der Welt, in deren Zentrum die Familie als Beziehungssystem steht. Anders als die so genannte formlose erzieherische Hilfe und Beratung durch Sozialarbeiter/innen der sozialen Dienste geht es hier um einen intensiven und zeitaufwendigen Prozess der Umgestaltung des innerfamiliären Beziehungsgefüges zum Wohle des Kindes. Unter dem Begriff »Sozialpädagogische Familienhilfe« (SPFH) machte sie alsbald Furore. 15 Jahre nach ihrer Geburtsstunde boten bereits mehr als 50% der Jugendämter in den alten Bundesländern diese Hilfeform an. 1990 war sie würdig, als spezifische Form erzieherischer Hilfe in das Kinder- und Jugendhilfegesetz aufgenommen zu werden. 1995 erhielten insgesamt 18.300 Familien diese Hilfe. Stellt man in Rechnung, dass pro Familie durchschnittlich zwischen zwei und drei Kinder betroffen sind, erreicht diese Hilfeform schon fast das gleiche Ausmaß wie die Heimerziehung. § 31 KJHG beschreibt die Zielsetzung der SPFH so:

- intensive Betreuung und Begleitung von Familien in ihren Erziehungsaufgaben,
- Unterstützung bei der Bewältigung von Alltagsproblemen,

- Bearbeitung aktueller Konflikte und Krisen,
- Unterstützung beim Umgang mit Ämtern und Institutionen,
- Vermittlung von Kompetenzen für Selbsthilfe.

Der Gesetzgeber geht zu Recht davon aus, dass so ein Vorhaben auf längere Dauer angelegt sein muss und die freiwillige Mitarbeit möglichst aller Familienmitglieder erfordert.

Laut dem Statistischen Bundesamt (1997) dauerte 1995 bundesweit eine Maßnahme 15 Monate. Dann konnten sich die Helfer aus der Familie wieder zurückziehen bzw. mussten dies auch häufig. Sie hatten in der Zeit zu bearbeiten:

- Erziehungsschwierigkeiten	62%
- Entwicklungsauffälligkeiten der Kinder	36%
- Beziehungsprobleme	36%
- Schul- oder Ausbildungsprobleme	22%
- Trennung- bzw. Scheidung der Eltern	20%
- Vernachlässigung des Kindes	16%

Im Schnitt kann sich eine Vollzeit-Fachkraft der SPFH um zwei Familien kümmern. In jeder verbringt sie bis zu 15 Stunden wöchentlich. Der Rest der Arbeitszeit ist durch Teamberatung, Supervision, Berichtschreiben u.Ä. ausgefüllt.

Die Inhalte und Hilfeformen verlangen ein breites Spektrum des methodischen Werkzeugs der sozialen Arbeit. Dieses beinhaltet die Bearbeitung lebenspraktischer Fragen des Umgangs mit Geld, der Haushaltsführung und der Nutzung von Angeboten und Leistungen von Behörden und Institutionen genauso wie familientherapeutische Methoden mit Anleihen aus der Systemtheorie, dem Psychodrama und der Verhaltenstherapie. Auch das in letzter Zeit fachlich in den Vordergrund gerückte Video-Home-Training kann zum Einsatz kommen.

In der Regel steht am Anfang eine dreimonatige Probephase, in der zu klären ist, ob das nötige Vertrauensverhältnis hergestellt werden kann. Gegen Ende des Prozesses wird die Betreuungsdichte immer mehr verringert, bis die Familie einen neuen Anfang in Selbstverantwortung machen kann.

Wo Fachkräfte bis zu 15 Stunden wöchentlich am Familienleben teilnehmen, werden sie leicht ein Stück weit selbst Bestandteil des Familiensystems. Das richtige Auspendeln von Distanz und Nähe ist sehr schwierig und bedarf der Unterstützung durch Fachberatung oder Supervision. Um die Last der Beziehungsdichte aufzulockern, werden häufig auch Formen der Gruppenarbeit im Kontext von Stadtteilarbeit für die Klientel der SPFH angeboten.

Auffällig ist auch, dass die fachliche Qualifikation der sozialpädagogischen Familienhelfer/innen vom Beginn dieser Hilfeform bis heute deutlich angehoben worden ist. Anfang der 70er Jahre kamen noch Krankenschwestern, Kinderpflegerinnen und sogar studentische Honorarkräfte zum Einsatz, heute findet man u.a. Sozialarbeiter/innen und Diplom-Pädagog/innen, zum Teil mit Zusatzausbildung in Familientherapie und Psychodrama.

Die Verbesserung der Standards ist sicherlich auch eine Reaktion auf Mängel, die 1986 in einer bundesweiten Evaluationsstudie des Sozialpädagogischen Instituts Berlin aufgezeigt wurden. Damals wurden nur in 32% der Fälle das Betreuungsziel (16,2%)

bzw. Teilziele (15,5%) erreicht. In 49% aller Fälle mussten sich die Helfer eingestehen, dass sie ihre Ziele wegen »Abbruch aufgrund fehlender Veränderungschancen« (19,7%), »Abbruch durch betreute Familie« (18,3%) und »Fremdunterbringung« (11%) nicht erreichen konnten (Christmann/Müller 1986, S. 142ff.). Anders betrachtet, ließe sich aber auch behaupten, dass in 89% aller Fälle eine Heimerziehung vermieden wurde. Leider sind neuere Evaluationsstudien, die die heute erreichten Qualitätsstandards berücksichtigen konnten, nicht bekannt.

SPFH ist eine individuelle erzieherische Hilfe, die im Sinne von Fachleistungsstunden pro Fall zu finanzieren ist. Hierüber sind Leistungsverträge zwischen den Jugendämtern und den freien Trägern, die diese Hilfe anbieten, abzuschließen. Es sind aber auch Finanzierungen über Pauschalzuwendungen bekannt. Allerdings ist SPFH keine billige erzieherische Hilfe. Dem Essener Produktplan für das Jugendamt aus dem Jahre 1997 kann man entnehmen, dass auf einen Fall ein Tagessatz von ca. 110 DM entfällt. Damit nähert sie sich den Pflegesätzen einfacher Heimerziehung. Berücksichtigt man jedoch, dass bei der SPFH die Familie und nicht das einzelne Kind als Fall zählt, reduzieren sich die Kosten pro Kind erheblich.

Familienaktivierung

Vermutlich als Reflex auf die Misere der öffentlichen Haushalte ist eine neue Heilslehre aus den USA mit offenen Armen aufgenommen worden, die den gebeutelten Kommunen in Aussicht stellt, Krisenfamilien so wieder funktionsfähig zu machen und in die Pflicht nehmen zu können, dass pro Einheit dieses Dienstes netto ca. 4 Mio. DM an Heimkosten eingespart werden können.

Das Programm ist vor gut 20 Jahren im US-Staat Washington entwickelt worden und wird seit sechs Jahren im US-Staat Michigan im großen Stil eingesetzt. Es heißt in der US-Version »Families-First« (»ff«) bzw. »Homebuilding« und wird in westdeutschen Adaptionen unter Begriffen wie »Familienaktivierung«, »Familienaktivierungsprogramm«, »Familienaktivierungsmanagement« (FAM) und »Familie im Mittelpunkt« (FIM) bereits in heftiger Trägerkonkurrenz angeboten. So hat z.B. die Stiftung Hospital St. Wendel im Saarland vom »Department of Social Services« in Michigan/USA die Alleinvertretungslizenz für Deutschland erworben und bietet hierzu nun ein Qualifizierungspaket mit Zertifikat an. Zugleich ist die Fachhochschule in Frankfurt/Main bemüht, mit Partnern aus Holland und Schweden eine europäische Version zu erstellen.

Die Protagonisten (u.a. Gehrmann/Müller, Stiftung Hospital St. Wendel, Jugendhilfe Bockenem) konstatieren, dass zu viele Kinder erzieherische Hilfe in Heimen erhalten, weil man die Chancen nicht ausgeschöpft habe, die eine methodische Krisenintervention in den Familien noch hätte eröffnen können. Immerhin räumen Gehrmann und Müller (1994) ein, dass nicht alle Familien kurzfristig reparierbar seien. So wird es bei Heimerziehung bleiben müssen, wenn Familien

- ein physisch, psychisch und sozial akzeptables Überleben der Kinder nicht garantieren können,
- wichtige Familienmitglieder beharrlich alle Hilfen innerhalb der Familien zurückweisen (z.B. bei misshandelten oder sexuell missbrauchten Kindern),

- wenn sich Eltern selbst völlig aufgegeben haben oder
- wenn die Wohnbedingungen so katastrophal sind, dass die Gesundheit der Kinder gefährdet ist und keine unmittelbare Abhilfe geschaffen werden kann (Gehrmann/ Müller 1994, S. 39ff.).

Allerdings wird unterstellt, dass mit hohen Fallzahlen überlastete Sozialarbeiter/innen oft nicht hinreichend prüfen, ob es denn wirklich so schlimm sei oder ob nicht doch noch etliche Aktivierungspotentiale vorhanden seien. In keinem der Aufsätze der Interessenvertreter dieser neuen Arbeitsform wird der Frage nachgegangen, ob nicht das Hilfeplanverfahren nach § 36 KJHG ein hinreichend geeigneter Filter ist, um zu klären, ob Heimerziehung durch andere flexible erzieherische Hilfen unter aktiver Beteiligung aller Familienmitglieder nicht doch vermieden werden könnte.

Letztlich müsste es aber das Ergebnis dieses Hilfeplanverfahrens sein, das den Familienaktivierungsdienst (FAD) überhaupt zum Einsatz bringt, denn »wenn eine Fremdplazierung nur als eine Möglichkeit vorgesehen wird und sich der zuständige Sozialarbeiter noch nicht sicher ist, übernehmen die Homebuilder keinen Arbeitsauftrag« (Gehrmann/Müller 1994, S. 40). Es geht also um die Diagnose: Heimerziehung, wenn der Familienaktivierungsdienst nicht zur Verfügung steht. Damit ist auch das Verdikt gefällt, dass alle anderen familienbezogenen erzieherischen Hilfen einschließlich der SPFH nicht über die Qualität verfügen, die hier gefordert ist.

In einem solchen Fall steigt eine spezifisch weitergebildete Fachkraft des FAD innerhalb von 24 Stunden vertraglich ein und beginnt spätestens innerhalb von drei Tagen aktiv in und mit der Familie zu arbeiten. Sie hat nach »durchschnittlich« (Gehrmann/ Müller 1994) bzw. »maximal« sechs Wochen (Klein/Römisch 1997) ihr Ziel erreicht, die Familie so zu stabilisieren, dass die Kinder unter der Bedingung, dass Sozialarbeiter/innen des ASD oder Fachkräfte der SPFH den Fall wieder übernehmen, in der Familie bleiben können. In dieser Zeit sind Spezialisten des FAD rund um die Uhr erreichbar.

Das Modell der Stiftung Hospital St. Wendel (Klein/Römisch 1997) sieht vor, dass eine Fachkraft des FAD für zwei Familien zuständig sein soll. Damit hat das Familienaktivierungsprogramm letztlich die gleiche Personalkapazität wie die SPFH. Da liegt die Frage nahe, ob es nicht ausreicht, die SPFH gegebenenfalls konzeptionell zu ergänzen, anstatt einen neuen Dienst zu entwickeln, mit dem sich Jugendämter schon deswegen schwer tun müssen, weil produktbezogene Einzelbudets eine Finanzierung neuer Hilfeformen vielerorts nicht ohne weiteres zulassen.

Die Nähe zur SPFH wird auch im Projekt »Familienaktivierung« der Jugendhilfe Bockenem deutlich. Hier soll der Einsatz der Familienaktivierer »in der Regel ein Jahr nicht überschreiten« (Feddeler/Würffel 1997). Die ersten vier bis sechs Wochen dienen auch dort der Bewältigung der akuten Krise und der Schaffung einer Basis für die nachfolgende Arbeit, die in ihren drei Phasen (1) Erarbeitung von Strategien und Zielen mit der Familie, (2) Aufweichen und Zerbrechen alter Familienstrukturen und Deutungsmuster sowie (3) Entwicklung eines veränderten Systemzusammenhangs in der Familie durchaus der Zielsetzung der SPFH entspricht. Dieses Modell trägt vor allem dem fachlichen Standard der Betreuungskontinuität Rechnung. Im amerikanischen Original treten nach sechs Wochen die Ersthelfer ab und übergeben den Fall an andere Dienste.

Die im Qualifizierungspaket von FAM in 37 Weiterbildungstagen vermittelten Haltungen und Arbeitsmethoden tragen zwar modern anmutende Etiketten wie z.B. »Shelleys Krisenkarte«, »Ärger-Wut-Management« und »Stressthermometer«, sind aber mit Sicherheit nicht so exklusiv bzw. speziell, dass sie nur im Familienaktivierungsmanagement der jeweiligen Anbieterprovenienz zu verwenden sind.

Während Klein und Römisch (1997) für die Stiftung Hospital St. Wendel trotz aller messianischen Vollmundigkeit vorsichtshalber von einer Zielerwartung ausgehen, »dass es auf Dauer möglich ist, in 25 % aller FAM-Fälle eine Herausnahme der Kinder/Jugendlichen aus ihren Familien zu verhindern«, lassen Gehrmann und Müller (1994) mit amerikanischen Erfolgsquoten um die 80 % nach 12 Monaten den Sparkommissaren die Herzen höher schlagen. Dabei bleibt völlig offen, ob die Bedingungen amerikanischer Sozialarbeit überhaupt mit den Möglichkeiten der sehr ausdifferenzierten Jugendhilfe in Deutschland vergleichbar sind.

Sieht man sich die von FAM aus St. Wendel genannten Preise an, dann werden auch die von Gehrmann und Müller geweckten Hoffnungen auf Einsparungen erheblich gedämpft. Zurzeit, wo das saarländische Projekt noch subventioniert wird, muss der Familienaktivierungsexperte pro Tag mit 229 DM bezahlt werden; nach der Förderzeit soll der Betrag auf 350 DM ansteigen. Das ist weit jenseits der durchschnittlichen Heimpflegesätze, die bei etwa 220 DM liegen. Wenn es denn so wäre, dass nach sechs Wochen die Familie keine Hilfe mehr bräuchte, dann könnte man die Investitionen gut vertreten. Erinnert sei aber daran, dass der Erfolg des sechswöchigen Einsatzes allenfalls Bestand haben kann, wenn danach SPFH oder intensiv beratende bzw. teilstationäre Folgeleistungen eingesetzt werden. Da auch diese die weitere Stabilisierung der Familie im Visier haben, muss die Frage erlaubt sein, ob nach Beendigung der gesamten Hilfe die sechswöchige Intensivphase nicht zu einer Kostenerhöhung geführt hat.

Andere Arbeitsformen

Wissenschafts- und Trägerinteressen sind immer gut »für des Kaisers neue Kleider«. Die Praxis braucht aber statt immer neuer Heilsetiketten eine profunde Evaluation der Wirkungen ihrer alltäglichen Leistungen. Schon längst gibt es in Jugendämtern »Mobile sozialpädagogische Dienste« für akute Familienkrisen zwecks Abwendung von Heimerziehung, koordinieren »ambulante pädagogische Sozialdienste« die Vielfalt der Hilfepotenziale z.B. in einem Stadtteil. Immer mehr freie Träger bieten auch im Westen »flexible erzieherische Hilfen« aus einer Hand analog zu den Jugendhilfestationen in den neuen Bundesländern an. Diese schmücken sich allerdings nicht mit Etiketten wohlklingender Anglizismen.

Schlussbemerkung

Im Jugendwohlfahrtsgesetz bestand die öffentliche Erziehung aus Erziehungsbeistandschaft, freiwilliger Erziehungshilfe und Fürsorgeerziehung. Hier dominierte die Heimerziehung. Mit dem KJHG entstand ein breit gefächerter Katalog fachlich und programmatisch ausgefeilter Hilfen für die Familie bzw. ergänzend zur Familie.

Niemand hat bisher erforscht, wie vielen Kindern und Jugendlichen diese Entwicklung eine Heimerziehung erspart hat. Es bedarf allenfalls der Verbesserung der bestehenden Arbeitsformen und nicht der Einführung eines neuen Spezialdienstes US-amerikanischer Provenienz, der von der Unterstellung ausgeht, hierzulande würde nicht genug getan, um Kindern ihre Familien zu erhalten. Es ist nicht auszuschließen, dass Jugendämter Defizite in der Ausschöpfung der KJHG-Möglichkeiten haben – falsch wäre es aber, mit der Berufung auf solche Mängel neue Arbeitsformen zu etablieren, die die Gefahr in sich bergen, unter dem Druck der Kosten auch dann noch auf dem Verbleib von Kindern und Jugendlichen in der Familie zu bestehen, wenn gerade dort die Zukunft der Kinder zunichte gemacht wird.

Literatur

Christmann, L./Müller, C.W.: Sozialpädagogische Familienhilfe 1986. Berlin: SPI-Eigenverlag 1986

Feddeler, T./Würffel, M.: Familienaktivierung: Stärken stärken – Schwächen schwächen. Forum Jugendhilfe 1997, Heft 1, S. 50–51

Gehrmann, G./Müller, K.D.: Sozialarbeit, nicht Therapie! Eine Krisenintervention zur Vermeidung der Fremdplazierung »gefährdeter« Kinder. Sozialmagazin 1994, 19 (5), S. 38–45

Greese, D./Oberloskamp, H.: Kernaufgaben des Jugendamtes. In: Jugendhilfe – Historischer Rückblick und neue Entwicklungen. Materialien zum Achten Jugendbericht, Bd. 1. München: Deutsches Jugendinstitut 1990, S. 76–82

Hurrelmann, K. (Hrsg.): Bielefelder Erklärung zur Kinder- und Jugendpolitik. Manuskript. Bielefeld: Universität Bielefeld, 07.06.1997

Klein, E./Römisch, K.: Familienaktivierungsmanagement – FAM. Unsere Jugend 1997, 49, S. 148–155

Kommunale Gemeinschaftsstelle für Verwaltungsvereinfachung (KGST): Organisation des Jugendamtes: Erziehungsbeistandschaft. Bericht Nr. 7/1975. Köln: Selbstverlag 1975

Kriener, M.: »Families First« – Kritische Anmerkungen zu einem vielversprechenden Programm. Forum Erziehungshilfen 1997, 3 (1), S. 48–51

Statistisches Bundesamt: Ende 1995: Sozialpädagogische Familienhilfe betreute 11.200 Familien. Forum Jugendhilfe 1997, Heft 1, S. 35

Hilfen für besondere Familienformen

Martin R. Textor

Teil- und Stieffamilien

In den letzten Jahrzehnten hat die Zahl der Teil- und Stieffamilien stark zugenommen, was u.a. durch den Anstieg bei den Ehescheidungen, den nichtehelichen Geburten und den Wiederheiraten bedingt ist. Während früher diese Familienformen eher negativ gesehen und als ungünstig für die kindliche Sozialisation beurteilt wurden, hat sich heute eine differenziertere Sichtweise durchgesetzt: Zum einen wurde deutlich, dass die beiden Familienformen ganz verschiedene Subformen mit unterschiedlichen Lebenssituationen, Sozialisationsbedingungen und Problemen umfassen. Zum anderen wurde erkannt, dass sich die meisten Kinder (und Erwachsenen) auch in diesem Familienformen »normal« entwickeln.

Trotz dieser Feststellung wird es auf den folgenden Seiten vor allem um die (spezifischen) Probleme von Teil- und Stieffamilien gehen. Sozialpädagogische Fachkräfte werden immer wieder mit diesen Schwierigkeiten konfrontiert und müssen wissen, wie sie im Einzelfall helfen können. Zu beachten ist aber, dass die genannten Probleme immer nur in einem (kleinen) Teil der Teil- und Stieffamilien auftreten. Die beiden Familienformen sind wohl anders als die »Normalfamilie« bzw. »Erstfamilie«, keinesfalls aber »schlechter« als diese.

Lebenssituation in Teilfamilien

Im Jahr 1995 lebten 15,2% aller Kinder unter 18 Jahren in Teilfamilien (Engstler 1997). Eine genauere Betrachtung zeigt, dass 8,0% aller Kinder in Deutschland eine getrennt lebende bzw. geschiedene Mutter, 4,0% eine ledige Mutter und 1,1% eine verwitwete Mutter hatten; 2,1% wohnten bei einem allein erziehenden Vater. Schon diese nüchternen statistischen Daten deuten an, dass es den typischen allein stehenden Elternteil nicht gibt: Da wären die ledigen (minderjährigen) Mütter, die ihre Ausbildung noch nicht abgeschlossen haben und überhaupt nicht wissen, wie sie ihre Kinder versorgen sollen.

Demgegenüber gibt es ledige (ältere) Mütter, die zumeist gut verdienen und bewusst diese Lebensform wählten – wenn auch manchmal erst nach Eintreten einer unerwünschten Schwangerschaft. Da gibt es getrennt lebende Alleinerziehende (mit kleinen Kindern), die in emotional belastende Konflikte mit ihrem Partner verwickelt sind, den Scheidungsprozess durchstehen müssen, die mit dem Wiedereintritt in das Berufsleben verbundenen Probleme bewältigen müssen, noch nach einer akzeptablen Wohnung suchen und mit trennungsbedingten Verhaltensauffälligkeiten ihrer Kinder konfrontiert werden. Den anderen Pol hierzu bilden geschiedene Frauen, die ihren Beruf erfolgreich ausüben, ihren

Haushalt unter Mithilfe der Kinder gut managen, ein großes Netzwerk von Freunden und Bekannten haben, die Beziehung zu den Kindern überwiegend positiv erleben und somit mit ihrem Leben zufrieden sind. Dann gibt es verwitwete Mütter, deren Rente ausreicht, um Hausfrau zu bleiben und sich intensiv um ihre Kinder zu kümmern. Hingegen sind allein erziehende Väter in der Regel vollerwerbstätig und werden oft tatkräftig von den Großeltern unterstützt oder leisten sich eine Tagesmutter bzw. Haushaltshilfe.

Deutlich wird, dass sich Teilfamilien sehr hinsichtlich des Umfangs der Erwerbstätigkeit des Elternteils und der materiellen Situation unterscheiden, wobei sich auf letztere auch die Anzahl der Kinder auswirkt. Da die meisten Alleinerziehenden weiblich sind und Frauen in unserer Gesellschaft generell weniger verdienen als Männer - wozu in diesen Fällen oft noch unterdurchschnittliche berufliche Qualifikationen, diskontinuierliche Erwerbsbiografien und Teilzeitbeschäftigung kommen -, liegt das Haushaltseinkommen von Teilfamilien in der Regel jedoch unter denjenigen anderer Familienformen. Nach den Ergebnissen des Mikrozensus hatten 1995 in Deutschland 35% aller allein erziehenden Mütter mit Kindern unter 18 Jahren ein monatliches Nettoeinkommen unter 1.800 DM, und 26% verdienten zwischen 1.800 und 2.500 DM, während nur 3 bzw. 7% der Ehepaare mit Kindern so geringe Einnahmen verbuchten (Engstler 1997). 21,5% aller allein stehenden Frauen mit Kindern unter 18 Jahren erhielten Sozialhilfe im Gegensatz von nur 2,0% aller allein erziehenden Väter und 1,7% aller Ehepaare mit Kindern. Aufgrund ihres niedrigen Einkommens haben Teilfamilien häufiger Schulden und müssen einen größeren Teil ihrer Einkünfte für die Wohnungsmiete ausgeben - z.B. allein stehende Mütter mit zwei Kindern knapp ein Drittel des Haushaltsnettoeinkommens (a.a.O.). Unregelmäßige, verspätete, unvollständige oder ausbleibende Unterhaltszahlungen führen oft zu zusätzlichen finanziellen Problemen. Die schlechte Einkommenssituation vieler Teilfamilien bedingt Einschränkungen bei Ernährung, Kleidung, Freizeitgestaltung und Urlaubsplanung. Vor allem für ältere Kinder getrennt lebender oder gerade geschiedener Eltern ist es häufig schwer verständlich, wieso sie sich jetzt weniger leisten können als früher.

Zur Situation allein stehender Eltern

Die Lebenssituation allein erziehender Eltern ist stark dadurch geprägt, ob sie voll- oder teilzeitbeschäftigt, arbeitssuchend oder nichterwerbstätig sind. Im letztgenannten Fall können sich Alleinerziehende wohl intensiv um ihre (Klein-)Kinder kümmern, haben aber zumeist nur einen niedrigen Lebensstandard und machen besonders oft Diskriminierungserfahrungen (insbesondere bei Sozialhilfebezug). Häufig fühlen sie sich isoliert und ausgegrenzt, entwickeln negative Selbstwertgefühle und sind wenig selbstbewusst. Getrennt lebende und gerade geschiedene oder verwitwete Mütter müssen sich vielfach noch einen Arbeitsplatz suchen und erleben die üblichen Probleme beim Wiedereintritt in das Berufsleben. Bei Erwerbstätigen ist von Bedeutung, ob die Stelle ihren Qualifikationen entspricht und ob die Arbeitsbedingungen befriedigend sind. Beispielsweise sind allein stehende Mütter oft in untergeordneten Positionen tätig (mitbedingt durch die diskontinuierliche Erwerbsbiografie oder fehlende bzw. niedrigere Schul- und Berufsabschlüsse) oder üben wenig attraktive Tätigkeiten aus (vor allem bei Teilzeitbeschäftigung), während allein erziehende Väter sich häufig in ihren Aufstiegschancen benachteiligt fühlen, da sie z.B. wegen der Kinderbetreuung Überstunden oder Fortbildungskurse ablehnen müssen.

Nahezu alle erwerbstätigen und arbeitsuchenden Alleinerziehenden sehen sich mit dem Problem konfrontiert, wie sie die Versorgung ihrer Kinder während ihrer berufsbedingten Abwesenheit sicherstellen können: »Da es kaum Einrichtungen zur Betreuung von Kindern unter 3 Jahren gibt, da die Öffnungszeiten der Kindergärten sich nicht mit einer Ganztagsbeschäftigung in Einklang bringen lassen und weder das Angebot an Ganztagsschulen noch an Horten ausreichend ist, liegt hier ein besonderes Problemfeld: Alleinerziehende sind aus ökonomischen Gründen gezwungen, neben der Haushaltsführung und der Erziehung der Kinder auch das Familieneinkommen sicherzustellen, die gesellschaftlichen Rahmenbedingungen für die Vereinbarkeit von Beruf und Familie sind jedoch absolut unzureichend« (Sozialdienst Katholischer Frauen – Zentrale e.V. 1988, S. 5).

Besonders große Probleme (auch mit dem Arbeitgeber) entstehen, wenn die Kinder oder der Elternteil selbst erkranken, oder dadurch, dass Schulferien sehr viel länger als die Urlaubsansprüche Berufstätiger sind. Selbst wenn Kinder Alleinerziehender bevorzugt in Krippen, Kindergärten und Horten aufgenommen werden, bleiben oft Betreuungslücken. So sind allein stehende Eltern auf die Hilfe von Verwandten, Freunden, Babysittern usw. angewiesen.

Im Gegensatz zu verheirateten Frauen sprechen allein erziehende Mütter der Hausarbeit einen geringeren Stellenwert zu. Dementsprechend ergaben Zeitbudgetstudien, dass sie ihr weniger Zeit widmen – während sie für Kinderbetreuung etwa genauso viel Zeit wie verheiratete Mütter aufbringen (Engstler 1997; Krüsselberg/Auge/Hilzenbecher 1986). Allein stehende Väter wenden für beide Bereiche mehr Zeit auf als verheiratete Väter, liegen aber unter den Werten von Müttern.

So ist die Belastung allein stehender Eltern durch Beruf, Haushalt und Kindererziehung in der Regel nicht größer als diejenige erwerbstätiger verheirateter Mütter. Dementsprechend sind viele Alleinerziehende auch mit ihrer Situation zufrieden, genießen ihre Unabhängigkeit und Entscheidungsfreiheit. Als alleiniges »Oberhaupt« der Familie können sie über alle materiellen Ressourcen bestimmen, ihre Zeit relativ frei einteilen, alleine Erziehungsziele, Regeln, Erziehungsstil u.Ä. festlegen, ihre eigenen Interessen verwirklichen usw. Sie sind selbstbewusst und fühlen sich wohl.

Andere Alleinerziehende erleben jedoch ihre Situation negativ: Sie fühlen sich manchmal überfordert, weil sie alle Entscheidungen allein fällen müssen oder sich manchen Anforderungen nicht gewachsen fühlen (z.B. bei Aufgaben, die früher vom Ehepartner erfüllt wurden oder die nicht mit ihren Rollenleitbildern übereinstimmen). Andere setzen sich die »Normalfamilie« als Maßstab und erleben somit ihre Situation als defizitär. Negative Gefühle können auch aus den Umständen des Partnerverlustes resultieren: So trauern manche allein stehende Eltern noch um ihren verstorbenen Ehegatten oder die gescheiterte Ehe. »Der Trennungsschmerz treibt die Erwachsenen gelegentlich bis in psychosomatische Störungen und Depressionen oder zu Alkohol und Tabletten. Gleichzeitig aber sind sie mit dem Leiden ihrer Kinder ... konfrontiert, das sich in Trauer, Angst und Depression, Schul- und Verhaltensproblemen sowie psychosomatischen Störungen äußern kann. Verständlicherweise ruft dieses Leiden der Kinder bei den Eltern oft Schuldgefühle und Erziehungsunsicherheiten hervor« (Permien 1988, S. 93). Auch die Beziehung zum getrennt lebenden oder geschiedenen Partner kann als belastend erlebt werden. Vor allem dessen Wiederheirat kann zum plötzlichen Hervorbrechen von Depressionen, Wut und Angst führen. Ledige Mütter haben hingegen nur selten solche Probleme, da in den wenigsten Fällen intensivere Kontakte zum Vater des Kindes bestehen und auch die Trennung von ihm in der Regel mit weniger Auseinandersetzungen verbunden ist.

Während ledige und verwitwete Alleinerziehende ein eher konstantes Netzwerk haben, erleben getrennt lebende und geschiedene vielfach ein Auseinanderbrechen ihres Freundes- und Bekanntenkreises. Sie müssen neue Beziehungen aufbauen, was ihnen in der Umbruchsituation mit all den vielen Belastungen oftmals schwer fällt. So fühlen sie sich häufig isoliert und einsam. Hier wird deutlich, wie wichtig ein gutes Netzwerk für das Wohlbefinden Alleinerziehender ist: Sie finden dort emotionale Unterstützung, praktische Hilfe (z.B. bei der Kinderbetreuung), Möglichkeiten zur Freizeitgestaltung und Personen, mit denen sie auch über diejenigen Themen sprechen können, die sonst eher mit dem (Ehe-)Partner besprochen werden. Manche Alleinerziehende finden in ihrem Netzwerk einen neuen Lebenspartner, während andere ihre Freiheit und Unabhängigkeit genießen und nur lockere sexuelle Beziehungen eingehen. Viele Alleinstehende bleiben jedoch allein, weil sie Angst vor neuen Beziehungen haben, noch um die alte trauern oder keine potenziellen Partner treffen (z.B. weil sie am Abend oder am Wochenende nicht allein ausgehen, da sie ihre Kinder nicht allein lassen wollen oder die »Anmache« scheuen). Sie leiden dann oft unter ihrer Einsamkeit.

Eltern-Kind-Beziehung

Viele allein stehende Eltern haben eine enge, harmonische und konfliktarme Beziehung zu ihren Kindern und bieten ihnen gute Entwicklungsbedingungen. Sie praktizieren einen einheitlichen Erziehungsstil und setzen Regeln konsequent durch. Ferner gibt es in Teilfamilien häufig eine partnerschaftliche Beziehung zwischen Elternteil und Kindern: Letztere sind fast gleichberechtigt und können viel mitbestimmen, müssen aber auch mehr Verantwortung im Haushalt, für die eigenen Schulleistungen (Hausaufgaben), für jüngere Geschwister oder die Freizeitgestaltung übernehmen.

Die alleinige Erziehungsverantwortung wirkt sich jedoch negativ aus, wenn ein problematischer Erziehungsstil praktiziert wird oder den Kindern nicht altersgemäße Rollen übertragen werden. Dann fehlt das Korrektiv durch den zweiten Elternteil, erhalten Alleinerziehende zu wenig Feedback über ihr Verhalten und die negativen Folgen für die Kinder. Besonders häufig werden folgende problematische Erziehungsstile und Rollenzuweisungen in Teilfamilien beobachtet:

- Überbehütung und Verwöhnung: Manche Alleinerziehende konzentrieren sich voll auf ihre Kinder, machen sie zu ihrem einzigen Lebensinhalt und kümmern sich intensiv um sie. Oft wollen sie die Kinder auf diese Weise dafür entschädigen, was sie vor der Trennung, während des Scheidungsprozesses oder nach dem Tod des anderen Elternteils an Leid erfahren haben. Manchmal setzen sie ihren Kindern kaum Grenzen.
- Symbiose: Einige Alleinerziehende verwickeln ihre Kinder in sehr enge Beziehungen, machen sie zu ihren alleinigen Vertrauten bzw. zu Ersatzpartnern. Sie belasten ihre

Kinder mit intimen Details aus der früheren Partnerschaft, mit ihren Ängsten, emotionalen Nöten und im Einzelfall sogar mit ihren Selbstmordgedanken. Individuation und Ablösung der Kinder werden erschwert.

- Überforderung der Kinder: Hierzu kommt es beispielsweise, wenn diese zu Ersatzpartnern gemacht werden, wenn ältere Kinder parentifiziert werden und dann Elternfunktionen gegenüber ihren Geschwistern übernehmen und viele Aufgaben im Haushalt erledigen müssen, oder wenn eine (nicht erwerbstätige) Alleinerziehende besonders große Erziehungserfolge und herausragende Schulleistungen ihrer Kinder nachweisen will, um ihre Eltern, den früheren Partner oder andere Menschen zu beeindrucken oder um sich selbst zu bestätigen. In manchen dieser Fälle können es die Kinder ihren Eltern nie recht machen, werden schon kleine Entwicklungsschwierigkeiten oder etwas schlechtere Schulnoten zu großen Problemen aufgebauscht. Oft kommt es bei überforderten Kindern zur Entfremdung von Gleichaltrigen und zur Vernachlässigung altersgemäßer (Freizeit-)Aktivitäten.
- Zuweisung der Sündenbockrolle: Beispielsweise machen manche ledige Alleinerziehende ihre Kinder bewusst oder unbewusst für ihre unbefriedigende Lebenssituation (abgebrochene Schul- bzw. Berufsausbildung, Sozialhilfeabhängigkeit, eingeschränkte Freizeitmöglichkeiten ...) verantwortlich, sehen geschiedene oder verwitwete Alleinstehende in ihnen einen Hemmschuh bei der Partnersuche, fühlen sich getrennt Lebende durch sie überlastet (während der Partner unabhängig ist und sich »amüsieren« kann). Die Sündenbockrolle trifft manchmal auch parentifizierte Kinder, die für Unordnung im Haushalt oder Probleme ihrer jüngeren Geschwister verantwortlich gemacht werden.
- Vernachlässigung: In einigen Fällen werden Kinder vernachlässigt, weil dem allein stehenden Elternteil z.B. aufgrund von Vollerwerbstätigkeit und Haushaltsführung die notwendige Zeit für die Kinder fehlt, weil er in seinem Leid und seiner Trauer aufgeht und die Kinder ignoriert oder weil er auf Partnersuche ist bzw. mit einem neuen Partner beschäftigt ist. Eine besondere Form von Vernachlässigung ist, wenn der Elternteil die (gesamte) Erziehungsverantwortung an die Großeltern oder eine Tagesmutter abtritt bzw. die Kinder in ein Internat »abschiebt«.

Manche Alleinerziehende praktizieren auch einen inkonsequenten Erziehungsstil oder haben besonders große Probleme mit gegengeschlechtlichen Kindern, insbesondere wenn diese sie an den früheren Partner erinnern oder wenn sie aufgrund ihrer negativen Erfahrungen nun das andere Geschlecht hassen.

Während neue Partner in »klassischen« Teilfamilien – im Gegensatz zu nichtehelichen Lebensgemeinschaften oder entstehenden Stieffamilien – kaum Erziehungsfunktionen übernehmen und somit an dieser Stelle nicht weiter berücksichtigt werden müssen, spielen außen stehende (nicht-)sorgeberechtigte Elternteile oft noch eine große Rolle im Leben ihrer Kinder. Dies trifft aber nur selten auf Kinder lediger Mütter zu, hingegen häufiger auf solche getrennt lebender oder geschiedener Eltern. In einer Vielzahl von Untersuchungen wurde nachgewiesen, dass sich intensive Beziehungen zwischen Kind und außen stehendem Elternteil sehr positiv auf die kindliche Entwicklung auswirkt – insbesondere wenn der andere Elternteil diese Kontakte fördert (vgl. z.B. Textor 1991). Allerdings wird in den meisten Fällen der Kontakt im Verlauf der Zeit immer schwächer oder bricht irgendwann ab, was für Kinder schwer verständlich und oftmals sehr belastend ist. Problematisch ist aber auch, wenn die Kinder weiterhin in die Konflikte zwischen den früheren Partnern verwickelt sind, wenn die Eltern einander fortwährend schlecht machen, wenn sie die Kinder bei bzw. nach Besuchen über den Ex-Partner ausfragen, wenn sie miteinander um die Zuneigung oder Loyalität der Kinder wetteifern oder wenn letztere immer wieder erleben, dass der sorgeberechtigte Elternteil Besuchskontakte zu unterbinden versucht. Reich (1994) ergänzt: »Mit der Abwertung eines Partners durch den anderen wird natürlich immer auch ein Teil des Kindes abgewertet oder bekämpft, eben der Teil der Identität des Kindes, in dem es sich dem jeweils anderen zugehörig oder wesensverwandt fühlt« (S. 153).

Selbst bei Abbruch der Beziehungen können außen stehende Elternteile eine große Rolle in der Fantasie ihrer Kinder spielen und weiterhin als positives oder negatives Vorbild wirken. Manche Kinder identifizieren sich sogar mit ihnen und übernehmen Eigenschaften von ihnen (was für den anderen Elternteil unverständlich ist und ihn abweisend, ablehnend oder sogar strafend reagieren lässt). Letzteres gilt natürlich auch für Kinder, die einen Elternteil durch Tod verloren haben. Hier werden solche Identifikationsprozesse oft von den anderen Familienmitgliedern gefördert, insbesondere wenn der Verstorbene idealisiert wird. Außerdem steht dieser zumeist nicht in Konflikt mit dem verbleibenden Elternteil, wird er von diesem nicht abgewertet. Eine Idealisierung des Verstorbenen durch ein Kind ist aber nicht unproblematisch, weil das Bild von ihm nicht wie im Falle der Trennung oder Scheidung durch reale Erfahrungen mit ihm korrigiert werden kann (dem verwitweten Elternteil erschwert die Idealisierung des Ehegatten übrigens die Partnersuche, weil potenzielle Partner mit diesem nicht mithalten können).

Entwicklung der Kinder

Die meisten Kinder in Teilfamilien entwickeln sich normal. Da sie mehr Verantwortung für sich selbst und andere sowie im Haushalt übernehmen müssen, sind sie oft sehr selbstständig, reif und selbstbewusst. Ist die Teilfamilie in ein großes Netzwerk eingebettet, sind sie aufgrund der vielen Außenkontakte eher unbefangen und haben eine große Sozialkompetenz erworben. Sie fühlen sich weniger kontrolliert und bevormundet als Gleichaltrige und sind eher egalitär eingestellt.

Unterliegen Kinder in Teilfamilien aber den zuvor skizzierten negativen Einflüssen und Lebensbedingungen, leiden sie stark und lang andauernd unter der Trennung bzw. Scheidung ihrer Eltern oder dem Tod eines Elternteils, müssen sie nicht altersgemäße Rollen übernehmen, erleben sie viele Konflikte usw., dann entwickeln sie oft Verhaltensauffälligkeiten oder psychische Störungen. Häufig verschlechtern sich ihre Schulleistungen, müssen sie eine oder mehrere Klassen wiederholen. So sind Teilfamilien unter der Klientel von Erziehungsberatungsstellen überrepräsentiert, nutzen sie überdurchschnittlich oft Jugendhilfemaßnahmen (Familienpflege, Heimunterbringung, Erziehungsbeistandschaft, Sozialpädagogische Familienhilfe usw.).

Während Verhaltensauffälligkeiten häufig Reaktionen auf das jahrelange Zusammenleben mit sich streitenden Eltern, plötzliche Trennungen und Verlusterfahrungen, problematische Erziehungsstile und Rollenzuschreibungen sind, erfüllen sie in anderen Fällen besondere Funktionen im Familiensystem. Dreser (1993) nennt hier folgendes Beispiel: »Kinder haben in der Regel vor der Trennung erlebt, dass Eltern sich ›wegen der Kinder‹

gestritten haben. Angesichts der verbindenden Funktion, die ein solcher Streit haben kann, ist es nicht verwunderlich, dass Kinder auch nach der Trennung problematisches Verhalten entwickeln oder verstärken können aus der Fantasie heraus, auf diese Weise die Eltern wieder zusammenzubringen« (S. 118). Ein anderes Beispiel: »Indem etwa ein Kind seine Mutter durch seine Schwierigkeiten besonders darauf konzentriert, ihre Elternfunktion wahrzunehmen, verhilft es ihr ggf. auch, nicht in ihrer eigenen Trauer zu versinken und depressiv zu werden. In ihren Wutausbrüchen wird für das Kind auch Zuwendung erlebbar und der Angst entgegengewirkt, (auch) sie könne sich abwenden, nachdem schon ein Elternteil weggegangen« oder gestorben ist (a.a.O., S. 117). Bei starker Depressivität und Selbstmorddrohungen des Elternteils können Kinder auch Schulphobien entwickeln, um immer in seiner Nähe bleiben zu können.

Beratung und Betreuung von Teilfamilien

Bei der Arbeit mit Alleinerziehenden sollte offen die Position vertreten werden, dass es sich hier um eine eigenständige Familienform handelt, die ihren Familienmitgliedern positive Lebens- und Entwicklungsbedingungen bieten kann. So wird es ihnen erleichtert, eine Identität als Teilfamilie aufzubauen, die Vorteile dieser Familienform wahrzunehmen und sich nicht mehr länger gegenüber Ehepaaren mit Kindern benachteiligt zu fühlen. Zugleich werden Ängste und Schuldgefühle reduziert, dass es die Kinder nun schlechter hätten. Das Selbstvertrauen Alleinerziehender kann zusätzlich dadurch gestärkt werden, dass ihre Stärken betont und ihre Leistungen im Prozess der Entstehung der Teilfamilie herausgestellt werden.

In vielen Fällen können die Selbsthilfekräfte allein stehender Eltern dadurch freigesetzt werden, dass ihre sozialen Probleme gelindert werden. Adäquate Maßnahmen können sein:

- Vermittlung finanzieller Hilfen: Leistungen nach dem Bundessozialhilfegesetz (BSHG) oder nach dem Unterhaltsvorschussgesetz (UVG), Wohngeld, Bundes-/Landeserziehungsgeld, einmalige Beihilfen der Bundesstiftung »Hilfe für Mutter und Kind – Schutz des ungeborenen Lebens« und der jeweiligen Landesstiftung etc.;
- Geltendmachen von Unterhaltsansprüchen, unter Umständen in Verbindung mit Feststellung der Vaterschaft, Ermittlung des Aufenthaltsortes »unbekannt verzogener« Unterhaltsschuldner oder Einholung von Informationen über deren Einkommen und Vermögen (auch im Rahmen einer beim zuständigen Amtsgericht beantragten Unterhaltsbeistandschaft); Überprüfung, ob seit längerem geleistete Unterhaltszahlungen noch dem Alter des Kindes, den Bestimmungen über den Regelunterhalt (z.B. laut Düsseldorfer Tabelle) oder dem (gestiegenen) Einkommen des unterhaltspflichtigen Elternteils entsprechen;
- Schuldnerberatung;
- Beratung darüber, wie ein Schul-, Hochschul- oder Berufsabschluss nachgeholt werden könnte, sowie über entsprechende Förderungsmöglichkeiten (z.B. nach dem BAföG);
- Information über Angebote für Berufsrückkehrerinnen sowie Leistungen nach dem Arbeitsförderungsgesetz (AFG) wie Berufsfortbildung oder Umschulung;

- Unterstützung bei der Arbeitsplatzsuche;
- Hilfe bei der Suche nach einem (Ganztags-)Platz in einer Kindertagesstätte oder nach einer Tagesmutter; Übernahme der Kosten beim Vorliegen der Voraussetzungen; Information über Betreuungsangebote während der Ferienzeiten (z.B. Stadtranderholung, Zeltlager); Hinweis auf Privatschulen, Internate u.Ä.;
- Information über Freizeitangebote für Kinder und Jugendliche (verbandliche und offene Jugendarbeit), über Hausaufgabenhilfen u.Ä.;
- Hinweis auf Angebote der Familienerholung, Urlaub auf dem Bauernhof, Mutter-Kind-Kuren usw.;
- Rechtsberatung (Sorge- und Unterhaltsrecht, Adoption durch Elternteil/Dritte, Ehelichkeitserklärung usw.) sowie
- Vermittlung sozialer Kontakte und stützender Beziehungen, z.B. durch Hinweis auf Alleinerziehendentreffs oder Selbsthilfegruppen.

Kann eine sozialpädagogische Fachkraft, eine Beraterin oder ein Therapeut in diesen Fragen nicht weiterhelfen, muss die Teilfamilie an andere Institutionen weitervermittelt werden, insbesondere an das Jugendamt. Dabei sind zuvor oft Schwellenängste abzubauen. Die im Regelfall benötigten Informationen finden Alleinerziehende (und Fachleute) aber auch in einer regelmäßig aktualisierten Broschüre des Verbandes allein stehender Mütter und Väter (1996).

Die bisherigen Ausführungen haben schon deutlich gemacht, dass bei der Beratung und Betreuung von Teilfamilien immer der gesamte Lebens- und Alltagszusammenhang erfasst und berücksichtigt werden sollte, aber auch z.B. die jeweilige Phase im Trauerprozess (Kübler-Ross 1992) oder im Scheidungszyklus (Kaslow 1992). Dementsprechend müssen (gerade) verwitwete Alleinerziehende bei der Trauerarbeit unterstützt werden, benötigen getrennt lebende oder vor kurzem geschiedene Elternteile eine (Nach-)Scheidungsberatung (Textor 1991), brauchen junge ledige Mütter Hilfe zum Meistern des Lebensalltags. In den beiden erstgenannten Fällen müssen die allein stehenden Elternteile lernen, Aufgaben zu übernehmen, die bisher ihr Partner erfüllt hat. Sie bedürfen oft der Unterstützung bei der Entwicklung der hierzu benötigten Kompetenzen und Persönlichkeitsaspekte – sind sie dann erfolgreich, wird ihr Selbstbewusstsein gestärkt. Besteht die Teilfamilie bereits seit längerem, sind die Probleme sehr groß und zeigen die Kinder stark ausgeprägte Verhaltensstörungen, ist oft eine Sozialpädagogische Familienhilfe indiziert (Nielsen/Nielsen 1992), bei pathogenen Familienstrukturen und -prozessen, emotionaler und praktischer Abhängigkeit von der Herkunftsfamilie, Rollenzuschreibung u.Ä. unter Umständen auch eine Familientherapie (Textor 1985, 1997). Liegen die Probleme vor allem im erzieherischen Bereich, kann ein Elterntraining (in Gruppen) sinnvoll sein (Ermert/Klinkner/Sander 1995).

In der Beratung allein stehender Eltern kommt es also häufig darauf an, ihnen beim (bewussten) Verarbeiten der Trennung/Scheidung bzw. des Todesfalls zu helfen, den Trauerprozess zu fördern und negative Gefühlslagen wie Depressivität abzubauen. Sie benötigen oft Unterstützung bei Problemen im Arbeitsleben oder hinsichtlich der Vereinbarkeit von Beruf, Haushalt und Erziehung. Beispielsweise kann mit ihnen besprochen werden, wie sie die Hausarbeit besser organisieren und die Kinder stärker an ihr beteiligen können, wenn sie z.B. sehr gestresst und überfordert sind. Oft müssen starke Schuldgefühle reduziert werden, wenn Alleinerziehende unberechtigterweise glauben, dass die Kinder unter ihrer (Voll-)Erwerbstätigkeit leiden würden. Isolierte und einsame Eltern benötigen Unterstützung beim Aufbau eines Bekannten- und Freundeskreis (Netzwerkarbeit), vor allem ältere Personen auch bei der Partnersuche. Der Abbau von Minderwertigkeitsgefühlen und die Stärkung des Selbstwertgefühls können dazu beitragen, dass z.B. mit Diskriminierungserfahrungen besser umgegangen werden kann.

In vielen Fällen muss die Eltern-Kind-Beziehung verbessert werden, indem beispielsweise konfliktgeladene Interaktionsmuster verändert werden und auf das Kommunikationsverhalten der Alleinerziehenden eingewirkt wird (mehr aktives Zuhören, mehr Ich-Botschaften usw.). Manchen Eltern muss verdeutlicht werden, dass sie zu hohe Erwartungen an die Kinder (z.B. hinsichtlich der Schulleistungen, der Betreuung jüngerer Geschwister oder eines »erwachsenenähnlichen« Verhaltens) und an sich selbst stellen. So können sie nicht sowohl Vater als auch Mutter sein. Sinnvoller wäre es, positive Kontakte zu gegengeschlechtlichen Erwachsenen zu vermitteln, sodass ihren Kindern die Geschlechtsrollenentwicklung erleichtert wird. Manche Alleinerziehende benötigen Informationen über eine altersgemäße Entwicklung ihrer Kinder, die Vermittlung adäquater Erziehungstechniken und Anleitung bei der Hausaufgabenbetreuung. Vor allem muss problematischen Erziehungsstilen wie Überbehütung, Verwöhnung und Vernachlässigung entgegengewirkt, eine Rollenzuschreibung (Ersatzpartner, Sündenbock) aufgedeckt, eine symbiotische Eltern-Kind-Beziehung aufgelöst und eine Parentifizierung rückgängig gemacht werden.

Insbesondere getrennt lebenden bzw. geschiedenen Alleinerziehenden muss verdeutlicht werden, wie wichtig eine gute Beziehung zum außen stehenden Elternteil für eine positive Weiterentwicklung ihrer Kinder ist – und dass die Kinder ein Kontaktrecht mit beiden Eltern haben. Auch können sie darauf hingewiesen werden, dass regelmäßige und längere Besuchskontakte aber auch zur eigenen Entlastung beitragen und Raum für die Selbstentfaltung bieten. Insbesondere bei Gesprächen mit beiden Ex-Partnern kann ihnen geholfen werden, die Paar- von der Elternebene zu trennen, die Kinder aus ihren Konflikten herauszulösen und voneinander (als Ehegatten) endgültig Abschied zu nehmen. Dreser (1993) ergänzt: »So ist aus systemischer Sicht zu betonen, dass für Kinder die Spannung zwischen den Eltern meist gravierender ist als dieses oder jenes Fehlverhalten des einen oder anderen Partners. Hier gilt es, den Blick für Wechselwirkungen zu schärfen, um von der Schuldfrage wegzukommen« (S. 118). Auch sollte der andere Elternteil nicht mehr vor den Kindern abgewertet werden: »Für die Identitätsentwicklung der Kinder ist von entscheidender Bedeutung, nicht Seiten bei sich selbst leugnen zu müssen, aus Angst, einen der beiden Elternteile dadurch evtl. zu verlieren oder zu kränken. Kinder brauchen es, dass von beiden Eltern auch ein positives Bild erhalten bleiben kann« (a.a.O., S. 119). Besonders effektiv kann ein Gespräch von beiden Elternteilen mit ihren Kindern wirken, bei dem die Erwachsenen übereinstimmend erklären, dass sie weiterhin Elternfunktionen gemeinsam ausüben werden und wie Besuchskontakte in Zukunft gestaltet werden sollen.

Zeigen Kinder getrennt lebender oder geschiedener Eltern Verhaltensauffälligkeiten, Schulschwierigkeiten oder andere Symptome, so sollten diese vor dem Hintergrund der konfliktbeladenen Beziehung zwischen den beiden Elternteilen gesehen werden. Ansonsten sind Ursachen wie Rollenzuschreibung, Parentifizierung, Verwischung von Generationengrenzen, Identifizierung mit dem Ex-Partner, Verklärung des toten Elternteils usw. zu beachten. Für die Behandlung von Verhaltensauffälligkeiten und psychischen Problemen gibt es eine Vielzahl von Therapieformen und -techniken, auch im Rahmen von Jugendhilfemaßnahmen (z.B. Erziehungsberatung, Soziale Gruppenarbeit, Heimerziehung, Erziehung in der Tagesgruppe, Intensive sozialpädagogische Einzelbetreuung). Ansonsten benötigen Kinder aus Teilfamilien Hilfe beim Umgang mit ihren Gefühlen (Trauer, Schmerz, Angst usw.), bei der Selbstdifferenzierung und Ablösung, beim Verarbeiten des sozialen Abstiegs u.a.

Stieffamilien

Schätzungsweise 60% der Geschiedenen heiraten erneut (Engstler 1997), und auch ein hoher Prozentsatz der Verwitweten und unverheirateten Mütter dürfte eine (weitere) Ehe eingehen. Dadurch ändert sich die Lebenssituation von vielen Kindern aus Teilfamilien: Nach mehr oder minder langer Zeit werden sie zu Mitgliedern einer Stieffamilie – der dritthäufigsten Familienform in Deutschland. Ähnlich wie bei Teilfamilien lassen sich auch hier verschiedene Unterformen unterscheiden:

- nach der Vorgeschichte: Ehescheidung, Verwitwung, nichteheliche Mutterschaft;
- nach den Partnerkombinationen: lediger Mann und geschiedene Frau, verwitweter Mann und ledige Mutter etc.;
- nach den Kinderkonstellationen: nur ein Partner bringt Kinder in die neue Ehe ein, beide Partner bringen Kinder ein, beide haben ein oder mehrere gemeinsame Kinder;
- nach Sorge- und Besuchsrecht: gemeinsames Sorgerecht mit dem außen stehenden Elternteil (wenn Kinder bei diesem leben und nur tageweise zu Besuch kommen: »Wochenendstieffamilie«), alleiniges Sorgerecht des leiblichen Elternteils (mit oder ohne Wahrnehmung des Besuchsrechts durch den früheren Partner), alleiniges Sorgerecht des außen stehenden Elternteils (Kinder kommen nur zu Besuch: »Wochenendstieffamilie«), gemeinsames Sorgerecht mit Stiefelternteil (nach Stiefkindadoption); und
- nach der Dauer der Alleinerzieherschaft: sofortiges Zusammenziehen mit dem neuen Partner nach der Trennung – mehrere Jahre der Alleinerzieherschaft.
- Häufig wird auch zwischen Stiefmutter-, Stiefvater- und zusammengesetzten Zweitfamilien differenziert.

Schon diese Aufzählung verdeutlicht, dass sich Stieffamilien zum einen sehr stark von »Normalfamilien« unterscheiden, sodass man mit Recht von einem andersartigen, eigenständigen Familientypus sprechen kann, und dass sie zum anderen als Sammelbegriff ganz verschiedene und höchst komplexe Unterformen umfassen.

Zur Besonderheit und Komplexität von Zweitfamilien trägt ferner bei, dass sich hier verschiedene Phasen des Lebens-, Ehe- und Familienzyklus überlagern: Beispielsweise können die Partner in der Phase der ersten Ehejahre stehen, zugleich aber auch in der Familienphase mit sich ablösenden Jugendlichen.

Zudem ist der aus Verwandten bestehende Teil des Netzwerkes von Stieffamilien größer: Bringen beide Partner Kinder in die neue Ehe ein, gibt es z.B. vier Großelternpaare – und zwei außen stehende Elternteile, eventuell mit neuen Partnern und leiblichen Geschwistern oder Halbgeschwistern der in der neuen Stieffamilie lebenden Kinder. Ein solches Netzwerk kann viele Ressourcen bieten, aber auch Konflikte hervorrufen und verstärken. Zudem stellt sich die Frage nach der Zugehörigkeit, wobei hier die Mitglieder einer Stieffamilie zu ganz unterschiedlichen Ergebnissen kommen können: Die Kinder mögen beispielsweise den außen stehenden Elternteil und dessen Angehörigen zur eigenen Familie rechnen, die (Stief-)Eltern aber nicht. Daraus resultieren auch unterschiedliche Abgrenzungsstrategien: Die eine Stieffamilie mag die Grenzen so scharf ziehen, dass außen stehende Elternteile und deren Verwandten ausgeschlossen werden, die andere mag die Grenzen so durchlässig lassen, dass Unklarheit über die Mitgliedschaft in ihr besteht.

Die Gründungsphase – eine schwierige Zeit

Von großer Bedeutung für die Zukunft einer Stieffamilie ist, aus welchen Gründen und wann ein allein erziehender Elternteil eine Zweitehe eingeht und welche Vorerfahrungen sein neuer Partner hat. Liegen Trennung und Scheidung bzw. der Todesfall noch nicht lange zurück, empfinden allein stehende Eltern oft noch intensive (positive und/oder negative) Gefühle für den Ex-Partner, trauern um ihn, sind noch in Konflikte mit ihm verwickelt. Sie sind innerlich nicht frei für eine Zweitehe und mögen eine neue Beziehung eingehen, um Verständnis und Trost zu erfahren oder einen Verbündeten im Kampf mit dem geschiedenen Partner zu finden. Problematisch ist z.B. auch, wenn in erster Linie nach einem neuen Elternteil für die Kinder gesucht wurde, wenn eine Alleinerziehende/ein Alleinerziehender aufgrund der gescheiterten Ehe oder des eigenen Alters die Erwartungen an einen neuen Partner herunter geschraubt hat oder wenn die Zweitehe der Flucht aus ungünstigen materiellen Lebensbedingungen (wie Sozialhilfebezug) dient. Bestand die Teilfamilie hingegen schon lange, so haben sich während dieser Zeit oft sehr enge Eltern-Kind-Beziehungen (bis hin zur Symbiose oder Ersatzpartnerschaft) herausgebildet. Dann mag es für den Stiefelternteil sehr schwer sein, in dieses festgefügte System einzudringen und in ihm einen Platz mit der eigenen Rolle entsprechenden Rechten und Pflichten zu erhalten.

Erschwerend kommt hinzu, dass die Partner in Stieffamilien in der Regel unterschiedliche und/oder verschieden viel Erfahrungen mit Ehebeziehungen und im Umgang mit Kindern gesammelt haben. Sie haben beispielsweise in der früheren Ehe Partner- und Familienrollen unterschiedlich definiert, in einem Fall eine eher traditionelle, im anderen eine eher geschlechtsunspezifische Arbeitsteilung praktiziert, in einem Fall jahrelang Kinder erzogen, im anderen kaum Kontakt zu irgendwelchen Kindern gehabt. So ist es in der Gründungsphase von Stieffamilien viel schwieriger als in der »normalen« jungen Ehe, sich auf Beziehungs- und Rollendefinitionen, Rechte und Pflichten, Regeln und Routinen, Aufgabenverteilung und Freizeitgestaltung zu einigen – und zusätzlich auf Erziehungsziele und -praktiken. Außerdem müssen die Elternaufgaben neu verteilt und (Besuchs-)Kontakte zum außen stehenden Elternteil der Kinder überdacht werden. Hat der neue Ehepartner ein Sorge- oder Umgangsrecht, muss geklärt werden, welche Rolle Besuchskinder in der Stieffamilie haben. So laufen in der Gründungsphase von Zweitfamilien bei weitem mehr Aushandlungs-, Reorganisations- und Anpassungsprozesse ab als in jungen Ehen, ist der Prozess des Zusammenwachsens langwieriger, problematischer und konfliktträchtiger.

Hinzu kommt, dass viele Kinder dem neuen Partner ihrer Mutter bzw. ihres Vaters zunächst distanziert und kritisch gegenüberstehen. Sie haben Angst, ihren anwesenden Elternteil an den neuen Partner oder ihre privilegierte Stellung in der Teilfamilie (z.B. bei sehr enger Eltern-Kind-Beziehung oder Parentifizierung) zu verlieren. Manche hoffen immer noch auf die Versöhnung ihrer geschiedenen Eltern oder befürchten, dass der neue Partner den außen stehenden Elternteil aus ihrem Leben verdrängen will – wobei letzterer oftmals solche Ängste verstärkt. So reagieren viele Kinder ablehnend und zurückweisend auf den neuen Partner, testen seine Geduld oder versuchen gar, die neue Paarbeziehung zu sabotieren. Ansonsten müssen sie wie die Erwachsenen viele Anpassungsleistungen erbringen, wie Friedl (1994) verdeutlicht: »Aus der Sicht eines Kindes in einem solchen erweiterten familialen Beziehungssystems heisst das, dass es sich – wenn wir von einer Stiefvaterfamilie ausgehen – in Beziehung setzen muss zu seinem leiblichen Vater, zu seiner leiblichen Mutter und zu seinem Stiefvater, zugleich aber auch zu der Interaktion zwischen seinen leiblichen Eltern und zu der Beziehung zwischen seiner Mutter und dem Stiefvater. Die Erweiterung des Interaktionsnetzes ist nicht nur eine Addition von Beziehungen, sondern impliziert auch eine Vielzahl von emotionalen Integrations- und Anpassungsprozessen, die koordiniert und ausbalanciert werden müssen« (S. 153).

Die Partnerbeziehung

Obwohl die Anfangsphase einer Zweitehe oft weniger unbeschwert als diejenige einer Erstehe ist, wird nach verschiedenen wissenschaftlichen Untersuchungen eine vergleich bar hohe Ehequalität bzw. -zufriedenheit erreicht (z.B. Knaub/Hanna/Stinnett 1984; Vemer et al. 1984). Sie ist generell höher, wenn positive Beziehungen zwischen Stiefelternteil und Stiefkindern bestehen. Dennoch sind Zweitehen weniger stabil als Erstehen. Zum einen scheint den Partnern der Schritt zur (erneuten) Trennung leichter zu fallen, da sie den Scheidungszyklus schon einmal durchlaufen haben. Zum anderen sind vor allem Ehekonflikte hinsichtlich der Erziehung und Disziplinierung der (Stief-) Kinder besonders häufig und belastend. Der leibliche Elternteil ergreift dann oft die Partei seiner Kinder; der Stiefelternteil bleibt außen vor. Somit ist das Ehesubsystem häufig sehr schwach ausgeprägt, nimmt der Stiefelternteil in der Familie eine Randposition ein. Kommt es zu dieser Situation in zusammengesetzten Zweitfamilien, zerfällt diese entsprechend der genetischen Zugehörigkeit in zwei Eltern-Kind-Subsysteme. In anderen Fällen ist der Auslöser für solche Ehekonflikte die mangelnde Unterstützung des leiblichen Elternteils durch den Stiefelternteil bei der Betreuung und Erziehung der Kinder.

In vielen Zweitfamilien kommt es auch zu Konflikten wegen der Finanzen, z.B. weil ein Ehepartner Unterhaltszahlungen an den außen stehenden Elternteil leisten muss (und die anderen Mitglieder der Stieffamilie das Gefühl haben, zu kurz zu kommen) oder von diesem empfängt und nicht teilen will. Auch besteht die Tendenz, an den in die Zweitehe eingebrachten Besitztümern festzuhalten (z.B. um die Interessen der eigenen Kinder zu wahren) und die Einkommen separat zu halten (getrennte Kassenführung). Ferner kann ein Partner die finanziellen Ansprüche seiner Stiefkinder als zu hoch erleben. Martin und Martin (1992) stellen fest: »Personen in Zweitehen haben gewöhnlich das Gefühl, in früheren Beziehungen finanziell den Kürzeren gezogen zu haben. Sie sind sehr vorsichtig hinsichtlich des Umgangs mit Geld in der Zweitfamilie. Geld mag als Mittel der Machtausübung und Kontrolle in der Beziehung genutzt werden« (S. 164). Ähnliches gilt übrigens auch bezüglich der Sexualität.

Ferner können Ehekonflikte mit der Beziehung zum außen stehenden Elternteil zu tun haben – wenn dieser z.B. seine Unterhaltszahlungen nur noch unregelmäßig und unvollständig leistet bzw. wegen des neuen »Versorgers« der Familie einstellen will. In anderen Fällen gibt dieser nach der Wiederheirat jede Hoffnung auf Versöhnung auf und startet einen neuen »Rachefeldzug«. Oder er befürchtet, den Kontakt zu seinen Kindern zu verlieren, sodass er entweder eine Neuregelung des Sorge- und Umgangsrechts anstrebt oder versucht, die Beziehung zu den Kindern (und seinem früheren Partner) zu intensivieren – was von der anderen Seite dann als Bedrohung erlebt wird. Konflikte in der Zweitehe können aber auch entstehen, wenn der geschiedene Partner noch keine »psychische Scheidung« erreicht hat und unverarbeitete Bindungen weiter bestehen. Verwitwete können hingegen den toten Partner und die Beziehung zu ihm verklären, sodass der neue diesem Ideal nie gerecht werden kann.

(Stief-)Eltern-Kind-Beziehung

Viele leibliche Eltern wollen wohl Unterstützung bei der Familienerziehung, möchten aber die »eigentlichen« Bezugspersonen ihrer Kinder bleiben. Versucht der Stiefelternteil, in ihre zumeist recht enge Beziehung zu den Kindern einzudringen, oder gewinnt er deren Vertrauen, reagieren sie oft mit Eifersucht oder unterminieren seine Erziehungsbemühungen. So gibt es in Zweitfamilien häufig einen wechselhaften Erziehungsstil, unklare Regeln und Verhaltenserwartungen, mangelt es an einer effektiven Disziplinierung der Kinder.

Aber auch aus anderen Gründen entsteht für Stiefeltern eine schwierige Situation: »Neue Partner bzw. neue Partnerinnen können nicht auf in Gesellschaft und Kultur verankerte Rollenmuster zurückgreifen wie Mütter und Väter in einer Kernfamilie. Sie müssen ihre Rolle gegenüber den Kindern individuell entwickeln. Dabei müssen sie sich sogar mit negativen Einstellungen zur Stiefelternschaft auseinander setzen« (Griebel 1991, S. 35). Dies bedeutet wohl einerseits einen großen Freiraum für eine individuelle Beziehungsgestaltung, andererseits aber auch Rollenambiguität und Verunsicherung. Letztere wird noch verstärkt, wenn der Stiefelternteil wenig Erfahrung mit Kindern hat und nun die Erziehung von Kindern mitgestalten soll, deren bisherige Entwicklung er nicht miterlebt hat. Und insbesondere bei Stiefmüttern kommt erschwerend hinzu, dass ihre Partner oftmals von Anfang an erwarten, dass sie die Hauptlast der Versorgung, Betreuung und Erziehung übernehmen. Vor allem wenn sie diesen Erwartungen unbedingt entsprechen, perfekte Eltern sein und den Mythos der »bösen Stiefmutter« widerlegen wollen, ist ein Scheitern häufig vorprogrammiert: Die Kinder sind nicht bereit, sofort eine ihnen noch fremde Person als Erzieherin zu akzeptieren – und erst recht nicht, wenn sie das Gefühl haben, dass diese den außen stehenden (oder toten) Elternteil ersetzen will bzw. soll.

Akzeptiert ein Stiefelternteil, dass die Vater- bzw. Mutterrolle bereits besetzt ist, dass die Stiefkinder den außen stehenden Elternteil lieben und ihm gegenüber loyal sein wollen und dass die Konkurrenz mit diesem unproduktiv ist, können mit der Zeit positive Stiefeltern-Kind-Beziehungen entstehen. Aufgrund der großen Gestaltungsfreiheit und mitbedingt durch das Alter der Kinder mag die Stiefelternrolle dann als diejenige des »eigentlichen Elternteils« (Überwiegen der sozialen Elternschaft), des »anderen Elternteils« (Überwiegen der leiblichen Elternschaft des außen stehenden Elternteils), des Vertrauten oder des Freundes (bei schon älteren Kindern) definiert werden. Im letztgenannten Fall – oder wenn sich Jugendliche bereits im Prozess der Ablösung befinden – übernehmen die Stiefeltern kaum Elternfunktionen. Bei älteren Stieftöchtern empfinden manche Stiefväter auch eine sexuelle Anziehungskraft. Dies kann in einem Extremfall zur Distanzierung aus Angst vor Inzest führen, im anderen Extremfall zu sexuellem Missbrauch. Ansonsten fällt es Stiefvätern in der Regel leichter, eher unübliche Definitionen ihrer Rolle zu akzeptieren, als Stiefmüttern – von denen aufgrund der vorherrschenden geschlechtsspezifischen Arbeitsteilung in Familien zumeist die Übernahme nahezu aller Erziehungsaufgaben erwartet wird.

Stiefeltern haben – rein juristisch gesehen – keine Elternrechte und -pflichten gegenüber den Stiefkindern. Sie können diese jedoch durch eine Adoption erlangen; heute sind bereits mehr als 50% aller Adoptionen Stiefkindadoptionen. Das Stiefkind wird an Kindes Statt angenommen und erhält denselben Rechtsstatus wie ein leibliches Kind, ist also z.B. unterhalts- und erbberechtigt. In diesen Fällen ist eine intensive Stiefeltern-Kind-Beziehung entstanden; der Kontakt zum außen stehenden leiblichen Elternteil ist in der Regel erloschen bzw. dieser stimmt der Adoption zu (Masson/Norbury/Chatterton 1983). Problematisch ist allerdings, wenn die Adoption – oder auch ein Antrag auf Namensänderung – die Fortsetzung des Kampfes der leiblichen Eltern um das Kind ist oder wenn durch sie die Realität des Lebens in einer Stieffamilie negiert werden soll. Im ersten Fall wird das Kind in neue Loyalitätskonflikte gestürzt, im zweiten Fall wird die Andersartigkeit von Zweitfamilien ignoriert und das Stiefeltern- bzw. Stiefkind-Sein tabuisiert – beides kann eine Kindeswohlgefährdung bedeuten.

Wird ein gemeinsames Kind geboren, dann werden die Unterschiede zwischen biologischer und sozialer Elternschaft besonders deutlich. Friedl (1994) ergänzt: »Die Besonderheit dieser Familienform liegt darin, dass innerhalb der Stieffamilie eine ›Kernfamilie‹ entsteht, also das Subsystem ›Vater-Mutter-Kind‹. Nach Meinung der Familientherapeuten kommt dabei dem gemeinsamen Kind in der Familie oftmals eine Schlüsselrolle zu, es soll z.B. die ganze Familie verbinden, da es mit allen Familienmitgliedern verwandt ist, oder es kann dazu kommen, dass die Stiefkinder aus der Familie herausgedrängt werden, um eine ›ganz normale Familie‹ zu sein« (S. 148f.).

Die Leugnung des Anders-Seins von Stieffamilien ist natürlich besonders einfach, wenn keine Kontakte zum außen stehenden Elternteil mehr bestehen – obwohl dieser zumeist in den Gedanken oder Fantasien der Kinder weiter präsent ist. Manchmal wird die Beziehung nach der Wiederheirat abgebrochen, weil der umgangsberechtigte Elternteil nun jede Hoffnung auf Versöhnung aufgegeben hat und mit dem neuen Partner nicht zusammentreffen möchte. In anderen Fällen gibt es zunächst eine Phase, in der der außen stehende Elternteil mit dem Stiefelternteil um die Zuneigung der Kinder konkurriert – und diese in Konflikte stürzen. Oft tolerieren sie auch einander. Dann können die Kinder unproblematisch zwischen den beiden Haushalten wechseln. Dies hat zumeist positive Konsequenzen für ihre Weiterentwicklung – und die Beziehung zum Stiefelternteil.

Entwicklung der Kinder

Aufgrund der vielen, in den vorausgegangenen Abschnitten skizzierten Belastungen sind Kinder in Stieffamilien häufiger verhaltensauffällig. Eine Analyse von zehn Untersuchungen, bei denen diese Kinder mit solchen aus Erst- und Teilfamilien verglichen wurden, zeigte jedoch, dass die Unterschiede gering sind (Ganong/Coleman 1993): »Stiefkinder wurden auch durchgängig dahingehend beurteilt, dass sie mehr Verhaltensprobleme als Kinder aus Kernfamilien haben. Die Größe der Effekte war generell gering, insbesondere für externalisierende Verhaltensweisen (-.10), aber die Unterschiede bei internalisierenden Verhaltensweisen waren groß genug, um von Bedeutung zu sein (-.30). Diese Ergebnisse zeigen, dass Stiefkinder stärker als Kinder, die mit beiden ihrer Eltern leben, durch emotionale Probleme wie Schuldgefühle, Depression und Angst gefährdet sind« (a.a.O., S. 158). Gegenüber Kindern aus Teilfamilien wiesen sie etwas weniger externalisierende und etwas mehr internalisierende Verhaltensweisen auf; die Unterschiede waren sehr gering. Somit kann man davon ausgehen, dass sich die meisten Kinder in Stieffamilien »normal« entwickeln. Verhaltensauffälligkeiten sind nur minimal häufiger als in Erstfamilien.

Da emotionale Probleme weniger störend sind, ist nicht verwunderlich, dass laut einer Untersuchung des Deutschen Jugendinstituts (Blüml/Gudat/Schattner 1993) Stiefkinder an den befragten Erziehungsberatungsstellen mit einem Anteil von 6% unterrepräsentiert waren – im Gegensatz zu Kindern aus Teilfamilien, die überdurchschnittlich oft vorgestellt wurden. Hingegen ergab eine von demselben Forscherteam durchgeführte Fragebogenerhebung in den Landkreisen Dithmarschen und Celle sowie in der Stadt Karlsruhe, dass von 905 fremdplatzierten Kindern 14,7% aus Stieffamilien, 27,6% aus Teil- und 34,5% aus Scheidungsfamilien kamen – aber nur 22,8% aus Kernfamilien. Kinder aus Zweit- (und insbesondere aus Teil-)Familien waren also deutlich überrepräsentiert, wobei sie zum Zeitpunkt der Fremdplatzierung im Durchschnitt älter als die anderen Kinder waren (41% ab 12 Jahre). Der Zeitpunkt der Wiederheirat ihres leiblichen Elternteils lag zumeist erst relativ kurz zurück. Die Initiative zur Fremdplatzierung ging häufiger von der Stieffamilie als von dem Jugendamt aus – häufiger von Stiefmüttern als von Stiefvätern. So lässt sich begründet vermuten, dass Zweitfamilien bei Verhaltensauffälligkeiten eines Kindes eher als Erstfamilien dazu tendieren, dieses »auszustoßen«.

Von Bedeutung für die Entwicklung von Stiefkindern ist auch, ob sie Stiefgeschwister haben. In diesen Fällen ändert sich nach der Wiederheirat oft ihre Position in der Geschwisterreihe, was mit Verlustgefühlen oder Anpassungsproblemen verbunden sein kann. Vielfach werden die Stiefgeschwister zunächst als Eindringlinge und Konkurrenten um die Zuneigung des leiblichen Elternteils gesehen – widmet dieser (oder ein biologischer Geschwisterteil) ihnen Aufmerksamkeit, reagieren Kinder häufig eifersüchtig und erbost.

Problematisch kann auch sein, wenn Stiefgeschwister attraktiver und erfolgreicher sind oder wenn sie als erotisch anziehend erlebt werden (schwächeres Inzesttabu). In vielen Fällen werden Stiefgeschwister aber auch zu Freunden. Sie genießen es, in der Zweitfamilie nahezu gleichaltrige Spielkameraden, den gewünschten »großen« Bruder bzw. Schwester oder ein »süßes« Kleinkind zu haben, und verbringen viel Zeit miteinander. Oft helfen und unterstützen sie einander – vor allem die Geburt eines Geschwisterteils kann sie zusammenführen, wenn sie in dieser Situation fürchten, nun für ihre leiblichen Eltern weniger wichtig zu werden.

Beratung und Unterstützung von Zweitfamilien

Laut Blüml, Gudat und Schattner (1993) finden erweiterte Familiensysteme in der sozialen Arbeit »selten jene Beachtung, die ihnen aufgrund ihrer besonderen Vorgeschichte, Strukturen, Möglichkeiten und spezifischen Problemstellungen zukommen müsste« (S. 24). Sie sind weniger präsent als Scheidungs- und Teilfamilien, die aufgrund der im ersten Teil dieses Kapitels aufgezeigten Probleme viel häufiger mit Sozialpädagog/innen Kontakt aufnehmen müssen. Stieffamilien suchen in der Regel nur dann um Hilfe nach, wenn das Sorge- bzw. Umgangsrecht geändert oder eine Stiefkindadoption beantragt werden soll, wenn eine familiäre Notlage allein nicht mehr bewältigt werden kann, wenn die Zweitehe kurz vor dem Zerbrechen steht oder wenn ein Kind stark verhaltensauffällig ist und unter Umständen fremdplatziert werden soll. Oft finden sie dann keine ihrer Familienform angemessene Hilfe: »Ein großer Teil der Fachkräfte in der Jugend- und Sozialhilfe orientiert sich bei der Arbeit mit erweiterten Familien weiterhin am Bild der ›Normalfamilie‹. Diese Ausrichtung hat u.a. jedoch zur Folge, dass die Sozialarbeit bislang nur bedingt den spezifischen Bedürfnissen dieser Familien gerecht werden kann« (a.a.O., S. 24).

Sozialpädagog/innen und Berater/innen müssen also zunächst verinnerlichte Familienidealbilder und Vorstellungen über »Normalfamilien« aufarbeiten. Nur dann ist es ihnen möglich, Zweitfamilien als besondere Familienform zu sehen, die anders als Erstfamilien behandelt werden muss. Dies betrifft schon das Erstgespräch: So ist es bei Stieffamilien oft schwieriger, zu einer gemeinsamen Definition vorherrschender Probleme zu kommen, da z.B. die Perspektiven der Familienmitglieder höchst unterschiedlich sein können oder die leiblichen Elternteile dazu tendieren, ihre Kinder gegenüber den Stiefeltern in Schutz zu nehmen.

Auch muss sehr viel mehr Zeit als bei anderen Familienformen für die Erfassung der Vorgeschichte bzw. Anamnese veranschlagt werden: So gilt es, die Situation in der Erstfamilie, die Gründe für die Trennung, das Erleben der Ehescheidung bzw. des Todesfalles bei Verwitwung, die Sorge- und Umgangsrechtsregelungen, die Beziehung zum früheren Partner bzw. außen stehenden Elternteil, die Familienstrukturen und -prozesse während der Zeit des Alleinerziehens, das Kennenlernen des neuen Ehepartners, die Anfangsphase der Stieffamilie und deren jetzige Situation zu reflektieren – und zwar aus der Sicht eines jeden Familienmitglieds. Reich (1994) betont zu Recht: »Probleme in der Zweitfamilie sind ... oft nur zu verstehen, wenn wir uns über die Probleme, die Beziehungsmuster und Beziehungserfahrungen in der ersten Ehe und deren Auflösung Klarheit verschaffen« (S. 150). In vielen Fällen ist es sinnvoll, schon zu einem frühen Zeitpunkt den außen stehenden Elternteil einzubeziehen, insbesondere wenn er Teil des Problems ist, wenn intensive (positive bzw. negative) Beziehungen zu ihm bestehen oder wenn ein gemeinsames Sorgerecht besteht. Auf diese Weise wird den Klient/innen schon bei den ersten Kontakten verdeutlicht, dass die Sozialpädagog/innen bzw. Berater/innen ihre besondere Lebensform und deren spezifische Charakteristika kennen – und dass die Problemlösung nicht im Nachahmen von »Normalfamilien« liegen kann.

Wie nach dem Erstgespräch bzw. der Anamnese weiter verfahren wird, hängt von den vorherrschenden Problemen und dem Beratungsansatz der Fachkräfte ab. Manche ziehen es vor, die meiste Zeit mit dem ganzen Familiensystem zu arbeiten (mit oder ohne dem außen stehenden Elternteil). Andere konzentrieren sich auf einzelne Subsysteme, sodass die Zusammensetzung der Teilnehmer/innen an den Treffen variiert. Dann fühlen sie sich auch durch die Komplexität dieser Familiensysteme weniger überfordert. Außerdem werden zugleich die Grenzen zwischen den Subsystemen verdeutlicht. Ferner erlaubt es diese Vorgehensweise, unterschiedliche Problemdefinitionen der Familienmitglieder zu akzeptieren und somit verschiedene Ziele für die einzelnen Subsysteme zu verfolgen: »Durch das Ansprechen der separaten Subsysteme der Stieffamilie ist man freier, die Erfahrung jedes einzelnen Mitgliedes der Zweitfamilie zu akzeptieren und zu verstehen. Es ist nicht ungewöhnlich, dass das Dilemma darin besteht, dass die Wahrnehmung eines Familienmitglieds von der Realität nicht von anderen Mitgliedern geteilt wird« (Browning 1994, S. 196). Bei dieser Vorgehensweise muss aber beachtet werden, dass schließlich die einzelnen Subsysteme in das Gesamtsystem integriert werden bzw. in ihm integriert bleiben.

In der Anfangsphase von Stieffamilien sollten Eltern ihren Kindern viel Zeit geben, um sich an die neue Situation anzupassen. So werden die leiblichen Eltern angehalten, sich häufig alleine mit jedem ihrer Kinder zu unterhalten, den offenen Ausdruck von Gefühlen und Ängsten zu fördern, auf diese empathisch und nicht negativ zu reagieren. Vor allem sollten sie betonen, dass die Beziehung zum außen stehenden Elternteil nicht gefährdet sei und die Kinder ihn weiter lieben dürfen. Dadurch werden Verlustängste und Loyalitätskonflikte reduziert. Besonders positiv wirkt sich in dieser Phase aus, wenn die Kinder den außen stehenden Elternteil regelmäßig oder sogar häufiger als zuvor besuchen können – was übrigens auch dem »jungen« Ehepaar mehr Freiraum für die ungestörte Ausgestaltung seiner Paarbeziehung lässt. Verhält sich der geschiedene Partner allerdings destruktiv und hetzt die Kinder gegen den Stiefelternteil oder den früheren Ehegatten auf, muss dagegen vorgegangen und sein Einfluss verringert werden. Gelingt dies nicht im Gespräch, müssen unter Umständen Änderungen des Sorge- und Umgangsrechts in Betracht gezogen werden.

Generell treten weniger Probleme auf, wenn Stiefeltern nicht sofort Elternrechte und die Zuneigung ihrer Stiefkinder beanspruchen. Auch sollten sie nicht umgehend Neuerungen hinsichtlich der Gestaltung des Familienalltags einführen. So werden sie angehalten, zunächst nur den leiblichen Elternteil bei der Erziehung zu unterstützen. Am wichtigsten ist, dass sie sich bemühen, die Stiefkinder besser kennen zu lernen, ihr Vertrauen zu gewinnen und langsam eine positive Beziehung zu ihnen aufzubauen. Auch sollten sie akzeptieren, dass viele pubertierende Kinder oder Jugendliche auf physische Distanz großen Wert legen.

Versuchen Kinder, die neue Paarbeziehung zu torpedieren, müssen die Gründe hierfür gesucht und aufgezeigt werden. Sind beispielsweise Versöhnungsfantasien oder Idealisierungen eines verstorbenen Elternteils die Ursache, kann deren mangelnder Realitätsbezug betont werden. Kinder, die in der Teilfamilie eine symbiotische Beziehung zu ihrem Elternteil entwickelt hatten, Ersatzpartner waren oder parentifiziert wurden, benötigen Unterstützung bei der Verarbeitung des Verlustes ihrer privilegierten Position und der damit verbundenen Gefühle wie Eifersucht, Wut und Schmerz. Sie werden dazu geführt, den Stiefelternteil als geeigneteren Partner ihres leiblichen Elternteils anzuerkennen. Zugleich werden sie von ihren nicht altersgemäßen Aufgaben entlastet, können sie wieder Kinder sein.

Bestehen Stieffamilien bereits länger, werden Sozialpädagog/innen und Berater/innen vor allem mit folgenden Aufgaben konfrontiert: In der Arbeit mit dem Ehesubsystem kommt es – neben der generellen Verbesserung der Partnerbeziehung (unter Umständen auch im sexuellen Bereich) – vor allem darauf an zu klären, wie die Erziehungsverantwortung wahrgenommen werden soll. Während diese in Erstfamilien normalerweise von beiden Partnern gemeinsam geschultert werden soll, sind in Zweitfamilien oft Alternativen sinnvoller: Wie bereits beschrieben wurde, mag durchaus der leibliche Elternteil (und insbesondere bei gemeinsamer Sorge zusammen mit dem geschiedenen Partner) die Hauptverantwortung für die Erziehung seiner Kinder übernehmen (wollen). Dann ist zu besprechen, inwieweit der Stiefelternteil bereit ist, eine eher unterstützende »Nebenrolle« zu übernehmen oder seine Position als die eines »Spielkameraden« oder »Freundes« der Stiefkinder zu definieren. Das leitende Prinzip bei der Arbeit mit dem Ehesubsystem sollte immer sein, dass sich die Partner einigen – durchaus auf etwas anderes, als in Erstfamilien üblich ist.

Generell ist es sinnvoll, die Zusammenarbeit zwischen beiden Partnern zu verbessern. So wird besprochen, welche (hierarchischen) Familienstrukturen wünschenswert sind, wie die Einkünfte verwaltet und ausgegeben werden, wie Aufgaben im Haushalt verteilt werden, was in der Freizeit (gemeinsam) unternommen wird, welche Erziehungsziele verfolgt werden, welcher Erziehungsstil praktiziert werden soll und was für Pflichten die Kinder haben. Familienregeln sollten klar formuliert und gegenüber den Kindern durchgesetzt werden. Wichtig ist, dass der leibliche Elternteil den Stiefelternteil z.B. in Fragen der Disziplin unterstützt und dann nicht (wie bisher) die Partei seiner Kinder ergreift.

In vielen Fällen müssen auch Konflikte zwischen den Ehegatten gelöst werden. Diese werden manchmal verneint oder verdrängt, da das Paar nicht erneut scheitern will. Dann werden sie leicht auf ein Kind projiziert, das zum Sündenbock wird, Symptome entwickelt oder die Eltern in der Sorge um seine Schwierigkeiten vereint. In diesen Fällen müssen die Ehekonflikte aufgedeckt werden, sodass sie bearbeitet werden können.

Ist ein Ehegatte geschieden, sollte auch seine Beziehung zum früheren Partner besprochen werden. Oft ist es sinnvoll, die (emotionale) Distanz zwischen beiden zu vergrößern und zu verdeutlichen, dass jeder nur für sich selbst verantwortlich ist – und jeder für *seine* Beziehung zu den gemeinsamen Kindern. Sofern der vom früheren Partner praktizierte Erziehungsstil nicht die kindliche Entwicklung beeinträchtigt, sollte er von dem anderen Elternteil toleriert werden. So werden klare Grenzen zwischen beiden Seiten gezogen und (potentielle) Konflikte reduziert bzw. vermieden. Generell sollte folgender Grundsatz gelten: »Unsere Position ist, dass die Beziehung zu einem Ex-Partner zum Wohle der Kinder definiert werden muss, und nicht entsprechend der Vorlieben und Bequemlichkeiten des früheren Ehegatten« (Martin/Martin 1992, S. 188). Versuche des außen stehenden Elternteils, nach der Wiederheirat (des früheren Partners) den Kontakt zu seinen Kindern zu reduzieren oder abzubrechen, sollten verhindert werden – gerade in dieser Situation ist eine stabile Beziehung für die Kinder besonders wichtig.

Da im Verhältnis zwischen Stiefelternteil und Stiefkindern besonders häufig Probleme auftreten, liegt hier zumeist ein Schwerpunkt der Beratung. Insbesondere sollte vermieden werden, dass Stiefväter an den Rand der Familie verdrängt werden bzw. sich von den Kindern distanzieren. Generell sollten alle Familienmitglieder die Andersartigkeit der

Stiefeltern-Stiefkind-Beziehung erkennen und akzeptieren. Zu deren Verbesserung können separate Treffen für dieses Subsystem beitragen. Hier können Stiefeltern und Stiefkinder unter Anleitung Konflikte ausdiskutieren und den Kontakt zueinander intensivieren. Dabei ist wichtig, wechselseitige Kritik und Vergleiche mit dem außen stehenden Elternteil bzw. den leiblichen Kindern zu reduzieren, Kommunikationsstörungen abzubauen und Respekt füreinander zu fördern. Stiefeltern werden angehalten, während der Woche möglichst Zeit alleine mit den Stiefkindern zu verbringen. Fühlen sie sich von diesen sexuell angezogen, sollte über die Inzestgefahr gesprochen werden. Dann können z.B. Regeln über die Bekleidung oder über die Benutzung von Bad und Kinderzimmer aufgestellt werden.

Mit Stiefeltern, die erst wenig Erfahrung in der Erziehung von Kindern gesammelt haben, muss oft über deren Erziehungsziele und -praktiken gesprochen werden. Ihr Erziehungsstil wird reflektiert und verbessert. Oft müssen zu hohe Erwartungen an sich selbst (der Stiefelternteil als »Retter der Familie«, als »Ersatzmutter/-vater«, als »perfekte« Mutter) abgebaut werden. Wollen Stiefeltern ihre Stiefkinder adoptieren, muss geprüft werden, ob dies zum Wohle der Kinder ist. Dazu muss insbesondere die Qualität der Beziehung zwischen beiden Seiten untersucht werden. Auch ist es unverzichtbar, die Vorstellungen des außen stehenden Elternteils zu erfragen und zu ermitteln, inwieweit die Kinder noch Kontakt zu ihm haben.

Bei der Beratung von Zweitfamilien wird der leibliche Elternteil angehalten, die Beziehung zwischen seinen Kindern und dem Stiefelternteil zu fördern, also z.B. bei sich entwickelnder Zuneigung nicht eifersüchtig zu reagieren. Oft sind auch hier separate Treffen mit diesem Subsystem sinnvoll. Sie ermöglichen leiblichen Eltern und Kindern, ihre Fragen und Probleme in Ruhe zu besprechen, ohne dass sie vom Stiefelternteil beobachtet werden oder sich vor diesem rechtfertigen müssen. Zugleich wird dadurch der großen Bedeutung dieses Subsystems entsprochen. Manchmal ist es sogar sinnvoll, die Intensität der Beziehung zwischen leiblichem Elternteil und seinen Kindern zu akzeptieren, wenn Interventionen zur Reduzierung der Stärke dieser Bindung auf zu große Widerstände einer oder beider Seiten stoßen würden.

Oftmals ist es notwendig, mit den Kindern (separat) die Trennung und Scheidung ihrer Eltern bzw. den Tod eines Elternteils durchzusprechen. Sie benötigen Hilfe beim Definieren ihrer Beziehungen zu den leiblichen Eltern, dem Stiefelternteil, den Stiefgeschwistern, alten und neuen Verwandten. Ist der Kontakt zum außen stehenden Elternteil abgebrochen, werden diesbezügliche Gefühle der Kinder geklärt (Trauerarbeit, Aufzeigen einer unangemessenen Idealisierung usw.). Ferner müssen häufig die Beziehungen zwischen Stiefgeschwistern neu geordnet werden. So werden z.B. Geschwisterneid und Eifersucht reduziert, Konflikte gelöst oder bei erotischer Anziehung entsprechende Grenzen gezogen. Manchmal ist es auch sinnvoll, Stiefkinder auf die Geburt eines gemeinsamen Kindes ihrer Eltern vorzubereiten und ihre Ängste anzusprechen.

Haben Kinder als Reaktion auf Familienkonflikte, die Trennung bzw. Scheidung der Eltern, die Zuweisung nicht altersgemäßer Rollen usw. Verhaltensauffälligkeiten oder Symptome ausgebildet, können Berater/innen auf das übliche Repertoire an therapeutischen Verfahren und Techniken zurückgreifen. Oft kann eine Ausstoßung des Symptomträgers aus dem Familiensystem verhindert werden. Ist eine Fremdplatzierung unvermeidbar, so wird diese in die Wege geleitet.

Abschließend soll noch darauf hingewiesen werden, dass viele Stieffamilien, mit denen Sozialpädagog/innen zu tun bekommen, Multiproblemfamilien sind. Hier kommen z.B. Erziehungsschwierigkeiten, Schulversagen, Ausstoßungstendenzen, Arbeitslosigkeit, Überschuldung u.Ä. zusammen. In diesen Fällen sind oft eine längerfristige Betreuung durch den Allgemeinen Sozialen Dienst (Barth 1993) oder eine Sozialpädagogische Familienhilfe (Uhl 1993) angezeigt.

Literatur

Barth, E.: Die Aufgaben des Allgemeinen Sozialen Dienstes bei der Beratung von Stieffamilien. In: Deutsches Jugendinstitut (Hrsg.): Beratung von Stieffamilien. Von der Selbsthilfe bis zur sozialen Arbeit. München: DJI Verlag Deutsches Jugendinstitut 1993, S. 49–60

Blüml, H./Gudat, U./Schattner, H.: Ergebnisse des Projektes »Erweiterte Familiensysteme und Soziale Arbeit«. In: Deutsches Jugendinstitut (Hrsg.): Beratung von Stieffamilien. Von der Selbsthilfe bis zur sozialen Arbeit. München: DJI Verlag Deutsches Jugendinstitut 1993, S. 3–46

Browning, S.: Treating stepfamilies: Alternatives to traditional family therapy. In: Pasley, K./Ihinger-Tallman, M. (Hrsg.): Stepparenting. Issues in theory, research, and practice. Westport: Greenwood Press 1994, S. 175–197

Burt, M.S./Burt, R.B.: Stepfamilies. The step by step model of brief therapy. New York: Brunner/Mazel 1996

Dreser, W.: Systemische Familien- und Erziehungsberatung mit Alleinerziehenden. In: Hahn, K./Müller, F.-W. (Hrsg.): Systemische Erziehungs- und Familienberatung. Wege zur Förderung autonomer Lebensgestaltung. Mainz: Matthias-Grünewald-Verlag 1993, S. 115–122

Engstler, H.: Die Familie im Spiegel der amtlichen Statistik. Lebensformen, Familienstrukturen, wirtschaftliche Situation der Familien und familiendemographische Entwicklung in Deutschland. Bonn: Bundesministerium für Familie, Senioren, Frauen und Jugend 1997

Ermert, C./Klinkner, M./Sander, E.: Elterntraining für allein erziehende Mütter. In: Perrez, M./Lambert, J.-L./Ermert, C./Plancherel, B. (Hrsg.): Familie im Wandel. Famille en transition. Fribourg: Universitätsverlag Freiburg Schweiz 1995, S. 96–105

Friedl, I.: Die vielfältigen Beziehungen in Fortsetzungsfamilien. Stieffamilien als Zielgruppe der Bildungsarbeit. In: Arbeitsgemeinschaft für katholische Familienbildung e.V. (Hrsg.): Familienbildung – Familienpastoral. Aus der Sicht von morgen Projekte für heute. Bonn: Selbstverlag 1994, S. 147–162

Ganong, L.H./Coleman, M.: A meta-analytic comparison of the self-esteem and behavior problems of stepchildren to children in other family structures. Journal of Divorce and Remarriage 1993, 19 (3/4), S. 143–163

Griebel, W.: Neue Partnerschaft und Stieffamilie. In: Fthenakis, W.E. (Hrsg.): Mehr Zeit für Kinder. Auch nach Trennung und Scheidung. Frankfurt/Main: Mehr Zeit für Kinder e.V. 1991, S. 35–37

Heiliger, A.: Zur Sozialisationskompetenz der Mutter-Kind-Familie. In: Böllert, K./Otto, H.-U. (Hrsg.): Die neue Familie. Lebensformen und Familiengemeinschaften im Umbruch. Bielefeld: KT-Verlag 1993, S. 73–83

Kaslow, F.W.: Der Scheidungsprozess – Entwicklungsstufen, Dynamik, Behandlung und differentielle Auswirkungen. In: Textor, M.R. (Hrsg.): Hilfen für Familien. Ein Handbuch für psychosoziale Berufe. Frankfurt/Main: Fischer Taschenbuch Verlag, 2. Aufl. 1992, S. 312–342

Knaub, P.K./Hanna, S.L./Stinnett, N.: Strengths of remarried families. Journal of Divorce 1984, 7 (3), S. 41–55

Krähenbühl, V./Jellouschek, H./Kohaus-Jellouschek, M./Weber, R.: Stieffamilien. Struktur – Entwicklung – Therapie. Freiburg: Lambertus, 2. Aufl. 1987

Krüsselberg, H.-G./Auge, M./Hilzenbecher, M.: Verhaltenshypothesen und Familienzeitbudgets. Die Ansatzpunkte der »Neuen Haushaltsökonomien« für Familienpolitik. Stuttgart: Kohlhammer 1986

Kübler-Ross, E.: Interviews mit Sterbenden. Gütersloh: Gütersloher Verlagshaus, 16. Aufl. 1992

Masson, J./Norbury, D./Chatterton, S.G.: Mine, yours or ours? A study of step-parent adoption. London: Her Majesty's Stationary Office 1983

Martin, D./Martin, M.: Stepfamilies in therapy: Understanding systems, assessment, and intervention. San Francisco: Jossey-Bass 1992

Nielsen, H./Nielsen, K.: Sozialpädagogische Familienhilfe. In: Textor, M.R. (Hrsg.): Hilfen für Familien. Ein Handbuch für psychosoziale Berufe. Frankfurt/Main: Fischer Taschenbuch Verlag, 2. Aufl. 1992, S. 438–448

Papernow, P.L.: Becoming a stepfamily. Patterns of development in remarried families. San Francisco: Jossey-Bass 1993

Permien, H.: Zwischen Existenznöten und Emanzipation – Allein erziehende Eltern. In: Deutsches Jugendinstitut (Hrsg.): Wie geht's der Familie? Ein Handbuch zur Situation der Familien heute. München: Kösel 1988, S. 89–97

Reich, G.: Probleme von Zweitfamilien in der familientherapeutischen Praxis. In: Horstmann, J. (Hrsg.): Stieffamilie/Zweitfamilie. Reflexionen über einen an gesellschaftlicher Bedeutung zunehmenden Familientypus. Grafschaft: Vektor 1994, S. 149–174

Sander, E.: Kinder allein erziehender Eltern. In: Markefka, M./Nauck, B. (Hrsg.): Handbuch der Kindheitsforschung. Neuwied: Luchterhand 1993, S. 419–427

Sorber, P.: Krisen und Belastungen Alleinerziehender und daraus erwachsender Unterstützungsbedarf. In: Rehling, B./Reinbold, B./Spätling, M. (Hrsg.): Jugendhilfe und Alleinerziehende. Ein Tagungsreader. Frankfurt/Main: Institut für Sozialarbeit und Sozialpädagogik 1989, S. 5–16

Sozialdienst Katholischer Frauen – Zentrale e.V.: Trennung/Scheidung. Kinder in Einelternfamilien. Dortmund: Selbstverlag 1988

Textor, M.R.: Integrative Familientherapie. Eine systematische Darstellung der Konzepte, Hypothesen und Techniken amerikanischer Therapeuten. Berlin: Springer 1985

Textor, M.R.: Scheidungszyklus und Scheidungsberatung. Ein Handbuch. Göttingen: Vandenhoeck & Ruprecht 1991a

Textor, M.R.: Teilfamilien: Strukturen, Probleme, Beratung. Soziale Arbeit 1991b, 40, S. 358–365

Textor, M.R.: Stieffamilien: Entwicklung, Charakteristika, Probleme. Unsere Jugend 1993a, 45, S. 33–44

Textor, M.R.: Beratung von Stieffamilien. Soziale Arbeit 1993b, 42, S. 52–55

Textor, M.R.: Das Buch der Familientherapie. Sechs Schulen in Theorie und Praxis. Eschborn: Klotz, 4. Aufl. 1997

Uhl, A.-L.: Die Arbeit der Sozialpädagogischen Familienhilfe in neu zusammengesetzten Familien. In: Deutsches Jugendinstitut (Hrsg.): Beratung von Stieffamilien. Von der Selbsthilfe bis zur sozialen Arbeit. München: DJI Verlag Deutsches Jugendinstitut 1993, S. 91–102

Vemer, E./Coleman, M./Ganong, L.H./Cooper, H.: Marital satisfaction in remarriage: A meta-analysis. Journal of Marriage and the Family 1989, 51, S. 713–725

Verband allein stehender Mütter und Väter Bundesverband e.V. (Hrsg.): Allein erziehend. Tips und Informationen vom VAMV. Bonn: Selbstverlag, 9. Aufl. 1996

Visher, E.B./Visher, J.S.: Stiefeltern, Stiefkinder und ihre Familien. Probleme und Chancen. München: Psychologie Verlags Union 1987

Martin R. Textor

Pflege- und Adoptivfamilien

Bei Familienpflege und Adoption übernehmen Erwachsene die »soziale Elternschaft« für von ihnen nicht gezeugte Kinder – im ersten Fall für eher kurze Zeit oder (rechtlich) bis zur Volljährigkeit (bzw. auf Antrag spätestens bis zur Vollendung des 27. Lebensjahres), im zweiten Fall auf Lebenszeit wie bei leiblichen Kindern. In der Regel handelt es sich um Kinder, die von ihren biologischen Eltern aus einer Vielzahl möglicher Gründe nicht selbst erzogen werden konnten (z.B. wegen Tod/Krankheit, Erziehungsunfähigkeit, Überforderung, fehlender Beziehung zum Kind, sozialer Notlagen u.v.a.m.), die verlassen oder verstoßen wurden bzw. die wegen Vernachlässigung, Misshandlung, sexuellem Missbrauch oder anderen zwingenden Gründen aus ihren Herkunftsfamilien herausgenommen werden mussten.

Die Familienpflege ist eine Jugendhilfemaßnahme; sie wird dementsprechend weitgehend im Kinder- und Jugendhilfegesetz (SGB VIII) geregelt. Bei der Adoption handelt es sich hingegen um eine Form der Familiengründung; die rechtlichen Grundlagen finden sich überwiegend im Adoptionsgesetz des Bürgerlichen Gesetzbuches (BGB). Das Kind wird von den Erwachsenen als (gemeinschaftliches) eheliches Kind angenommen; seine Rechtsstellung entspricht derjenigen eines leiblichen Kindes (Volladoption). Mit Vollzug der Adoption durch das Vormundschaftsgericht (Dekretsystem) erlöschen alle verwandtschaftlichen Beziehungen zu den leiblichen Eltern und anderen Angehörigen sowie die sich daraus ergebenden Rechte und Pflichten. Bei der vorherrschenden Inkognitoadoption – im Gegensatz zu offenen Formen der Adoption (vgl. Paulitz 1997; Textor 1991) – bestehen keinerlei Kontakte zur Herkunftsfamilie fort.

Unter sozialpädagogischen Gesichtspunkten hat es sich bewährt, folgende »Gruppen« von Adoptionen zu unterscheiden (Textor 1996):

- unproblematische Adoptionen von in Deutschland geborenen Säuglingen,
- Adoptionen älterer, in Deutschland geborener Kinder, die aufgrund ihrer Vorgeschichte häufig Verhaltensauffälligkeiten und Entwicklungsverzögerungen aufweisen,
- Adoptionen behinderter oder chronisch kranker Kinder,
- Adoptionen aus dem Ausland (zumeist der »Dritten Welt«) stammender Säuglinge,
- Adoptionen ausländischer älterer Kinder, die aufgrund ihrer Vorgeschichte oft unterernährt, krank, traumatisiert, psychisch gestört, entwicklungsverzögert oder verhaltensauffällig sind und sich häufig nur schwer eingewöhnen,
- Pflegekindadoptionen sowie
- Stiefkindadoptionen, die einen Sonderfall bilden und an dieser Stelle nicht behandelt werden (siehe Kapitel »Teil- und Stieffamilien«).

Jedes Jahr werden nur noch etwa 3.500 Fremdadoptionen vollzogen. Im Vergleich hierzu werden pro Jahr rund 11.000 Kinder und Jugendliche in Pflegefamilien platziert, wobei es sich aber in circa 2.000 Fällen um Verwandtenpflege handelt. Generell lassen sich folgende Formen der Familienpflege unterscheiden:

- Dauerpflege,
- Wochenpflege (die Kinder sind an den Wochenenden bei den leiblichen Eltern),
- Kurzzeitpflege,
- Bereitschaftspflege für Kinder, die z.B. im Rahmen der Inobhutnahme nach § 42 SGB VIII unmittelbar bis zur Klärung des weiteren Hilfebedarfs untergebracht werden müssen (siehe hierzu Blüml 1995),
- Erziehungs- bzw. Sonderpflegestellen mit besonderer Qualifikation der Pflegeeltern für stark verhaltensgestörte oder behinderte Kinder (siehe hierzu Kronenberger/Thon 1995) sowie
- Pflegenester, in denen mehrere Pflegekinder leben und in denen Personen mit einem entsprechenden Berufsabschluss (z.B. als Erzieher/innen, Sozialpädagog/innen oder Lehrer/innen) gezielt ihre fachlichen und menschlichen Kompetenzen für deren Erziehung einsetzen.

Im Folgenden werde ich mich auf die Dauerpflege beschränken. Sie kann je nach den Erfordernissen des Einzelfalles gemäß § 33 Satz 1 SGB VIII eine »zeitlich befristete Erziehungshilfe« oder »eine auf Dauer angelegte Lebensform« sein. Im ersten Fall spricht man auch von der Pflegefamilie als »Ergänzungsfamilie«, im zweiten Fall von ihr als »Ersatzfamilie«. Nach vielen empirischen Forschungsergebnissen (zusammengefasst z.B. in Textor 1993b, 1995a) kann man davon ausgehen, dass die letztgenannte Form überwiegt. Hier haben die Pflegekinder keinen oder kaum Kontakt zu den leiblichen Eltern, ist die Rückkehroption nicht gegeben. Problematisch ist, dass zum Zeitpunkt der Inpflegegabe nur schwer deren voraussichtliche Dauer abgeschätzt werden kann. Dazu müssen z.B. Qualität und Intensität der Eltern-Kind-Beziehung und Möglichkeiten zur Verbesserung der Situation in der Herkunftsfamilie genau untersucht werden. Deutlich wird, dass der Prognose und der Erstellung eines Hilfeplans eine große Bedeutung zukommt (siehe hierzu Heindl 1995).

Probleme von Pflegefamilien

Vielen Pflegefamilien fällt es nicht leicht, ein akzeptables Selbstverständnis von ihrer Funktion und Rolle zu entwickeln. Auf der einen Seite haben die meisten Pflegeeltern das Bedürfnis, »sich als ganz normale Familie zu verstehen und ihr Pflegekind als quasi eigenes Kind zu betrachten« (Goldbeck 1984, S. 313). In ihrem Erleben gehört das Pflegekind - einige Zeit nach seiner Platzierung - zur Familie, nehmen sie die Vater- und Mutterrolle ihm gegenüber wahr. Auf der anderen Seite sind sie rechtlich gesehen nicht die Eltern des Pflegekindes; die Elternrechte verbleiben in der Regel bei den leiblichen Eltern oder liegen bei einem Vormund. Hinzu kommt, dass die Pflegeelternschaft immer zeitlich begrenzt und oft von unbestimmter Dauer ist – selbst seit vielen Jahren bestehende Pflegeverhältnisse werden manchmal von Jugendamtsmitarbeiter/innen für die Pflegeeltern überraschend und unverständlich aufgelöst. Außerdem sind Pflegepersonen nach § 37 Abs. 1 SGB VIII verpflichtet, mit den leiblichen Eltern zum Wohle des Kindes oder des Jugendlichen zusammenzuarbeiten, was natürlich ebenfalls die Vorstellung, eine ganz normale Familie zu sein, infrage stellt. Schließlich haben viele Pflegekinder Kontakt zu den leiblichen Eltern. Sie erleben sich als Mitglied zweier Familiensysteme (doppelte Elternschaft).

Voller Widersprüche ist aber auch das Verhältnis der Pflegeeltern zum Jugendamt: Einerseits führen erstere die Jugendhilfemaßnahme »Vollzeitpflege« (§ 33 SGB VIII) durch, sind Pflegefamilien also eine Institution der Jugendhilfe und damit Partner des Jugendamtes. Andererseits wird ihnen im Gegensatz zu anderen Trägern der Jugendhilfe eine Beratungs- und Unterstützungsbedürftigkeit unterstellt (vgl. § 37 Abs. 2 SGB VIII), unterliegen sie in höherem Maße der Kontrolle durch das Jugendamt (siehe § 37 Abs. 3 Satz 1 SGB VIII). So schreibt Heitkamp (1989): »Mit jedem Hausbesuch in der Pflegefamilie wird zugleich auch deren Doppelrolle innerhalb der Jugendhilfe offenbart: sie ist Teil des Jugendhilfeangebots und gleichzeitig auch Klient derselben« (S. 108).

Oft ist das Verhältnis zwischen Pflegeeltern und Jugendamt von Anfang an problematisch. So werden viele Pflegekinder in einer akuten Krisensituation aus der Herkunftsfamilie herausgenommen. Dementsprechend plötzlich erfolgt die Inpflegegabe – und trifft die Pflegeeltern unvorbereitet. Es fehlt die Zeit für eine langsame Kontaktanbahnung und eine bewusste Entscheidung für das Kind. Problematisch ist aber auch, wenn die Pflegeeltern nur wenige Informationen über die Vorgeschichte des Kindes (traumatische Ereignisse), seinen Entwicklungsstand (Verhaltensauffälligkeiten), seine Beziehung zu den leiblichen Eltern und seine Familienverhältnisse erhalten. Dadurch wird es ihnen unnötig erschwert, das Verhalten und Erleben ihres Pflegekindes zu verstehen. Hinzu kommt, dass häufig Pflegeeltern und Pflegekind über die voraussichtliche Dauer des Pflegeverhältnisses und die Wahrscheinlichkeit der Rückführung in die Herkunftsfamilie im Unklaren gelassen werden (oft wegen mangelhafter Hilfeplanung bzw. fehlender Einbindung in dieselbe; vgl. § 36 SGB VIII). Dies erschwert den Pflegeeltern die Beziehungsaufnahme und Erziehung, während das Pflegekind existenziell verunsichert ist, weil es nicht weiß, zu welcher Familie es nun gehört und wie verlässlich das Beziehungsangebot der Pflegepersonen ist. Insbesondere bei Kindern, die schon zuvor fremdplatziert wurden und sich als Spielball unbekannter Mächte (Jugendamtsmitarbeiter/innen, Vormundschaftsrichter/innen usw.) erlebt haben, kann hierdurch eine bereits bestehende Bindungsunsicherheit verstärkt werden. Wurden sie von den leiblichen Eltern misshandelt oder sexuell missbraucht, bleibt die Angst vor ihnen, da sie immer mit einer Rückführung in die Herkunftsfamilie rechnen.

Aufgrund der plötzlichen Inpflegegabe, der abrupten Trennung von Geschwistern und anderen Verwandten, der unsicheren Lebensperspektive und insbesondere früherer Beziehungsabbrüche und Traumata, die oft beim Pflegekind große psychische Probleme und Verhaltensauffälligkeiten auslösten, ist die Eingewöhnungszeit in der Regel eine Phase der Erziehungsschwierigkeiten und Umstrukturierungen. Die Pflegefamilien werden mit »Problemkindern« konfrontiert, die andere Wertorientierungen, Verhaltensmuster und Umgangsformen mitbringen, die einen anderen Lebens- und Erziehungsstil gewöhnt sind. Diese Unterschiede werden oft dadurch mitbedingt, dass die meisten Kinder bei der Inpflegegabe aus Unterschichts- in Mittelschichtsfamilien wechseln. So werden häufig große Anpassungsprobleme erlebt. Hinzu kommt, dass sich die Pflegefamilien umstrukturieren müssen, um das Pflegekind als neues Mitglied – mit Sonderstatus – zu integrieren. Die leiblichen Kinder oder andere Pflegekinder in der Familie müssen nun die Eltern mit einer anderen Person teilen, die zunächst deren Zeit und Energie im Übermaße beansprucht. »Geschwisterrivalität« und damit verbundene Konflikte treten folglich häufig auf.

Generell werden drei Phasen der Integration von Pflegekindern unterschieden (Heinze 1995; Nienstedt/Westermann 1989):

1. In der Orientierungsphase halten sich die Kinder aus Angst und Unsicherheit zurück. Sie passen sich oberflächlich an, ordnen sich unter und sind gehorsam.
2. In der Aktionsphase testen sie die Festigkeit der Beziehung zu den Pflegeeltern, indem sie diese beschimpfen, aggressiv sind, Wutausbrüche haben usw. Auf diese Weise prüfen sie, ob sie von den »neuen Eltern« wirklich geliebt werden oder ob diese sie dann auch loswerden wollen. Oft werden dabei frühere familiale Beziehungsformen in der Übertragungsbeziehung zu den Pflegeeltern wiederholt, werden alte Ängste und Traumata wiederbelebt sowie verdrängte Gefühle und abgewehrte Bedürfnisse freigesetzt. Die Pflegeeltern benötigen in dieser Phase ein großes Einfühlungsvermögen und gute Nerven. Können sie mit der Übertragung umgehen, können die Kinder ihre Vergangenheit verarbeiten, machen sie korrigierende Erfahrungen.
3. In der Regressionsphase zeigen Pflegekinder ein für frühere Entwicklungsstufen typisches Verhalten. »In dieser Phase zeigt das Kind deutlich sein Bedürfnis, Kind der Eltern zu werden. Es geht dabei immer weiter in die Regression zurück, bis es ihm möglich ist, eine ›rituelle‹ oder ›soziale Geburt‹ zu vollziehen« (Heinze 1995, S. 61). Hier wirkt sich positiv aus, wenn die Pflegeeltern das regressive Verhalten annehmen können.

Durchlaufen Pflegekinder diese drei Phasen erfolgreich, entstehen enge Bindungen an die Pflegeeltern. Das Leben in der Pflegefamilie wird zum zweiten Anlauf: »Insofern ist die Sozialisation in der Ersatzfamilie nicht nur ein neues Kapitel in der Lebensgeschichte, sondern so etwas wie der Versuch, die Lebensgeschichte noch einmal neu zu schreiben« (Nienstedt/Westermann 1988, S. 123).

Offensichtlich ist, dass damit eine für viele leibliche Eltern schwer zu ertragende Situation entsteht: Sie fühlen sich durch die Pflegeeltern aus dem Leben ihres Kindes herausgedrängt und haben Angst, dieses endgültig zu verlieren. Da es in ihrem Erleben *ihr* Kind bleibt, können sie nicht verstehen, wieso es die Pflegepersonen mehr liebt als sie und weshalb es nach einer längeren Zeit in der Pflegefamilie nicht zu ihnen zurück will, wenn sie seine Rückführung beantragen. Manche Herkunftsfamilien kämpfen dann um ihr Kind (auch mit juristischen Mitteln), werben um seine Gunst (indem sie es z.B. bei Besuchen mit Geschenken überschütten) oder versuchen, es gegen die Pflegeeltern aufzuwiegeln und es damit für sich zu gewinnen. Hier wird deutlich, dass für die leiblichen Eltern mit der Inpflegegabe eine widersprüchliche Situation entsteht: Sie bleiben Eltern, während andere Menschen ihre Elternfunktionen übernehmen. Das bedeutet auch: »Es gibt keine eindeutigen Rollenzuweisungen für abgebende Eltern. Ob sie ihr Kind festhalten oder loslassen – beides kann falsch sein« (Wiemann 1994, S. 17).

Mit zunehmender Integration in die Pflegefamilie wird es auch für die Kinder immer schwerer, die Bindung an die leiblichen Eltern aufrechtzuerhalten oder gar auszubauen.

Dies gilt umso mehr, je jünger die Kinder zum Zeitpunkt der Inpflegegabe waren. Nach Goldstein, Freud und Solnit (1982) sind die Beziehungen zu den leiblichen Eltern kaum noch von Bedeutung, wenn ein Kind unter drei Jahren etwa ein Jahr bzw. ein älteres Kind circa zwei Jahre lang in einer Pflegefamilie lebte. Ältere Kinder mit häufigem Kontakt zu den leiblichen Eltern werden jedoch vielfach in Loyalitätskonflikte gestürzt, wenn sie sich zwischen Pflege- und Herkunftsfamilie entscheiden sollen oder wenn beide Seiten um sie konkurrieren und einander schlecht machen. Letzteres ist vor allem ein Problem bei Pflegeeltern, die sich als die weitaus »besseren« Eltern sehen und nicht verstehen können, was die leiblichen Eltern ihren Kindern angetan haben. Sie verhalten sich dann oft auch überheblich gegenüber den leiblichen Eltern, was deren Unsicherheit und Gefühl, versagt zu haben, verstärken oder zu aggressiven Reaktionen führen kann. Mit der Abwertung seiner Herkunft fühlt sich jedoch zugleich das Pflegekind herabgesetzt. Dies kann sich negativ auf sein Selbstbild und Selbstbewusstsein auswirken, aber auch dazu führen, dass es seine leiblichen Eltern in Schutz nimmt, was von den Pflegeeltern als Distanzierung erlebt wird.

Für die psychische und emotionale Entwicklung von Pflegekindern ist positiv, wenn Herkunfts- und Pflegefamilie einander tolerieren oder gar zusammenarbeiten. Viele Pflegekinder erleben Besuche bei den leiblichen Eltern positiv; ältere Kinder halten auch von sich aus Kontakt (vielfach zugleich zu anderen Verwandten und Bekannten aus dem Herkunftsmilieu). Werden durch die Besuche alte Konflikte wieder aufgebrochen, kann den Kindern bei deren Verarbeitung besser geholfen werden, wenn die Pflegeeltern mit den leiblichen Eltern kooperieren. Eine gute Beziehung zwischen den Erwachsenen wirkt sich außerdem dann positiv aus, wenn Pflegekinder versuchen, beide Seiten gegeneinander auszuspielen.

Hier wird deutlich, dass es auch nach der Eingewöhnungsphase in vielen Pflegefamilien große Probleme gibt. Dazu gehören zum Teil erhebliche Erziehungsschwierigkeiten, die durch die großen Vorbelastungen der Pflegekinder mitbedingt werden – insbesondere von solchen, die zum Zeitpunkt der Inpflegegabe schon älter waren. Viele Pflegekinder kennen keine Grenzen, wollen sofortige Bedürfnisbefriedigung, sind aggressiv, provozieren und verletzen ihre Pflegeeltern oder kapseln sich ab und wirken unerreichbar. Einige lügen, stehlen, schwänzen die Schule, sind gewalttätig oder missbrauchen Suchtmittel. Persönlichkeitsstörungen und Verhaltensauffälligkeiten wie motorische Unruhe, Nervosität, Autoaggressionen, Überangepasstheit u.Ä. treten häufig auf. Hinzu kommen ein negatives Selbstbild und Zweifel am eigenen Wert: »Viele Pflegekinder sehen sich als Kinder zweiter Klasse, weil sie einerseits Kind von schlecht angesehenen Eltern und andererseits auch kein ›richtiges Kind‹ ihrer Pflegeeltern sind. Gegenüber den leiblichen Kindern in der Pflegefamilie fühlen sie sich weniger wertvoll« (Wiemann 1994, S. 22). Daraus resultieren Geschwisterrivalität und -konflikte.

Aufgrund der Erziehungsschwierigkeiten und Verhaltensauffälligkeiten konsultieren viele Pflegefamilien Beratungsstellen und frei praktizierende Psycholog/innen. In vielen Fällen scheitern dann aber auch Pflegeverhältnisse, insbesondere im ersten Jahr oder wenn die Pflegekinder in die Pubertät bzw. Adoleszenz gekommen sind und besonders viele Konflikte hervorrufen. So werden zwischen 22% und 40% der jeweils erfassten Pflegeverhältnisse nach verschiedenen Untersuchungen abgebrochen (zusammengefasst bei Textor 1993b, 1995a). Generell treten Pflegestellenabbrüche häufiger auf, wenn die Kinder bei der Inpflegegabe relativ alt waren, zuvor mehrfach fremdplatziert wurden, bindungsschwach oder stark verhaltensgestört sind, den Grund für die Inpflegegabe nicht verstehen und auf diese nicht vorbereitet wurden. Negativ wirkt sich auch aus, wenn die Pflegeeltern sehr jung, sehr alt oder kinderlos sind, über zu wenig erzieherische Kompetenzen verfügen, auf ihre Tätigkeit nicht vorbereitet wurden und wenig Unterstützung (Beratung, Nachbetreuung) erfahren.

Trotz all dieser Probleme überwiegen aber die erfolgreichen Pflegeverhältnisse, in denen Pflegekinder wie leibliche Kinder angesehen werden. Laut wissenschaftlicher Untersuchungen sind sie gut in der Pflegefamilie integriert, fühlen sich in ihr wohl und lieben ihre Pflegeeltern, mit denen sie nach eigenem Bekunden fast alles besprechen können (vgl. Textor 1993b, 1995a). Viele weisen am Ende des Pflegeverhältnisses keine Verhaltensauffälligkeiten mehr auf und führen anschließend ein »normales« Leben (Fanshel/Finch/Grundy 1990). Generell steigt die Erfolgswahrscheinlichkeit der Dauerpflege, je seltener die Kinder zuvor fremdplatziert waren, wenn die Pflegeeltern gut auf ihre Tätigkeit vorbereitet wurden und fachlich betreut werden, wenn sie bereits zuvor andere Pflegekinder betreut haben und wenn sie mit den leiblichen Eltern zurechtkommen.

Zur sozialpädagogischen Betreuung und Beratung von Pflegefamilien

In den beiden letzten Absätzen wurde schon angedeutet, wie wichtig eine gute Vorbereitung und Nachbetreuung von Pflegefamilien sind. Dem entspricht die Regelung des § 37 Abs. 2 SGB VIII, nach der Pflegepersonen einen Rechtsanspruch auf Beratung und Unterstützung durch das Jugendamt haben. Viele Befragungen zeigen jedoch, dass Vorbereitung und Betreuung von Pflegeeltern zu wünschen übrig lassen (zusammengefasst bei Textor 1995a, siehe auch Textor 1995c) – mitbedingt durch die zu große Zahl von Fällen, die von den einzelnen Jugendamtsmitarbeiter/innen zu verantworten sind, aber auch durch deren oft unzureichende Qualifikation. So ist es berechtigt, eine »doppelte« Professionalisierung im Pflegekinderwesen zu fordern – auf Seiten der Fachkräfte *und* der Pflegeeltern (Textor 1995b).

Sozialpädagog/innen sollten Bewerber/innen um ein Pflegekind bzw. Pflegeeltern grundsätzlich als kompetente Personen betrachten und als Partner behandeln: Diese sind Maßnahmeträger der Jugendhilfe, nicht aber Klient/innen. Zur Vorbereitung auf ihre schwierige und verantwortungsvolle Tätigkeit sollten für Bewerber/innen Seminare veranstaltet werden, die auch die Form einer Pflegeelternschule oder eines präventiven Elterntrainings annehmen können (Masur 1995). Relevante Inhalte sind u.a.: Pflegeformen, Vermittlungsverfahren, rechtliche und finanzielle Fragen, Herkunft und Entwicklung von Pflegekindern, häufige Probleme in der Eingewöhnungsphase, typische Konfliktsituationen, der Umgang mit Verhaltensauffälligkeiten und Entwicklungsverzögerungen (unter Umständen auch mit Behinderungen und chronischen Krankheiten), die Bedeutung der Herkunftsfamilie für das Kind und die Problematik der »doppelten Elternschaft«. Auch ist es wichtig, die Selbstreflexion der Teilnehmer/innen zu fördern – beispielsweise hinsichtlich ihrer Motive für die Aufnahme eines Pflegekindes, ihrer Bedürfnisse und Erwartungen. Sehr sinnvoll ist der Austausch mit erfahrenen Pflegeeltern.

Solche Vorbereitungsseminare können auch von freien Trägern der Jugendhilfe oder freiberuflich tätigen Fachleuten (Heinze 1995) angeboten werden. Dann lässt sich oft der Umgang mit dem Jugendamt leichter thematisieren – z.B. dass Bewerber/innen darauf bestehen sollten, als gleichberechtigte Partner behandelt und in die Hilfeplanung einbezogen zu werden.

Steht ein Kind für eine Inpflegegabe an, sollten nicht nur seine Eltern und das (ältere) Kind selbst angemessen an der Entscheidung und Hilfeplanung beteiligt werden, sondern auch die in Frage kommenden Pflegepersonen (§ 36 SGB VIII; vgl. Heindl 1995). Auf diese Weise erhalten die Pflegeeltern schon viele Informationen über das Kind und seine Familienverhältnisse. Oft kann bereits zu diesem Zeitpunkt mit beiden Seiten festgelegt werden, wo die soziale Zugehörigkeit des Kindes langfristig liegen soll. Ist z.B. abzusehen, dass dies die Pflegefamilie sein wird, sollte schon bei der Hilfeplangestaltung den leiblichen Eltern verdeutlicht werden, dass eine Rückführung ihres Kindes nach mehreren Jahren in der Regel unmöglich ist, da dies dem Kindeswohl widersprechen würde.

Generell soll der Hilfeplan laut § 36 Abs. 2 SGB VIII regelmäßig überprüft werden. Ist eine nachhaltige Verbesserung der Erziehungsbedingungen in der Herkunftsfamilie innerhalb eines im Hinblick auf die Entwicklung des Kindes oder Jugendlichen vertretbaren Zeitraumes nicht möglich – als angemessen gelten bis zu zwei Jahre (Lakies 1991) –, so soll mit den beteiligten Personen eine auf Dauer angelegte Lebensperspektive für das Kind erarbeitet werden (§ 37 Abs. 1 SGB VIII). Das bedeutet in der Regel, dass das Kind in seiner Pflegefamilie verbleibt, sofern es dort gut integriert ist und sich positiv entwickelt, die Pflegeeltern einverstanden sind und das Kindeswohl gewahrt wird. Die weitaus meisten Fachleute sind der Meinung, dass ein Kind nicht mehr aus der Pflegefamilie herausgenommen werden soll, wenn es dort länger als zwei Jahre lebt und diese zur Ersatzfamilie geworden ist (siehe z.B. Goldstein/Freud/Solnit 1982; Nienstedt/Westermann 1989; Wiemann 1994). Hier wird deutlich, dass der Inpflegegabe eine einzig artige Bedeutung zukommt: »Familienunterbringung kann nicht einfach gleichgesetzt werden mit anderen Jugendhilfemaßnahmen, z.B. einer Unterbringung im Heim. In einer Pflegefamilie zu leben, bedeutet für das kleine Kind, dass es sich festlegt, sich bindet wie an Vater und Mutter« (Wiemann 1997, S. 232). Die leiblichen Eltern sollten dann durch Beratung motiviert werden, es freizugeben, ihm ausdrücklich zu sagen, dass es in der Pflegefamilie auf Dauer bleiben darf. Damit werden dem Kind Loyalitätskonflikte und Schuldgefühle erspart. Allerdings kommt es noch immer vereinzelt vor, dass Kinder nach mehreren Jahren in der Ersatzfamilie rückgeführt werden, da der rechtliche Schutz vor einer willkürlichen Herausnahme aus der Pflegefamilie noch unbefriedigend ist (siehe hierzu Lakies 1991).

Wird ein Kind in Pflege gegeben, benötigen die Pflegeeltern (vorab) alle verfügbaren Informationen über seine Familienverhältnisse, Vorerfahrungen, Entwicklung, Verhaltensauffälligkeiten usw., über die Person der leiblichen Eltern, deren Beziehung und Erziehungsstil. Es ist sinnvoll, wenn sich Pflegeeltern und Herkunftsfamilie möglichst frühzeitig kennen lernen, sodass sich erstere einen persönlichen Eindruck von letzteren verschaffen können und auch schon über Besuchskontakte u.Ä. gesprochen werden kann. Viele Vorinformationen und eigene Erfahrungen mit den leiblichen Eltern erleichtern es den Pflegeeltern, das Verhalten des Kindes, insbesondere während der oft konfliktreichen Eingewöhnungsphase (s.o.), zu verstehen. Auch können Trennungserfahrungen, Traumata und Übertragungen leichter aufgearbeitet werden. »Tatsächlich gelingt den Pflegekindern häufig die Integration in die Pflegefamilie und die Aufnahme neuer Bindungen umso leichter, je offener und verständnisvoller die Pflegeeltern mit ihnen über ihre Herkunftseltern und die Gründe der Inpflegegabe sprechen und je mehr sie Kontakte zwischen Herkunftseltern und Pflegekindern zulassen und fördern – ohne die Kinder allerdings zu solchen Kontakten zu zwingen« (Deutsches Jugendinstitut 1987, S. 361).

Falls möglich, sollte ein Kind nicht plötzlich in die Pflegefamilie platziert werden – unter Umständen kann eine Bereitschaftspflege oder ein kurzer Heimaufenthalt dazwischengeschaltet werden, wenn es unverzüglich aus der Herkunftsfamilie herausgenommen werden muss. Dann ist eine behutsame Kontaktanbahnung möglich, kann das Kind, eventuell in Begleitung einer vertrauten Bezugsperson, die Pflegeeltern beim Spiel oder einer gemeinsamen Unternehmung kennen lernen. Die ersten Beziehungserfahrungen können mit beiden Seiten reflektiert werden; sind sie negativ, kann noch eine andere Pflegefamilie gesucht werden.

In der Eingewöhnungsphase ist eine intensive Betreuung der Pflegefamilie nahezu unverzichtbar. Zum einen benötigen die Pflegeeltern Unterstützung, wenn das Kind ausagiert, die Beziehung zu den »neuen Eltern« testet oder regrediert. Es muss ihnen geholfen werden, wenn sie Persönlichkeitszüge und Verhaltensweisen nicht verstehen oder nicht wissen, wie sie mit Entwicklungsverzögerungen und Verhaltensauffälligkeiten umgehen sollen. Zum anderen sollten die Fachkräfte versuchen, eine möglichst konfliktfreie Beziehung zwischen Pflege- und Herkunftsfamilie herzustellen. Ferner kann eingegriffen werden, wenn es Probleme mit leiblichen Kindern gibt (z.B. Geschwisterrivalität oder Enttäuschung, weil das Pflegekind nicht der versprochene gute Spielkamerad ist, weil es viel kaputtmacht oder häufig Streit anfängt). »Pflegeeltern haben es schwer, dann keine enge Koalition mit dem leiblichen Kind einzugehen und damit beim Pflegekind das Gefühl noch zu verstärken, nicht dazu zu gehören. Das Pflegekind bekommt in der Familie nur einen Platz, wenn Pflegeeltern das leibliche Kind ein Stück loslassen, ihm beispielsweise zutrauen, mit dem schwierigen Sozialverhalten des Pflegekindes leben zu lernen und die Konflikte auszutragen« (Wiemann 1994, S. 22). Auch kann der Sonderstatus des Pflegekindes betont werden: Es muss nicht genauso wie leibliche Kinder behandelt werden; die realen Unterschiede zwischen ihnen sollten nicht vertuscht werden.

Da in sehr vielen Fällen Probleme auch nach der Eingewöhnungsphase fortbestehen oder neu bzw. verstärkt auftreten, ist eine als langfristig und dynamisch konzipierte Nachbetreuung von Pflegefamilien unerlässlich. Sie sollte auf einem partnerschaftlichen Verständnis beruhen – auch Pflegeeltern sind »Experten« – und zugleich dazu dienen, die zuvor geschaffene Vertrauensbasis auf Dauer zu erhalten. Folgende Formen der Nachbetreuung haben sich bewährt (Büch 1995):

- Einzelveranstaltungen für Pflegeeltern,
- Kurse/Seminare,
- Pflegeelterngruppen/-stammtische,
- Bereitstellung von Räumlichkeiten für selbstorganisierte Pflegeelterngruppen/-initiativen,
- Feste,
- Wochenendfreizeiten/Freizeitseminare,
- Einzelberatung sowie
- Hausbesuche.

Der Schwerpunkt der Nachbetreuung liegt in der Regel beim persönlichen Gespräch mit den Pflegeeltern über die Beziehung des Pflegekindes zu ihnen und den leiblichen Eltern, über dessen Entwicklung und Schulleistungen, über auftretende Verhaltensauffälligkeiten und andere Probleme. Die Pflegeeltern werden beraten, wie sie z.B. mit traumatischen Vorerfahrungen des Kindes oder Konflikten mit der Herkunftsfamilie umgehen könnten. Bei Verhaltensstörungen, Behinderungen oder Entwicklungsverzögerungen müssen oftmals auch Psychologen, Psychotherapeuten, Ärzte, Logopäden, Heilpädagogen oder andere Fachleute eingeschaltet werden (Textor 1995c). Bei gestörten Familienstrukturen und -prozessen ist oftmals eine Familientherapie oder -beratung indiziert (Kaiser 1995).

Viel Wert sollte auch auf die Arbeit mit dem (älteren) Pflegekind gelegt werden. So benötigt es z.B. Unterstützung bei der Verarbeitung von Vorerfahrungen in der Herkunftsfamilie, im Umgang mit der doppelten Elternschaft (Vermeidung von Loyalitätskonflikten) und beim Aufbau einer positiven Identität. Die Fachkraft sollte immer wieder Einzelgespräche mit dem Pflegekind führen, dabei eine offene Atmosphäre schaffen und auf Wunsch bestimmte Gesprächsinhalte vertraulich behandeln. Manchmal ist es auch sinnvoll, eine Pflegekindergruppe zu gründen. Da »Pflegekinder« nach der Volljährigkeit bzw. dem Ausscheiden aus der Pflegefamilie oftmals große Probleme mit der Berufsausbildung bzw. -aufnahme, der Wohnungssuche und -einrichtung, der Haushaltsführung und dem Umgang mit Geld haben, sollten sie in diesen Fällen auch als Heranwachsende weiterbetreut werden.

Eine wichtige Aufgabe der Fachkraft ist ferner, die Zusammenarbeit zwischen Pflegeeltern und leiblichen Eltern zu fördern (§ 37 Abs. 1 SGB VIII). Häufig ist es recht schwer, ihnen zu verdeutlichen, dass das jeweilige Kind beide Elternpaare liebt und emotionale Bindungen an sie ausgebildet hat, dass sie deshalb einander tolerieren und gemeinsam die Verantwortung für das Wohl des Kindes übernehmen sollten. So sind vielfach zunächst Konflikte zwischen beiden Seiten zu lösen, Eifersuchtsgefühle und Konkurrenzverhalten abzubauen sowie Sabotageversuche zu unterbinden. Dazu sollten Gespräche möglichst mit allen Beteiligten gemeinsam geführt werden. Ferner müssen Häufigkeit, Ort und Ablauf von Besuchskontakten geklärt werden. In diesem Kontext sollte angesprochen werden, dass in der Herkunfts- und in der Pflegefamilie durchaus unterschiedliche Lebensstile und Verhaltensregeln gelten dürfen und dass sich das Kind entsprechend verhalten muss. Dann fällt es ihm z.B. schwerer, die beiden Seiten gegeneinander auszuspielen. Generell sollten die Pflegeeltern auch emotional damit einverstanden sein, dass das Kind seine leiblichen Eltern trifft: »Ein zentrales Beratungsziel ist, dass Pflegeeltern ihre innere Einstellung zu jenen Menschen ändern lernen, die aus einem sozial, ökonomisch und psychisch krisenhaften Leben nicht haben mehr machen können« (Wiemann 1994, S. 30). Oftmals muss ihnen verdeutlicht werden, dass ein Kontaktabbruch für das Pflegekind nicht gut sei, da ihm dann ein Teil seiner Lebensrealität genommen würde. Dadurch würden Verdrängung, Fantasien über die Herkunftsfamilie sowie eine Glorifizierung bzw. Verteufelung der leiblichen Eltern gefördert. Regelmäßige Kontakte ermöglichen es hingegen dem Kind, alte und neue Erfahrungen mit seiner Herkunftsfamilie zu verarbeiten. Bei der Gefahr von Misshandlung oder sexuellem Missbrauch, bei süchtigen Eltern usw. muss das Kind aber von einer Fachkraft bei Besuchen begleitet werden.

Kommt es zu einem Kontaktabbruch, muss dem Pflegekind geholfen werden, diese Situation zu akzeptieren und Gefühle des Verlustes bzw. der Trauer zu verarbeiten. Manchmal können auch Kontakte zu Großeltern oder anderen Verwandten erhalten werden. Zu vermeiden ist, dass das Pflegekind dann seine Herkunft verleugnet und z.B.

den Namen der Pflegeeltern tragen will. In diesem Fall sollten diese das Kind ermutigen, zu seiner Herkunft zu stehen und auf seinen »eigenen« Namen stolz zu sein.

Generell ist die Häufigkeit der Besuchskontakte davon abhängig, ob das Pflegekind rückgeführt werden soll oder nicht. Wird dieses angestrebt, sollten die Pflegeeltern emotional akzeptieren, dass sie nur für begrenzte Zeit eine Ergänzungsfamilie sind: »So weit das möglich ist, sollen sie Beziehungen zu der Herkunftsfamilie des Kindes entwickeln, sie in ihre erzieherischen Bemühungen um das Kind einbeziehen, die Erziehung des Kindes zunehmend mehr untereinander aufteilen bis hin zu dem Punkt, an dem die leiblichen Eltern die Erziehung ihres Kindes wieder selbst übernehmen können. Dieses Ziel ist nur erreichbar, wenn Pflegeeltern und leibliche Eltern zu einem partnerschaftlichen Verhältnis zueinander finden. Dies verlangt von den Pflegeeltern ein hohes Maß an psychischer Kraft, Toleranz und Verständnis für die Situation der leiblichen Eltern« (Deutscher Städtetag 1986, S. 17). Es ist offensichtlich, dass sie hierbei der intensiven Unterstützung durch die Fachkräfte des Pflegekinderdienstes bedürfen.

In solchen Fällen ist es aber auch außerordentlich wichtig, dass intensiv mit den leiblichen Eltern an der Verbesserung der Erziehungsbedingungen in ihrer Familie gearbeitet wird (§ 37 Abs. 1 SGB VIII; vgl. Andriopoulos 1995). Dies kann durch die Mitarbeiter/innen des Pflegekinderdienstes geschehen. Werden sie jedoch z.B. von den leiblichen Eltern für die Fremdplatzierung des Kindes verantwortlich gemacht und immer wieder verbal attackiert, sollten andere Fachkräfte diese Aufgabe übernehmen – sofern dies sowieso nicht schon der Fall ist. Dann ist die Zusammenarbeit zwischen den Sozialpädagog/innen sicherzustellen. Neben der Stabilisierung und Verbesserung der Familiensituation, wodurch unter Umständen dann die Gründe für die Inpflegegabe hinfällig werden und eine Rückführung des Pflegekindes möglich wird, geht es bei der Arbeit mit der Herkunftsfamilie um Unterstützung bei der Verarbeitung der Trennung vom Kind, von Schuld-, Trauer- und Ohnmachtsgefühlen. Die Fachkraft sollte bei den leiblichen Eltern die Bereitschaft wecken, die (teilweise) Ablösung ihres Kindes zu tolerieren und dessen neue Bindungen in der Pflegefamilie zu achten. Zeigt sich im Verlauf der Zeit, dass eine Rückführung des Kindes nicht zu vertreten ist, sollte den Eltern geholfen werden, diese Entscheidung zu verstehen und ihre Kinder für die Ersatzfamilie freizugeben.

Zu einer Rückführung sollte es nur kommen, wenn sich die Erziehungsbedingungen in der Herkunftsfamilie nachhaltig verbessert haben (§ 37 Abs. 1 SGB VIII). Die leiblichen Eltern sollten ihr Fehlverhalten eingesehen haben und darüber mit dem Kind sprechen können (kein Verleugnen oder Verdrängen). Auch muss das Wohl des Kindes sichergestellt sein, darf z.B. die Gefahr von Misshandlung oder Vernachlässigung nicht mehr bestehen. Wichtig ist, dass das Pflegekind gefragt wird, wo es sich emotional und sozial zugehörig fühlt bzw. ob es in die Herkunftsfamilie zurückkehren möchte. Wie bereits erwähnt, sollte bei Kleinkindern die Rückführung möglichst im ersten Jahr der Inpflegegabe, bei älteren Kindern innerhalb der ersten beiden Jahre erfolgen, sofern nicht sehr enge Beziehungen zu den leiblichen Eltern bestehen bzw. aufrechterhalten werden konnten. Sonst sind sie in der Regel bereits zu sehr in der Pflegefamilie verwurzelt, als dass eine Rückführung dem Kindeswohl entsprechen würde.

Generell sollte der Übergang »weich« gestaltet werden: Parallel zur Intensivierung der Kontakte zu den leiblichen Eltern ziehen sich die Pflegeeltern langsam aus dem Leben des Kindes zurück; Besuche bei ihnen sollten aber auch später noch möglich sein. Die

Herkunftsfamilie sollte weiterbetreut werden, da das Kind aufgrund seiner Vorerfahrungen oft seinen Eltern gegenüber misstrauisch ist und die Beziehung zu ihnen testet: »Viele rückgeführte Kinder provozieren einen erneuten Beziehungsabbruch. Ihre Eltern, selbst meist früh seelisch verletzte Menschen, haben oft nicht die Ausdauer und sind schnell gekränkt, wenn das Wiederzusammenleben konfliktreich wird. Leibliche Eltern benötigen vor, während und nach der Rückführung ihres Kindes in ihre Familie intensive Begleitung und fachliche Hilfe, damit das neue Zusammenleben nicht wieder scheitert« (Wiemann 1997, S. 236).

Wie erwähnt, kann ein Pflegeverhältnis auch mit einem Pflegestellenabbruch enden. In diesem Fall sollten die Gründe hierfür genau ermittelt werden, sodass eine Fehlplatzierung vermieden wird. Beispielsweise ist manchmal eine Unterbringung in einem heilpädagogischen oder therapeutischen Heim notwendig, wenn die Verhaltensstörungen des Pflegekindes außerordentlich belastend (geworden) sind. Pflegeeltern und Pflegekind benötigen Unterstützung beim Verarbeiten der Erfahrung des Scheiterns und der Trennung.

Deutlich wird, dass die Tätigkeit einer Fachkraft im Pflegekinderdienst sehr vielseitig und anspruchsvoll ist. Sie muss mit dem Pflegekind, seiner Herkunftsfamilie, der Pflegefamilie, anderen psychosozialen Diensten, dem Vormundschaftsgericht und anderen Stellen zusammenarbeiten, deren Verhältnis zueinander oft konflikthaft ist. Sie kann in diesem komplexen Beziehungsgefüge nur bestehen, wenn sie es auf der Grundlage einer umfassenden (systemischen) Theorie analysieren kann sowie über vielfältige sozialpädagogische (und therapeutische) Kompetenzen verfügt.

Zur Situation von Adoptivfamilien

Neben humanitären, sozialen und christlichen Motiven ist heute die Infertilität eines oder beider Ehepartner der zumeist ausschlaggebende Grund für die Adoption eines Kindes. Schätzungsweise 7 bis 15% aller verheirateten Paare sind heute ungewollt kinderlos (Fränznick/Wieners 1996). Viele von ihnen leiden unter dieser Situation, insbesondere wenn sie sich isoliert und ausgegrenzt fühlen, weil ihre Freunde und Bekannte Kinder bekommen haben und sich nun auf diese konzentrieren. Oder sie ziehen sich zurück, um bohrenden Fragen aus dem Wege zu gehen oder wenn ihr Problem von anderen nicht verstanden wird. Insbesondere Frauen leiden darunter, dass das Thema »Infertilität« in unserer Gesellschaft tabuisiert wird. »Folglich kommt weder der Leidensdruck der Frau zur Sprache, noch können aufkommende Gefühle wie Neid auf Schwangere und Mütter, Wut auf den eigenen Körper, der sich ›verweigert‹, besprochen werden oder das Gefühl, als Frau minderwertig und unvollständig zu sein« (a.a.O., S. 18). Hier wirkt sich aus, dass ein Kind nach wie vor als wesentlicher Bestandteil des weiblichen Lebensentwurfes gilt. Männer setzen sich hingegen weniger mit der ausbleibenden Schwangerschaft auseinander, lassen sich selbst seltener ärztlich untersuchen oder behandeln. So kommt es zu einer »Feminisierung der Unfruchtbarkeit«: Überwiegend die betroffenen Frauen befassen sich mit der einschlägigen Literatur, lassen sich untersuchen und unterziehen sich hormonellen Behandlungen, einer künstlichen Befruchtung, der In-vitro-Fertilisation oder mikrochirurgischen Eingriffen. Das Vertrauen in die medizinische Lösbarkeit des Problems schwindet aber mit zunehmender Dauer der Behandlungen, da die Reproduktionsmedizin nur in einem Teil der Fälle zum Erfolg führt (z.B. bekommen nur 10 bis 15% der Frauen – nach mehreren Versuchen – ein Kind via In-vitro-Fertilisation). Der Leidensdruck bleibt aber und lässt die Frauen bzw. Paare mit der Zeit nach Alternativen suchen: naturheilkundliche Behandlung, Psychotherapie und Mitgliedschaft in einer Selbsthilfegruppe, aber auch Familienpflege und Adoption.

Entscheiden sich Ehepaare für den letztgenannten Weg, müssen sie sich nach den langen medizinischen Behandlungsversuchen nun einem langwierigen Adoptionsverfahren unterziehen. Viele erleben die Überprüfung ihrer Adoptionseignung (bzw. »Elternwürdigkeit«) und das damit verbundene Eindringen in ihre Privatsphäre als belastend und peinlich. Dann müssen sie noch relativ lange auf ein Kind warten, da immer weniger Kinder zur Adoption freigegeben werden. Einige kommen dann auf die Idee, selbst ein Kind aus der »Dritten Welt« zu holen – was aber auch nicht schnell geht, egal ob legale oder illegale Wege eingeschlagen werden (vgl. Bach 1988). Ähnlich wie bei der Familienpflege trifft die Platzierung eines Adoptivkindes das Ehepaar meist plötzlich und unvorbereitet. Obwohl den Ehepartnern die Adoptionseignung bescheinigt wurde, erhalten sie es in der Regel zunächst für rund ein Jahr in »Adoptionspflege«. Für manche Paare ist diese Situation verunsichernd, andere erleben die damit verbundenen Überprüfungen als neue »Kratzer« an ihrem Selbstbild.

Die Eingewöhnungszeit verläuft bei Säuglingen in der Regel ohne Probleme; sie werden sehr schnell wie leibliche Kinder erlebt. Bei der Adoption eines älteren Kindes gibt es hingegen häufig dieselben Eingewöhnungs- bzw. Erziehungsschwierigkeiten wie bei Pflegekindern (s.o.). Sie waren in ihren Herkunftsfamilien oft Deprivationen ausgesetzt und konnten kein Urvertrauen entwickeln. Nach der Freigabe zur Adoption fühlen sie sich nun ausgestoßen bzw. verstoßen. Diese Vorerfahrungen wirken nicht nur in der Eingewöhnungsphase nach, sondern auch später: »Nun sind ja einmal erlebte Traumata nicht vorüber. Sie bleiben unterschwellig wirksam und zeigen sich immer wieder, in allen Lebenskrisen. Unbewusst gespeichert ist: *Ich bin nicht gewollt.* Ich bin weggegeben worden. Das Kind bezieht, was ihm widerfährt, immer auf sich. Es denkt, bewusst oder unbewusst: *Ich bin schuld – etwas ist mit mir nicht in Ordnung*« (Scholz 1995, S. 56). In diesen Fällen verläuft die Eingewöhnungsphase problematisch, dauert es oft länger als ein halbes Jahr, bis das Kind in der Adoptivfamilie integriert ist, und noch länger, bis die Folgen von Deprivationen und Traumata bewältigt sind. Häufig ist heilpädagogische oder psychotherapeutische Hilfe indiziert, wenn das Kind stark verhaltensauffällig ist. Bei der Adoption älterer Kinder aus der »Dritten Welt« ist vielfach auch eine medizinische Behandlung oder gar ein Krankenhausaufenthalt notwendig, da sie oft krank, unterernährt oder behindert sind (Hoksbergen 1993; Textor 1993c). Hinzu kommt, dass sie zusätzlich durch den Kulturwechsel und die plötzliche »Sprachlosigkeit« verunsichert sind – sie können sich ja in ihrer Heimatsprache nicht mehr verständigen. Aber auch hier gelingt in der Regel die Integration in die Adoptivfamilie; nur maximal 6% der Kinder werden später irgendwann in ein Heim platziert (a.a.O.).

Ein interessantes Phänomen in der Entwicklung von Eltern-Kind-Beziehungen ist die »Konstruktion von Ähnlichkeit« (Hoffmann-Riem 1984). Die Adoptiveltern suchen nach Gemeinsamkeiten in Aussehen, Wesensart, Verhalten usw. zwischen sich und dem Adoptivkind. Entdeckte Ähnlichkeiten erleichtern es ihnen, das Kind zur Familie zu rechnen und sich mit ihm verbunden zu fühlen. Bei schlechten Eltern-Kind-Beziehungen wird hingegen häufig die biogenetische Fremdheit betont, da dies eine gewisse Distanzierung erleichtert. Auch ist dann die Gefahr größer, »dass sie das Wissen, das sie über die Herkunft des Kindes haben, auf dieses Kind projizieren; das Kind einer verwahrlosten Mutter z.B. sei selbst in Gefahr zu verwahrlosen, ein Kind eines brutalen Vaters neige zu Wutausbrüchen und vieles mehr ...« (Baethge 1993, S. 53). Ein Kind kann jedoch seine Andersartigkeit auch zur Beschleunigung seiner Ablösung betonen oder für die Identitätsfindung nutzen. Problematisch kann ferner sein, nimmt es »die Spaltung in eine gute und böse Mutter vor. Die gute Mutter ist die leibliche Mutter, die böse ist die Mutter, die das Kind adoptiert hat, mit der all die unerquicklichen Auseinandersetzungen im Alltag stattfinden« (a.a.O., S. 52).

Auf die Entwicklung von Adoptivkindern und das Zusammenleben in der Familie wirkt sich positiv aus, wenn die Adoptiveltern den Sonderstatus ihrer Familienform akzeptieren, also deren besondere Charakteristika wahrnehmen und nach einer »Normalisierung eigener Art« streben (Hoffmann-Riem 1984; vgl. Kirk 1981). Dann wird das Kind weniger als »Besitz« denn als eigenständiges Wesen gesehen, kann die Adoption jederzeit thematisiert werden. Hingegen ist problematisch, wenn die Adoptiveltern eine »ganz normale Familie« haben wollen. Einige verschweigen dann die Adoption, vernichten Unterlagen über die Herkunftsfamilie (Fotos, Briefe usw.), klären ihre Kinder nicht über die Adoption auf. Jedoch erspüren Kinder derartige »Familiengeheimnisse«, suchen heimlich nach Papieren oder sind schockiert, wenn sie durch Zufall oder spätestens beim Beantragen einer Abstammungsurkunde (vor der eigenen Hochzeit) von der Adoption erfahren. Dasselbe gilt für eine sehr späte Aufklärung. Problematisch ist aber auch, wenn das Kind relativ früh über die Adoption informiert wird und danach keine weiteren Gespräche über dieses (tabuisierte) Thema möglich sind, wenn es belogen wird (»Deine leiblichen Eltern sind tot«, obwohl sie noch leben) oder wenn verschwiegen wird, dass sich die biologischen Eltern oder Geschwister um eine Kontaktaufnahme mit dem adoptierten Kind, Jugendlichen bzw. Heranwachsenden bemühen oder bemüht haben (Scholz 1995).

Manchen Adoptiveltern fällt auch die Sexualerziehung schwer, da sie die eigene Infertilität und die damit verbundenen Probleme (Gefühle mangelnder sexueller Kompetenz, Verunsicherung, narzisstische Kränkung usw.) noch nicht verarbeitet haben. So kann die aufbrechende Sexualität des pubertierenden Adoptivkindes die eigenen Minderwertigkeitsgefühle wieder schüren und an die »potenteren« leiblichen Eltern erinnern (Baethge 1993). Hinzu kommt das niedrigere Inzesttabu – der gegengeschlechtliche Adoptivelternteil mag sich z.B. aufgrund der sexuellen Anziehungskraft des Jugendlichen zurückziehen, der andere Elternteil mag befürchten, den Partner an das Adoptivkind zu verlieren (a.a.O.). Oft haben die Adoptiveltern auch Angst, das Kind könnte wie die leibliche Mutter sexuell ausagieren – wobei dieses Verhalten der Mutter oft unterstellt wird. Hier wirkt sich negativ aus, dass viele Adoptiveltern aufgrund der wenigen vorhandenen Informationen über die Herkunft des Kindes dazu tendieren, diese in ihrer Fantasie zu rekonstruieren. Dann werden die leiblichen Eltern häufig sehr negativ gesehen. Da die daraus resultierende Abwertung derselben (unbewusst) in die Interaktion mit dem Adoptivkind einfließt, werden diesem die Bewältigung der »doppelten Elternschaft« und die Entwicklung einer positiven Identität erschwert.

Der Erziehungsstil der Adoptiveltern ist oft durch Überbehütung und Verwöhnung oder durch Strenge und große Kontrolle gekennzeichnet; aus hohen (Leistungs-)Erwartungen kann eine Überforderung des Adoptivkindes resultieren (vgl. Textor 1993a). Wie andere Eltern auch werden Adoptiveltern immer wieder mit Erziehungsschwierigkeiten und Ablösungsproblemen konfrontiert, die aber durch Spezifika der Adoption eine besondere Qualität bekommen können. Dies gilt vor allem für die Entwicklungsphasen der Pubertät und Adoleszenz: »Unsere Beratungstätigkeit in Adoptivfamilien belegt, dass die Pubertät für viele Adoptierte eine Zeit heftigster Krisen ist, in der die eigene Identität für die Betroffenen kaum fühlbar oder zumindest stark verunsichert ist. Die für den Ablösungsprozess notwendige kritische Distanz und Abgrenzung zu den sozialen Eltern fällt zusammen mit der Unsicherheit bezüglich der eigenen biologischen Wurzeln und der Unbegreiflichkeit der Adoptionsfreigabe. Der Schmerz und die Kränkung des Kindes ... äußern sich bei manchen Adoptierten (erneut) sehr vehement und führen unter Umständen zu ernsthaften seelischen Störungen« (Bartsch 1995, S. 89f.). Andere reagieren auf die Adoptionsproblematik mit offener Rebellion, Auszug aus der Familie u.Ä., wieder andere mit der Flucht nach innen bzw. in psychosomatische Krankheiten (Scholz 1995). Manche Adoptierte beginnen auch in der Adoleszenz oder einige Zeit später mit der Suche nach den leiblichen Eltern, wobei sie dies oft den Adoptiveltern gegenüber verheimlichen. Geschieht dies nicht, kommt es häufig zu Konflikten und werden Ängste aufseiten der Adoptiveltern vor dem Verlust des Kindes an die Herkunftsfamilie (wieder-) belebt. Hier wird erneut deutlich, wie intensiv sich Adoptierte mit ihrem Ursprung beschäftigen. Sie versuchen, ihre Vorgeschichte zu rekonstruieren, haben Fantasien über ihre leiblichen Eltern, idealisieren diese oder sehen sie negativ. All dies hat Konsequenzen für ihr Selbstbild und ihre Selbstwertgefühle (vgl. Textor 1993a). Bei ausländischen Adoptierten kommen zur »normalen« Identitätskrise noch der Aufbau einer ethnokulturellen Identität und der Umgang mit Diskriminierungserfahrungen als zusätzliche Probleme hinzu.

Trotz aller (adoptionsspezifischen) Schwierigkeiten entwickeln sich die meisten Adoptierten positiv, insbesondere wenn sie zum Zeitpunkt der Platzierung noch sehr jung waren, frühzeitig über die Adoption aufgeklärt wurden und offen über ihre Vorgeschichte reden konnten sowie wenn die Adoptiveltern ihre Infertilität verarbeitet hatten und psychisch gesund waren. Trotz vieler Untersuchungen lässt sich nicht sagen, ob sie häufiger Verhaltensauffälligkeiten und psychische Probleme aufweisen als andere Kinder (Hoksbergen 1993; Jungmann 1980a, b; Textor 1993a, c). Die weitaus meisten Adoptiveltern bezeichnen die Adoption als einen Erfolg. Die Adoptierten fühlen sich in ihrer Familie wohl und erleben die Adoptiveltern als die »eigentlichen« Eltern. In der Regel ist die Eltern-Kind-Beziehung genauso belastbar und stabil wie in biologischen Familien.

Betreuung und Beratung von Adoptivfamilien

Adoptivfamilien haben laut dem Adoptionsvermittlungsgesetz einen Anspruch auf Beratung und Unterstützung durch die Adoptionsvermittlungsstelle, insbesondere bevor ein Kind in Adoptionspflege genommen wird und während der Eingewöhnungszeit (§ 9 Ad VermiG). Besonders wichtig ist, dass den Adoptionsbewerbern bzw. Adoptiveltern geholfen wird, die Erfahrung der eigenen Infertilität und die damit verbundenen Gefühle aufzuarbeiten. So sollten die Fachkräfte mit ihnen ihren »Leidensweg« (Diagnose der Infertilität, medizinische Behandlungen usw.) reflektieren, insbesondere aber psychische Konsequenzen wie die Wut auf den eigenen Körper, den Zweifel an der eigenen Männlichkeit bzw. Weiblichkeit, sexuelle Minderwertigkeitsgefühle u.Ä. (vgl. Fränznick/Wieners 1996). Auch gilt es, Konflikte mit dem Partner und Schwierigkeiten mit dem sozialen Umfeld zu thematisieren. Das Ziel der Beratung ist, die Partner zur bewussten Akzeptanz der unfreiwilligen Kinderlosigkeit zu führen und sie die Trauerarbeit abschließen zu lassen.

Bei der Auswahl der Adoptionsbewerber/innen ist davon auszugehen, dass sich die Fähigkeit zur Elternschaft und damit auch die Adoptionseignung im Voraus nicht bestimmen lassen. Trotzdem kann auf ein Auswahlverfahren nicht verzichtet werden (siehe hierzu Gauly/Knobbe 1993; Paulitz 1997). In unserem Kontext ist es aber wichtiger, die Notwendigkeit einer gründlichen Vorbereitung auf die Adoption zu betonen, die auf der Grundlage eines partnerschaftlichen Verhältnisses zwischen Adoptionsvermittler/in und Bewerberpaar erfolgen bzw. diese schaffen sollte (Achter Jugendbericht 1990). Dabei sollte den Bewerber/innen vor allem vermittelt werden, dass Adoptivfamilien eine besondere Familienform sind und deshalb eine »Normalisierung eigener Art« (s.o.) anzustreben sei. In diesem Kontext ist wichtig, die psychologischen Besonderheiten sozialer Elternschaft durchzusprechen, eine positive Haltung gegenüber der Herkunft von Adoptivkindern zu vermitteln und auf deren intensive Beschäftigung mit der »doppelten Elternschaft« hinzuweisen. Dabei sollte auch auf die verschiedenen Formen der offenen Adoption eingegangen werden (Textor 1991):

1. einmaliges Zusammentreffen von leiblichen Eltern und Adoptiveltern, etwa zum Zeitpunkt der Übergabe des Kindes (unter Umständen bei Wahrung des Inkognitos);
2. fortlaufende wechselseitige Information von leiblichen Eltern und Adoptiveltern über ihr Leben via die Adoptionsvermittlungsstelle, wobei die Anonymität der Adoptiveltern gewährleistet werden kann;
3. regelmäßiger Austausch von Briefen, Fotos und/oder Videotapes zwischen den leiblichen Eltern und der Adoptivfamilie, der entweder direkt oder über die Adoptionsvermittlungsstelle (unter Wahrung des Inkognitos) erfolgen kann;
4. fortlaufender persönlicher Kontakt zwischen leiblichen Eltern und Adoptivfamilie, der sich nach dem Grad der Intensität weiter differenzieren ließe.

Insbesondere die zuletzt genannten Formen der offenen Adoption verhindern deren Tabuisierung und erleichtern den Adoptierten eine positive Identitätsentwicklung, da sie nun anstatt auf Fantasien auf Informationen über die leiblichen Eltern und/oder persönliche Erfahrungen mit ihnen zurückgreifen können. Außerdem sollte im Rahmen der Vorbereitung von Adoptionsbewerbern über deren Erfahrungen in ihren Herkunftsfamilien, über ihre Partnerbeziehung und ihre Vorstellungen zur Kindererziehung gesprochen werden. All dies kann auch in Gesprächskreisen oder Seminaren erfolgen, an denen erfahrene Adoptiveltern beteiligt werden können.

Analog zu dem zuvor zur Vorbereitung der Inpflegegabe Gesagten sollten »werdende« Adoptiveltern so ausführlich wie möglich über die Herkunft des zu vermittelnden Kindes, seine Eltern und Verwandten, die Freigabegründe, seinen Gesundheitszustand, seine bisherige Entwicklung usw. informiert werden. Während bei Säuglingsadoptionen eher selten ein größerer Beratungsbedarf während der Eingewöhnungsphase auftritt, ist bei der Adoption älterer Kinder eine vergleichbar intensive Nachbetreuung und Unterstützung wie bei Pflegekindern notwendig (s.o.). Die Fachkräfte sollten während dieser Zeit nicht als Kontrolleure auftreten, werden aber häufig als solche wahrgenommen. Deshalb sollten sie die Ziele der Gespräche und Hausbesuche offen darlegen: Sie wollen als Berater/innen wirken und bei Problemen helfen. Allerdings darf nicht verschwiegen werden, dass sie auch für das Vormundschaftsgericht ein Gutachten darüber erstellen müssen, ob sich gegen Ende der Eingewöhnungszeit eine Eltern-Kind-Beziehung ausgebildet hat. Unnötige Ängste können aber dadurch genommen werden, dass darauf hingewiesen wird, dass in weniger als 2% aller Fälle Adoptionspflegeverhältnisse abgebrochen werden (Textor 1993b, 1996).

Nach Vollzug der Adoption ist nur in wenigen Fällen - zumeist bei älteren (ausländischen), verhaltensauffälligen oder behinderten Kindern - eine Einzelbetreuung notwendig, eventuell unter Einbindung von Fachdiensten. In den meisten Fällen reicht es, einen lockeren Kontakt zu halten (z.B. durch Telefonate, Zusenden von Informationsmaterial). Sehr sinnvoll ist es, regelmäßig Einzelveranstaltungen, Gruppentreffen, Stammtische, Wochenendseminare u.Ä. für Adoptiveltern, Adoptivfamilien oder adoptierte Jugendliche anzubieten (Jänsch-Kraus 1993; Textor 1996). Auch kann der Kontakt zu Adoptivelternverbänden und Selbsthilfegruppen vermittelt werden. Auf diese Weise kann darauf hingewirkt werden, dass die Adoptivfamilien ihren Sonderstatus akzeptieren, das Thema »Adoption« nicht tabuisieren, offen über die leiblichen Eltern und ihre diesbezüglichen Fantasien sprechen etc. Da die Vertrauensbasis erhalten bleibt, erfahren die Fachkräfte auch frühzeitig von Erziehungsschwierigkeiten und Problemen, sodass notwendige Interventionen rechtzeitig erfolgen können.

Insbesondere bei Adoptierten, die bei der Adoption schon älter waren und von ihren leiblichen Eltern vernachlässigt, misshandelt oder sexuell missbraucht wurden, ist oftmals eine längere Beratung oder therapeutische Behandlung durch Psycholog/innen notwendig (Bartsch 1995). Adoptierte Jugendliche und Heranwachsende benötigen Hilfe bei der Identitätsfindung, manchmal auch bei der Suche nach den leiblichen Eltern (ein Leitfaden hierfür befindet sich in Domnick/Thomsen 1995). Im letztgenannten Fall ist manchmal eine begleitende Beratung der Adoptiveltern notwendig, wenn diese das Verhalten ihres Kindes nicht verstehen.

Literatur

Achter Jugendbericht. Drucksache 11/6576. Bonn: Deutscher Bundestag 1990

Andriopoulos, S.: Zusammenarbeit mit der Herkunftsfamilie - Beratung und Unterstützung. In: Textor, M.R./Warndorf, P.K. (Hrsg.): Familienpflege: Forschung, Vermittlung, Beratung. Freiburg: Lambertus 1995, S. 202–217

Bach, R.P.: Daten und soziale Hintergründe der Adoption von Kindern aus der Dritten Welt. Eine Untersuchung der Gemeinsamen Zentralen Adoptionsstelle der vier norddeutschen Bundesländer in Hamburg. Zentralblatt für Jugendrecht 1988, 75, S. 328–333

Baethge, G.: Ängste und unbewusste Phantasien in Adoptivfamilien. Praxis der Kinderpsychologie und Kinderpsychiatrie 1993, 42, S. 49–55

Bartsch, M.: Die Aufgaben der Vermittlungsstelle im Adoptionsprozess. In: Bott, R. (Hrsg.): Adoptierte suchen ihre Herkunft. Göttingen: Vandenhoeck & Ruprecht 1995, S. 86–93

Blüml, H.: Bereitschaftspflege. In: Textor, M.R./Warndorf, P.K. (Hrsg.): Familienpflege: Forschung, Vermittlung, Beratung. Freiburg: Lambertus 1995, S. 152–165

Büch, V.: Nachbetreuung von Pflegefamilien. In: Textor, M.R./Warndorf, P.K. (Hrsg.): Familienpflege: Forschung, Vermittlung, Beratung. Freiburg: Lambertus 1995, S. 177–190

Deutscher Städtetag: Pflegekinder – Hinweise und Empfehlungen. Köln: Selbstverlag 1986
Deutsches Jugendinstitut (Hrsg.): Handbuch Beratung im Pflegekinderbereich. München: DJI Verlag Deutsches Jugendinstitut 1987
Domnick, S./Thomsen, C.S.: Leitfaden für die Suche nach den leiblichen Eltern. In: Bott, R. (Hrsg.): Adoptierte suchen ihre Herkunft. Göttingen: Vandenhoeck & Ruprecht 1995, S. 33–51
Fanshel, D./Finch, S.J./Grundy, J.F.: Foster children in a life course perspective. New York: Columbia University Press 1990
Fränznick, M./Wieners, K.: Ungewollte Kinderlosigkeit. Psychosoziale Folgen, Bewältigungsversuche und die Dominanz der Medizin. Weinheim: Juventa 1996
Gauly, B./Knobbe, W.: Auswahl und Beratung von Adoptionsbewerbern. In: Hoksbergen, R.A.C./Textor, M.R. (Hrsg.): Adoption: Grundlagen, Vermittlung, Nachbetreuung, Beratung. Freiburg: Lambertus 1993, S. 158–166
Goldbeck, L.: Pflegeeltern im Rollenkonflikt – Aufgaben einer psychologischen Betreuung von Pflegefamilien. Praxis der Kinderpsychologie und Kinderpsychiatrie 1984, 33, S. 308–317
Goldstein, G./Freud, A./Solnit, A.: Diesseits des Kindeswohls. Frankfurt/Main: Suhrkamp 1982
Heindl, H.: Hilfeplanung – zwischen Pflegefamilie und Heim. In: Textor, M.R./Warndorf, P.K. (Hrsg.): Familienpflege: Forschung, Vermittlung, Beratung. Freiburg: Lambertus 1995, S. 113–124
Heinze, E.: Eltern spielen »Vater, Mutter, ... (Pflege-)Kind«. Ein Vorbereitungsseminar für Pflegeeltern-Bewerber. Humanistische Psychologie 1995, 18 (2), S. 37–62
Heitkamp, H.: Heime und Pflegefamilien – konkurrierende Erziehungshilfen? Entwicklungsgeschichte, Strukturbedingungen, gesellschaftliche und sozialpolitische Implikationen. Frankfurt/Main: Diesterweg 1989
Hoffmann-Riem, C.: Das adoptierte Kind. Familienleben mit doppelter Elternschaft. München: Fink 1984
Hoksbergen, R.A.C.: Auslandsadoptionen: deutsche, niederländische und andere Forschungsergebnisse. In: Hoksbergen, R.A.C./Textor, M.R. (Hrsg.): Adoption: Grundlagen, Vermittlung, Nachbetreuung, Beratung. Freiburg: Lambertus 1993, S. 63–90
Jänsch-Kraus, G.: Betreuung von Adoptivfamilien nach Inlandsadoptionen. In: Hoksbergen, R.A.C./ Textor, M.R. (Hrsg.): Adoption: Grundlagen, Vermittlung, Nachbetreuung, Beratung. Freiburg: Lambertus 1993, S. 194–203
Jungmann, J.: Forschungsergebnisse zur Entwicklung von Adoptivkindern. Zeitschrift für Kinder- und Jugendpsychiatrie 1980a, 8, S. 184–219
Jungmann, J.: Adoption unter Vorbehalt? Zur psychischen Problematik von Adoptivkindern. Praxis der Kinderpsychologie und Kinderpsychiatrie 1980b, 29, S. 225–230
Kaiser, P.: Beratung von Pflegefamilien nach dem systemischen Mehrebenenmodell. In: Textor, M.R./ Warndorf, P.K. (Hrsg.): Familienpflege: Forschung, Vermittlung, Beratung. Freiburg: Lambertus 1995, S. 218–234
Kirk, H.D.: Adoptive kinship. A modern institution in need of reform. Toronto: Butterworths 1981
Kronenberger, G./Thon, G.: Erziehungsstellen – am Beispiel des Landes Hessen. In: Textor, M.R./ Warndorf, P.K. (Hrsg.): Familienpflege: Forschung, Vermittlung, Beratung. Freiburg: Lambertus 1995, S. 152–165
Lakies, T.: Vollzeitpflege im Kinder- und Jugendhilfegesetz (KJHG). Materialien zur Heimerziehung 1991, Heft 4, S. 15–18
Masur, R.: Werbung, Auswahl und Vorbereitung von Pflegeeltern. In: Textor, M.R./Warndorf, P.K. (Hrsg.): Familienpflege: Forschung, Vermittlung, Beratung. Freiburg: Lambertus 1995, S. 97–112
Nienstedt, M./Westermann, A.: Die Chancen von Kindern in Pflegefamilien aus psychologischer Sicht. In: Evangelische Akademie Loccum (Hrsg.): Dokumentation 3. Tag des Kindeswohls, 31.8-1.9.1988. Loccum: Selbstverlag 1988, S. 105–132
Nienstedt, M./Westermann, A.: Pflegekinder. Psychologische Beiträge zur Sozialisation von Kindern in Ersatzfamilien. Münster: Votum 1989
Paulitz, H.: Offene Adoption. Ein Plädoyer. Freiburg: Lambertus 1997
Scholz, A.: Zur Identitätsproblematik von Adoptierten. In: Bott, R. (Hrsg.): Adoptierte suchen ihre Herkunft. Göttingen: Vandenhoeck & Ruprecht 1995, S. 52–68
Textor, M.R.: Offene Adoptionsformen. Nachrichtendienst des Deutschen Vereins für öffentliche und private Fürsorge 1991, 71, S. 107–111

Textor, M.R.: Inlandsadoptionen: Herkunft, Familienverhältnisse und Entwicklung der Adoptivkinder. In: Hoksbergen, R.A.C./Textor, M.R. (Hrsg.): Adoption: Grundlagen, Vermittlung, Nachbetreuung, Beratung. Freiburg: Lambertus 1993a, S. 41–62

Textor, M.R.: Adoptiv- und Pflegefamilien. In: Becker-Textor, I./Textor, M.R. (Hrsg.): Handbuch der Kinder- und Jugendbetreuung. Neuwied: Luchterhand 1993b, S. 147–187

Textor, M.R.: Familiale Integration und Entwicklung von ausländischen Adoptivkindern. Familiendynamik 1993c, 18, S. 397–407

Textor, M.R.: Forschungsergebnisse zur Familienpflege. In: Textor, M.R./Warndorf, P.K. (Hrsg.): Familienpflege: Forschung, Vermittlung, Beratung. Freiburg: Lambertus 1995a, S. 43–66

Textor, M.R.: Zur Vorbereitung auf die Pflegeelternschaft. Unsere Jugend 1995b, 47, S. 503–505

Textor, M.R.: Nachbetreuung von Pflegefamilien: Befragungsergebnisse und Empfehlungen. Nachrichtendienst des Deutschen Vereins für öffentliche und private Fürsorge 1995c, 75, S. 448–451

Textor, M.R.: 20 Jahre Adoptionsreform – Konsequenzen aus veränderten Sichtweisen. Neue Praxis 1996, 26, S. 504–518

Wiemann, I.: Die besondere Lebenssituation von Pflegekindern und ihren beiden Familien. Beratung von Pflegefamilien. In: Cremer, H./Hundsalz, A./Menne, K. (Hrsg.): Jahrbuch für Erziehungsberatung, Band 1. Weinheim: Juventa 1994, S. 15–32

Wiemann, I.: Psychologische und soziale Voraussetzungen für die Rückführung von Pflegekindern zu ihren leiblichen Eltern. Unsere Jugend 1997, 49, S. 229–237

Stefan Gaitanides

Soziale und psychosoziale Arbeit mit Migrantenfamilien

Gleich zu Beginn möchte ich dringend vor Typisierungen warnen, wenngleich ohne Typisierung bzw. generalisierende Unterscheidungen die Komplexität der Realität nicht reduziert bzw. systematisiert werden kann. Auch individualisierende Deutungen der besonderen Biografien von Migranten kommen nicht ohne verallgemeinernde Deutungsmuster aus. Ohne Kategorisierungen tritt uns die Realität als ein unbestimmbares Rauschen gegenüber (Luhmann). Wenn ich in meinen Ausführungen nicht umhin kann, immer wieder zu verallgemeinern, bitte ich diese als mehr oder weniger plausible Hypothesen zu betrachten – als vorläufige Interpretationsangebote, die einer Überprüfung durch eine erst zu entwickelnde quantitative und qualitative empirische Forschung ausgesetzt werden müssen. Auch die Familiensoziologie bedarf – nebenbei bemerkt – der interkulturellen Öffnung. Ihr bisher bewiesenes Forschungsinteresse und ihre Wissensbestände bezüglich der Migrantenfamilien sind äußerst dürftig.

Die Skepsis gegenüber groben Verallgemeinerungen bei der Beschreibung der Probleme von Migrantenfamilien ist zumal in der jüngsten Epoche der Einwanderungsgeschichte geboten: Im Vergleich zur relativen Homogenität der sozialen Lage und kulturellen Dispositionen der aus Südeuropa angeworbenen Arbeitsmigranten und ihrer Familien, der so genannten »Gastarbeiter«-Ära – Mitte der 50er bis Mitte der 70er Jahre –, hat sich die Migrantenpopulation stark verändert und ausdifferenziert. Man kann nicht länger von *den* Migranten sprechen, da sich die neuen Einwanderergruppen zum Teil erheblich von den so genannten »Gastarbeitern« unterscheiden:

- Die von außerhalb Europas kommenden politischen Flüchtlinge gehören oft den Mittel- und Oberschichten an, da die Fluchtmöglichkeiten häufig von materiellen Ressourcen abhängen bzw. von der Verfügung über die Ressource »Beziehungen«.
- Die sozialen Voraussetzungen, Schicksale und Lebenspläne z.B. der Bürgerkriegsflüchtlinge aus dem ehemaligen Jugoslawien sind ganz andere als diejenigen der seinerzeit aus demselben Gebiet angeworbenen Arbeitsmigranten.
- Neu hinzugekommen sind Zuwanderer aus dem ehemaligen Ostblock, die sich wiederum nach deutscher oder nicht-deutscher Volkszugehörigkeit unterscheiden. Ihre Mentalität ist – durchaus analog zu vielen traditionellen Auswanderungsländern – durch ein immobiles und autoritäres politisches System und die Selbsthilfepraxis der sozialistischen Nischengesellschaft geprägt. Im Unterschied zu den klassischen »Gastarbeitern« haben sie aber auch die Erfahrung sozialer Sicherheit und der Gleichstellung von Frauen im Beschäftigungssektor gemacht (vgl. u.a. Herwartz-Emden 1995, S. 43f.).

- Es gibt auch eine neue Einwanderung aus den ehemaligen Anwerbeländern, die sich seit den 60er Jahren sehr verändert haben. Ihre kulturellen Eigenarten sind durch die Verstädterung und das Vordringen der massenmedial verbreiteten globalen Konsumkultur zurückgedrängt worden. Fast alle haben ihr Bildungsniveau angehoben. Aus Griechenland kommen - um nur ein Beispiel zu nennen - zur Zeit viele Abiturienten auf Jobsuche in die Bundesrepublik, die keinen Studienplatz gefunden haben. Sie heiraten nicht selten nach kurzer Zeit deutsche Frauen. Außerdem kommen viele gescheiterte Selbstständige aus dem Dienstleistungsbereich, die ihre Schulden durch zwei, drei parallele Jobs »abzustottern« versuchen (Informationen des Griechischen Hauses München).
- Die zweite Generation hat sich sozial auseinander dividiert. Der Anteil der Realschüler und Gymnasiasten an den Schülern insgesamt ist gestiegen (1980: 11%, 1991: 19%; Deutsche: 32%. Vgl. Gaitanides 1983; Sen 1994). Viele aus der zweiten Generation versuchen sich als selbstständige Unternehmer - nicht nur in der Obst- und Gemüsehandelsbranche. Gleichzeitig sind die Lebensverhältnisse eines Teils derjenigen, die über keine guten Bildungsabschlüsse verfügen, unter die der Elterngeneration gesunken, da die Eltern noch nicht mit der strukturellen Beschäftigungskrise und deren Folgen konfrontiert waren. Darüber hinaus gibt es einen mittleren Bereich beruflich qualifizierter junger Migranten, die aus Elternhäusern ungelernter Arbeiter stammen und besser situiert sind als ihre Eltern. Sie verfügen vor allem auch über bessere Sprachkenntnisse und können sich wesentlich besser in der Bundesrepublik orientieren.
- Daneben gibt es neu eingereiste, aus der Heimat angeheiratete junge Ehegatten, die erst nach drei bis vier Jahren eine eigenständige Aufenthaltserlaubnis erhalten können und infolgedessen extrem abhängig sind. Sie sprechen kein Deutsch und können sich in der neuen Umgebung kaum orientieren. Die nachgezogenen Frauen sind oft sehr jung. Sie müssen sich dem Regiment der Schwiegermütter unterwerfen und werden oft ausgenützt - oder es gibt permanente Konflikte. Bei den türkischen Familienberatungsstellen ist diese Problemgruppe überrepräsentiert (Auskunft »Beratungszentrum für ausländische Familien«, Frankfurt. Vgl. Bericht »Ganz in Weiß ...« von Müller-Münch in der Frankfurter Rundschau vom 17.1.1996).
- Auch was die Bezugsgruppen in der Freizeit betrifft, hat sich die Situation aufgesplittert: Da gibt es Migranten, die sich ganz in ihre ethnische Kolonie zurückgezogen haben. Andere wiederum haben - meist durch Heirat - Zugang zu deutschen Privatkreisen gefunden und meiden den Kontakt mit den Landsleuten. Wieder andere pendeln zwischen den Bezugsgruppen oder haben einen multikulturellen Freundeskreis gefunden, bei dem aber zumeist die Deutschen unterrepräsentiert sind. Andere wiederum sind ganz isoliert.

Wegen den aufenthaltsrechtlichen Restriktionen und den Imperativen der lohnabhängigen industriegesellschaftlichen Existenz hat sich die Form der Großfamilie im Einwanderungskontext nicht reproduzieren können. Sie war auch schon im Heimatland durch den dortigen sozialen Wandel größtenteils in Auflösung begriffen. So gaben bei der Befragung von Herwartz-Emden (1995) nur 17% der Türkinnen - die größtenteils der ersten Einwanderergeneration angehörten - an, dass ihre Kinder durch Großeltern betreut würden. Bei den Deutschen machten 52% diese Angabe. Der größte Teil dieser Großeltern dürfte Besucherstatus haben, da nur 2% der Türkinnen angaben, dass sich ihre Eltern am Ort befänden. Bei den Deutschen waren es 35%. Allerdings entwickeln sich in der Generationenfolge auch neue – aus der Not geborene und sehr konfliktreiche – Formen der Mehrgenerationenfamilie, wenn z.B. wegen Arbeitslosigkeit und hoher Wohnungsmieten das Einkommen der jungen Familien nicht ausreicht, um einen eigenen Hausstand zu gründen und die elterliche Wohnung zu verlassen.

In einer außergewöhnlich kurzen historischen Zeitspanne haben sich die Einwandererfamilien an das generative Verhalten und die »Normalbiografie« der modernen Industriegesellschaften (d.i. laut U. Beck die »erste Moderne«) angepasst. Sie heiraten später als unter traditionalen Verhältnissen, bekommen sehr viel weniger Kinder und schließen die Kinderphase früher ab. Dies hat Nauck (1992) z.B. in einem Vergleich von türkischen Müttern, deren Ehen bereits vor dem Einwanderungszeitpunkt bestanden, mit solchen, deren Ehen erst danach geschlossen wurden, feststellen können. Bei den vor der Einreise Verheirateten war bei 75% das durchschnittliche Heiratsalter 19,7 Jahre und bei 75% der Ehen, die erst danach geschlossen wurden, 24,5 Jahre. Die durchschnittliche Kinderzahl betrug Anfang der 90er Jahre bei den türkischen Familien 2,2, bei den spanischen und jugoslawischen 1,8 (Beauftragter der Bundesregierung für die Belange der Ausländer 1994, S. 56).

Aber auch die mit der »zweiten Moderne« einhergehende »Pluralisierung der Lebensformen« setzt sich – bisher mehr »nolens« als »volens« – bei der Einwanderbevölkerung immer mehr durch: die Lebensformen des Single – eher infolge der Arbeitslosigkeit – und der Ein-Eltern-Familie – eher als Folge zugespitzter Partnerkonflikte, denn als bewusst gewählte »alternative« Lebensform – was allerdings auch bei Deutschen eher selten ist (vgl. Herwartz-Emden 1995, S. 226f.: Ablehnung alternativer Lebensformen auf der Einstellungsebene).

Problemlagen von Migrantenfamilien

Obwohl Migranten eine äußerst differenzierte Zielgruppe der sozialen Arbeit bilden, lassen sich dennoch einige gemeinsame Merkmale bei der Beschreibung typischer Problemlagen finden, die für unser Thema Bedeutung haben:

1. Belastende Arbeits- und Lebensverhältnisse: Die große Mehrheit der Migrantenbevölkerung ist sozial marginalisiert und durch schlechte Arbeitsbedingungen sehr belastet. Dies trifft auch auf Flüchtlingsfamilien mit hohem Bildungsstatus oder Zuwanderer aus dem ehemaligen Ostblock mit einer guten – bei uns aber nicht anerkannten – Berufsqualifikation zu. Ebenso leiden viele sozial aufsteigende Familien unter den Auswirkungen der Arbeitsbelastung, da sie ihren Aufstieg durch außerordentliche Anstrengungen erkaufen.

Das Familienleben kommt – wie schon bei ihren Eltern – zu kurz. Der Erwerb sozialer Kompetenzen seitens der Kinder wird beeinträchtigt durch den Mangel an »gemeinsam geteilter Zeit« – ein Phänomen, das Heitmeyer (1993) auch bei deutschen Familien für psychosoziale Deintegrationsprozesse verantwortlich macht. Ferner ist spätestens seit den empirischen Untersuchungen zur schichtspezifischen Sozialisationsforschung aus den 70er Jahren bekannt, dass sich die tagtäglichen konkreten Arbeitserfahrungen und die sozialökologischen Lebensverhältnisse mindestens ebenso stark auf die familiale Sozialisationspraxis auswirken wie die spezifischen Familientraditionen und der Bildungsstatus der Eltern (z.B. Grüneisen/Hoff 1977; Steinkamp/Stief 1978).

2. Belastungen durch das Migrationsprojekt und die unsichere Aufenthaltsperspektive: Freilich hängt die Arbeitsüberlastung bis zu einem gewissen Grade auch mit einem zweiten Spezifikum von Zuwandererfamilien zusammen: mit den Zielvorgaben des Migrationsprojektes. Die erste Einwanderergeneration hat dem Ziel der erfolgreichen Rückkehr die kostbarsten Familienjahre durch Überarbeit geopfert – als die Kinder noch klein waren. Das machen ihnen viele Kinder heute zum Vorwurf, die unter der Monotonie des Familienalltags und der mangelnden Präsenz der Eltern in der Familie gelitten haben. Zum Vorwurf machen sie ihnen auch die Aufrechterhaltung der Rückkehrillusion und den Druck, den sie damit auf sie ausüben. Durch die Ungewissheit der Aufenthaltsperspektive ist eine langfristige Lebensplanung unmöglich. Die Ungewissheit wird allerdings auch geschürt durch die negative Entwicklung auf dem Arbeitsmarkt und die Zunahme der Ausländerfeindlichkeit.

3. Identitätskonflikte durch Rassismus, den Minoritätenstatus und die Individualisierung der Kinder: Der Sozialpsychologe Ervin Goffman (1967) hat gezeigt, wie schwierig das Identitätsmanagement von stigmatisierten Personen ist. Die »diskreditierten« Individuen neigen entweder zur Verdrängung des Stigmas durch Überanpassung oder betonen ihre Andersheit trotzig und ziehen sich in die Gemeinschaft der Stigmatisierten zurück. Nur wenigen, mit Ichstärke ausgestatteten Individuen gelingt die Entwicklung eines selbstsicheren – heute würde man sagen »postmodernen« – Marginalitätsbewusstseins. Charles Taylor (1993) hat in seinem berühmten Essay »Multikulturalismus und die Politik der Anerkennung« das Identitätsdilemma diskreditierter Minderheiten eindrücklich beschrieben: »Die These lautet, unsere Identität werde teilweise von der Anerkennung oder Nicht-Anerkennung, oft auch von der *Ver*kennung durch die anderen geprägt, sodass ein Mensch oder eine Gruppe von Menschen wirklichen Schaden nehmen, eine wirkliche Deformation erleiden kann, wenn die Umgebung oder die Gesellschaft ein einschränkendes, herabwürdigendes oder verächtliches Bild ihrer zurückspiegelt. Nichtanerkennung oder Verkennung kann eine Form der Unterdrückung sein, kann den anderen in ein falsches, deformiertes Dasein einschließen« (S. 13f.).

4. Entstehung von Sozialisationsproblemen durch traditionelle Erziehungseinstellungen und -praktiken: Bernard Nauck, einer der wenigen Sozialisationsforscher, der zu den Erziehungswerten und -praktiken türkischer Familien repräsentative Untersuchungen durchgeführt hat (Nauck 1987, 1994; Nauck/Oezel 1986), kommt zu dem Ergebnis, dass autoritär-patriarchale Gehorsamsvorstellungen in der Erziehung nach wie vor einen hohen Stellenwert haben, dass diese aber eher in der Variante der »overprotection«, der Überfürsorge, auftreten denn als patriarchale Strenge. Nauck leitet diese Einstellungen nicht nur von der Tradition ab, sondern auch vom Minoritätenkontext. Die Familie ist der Ort der Reproduktion der ethnischen Identität. Das Festhalten an traditionellen Erziehungswerten dient damit auch der Weitergabe der ethnischen Identität an die Kinder und soll sie vor dem korrumpierenden Einfluss der in ihren Augen normlosen Umgebung schützen. Ebenso bestätigen die Befragungen Naucks die »Transmission« (Übertragung) des traditionellen »Familismus« und der Erwartung des solidarischen, materielle Opfer nicht scheuenden Zusammenhaltens der Familie auf die nachwachsenden Generationen (Nauck 1994). Die Gruppenidentität scheint sich unter den Bedingungen des Minoritätenlebens stärker auf die nachwachsenden Generationen zu übertragen, als das bei der

Mehrheitsgesellschaft der Fall ist. Auch dieses Faktum lässt sich meines Erachtens ableiten von den eigentümlichen Überlebensbedingungen von Minderheiten, die Gruppensolidarität stärker erzwingen.

So weit scheinen die empirischen Untersuchungen das gängige Bild von der traditionalistischen ausländischen Familie zu bestätigen. Aber die Befragungen förderten noch anderes zutage:

- Die traditionalen Erziehungswerte koexistieren mit modernen wie »schulische Leistung« (für beide Geschlechter) oder »soziale Empathie« (ausgeprägter für Mädchen) (Nauck 1994; Nauck/Oezel 1986).
- Die Migrantinnen entsprechen in keiner Weise dem Klischee des armen Opfers des Patriarchats. Sie spielen eine zentrale Rolle beim Integrationsprozess. Sie übernehmen eine Vermittlerrolle zwischen den Emanzipationstendenzen der Kinder und den restriktiven Vorschriften der traditionellen Moral, die eher von den Vätern vertreten werden (Nauck 1987).
- Während häufig traditionelle Rollenmuster noch auf der Einstellungsebene vertreten werden, ist die Geschlechtsrollenteilung in der Praxis des Familienlebens häufig stärker aufgehoben als bei deutschen Familien. Bedingt u.a. durch die weit überdurchschnittliche Schichtarbeit und die unterdurchschnittliche Nutzung der Kindergartenversorgung übernimmt laut Herwartz-Emden (1995, S. 223) ein weit größerer Anteil der türkischen Ehemänner die Kinderbetreuung bei beruflich bedingter Abwesenheit der Frau als bei deutschen Familien (41% versus 25%). Dies schlägt sich auch partiell in den Einstellungen nieder. Stärker sogar als die befragten Deutschen stimmen die türkischen Frauen dem Statement »Es ist ungerecht und unsinnig, dass die Fürsorgearbeit für Kinder überwiegend an der Mutter hängen bleibt« zu (a.a.O., S. 237). Sicherlich ist es übertrieben, deswegen wie Nauck von einem »heimlichen Matriarchat« der Migrantenfamilie zu sprechen. Auf jeden Fall scheint die traditionelle Geschlechterhierarchie unter den strukturellen Zwängen der Migrationssituation an Bedeutung zu verlieren.

Es sind aber auch strukturelle Zwänge, die für das Fortdauern des autoritär-kontrollierenden Erziehungsstils sorgen: Die durch autoritäre Erziehung vermittelten »Sekundärtugenden« und Gruppenloyalität haben wichtige Überlebensfunktion unter restriktiven und repressiven sozialen Kontextbedingungen und in der Minoritätensituation. Allerdings erschwert sie auch die sozialen Aufstiegschancen, da in höheren Positionen Kompetenzen gefragt sind, die eher durch einen permissiven Erziehungsstil gefördert werden (intrinsische Leistungsmotivation, Rollendistanz und -flexibilität, Selbstständigkeit). Dabei greifen – auf sich wechselseitig stützende Weise – die kulturellen Traditionslinien und die Anpassungszwänge an die tagtäglichen restriktiven Arbeits- und Lebensverhältnisse, denen die Eltern typischerweise ausgesetzt sind, ineinander. Die Übernahme »moderner« Werte würde das »konkret existierende« Arbeitsleben der Migranten eher unerträglich machen. So haben auch die oben bereits erwähnten Untersuchungen zur schichtspezifischen Sozialisation dem »sozial-moralischen Milieu« der klassischen Arbeiterfamilien, deren Positionen inzwischen weitgehend von Migranten übernommen wurden, einen partiellen »Traditionalismus« attestiert (Oevermann 1968). Auch für die Arbeiterklasse war die Moderne nur eine »halbierte Moderne« – um dieses von Ulrich Beck auf die Frauen gemünzte Diktum abzuwandeln. Und sie ist es für Teile von ihr – respektive der eingewanderten Arbeiterschaft – immer noch.

Darüber hinaus darf der Einfluss der kulturellen Tradition keinesfalls geleugnet werden, wie das radikale Konstruktivisten tun, die die kulturellen Deutungen von Integrationsproblemen pauschal unter Ideologieverdacht stellen – als interessengeleitete Fremdbildkonstruktionen, die von den eigenen (systemischen) Anteilen an den Integrationsproblemen ablenken sollen (z.B. Radtke 1990). Wenn auch die meisten »Gastarbeiter«, die in den 60er und 70er Jahre eingewandert sind und noch ihre Kindheit in einer traditionellen Umgebung verbracht haben, mittlerweile in die Großelternposition gewechselt sind, übertragen sich doch Einstellungen und Habitus auf ihre Kinder über den Sozialisationsprozess – vor allem in den bildungsfernen Schichten. Diese Spuren werden natürlich überlagert und verwischt durch die konkurrierenden Einflüsse des Einwanderungskontextes. Folgende traditionelle – durch den aktuellen sozialen Kontext teilweise gestützte, aber für das von den Migranteneltern angestrebte berufliche Fortkommen hinderliche – Sozialisationseinstellungen und -praktiken waren und sind bei vielen Migrantenfamilien insbesondere der ersten Generation verbreitet:

- Erziehung durch äußere Belohnungen und Strafen,
- Appell an Status und Rolle,
- Sanktionierung von Handlungen und weniger von Motiven,
- Konventionalismus,
- Laisser-faire-Erziehung im Kleinkindalter und repressive Leistungserziehung im Schulalter,
- strikte Trennung von Spiel und Lernen,
- wenig gemeinsame Spiele und Freizeitaktivitäten, Defizit an Spielen und Aktivitäten, die in der Wohnung durchgeführt werden können (Tischspiele, Basteln usw.), und wenig musische Anregungen (i.e. triebsublimierende kulturelle Praktiken),
- kaum Verständnis für die Ablösungsbedürfnisse, die Experimentier- und Trotzphase der Adoleszenz sowie
- wenig Verständnis für die Individualisierung der Heranwachsenden und die Selbstständigkeitsbedürfnisse der neu gegründeten Familien der Kinder.

Man darf nun nicht wieder in den Fehler der mit Recht kritisierten »Ausländerpädagogik« verfallen, deren defizitorientierter Ansatz die Migrantenfamilien auf die traditionalen Elemente reduziert hat. Wie die schon erwähnten Untersuchungen von Nauck belegen, koexistieren »traditionale« und »moderne« Einstellungen bei den befragten Familien. Den Schritt der Migration wagen eher jüngere, leistungsorientierte Personen, die die traditionellen »miseria« hinter sich lassen wollen. Die Variabilität der Erziehungseinstellungen der Migranten und die Relativität des Einflussfaktors Kultur werden durch die Tatsache belegt, dass sich z.B. die von Herwartz-Emden (1995) befragten Frauen höherer Qualifikation und Schicht signifikant häufiger von Äußerungen distanzieren, die eine autoritär-protektiv/kontrollierende Erziehungseinstellung zum Ausdruck bringen. Die Erziehungseinstellungen sind also – wie bei den Deutschen – wesentlicher vom sozialen Status und vom Bildungsgrad abhängig als von der familialen subkulturellen Tradition. Daraus folgt u.a., dass eine grundlegende Veränderung der Erziehungseinstellungen wohl nur durch eine Verbesserung der Chancenstruktur bewirkt werden kann.

Der Wechsel von der traditionalen zur modernen Gesellschaft ist nicht nur mit einem Funktionsverlust der Familie verbunden, er verlangt den Eltern paradoxerweise ein Mehr an Erziehungskompetenz ab. Ja, diese werden erst im Zuge des gesellschaftlichen Wandels zu »Eltern« im heutigen Sinne. So gab es auf dem Dorf eine Fülle von Bezugspersonen, die sich um die Kinder kümmerten – ältere Geschwister, Tanten und Onkel, Großeltern und Nachbarn –, und es gab so etwas wie eine »multiple Mutterschaft« (Herwartz-Emden). Erziehung erfolgte nicht intentional, sondern naturwüchsig – durch die Einführung in das Erwachsenenleben und das Vorbild der Erwachsenen. Die Sphären von Produktion und Reproduktion, das Leben »draußen« und das Innenleben der Familie waren noch nicht scharf getrennt. Familiale Beziehungsarbeit war noch nicht Hauptaufgabe der Mütter.

Viel nachteiliger als die Hochhaltung traditioneller Erziehungswerte wirkt sich meines Erachtens die subkulturell vermittelte Weitergabe des beschriebenen vorindustriellen »*Un*wissens« über den kindlichen Sozialisationsprozess und die interaktiven Wirkungen elterlichen Verhaltens aus. Ist im veränderten, modernen Gesellschaftskontext wenig Erziehungsbewusstsein vorhanden und lassen die Eltern z.B. die kommerziellen Einflüsse widerstandslos auf die Kinder einwirken – ohne gegenhaltende pädagogische Angebote des Elternhauses –, bricht die Umgebung mit allen Negativerscheinungen ungehindert in die Kindheit ein. Nicht die *kulturelle Differenz* also, sondern die kulturell (und durch den Bildungsstand) vermittelte elterliche *Indifferenz* ist das Problem: die »Laisser-faire-Erziehung« im Freizeitbereich – was das Essen von Süßigkeiten, Bedürfnis nach »Klamotten«, Taschengeld, exzessiven Medienkonsum, spätes Zubettgehen oder miserables kommerzielles Spielzeug betrifft. Eben diese Indifferenz macht Migrantenfamilien auch zu willfährigen Opfern der Schulmedizin, der sie oft blind vertrauen (z.B. in der Geburtsmedizin, »Vollpumpen« mit Antibiotika und Impfstoffen gegen Kinderkrankheiten; vgl. Meireis 1995).

Sozialarbeit mit Migrantenfamilien

Im Folgenden werde ich aus meiner Analyse einige inhaltliche Zielsetzungen für die Sozialarbeit mit Migranten ableiten – ohne Anspruch auf Vollständigkeit. Dann werde ich auf die Frage eingehen, ob die vorhandenen Angebotsstrukturen geeignet sind, diese Ziele umzusetzen, und welche Veränderungen vorgenommen werden müssen, um die Versorgungslage der Migranten mit sozialen Dienstleistungen zu verbessern.

1. Berücksichtigung der sozialen Rahmenbedingungen: Die durch die spezifische soziale Lage bedingten externen Restriktionen des Familienlebens müssen bedacht werden, wenn man Angebote im Bereich der Familienberatung oder -bildung macht. Ohne entsprechende Entlastungsangebote – wie Kinderbetreuung oder flexible Angebotsstrukturen (aufsuchende Arbeit, unübliche Zeiten, Wochenendangebote) – wird man die äußeren schichtbedingten Zugangsbarrieren nicht abbauen können. Berücksichtigt werden müssen auch die »inneren« Barrieren. Mittelschichten-orientierte Beratungsansätze, die auf die Kraft der Selbstreflexion vertrauen, stoßen auf Unverständnis oder werden gar als Inkompetenz bzw. Mangel an Engagement interpretiert. Gefragt ist – zumindest zum Einstieg – ein direktiver Beratungsstil (Pavkovic 1993).

2. Orientierungshilfen für die Zukunftsplanung: Hier wäre eine Beratungs- und Gruppenarbeit zum Thema »Zukunftsplanung in der Bundesrepublik oder im Heimatland« sehr hilfreich. Ohne den Familien irgendwelche Entscheidungen abzunehmen, könnten die verschiedenen Lebensentwürfe nach der Methodik der »Familienkonferenz« ausdiskutiert werden (Gordon 1980). Zusätzlich könnten mit Hilfe von Informationen der Fachleute die unbedachten Nebenfolgen von alternativen Entscheidungen durchgespielt werden. Dieses Thema wäre auch sehr geeignet für Planspiele.

3. Identitätsarbeit: Wenngleich der Abbau von Diskriminierung in erster Linie eine Aufgabe der Mehrheitsgesellschaft ist, müsste eine entsprechende »Identitätsarbeit« auch zu einem wichtigen Bestandteil der Bildungsarbeit mit Migranten gemacht werden. Und dies gilt für die nachwachsenden Generationen noch stärker als für die erste, deren soziale Identität noch nicht durch den Bezugsgruppenwechsel so stark verunsichert ist. Gerade bei der zweiten und dritten Generation gilt es, das häufig verinnerlichte negative Fremdbild von der Herkunftsgruppe, den versteckten Selbsthass zu bearbeiten bzw. die kompensatorischen, feindseligen Identitätskonstruktionen zu dekonstruieren. Am besten können die komplexen Beziehungen zur Herkunftskultur und zur Kultur der aufnehmenden Gesellschaft sowie die schwierigen Probleme der Identitätsfindung durch die Methodik der Gruppenpädagogik und der sozialpädagogisch ausgerichteten Kulturarbeit herausgearbeitet werden.

Die Stärkung der Identität könnte – als erwünschte Nebenfolge – auch zur Behebung der Beziehungsstörungen zwischen den Generationen beitragen, die viele junge Eltern dazu bringen, lieber auf die Mithilfe der Großeltern zu verzichten, als sich deren »veralteten« Vorstellungen zu fügen (nach Angaben von Neval Gültekin, infrau Frankfurt). Hier könnte man sich der Methodik der familienbiografischen Spurensuche bedienen, die es erlaubt, das kulturelle Familienerbe aus der historischen und gesellschaftsanalytischen Distanz zu betrachten und generationszentrische negative Werturteile zu relativieren. Dabei ist ein wichtiger Reflexionsschritt, sich als Nachgeborene begreiflich zu machen, dass die Eltern »immer nur das Gute« im Sinne einer Überlebenslogik angestrebt haben, die durch den gesellschaftlichen Wandel ihren Realitätsbezug verloren hat.

Umgekehrt müssen die Großeltern begreifen lernen, dass sich ihre Kinder nicht aus Treulosigkeit und Undankbarkeit zurückziehen und die Enkel nicht durch permissive Erziehung dem manchmal geradezu wahnhaft imaginierten deutschen Sittenverfall preisgeben, sondern dass sie sich an die Überlebensimperative der Gesellschaft des Einwanderungslandes sowie an die Identitätsmuster einer individualisierten Gesellschaft anpassen, in der die Kernfamilie ein selbstbestimmtes Leben führen möchte. Eine einschlägige Selbsterfahrungs- und Selbstreflexionsarbeit mit der älteren Einwanderergeneration könnte vielleicht auch aus der heftigen Identitätskrise herausführen, die der Ablösungsprozess der Kinder bei ihnen auslöst. Sie könnte dazu beitragen, dass die Großeltern eine weniger protektive Beziehung zu ihren Kindern entwickeln, wodurch sie diesen ermöglichen, wieder mehr Nähe zuzulassen. Davon könnten alle Beteiligten profitieren.

4. Stärkung der Erziehungskompetenz: Wie ich zu zeigen versucht habe, besteht das Problem weniger in dem Überdauern dysfunktionaler traditioneller Erziehungswerte als in dem Mangel an Bewusstsein und Wissen über den Sozialisationsprozess bzw. im Mangel an Erziehungskompetenz. Hier tut sich ein weites Feld für die Erwachsenen-

bzw. Familienbildungsstätten auf. Hierzu sind diese auch nach dem Kinder- und Jugendhilfegesetz (KJHG) verpflichtet. Die Wirkung aufklärender Elterninformation kann dabei um ein Vielfaches verstärkt werden, wenn man sich mit den zahlreichen Organisationen von Migranten zusammentut bzw. diejenigen Plätze aufsucht, an denen sich diese aufhalten (vgl. »Elternseminar Stuttgart«, Koderisch 1996, S. 79f.). In Anbetracht der oben konstatierten zentralen strategischen Rolle der Mütter bei der Bewältigung der Anpassungsprobleme der Familie sollten auch die Angebote für Mütter (wie z.B. im Internationalen Mütterzentrum München) flächendeckender ausgebaut werden.

5. Motivierung zur Elternbildung durch Anknüpfung am Ziel des beruflichen Aufstiegs: Die Migranteneltern können am leichtesten für die Informationsaufnahme gewonnen werden, wenn an ihren Interessenlagen angeknüpft wird. Aufklärende Belehrung und Erziehungsversuche wehren sie dagegen ab. So bietet es sich an, am vielfach belegten Migrationsmotiv des sozialen Aufstiegs anzuknüpfen. Um selbstreflexive Lernprozesse bei den Eltern in Gang zu bringen, kann man an ihrem starken Interesse an einer besseren Zukunft ihrer Kinder ansetzen, die zu verbauen sie selbst durch die ihnen nicht bewussten und unbeabsichtigten Nebenfolgen ihres Elternverhaltens beitragen. Verstärkt wird dieses Interesse noch durch die Verschiebung des Migrationsziels vom Ziel der Kapitalbildung, das sich schon nach wenigen Aufenthaltsjahren als unrealistisch erweist, auf das Ziel der Qualifikationsverbesserung bei den Kindern.

Wer Erwachsenenbildungsangebote für Migranten durchführt, wird ein besonders lebhaftes Interesse für Gesundheits-, Bildungs- und Erziehungsfragen sowie eine große Bereitschaft feststellen, Zusammenhänge erkennen und Verhaltensänderungen ausprobieren zu wollen – falls sie nur dem Bildungserfolg und dem Konformitätsverhalten der Kinder förderlich erscheinen. Dies habe ich während meiner eigenen erwachsenenbildnerischen Tätigkeit mit Migranten im »Griechischen Haus München« (1974-1987) erfahren können und auch bei meinen Recherchen im Berufsfeld bestätigt gefunden.

Analyse der Angebotsstruktur

Damit wollen wir es bei den inhaltlichen Anregungen, die aus meiner Analyse folgen, bewenden lassen und nun einen Blick auf die bisherigen Angebotsstrukturen werfen.

Migrantenspezifische Dienste: Seit Beginn der 60er Jahre wurden auf Grundlage der Anwerbevereinbarungen für die so genannten »Anwerbeländer« nationalitäten-spezifische Dienste zur Ersteingliederung von Arbeitsmigranten etabliert. Die Aufteilung der Trägerschaft wurde nach religiösen Kategorien vorgenommen: Die Caritas übernahm die Betreuung der vorwiegend katholischen Arbeitsmigranten (Italiener, Spanier, Portugiesen, Kroaten), das Diakonische Werk die Griechen und die Arbeiterwohlfahrt die nicht-christlichen Nationalitäten (Jugoslawen, Türken, Marokkaner, Tunesier). Finanziert wurde und wird diese Arbeit durch die Arbeitsministerien des Bundes und der Länder bzw. durch die Bundesanstalt für Arbeit. Der Deutsche Paritätische Wohlfahrtsverband bemüht sich seit Jahren vergeblich um Aufnahme in das Betreuungskartell. Er hat sich insbesondere der kurdischen Minderheit angenommen und dient als Dach für eine Vielzahl von Selbstorganisationen.

Den »Sozialdiensten für Ausländer« oblag zu Beginn vor allem eine Vermittleraufgabe bei Orientierungsproblemen und Konflikten mit Behörden, Arbeitgebern und Vermietern.

Die Mitarbeiter waren sozialarbeiterisch nicht geschult, verfügten aber über Migrationserfahrung sowie Sprach- und Kulturkenntnisse. Nach dem Anwerbestop 1974 wurden diese Dienste immer wieder totgesagt, weil sie ihre Aufgabe der Ersteingliederung erfüllt hätten. Um die Versorgungslage nicht zu gefährden, wurden die Dienste zwar beibehalten, aber eingeschränkt. Zu den Betreuungsaufgaben bei der Ersteingliederung kamen Integrationshilfen hinzu. Ihre wichtigste Klientel bleibt die nunmehr in die Jahre gekommene erste Einwanderergeneration, deren Deutsch sich im Verlauf der Jahrzehnte kaum verbessert hat und die mehrfach belastet ist durch materielle, gesundheitliche und psychosoziale Probleme (z.B. Generationskonflikte, Isolation, Ausländerfeindlichkeit).

Mittlerweile hat sich mit dem Generationenwechsel die Qualifikationsstruktur dieser Dienste wesentlich verbessert, und allenthalben arbeiten die Träger an einer Reform der Dienste. Als wichtigste Neuerung wird die Entkoppelung von bestimmten Nationalitäten angestrebt. Die zukünftig nationalitätenunspezifischen Migrationsdienste werden von den staatlichen Zuschussgebern angehalten, die Gruppen der Neueinwanderer z.B. aus dem ehemaligen Ostblock stärker zu berücksichtigen – auch in ihrer Personalstruktur. Die umstrukturierten Dienste sollen sich auf ihre Ersteingliederungsaufgabe zurückziehen und ihre Klientel langfristig auf die Regeldienste hin orientieren. Dies soll u.a. durch eine engere Vernetzung zwischen den Diensten für Migration und den allgemeinen sozialen Diensten erreicht werden, eingeleitet durch gemeinsamen Erfahrungsaustausch und Fortbildung. Gleichzeitig bemühen sich die Träger um eine Fusion der Bereiche Arbeit mit Migranten, mit Aussiedlern und mit Flüchtlingen (deren Arbeit hier nicht differenziert dargestellt werden kann). Da Strukturen träge sind, kommt die Reform aber nur sehr zögerlich voran – gebremst auch durch Existenzängste. Viele Mitarbeiter befürchten, dass die Strukturreform zur »Verschlankung« des Personals genutzt wird. Letztendlich bleibt der Status der Migrationsdienste ungeklärt und eine freiwillige – und insofern jederzeit gefährdete – Leistung der staatlichen Geldgeber, solange sich die Regierung nicht zu einem Einwanderungsgesetz durchringt, in dem dann auch die Finanzierung dieser Dienste als Pflichtaufgabe verankert würde (wie in anderen erklärten Einwanderungsländern).

Initiativen in der Ausländerarbeit und migrantenspezifische Modellprojekte: Neben den generalistischen Sozialdiensten für Migranten, die faktisch – wenn auch unzulänglich geschult – nach der Methode des case-work-managements arbeiten, hat sich eine Fülle anderer Angebote entwickelt. Aus Platzgründen möchte ich hier nur einige Beispiele herausgreifen: Wegen der Zunahme psychosozialer Probleme und der Überforderung der generalistischen »Sozialdienste für Ausländer« entstanden in einigen Großstädten psychologische Fachdienste für einzelne Migrantennationalitäten (z.B. in München, Frankfurt, Köln). Zur Stärkung der Position der Mädchen und Frauen in der Migrantenfamilie entwickelten sich aus der Frauenbewegung heraus zahlreiche Angebote für Migrantinnen (Gruppenarbeit, Treffs, Beratung, Zufluchtsstätten). Der »Verband binationaler Familien und Partnerschaften« (IAF) hat ein breites Netz von Angeboten in vielen – auch kleineren – Städten aufgebaut (zur Begegnung, Beratung, Öffentlichkeitsarbeit usw.). Aus den Initiativen in der Ausländerarbeit, die im Verband der Initiativen in der Ausländerarbeit (VIA) organisiert sind und anfänglich ehrenamtlich Hausaufgabenhilfen organisiert haben (weil die Schule ihrer Integrationsaufgabe nicht nachkam), sind inzwischen anerkannte, professionell arbeitende Träger der außerschulischen Arbeit mit Kindern und Jugendlichen hervorgegangen (vorbildlich z.B. die Initiativgruppe München). Im Bereich außerschulischer Förderung und interkultureller Schulsozialarbeit arbeiten die kommunalen Regionalen Arbeitsstellen zur Förderung ausländischer Kinder und Jugendlicher (RAA), die derzeit in 20 Städten in Nordrhein-Westfalen und den neuen Bundesländern aktiv sind. Im Altenbereich ist das Rote Kreuz Vorreiter bei der Organisation interkultureller Altentreffs (z.B. im Frankfurter Bahnhofsviertel).

Die inzwischen unübersichtliche Angebotsvielfalt darf aber nicht darüber hinwegtäuschen, dass diese Angebote nicht vergleichbar sind mit dem System der allgemeinen sozialen Dienste der freien, kommunalen und staatlichen Träger. In der Regel handelt es sich um punktuelle Modellprojekte, die nach der Modellphase harte Schnitte hinnehmen müssen und keineswegs vergleichbar flächendeckend sind. Als freiwillige Leistungen sind sie finanziell auf wackeligen Füßen und müssen mit einem Dauerprovisorium leben. Unverhältnismäßig viele Mitarbeiter sind auf ABM-Basis eingestellt, worunter die Kontinuität der Arbeit und die Motivation der unsicher Beschäftigten leiden.

Will man die Versorgungsdefizite ernsthaft beheben, geht kein Weg vorbei an der interkulturellen Öffnung des gesamten Systems sozialer Dienste. Mit ihr würde auch ein wichtiges Signal gesetzt und demonstriert, dass sich die sozialen Dienste um einen bedarfsgerechten Service für die Einwandererklientel bemühen – die ja in gleicher Weise zur Finanzierung dieser Dienste beiträgt bzw. aus dem sozialstaatlichen Selbstverständnis heraus eigentlich zur bevorzugten Klientel gehören müsste, da sich bei den Migranten die sozialen Probleme unserer Gesellschaft potenzieren.

Zugangsbarrieren zu den Regeleinrichtungen und ihre Überwindung

In einer eigenen Untersuchung über Zugangsprobleme zu den psychosozialen Regeleinrichtungen (im Unterschied zu den zielgruppenspezifischen »Sondereinrichtungen«) Frankfurts habe ich viele empirische Hinweise für die in der Literatur immer wieder geäußerten Vermutungen finden können (Gaitanides 1992):

- Keine muttersprachlichen Mitarbeiter/innen und/oder Migrant/innen (geringes Vertrauen in Parteilichkeit, geringe sprachliche und kulturelle Verständigungs- bzw. Identifikationsmöglichkeit),
- fehlende Information über das Angebot,
- Unterstellung von ethnozentrischen und rassistischen Vorurteilen,
- kulturelle Hemmungen gegenüber psychosozialen Beratungs- und Hilfsangeboten (Scham, Ehre, traditionelles Krankheitskonzept: Außenwirkung – Verhexung, Unfall – als Krankheitsursache, geringes Bewusstsein von psychischen Vorgängen),
- Vorbehalte gegenüber fremdkulturellen ethischen Positionen der Beratungsdienste (»Hetzen die Kinder gegen die Eltern, die Frauen gegen die Männer auf«),
- soziokulturell vermittelte hohe Leidensbereitschaft,
- Stolz/Hemmung, fremde Hilfe in Anspruch zu nehmen,
- mittelschichtenorientierte Arbeitsweise der Regeleinrichtungen (Nondirektive Gesprächsführung und Erarbeitung von Lösungen durch Selbstreflexion erscheinen als Inkompetenz oder Mangel an Engagement),
- Erleben spezialisierter Problemlösungsbearbeitung bzw. der Delegation an andere, für das Spezialproblem zuständige Einrichtungen als Zurückweisung,

- geringe Erwartungen in eine rein psychologische Beratung (folgenlose »Labertherapie«, wenig lebenspraktische Hilfe),
- Wohnortferne, unflexible Sprechstunden bzw. Öffnungszeiten, Komm-Struktur (beschränkte Mobilität und Flexibilität) sowie
- Übertragung eines kontrollierenden Behördenimages (Misstrauen wegen eventueller Weitergabe aufenthalts- und arbeitsrechtlich relevanter Informationen).

Von besonderer Bedeutung für die Überwindung der Zugangsschwellen scheint der Einsatz von Migranten auf der Mitarbeiterebene zu sein:

- Nicht-deutsche Mitarbeiter finden Zugang zu den subkulturellen kommunikativen Netzwerken und können so das Angebot überhaupt erst bekannt machen. Häufig beginnen sie mit dem Einbringen ihres informellen Bekanntenkreises, der wiederum die Einrichtung weiterempfiehlt. Wichtig ist erst mal der »Eisbrechereffekt« einiger »Pioniere«. Später Hinzukommende fühlen sich dann sicherer und nicht mehr so vereinzelt.
- Vor allem für diejenigen, die über unzulängliche deutsche Sprachkenntnisse verfügen, ist die Kommunikation in der Muttersprache Voraussetzung, um auf differenzierte Weise über Gefühle, Lebenspläne und Normkonflikte reden zu können: »Das Reden in der Heimatsprache wird als direkter, emotional besetzter und unmittelbarer erlebt. Es gibt sogar Bereiche, die nach Meinung der Mitarbeiterinnen nur in der Heimatsprache adäquat gefühlt, gedacht, ausgesprochen, erörtert und verstanden werden können. Oft wurde die Erfahrung gemacht, dass der Klient oder die Klientin zu einem anderen Mensch wird, wenn in die Heimatsprache übergewechselt wird ... Die gemeinsame Sprache wird auch als ein Symbol dafür betrachtet, dass auf den Betroffenen zugegangen wird und er oder sie nicht – wie im fremden Land sonst üblich – als Minderheit auf die Mehrheit zugehen muss. Die gemeinsame Heimatsprache schafft auf beiden Seiten Sicherheit, Akzeptanz, signalisiert Interesse und vermittelt ein positives Gefühl der Vertrautheit« (Arbeiterwohlfahrt 1990).
- Der Kommunikationswissenschaftler Paul Watzlawick weist darauf hin, wie wichtig es für das Gelingen von Kommunikation ist, dass der emotionale Subtext von sprachlichen Mitteilungen verstanden wird. Die Dekodierung des emotionalen Bedeutungshofes von Sprache setzt intime Kulturkenntnis und -erfahrung voraus. In der Muttersprache ist ›analoge‹ Kommunikation (emotional-expressive, metaphorisch- assoziative Dimension von Sprache) weit besser möglich als in der spät erlernten Zweitsprache, in der man eher ›digital‹ (rational-sachliche Informationsdimension) kommuniziert (vgl. Watzlawick 1990, S. 61f.).
- Der gleiche oder ähnliche Kommunikationsstil, den zu erlernen noch viel schwieriger ist als die Sprache, schafft spontanes Vertrauen durch geteilte Gemeinsamkeiten: »Bei gesichtsabhängigen Auseinandersetzungen wird das Urvertrauen dadurch aufrecht erhalten, dass der Blick, die Körperhaltung, die Gesten und die Konventionen des üblichen (vertrauten A.d.V.) Unterhaltungsstils unablässig registriert werden« (Giddens 1995, S. 126).
- Kritik wird von Landsleuten oft eher akzeptiert als von Außenstehenden. So kann der Perspektivenwechsel zur Einsicht in die funktionalen Erfordernisse »moderner« Familienerziehung leichter durch Gruppenangehörige als durch eine deutsche pädagogische

Kraft herbeigeführt werden, der leicht eine ethnozentrische Sichtweise unterstellt werden kann (Scheib-Veneto 1993, S. 52).

- Menschen lernen durch Vorbilder (Bandura 1976) – insbesondere Menschen, die durch den Einfluss der traditionellen Sozialisation noch stärker zur Identifikation mit und Anlehnung an Bezugspersonen neigen. Viele junge Migranten sind hungrig nach der Identifikation mit Vorbildern, die beide kulturellen Einflüsse auf eine produktive und zugleich die Ich-Autonomie stärkende Weise in sich vereinigt haben. Das bikulturell sozialisierte nicht-deutsche Personal sozialer und pädagogischer Einrichtungen kann eine solche Vorbildfunktion erfüllen und über den beschriebenen Identifikationsvorgang Lernmotivationen aufbauen (Gaitanides 1997).

Neben dem Fehlen muttersprachlichen Fachpersonals sind als Zugangshindernisse noch andere Strukturelemente der psychosozialen Regelangebote zu nennen – zumal für Migranten, die noch in Unterschichtenpositionen eingeschlossen sind, und das ist die Mehrheit. Ähnlich wie bei deutschen Unterschichtenangehörigen haben zentrale, wohnortferne Angebote, die lediglich in Programmzetteln angekündigt werden, keine Chance.

Die Mobilität und das Zeitbudget von Migranteneltern sind – wie ich oben schon ausgeführt habe – durch die restriktiven Alltagsbedingungen sehr eingeschränkt. Hinzu kommt das Misstrauen gegenüber »gesichtsunabhängigen« (Giddens) Institutionen. Dezentrale und/oder aufsuchende Angebotsstrukturen können den Zugang erheblich erleichtern. Dies habe ich in meiner Frankfurter Untersuchung am Beispiel von Pro Familia und der Frühförderung der Lebenshilfe e.V. zeigen können (Gaitanides 1992). Ein anderes Beispiel aus dem Bereich der Familienhilfe wären die sehr erfolgreichen Kurse und Gruppen des Stuttgarter »Elternseminars« (Jugendamt Stuttgart), deren mobile Einsatztruppe dort hingeht, wo die nicht-deutschen Eltern verkehren. Freilich liegt deren Erfolg auch in dem Einsatz von Referententandems begründet, wobei immer ein/e Co-Referent/in ein/e Migrant/in ist.

Die meines Erachtens auch sehr wichtigen Selbsterfahrungsangebote müssen eingebettet sein in konkrete Einzelfallhilfe, Neigungs- und Bildungsangebote sowie informelle Treffpunktarbeit – am besten unter einem Dach oder in unmittelbarer Nachbarschaft. Zu dieser Einschätzung kommen auch die Mitarbeiterinnen von Einrichtungen, die Gruppenarbeit mit Migrantinnen machen (z.B. »infrau« und »Beratungszentrum für ausländische Familien« in Frankfurt, »Initiativgruppe zur Betreuung ausländischer Kinder« und »Griechisches Haus« in München).

Erwerb interkultureller Kompetenz

Sind es bei den Migranten mit schlechten deutschen Sprachkenntnissen und stärkeren traditionellen Prägungen eher die Verständigungsprobleme, die Distanz zur Einrichtung schaffen – falls dort die eigenen Leute nicht repräsentiert sind –, so ist es bei der in der Bundesrepublik aufgewachsenen Einwanderergeneration eher das Misstrauen gegenüber den Vorurteilshaltungen der deutschen Mitarbeiter/innen und Teilnehmer/innen, mit denen sie konfrontiert werden könnten. Sie erleben gerade auch in den sozialpädagogischen Regeleinrichtungen eine rasche – meist gut gemeinte – Zuordnung zur klischeehaft wahrgenommenen und gedeuteten Herkunftskultur. So geraten sie in die Rolle der Interpreten und Verteidiger der Herkunftskultur, würden aber lieber als Individuen wahrgenommen werden und über ihre eigentlichen, individuellen Probleme reden. Beispielsweise würden sie sich in einer deutschen Gruppe davor hüten, über die Bevormundung der Eltern zu berichten, um nicht klischeehafte Deutungen zu provozieren. Außerdem erwarten sie wenig Empathie für die Skrupel, die sie gegenüber ihren Eltern empfinden, die so viel in ihre bessere Zukunft investiert haben.

Diese Befürchtungen resultieren meines Erachtens weniger aus groben Unterstellungen als vielmehr aus der Generalisierung von vielen Einzelerfahrungen. Die »diskreditierenden« dominanten Gruppen haben da eine ganz andere Wahrnehmung als die betroffenen Minderheiten. Die dominante Gruppe hält die Reaktionen der Minderheiten häufig für übertrieben und für einen Ausdruck von psychischen Komplexen. Das haben Forschungen zur Selbst- und Fremdwahrnehmung von Geschlechterbeziehungen genauso erwiesen wie meine Erhebung zum »Verhältnis Deutsche und Ausländer im Studium« (Gaitanides 1996). Das Nicht-Ernstnehmen und Bagatellisieren der Diskriminierungsvorwürfe kann ein Rückzugsverhalten oder auch Aggressionen bei denjenigen provozieren, die sich ungleich behandelt fühlen. Am Schluss fühlen sich alle unwohl und gehen sich aus dem Wege (vgl. Goffman 1967; Rommelspacher 1995).

Dieser Zirkel asymmetrischer Kommunikation kann durchbrochen werden, wenn die Interaktionspartner sich mit dem Paradigma interkulturellen Lernens auseinander setzen und lernen ihre Wahrnehmungs- und Deutungsgewohnheiten selbstkritisch zu verändern. Diesbezüglichen Nachholbedarf haben eher die Vertreter der Mehrheitsgesellschaft. Die meisten Migranten sind ihnen da durch ihre bikulturellen und ihre Außenseitererfahrungen eine Lektion voraus. Dass es sich dabei nicht nur um die Intellektuellen unter den Migranten handelt, dafür sprechen die Befunde von Nauck (1994) über die starke Verbreitung des Erziehungswertes »Empathie« auch unter den einfachen Migrantenfamilien.

Interkulturelle Kompetenz sollte in Zukunft in den Kanon der Schlüsselqualifikationen für Pädagog/innen und Sozialarbeiter/innen aufgenommen werden, die im Studium obligatorisch vermittelt werden, und zum Gegenstand von Fort- und Weiterbildung gemacht werden. Unter interkultureller Kompetenz verstehe ich einerseits kognitives Wissen (Grundkenntnisse über oben erwähnte Problemlagen, Herkunftskulturen und subkulturelle Bewältigungsmuster, über Erscheinungsformen und Ursachen des Rassismus usw.) und andererseits besonders entwickelte *»Handlungskompetenz«* – ein hohes Maß an Empathie, Rollenflexibilität, Ambiguitätstoleranz, Ich-Stärke sowie Verhandlungs- und Konfliktfähigkeit (vgl. Beneke 1994; Hinz-Rommel 1994). Ansatzweise erlernt werden kann interkulturelle Kompetenz am besten durch pädagogische Gruppenarbeit in einem Setting, das intensive Selbsterfahrungs- und Selbstreflexionsprozesse zulässt – also durch prozessorientierte gruppenpädagogische Verfahren. Der herbeizuführende Perspektivenwechsel wird durch eine multikulturelle Zusammensetzung der Gruppe – auf der Mitarbeiter/ innen- wie auf der Teilnehmer/innen-Ebene – erleichtert.

Die Einrichtungen der Familienbildung wären ein ideales Lernfeld für die Erweiterung der Handlungskompetenz in Richtung interkultureller Kompetenz, da gruppenpädagogische Verfahren in ihnen überwiegen. Rein kognitive Wissensaneignung – über fremde Kulturen und die subkulturellen Lebenswelten von Migranten – ohne die selbstreflexive Bearbeitung der unterschwelligen Motive der eigenen Vorurteilsbereitschaft kann in seiner Wirkung hingegen kontraproduktiv sein: Machen wir uns unsere unbewussten Projektionen auf die so genannten »Fremden« nicht bewusst, werden wir die neuen Informationen so selektiv verarbeiten, dass sie diese nur noch besser untermauern. Dechiffrieren wir nicht das eigene Interesse an Besitzstandswahrung und Dominanz in den Bildern, die wir uns von den ethnischen Einwanderer-Minoritäten machen, werden wir nur noch mehr Argumentationsmaterial anhäufen, um unsere relativ privilegierte Stellung ihnen gegenüber zu rechtfertigen.

Dieser Selbstreflexionsprozess ist äußerst schmerzhaft und folgenreich. Er konfrontiert uns mit den Untiefen unserer Seele genauso wie mit unserem verborgenen Interesse an der Aufrechterhaltung der bestehenden Machtungleichgewichte. Dies kränkt unser Selbstbild als Demokraten und aufgeklärte Pädagogen, die sich dem Gleichheitsgedanken verpflichtet fühlen. Weil die Logik des interkulturellen Lernprozesses zu einer unangenehmen Revision unseres moralischen und beruflichen Selbstbildes führen muss und weil interkultureller Dialog und Gleichstellungspolitik - die ja ohne die Teilung von Macht und die Aufgabe von Privilegien nicht durchführbar ist - zwei Seiten ein und der selben Medaille sind, neigen wir zur Konfliktvermeidung durch Rückzug und zum Ignorieren der interkulturellen Herausforderungen.

Literatur

Apitzsch, U.: Migration und Biografie. Wiesbaden: Westdeutscher Verlag 1996

Arbeiterwohlfahrt, Landesverband Bayern: Modellversuch psychosoziale Beratung für Ausländer. München: Selbstverlag 1990

Badura, A. (Hrsg.): Lernen am Modell. Stuttgart: Klett 1976

Beauftragter der Bundesregierung für die Belange der Ausländer: Bericht über die Lage der Ausländer in der Bundesrepublik Deutschland 1993. Bonn: Deutscher Bundestag 1994

Beneke, J.: Das Hildesheimer Profil Interkultureller Kompetenz. In: Institut für Auslandsbeziehungen (Hrsg.): Interkulturelle Kommunikation und Interkulturelles Lernen. Tagungsbericht (Bad Boll 29.–31.1.1993). Stuttgart: Institut für Auslandsbeziehungen 1994

Gaitanides, S.: Sozialstruktur und »Ausländerproblem«. München: DJI Verlag Deutsches Jugendinstitut 1983

Gaitanides, S.: Psychosoziale Versorgung von Migrantinnen und Migranten in Frankfurt am Main. Informationsdienst zur Ausländerarbeit 1992, Heft 3/4, S. 127–145

Gaitanides, S.: Verstehen, Verständigung, Vertrautheit. Chancen und Schwierigkeiten der Kommunikation im Berufsalltag mit Migrant/innen unter dem Aspekt sprachlich-kultureller Vertrautheit. Sozialmagazin 1997, 22 (1), S. 52–56

Gaitanides, S./Kirchlechner, B.: Deutsche und Ausländer im Studium. Eine Befragung deutscher und ausländischer Studenten ausgewählter Fachbereiche der Fachhochschule Frankfurt/Main. Zeitschrift für Migration und Soziale Arbeit 1996, Heft 3/4, S. 72–75

Giddens, A.: Konsequenzen der Moderne. Frankfurt/Main: Suhrkamp 1995

Goffman, E.: Stigma. Über Techniken der Bewältigung beschädigter Identität. Frankfurt/Main: Suhrkamp 1967

Gordon, T.: Familienkonferenz. Die Lösung von Konflikten zwischen Eltern und Kind. Reinbek: Rowohlt 1980

Grüneisen, V./Hoff, E.H.: Familienerziehung und Lebenssituation. Weinheim: Beltz 1977

Heitmeyer, W.: Rechtsextremistische Orientierungen bei Jugendlichen. Weinheim: Juventa, 4. Aufl. 1993

Heitmeyer, W./Müller, J./Schröder, H.: Verlockender Fundamentalismus. Türkische Jugendliche in Deutschland. Frankfurt/Main: Suhrkamp 1997

Herwartz-Emden, L.: Mutterschaft und weibliches Selbstkonzept. Eine interkulturell vergleichende Untersuchung. München: Juventa 1995

Hinz-Rommel, W.: Interkulturelle Kompetenz. Ein neues Anforderungsprofil für die soziale Arbeit. Münster: Waxmann 1994

Koderisch, A.: Interkulturelle Öffnung – aber wie? In: Evangelische Aktionsgemeinschaft für Familienfragen (Hrsg.): Familienbildung und Elternarbeit in der Einwanderergesellschaft. Bonn: Selbstverlag 1996
Meireis, H.: Präventiver Status Frankfurter Schulanfänger unter Berücksichtigung ihrer Herkunft. In: Abstraktsammlung des Kongresses »Migrantenmedizin in Hessen« vom 6.5.1995. Manuskript. Frankfurt/Main 1995
Nauck, B.: Zur Situation türkischer Frauen und ihrer Familien in der Bundesrepublik Deutschland. In: Irigary, L. (Hrsg.): Frauenforschung, Band V. Zur Geschlechterdifferenz: Interviews und Vorträge. Wien: Wiener Frauenverlag 1987, S. 89–97
Nauck, B.: Fruchtbarkeitsunterschiede in der Bundesrepublik Deutschland und der Türkei. Ein interkultureller interkontextueller Vergleich. In: Volland, E. (Hrsg.): Fortpflanzung: Natur und Kultur im Wechselspiel. Frankfurt/Main: Suhrkamp 1992, S. 239–269
Nauck, B.: Erziehungsklima, intergenerative Transmission und Sozialisation von Jugendlichen in türkischen Migrantenfamilien. Zeitschrift für Pädagogik 1994, 40 (1), S. 43–62
Nauck, B./Oezel, S.: Erziehungsvorstellungen und Sozialisationspraktiken in türkischen Migrantenfamilien. Zeitschrift für Sozialisationsforschung und Erziehungssoziologie 1986, 6, S. 285–312
Oevermann, U.: Schichtspezifische Formen des Sprachverhaltens und ihr Einfluss auf die kognitiven Prozesse. In: Roth, H. (Hrsg.): Begabung und Lernen. Stuttgart: Klett 1968, S. 297–356
Pavcovic, G.: Psychosoziale Beratung von Arbeitsmigranten aus dem ehemaligen Jugoslawien. In: Lajios, K. (Hrsg.): Die psychosoziale Situation von Ausländern in der Bundesrepublik. Opladen: Leske + Budrich 1993, S. 35–44
Radtke, F.-O.: Multikulturell. Das Gesellschaftsdesign der 90er. Informationsdienst zur Ausländerarbeit 1990, Heft 4, S. 27–34
Rommelspacher, B.: Dominanzkultur. Texte zu Fremdheit und Macht. Berlin: Orlanda Frauenverlag 1995
Scheib-Veneto, V.: Psychosoziale Versorgung ausländischer Frauen und Mädchen in der BRD. In: Lajios, K. (Hrsg.): Die psychosoziale Situation von Ausländern in der Bundesrepublik. Opladen: Leske + Budrich 1993, S. 45–54
Sen, F.: Migration, Lebensgestaltung und Partizipation in einem fremden Land – eine Bilanz. Informationsdienst zur Ausländerarbeit 1994, Heft 3/4, S. 24–29
Steinkamp, G./Stief, W.H: Lebensbedingungen und Sozialisation. Opladen: Westdeutscher Verlag 1978
Taylor, C.: Multikulturalismus und die Politik der Anerkennung. Frankfurt/Main: Suhrkamp 1993
Watzlawick, P./Beavin, J.H./Jackson, D.D.: Menschliche Kommunikation. Bern: Huber, 8. Aufl. 1990

Familien mit besonderen Belastungen

Dieter Oelschlägel

Sozial schwache Familien

Allen Unkenrufen und Individualisierungstendenzen zum Trotz nimmt die Familie als Netzwerk gegenseitiger Hilfeleistungen noch immer eine eindeutige Vorrangstellung ein. Sie hat weiterhin eine »normative und reale Letztverantwortung für viele Problemlagen« (Helbrecht-Jordan 1996, S. 179). Ihre Funktionen sind u.a.:

- die psychische, emotionale und kognitive Entwicklung des Kindes sowie die Einübung und Verinnerlichung der wesentlichen Normen der Gesellschaft (Sozialisation),
- der Erhalt und die ständige Wiederherstellung der Arbeitsfähigkeit und Arbeitswilligkeit durch Versorgung und Erziehung (Reproduktion) sowie
- die Entlastung vom Stress der außerfamilialen, insbesondere Arbeitswelt (emotionaler Spannungsausgleich).

Als sozial schwache Familien sollen hier nun Familien verstanden werden, die diese Funktionen nicht hinreichend erfüllen können. Sozial schwache Familien – in der Regel arme Familien – sind solche, deren »soziale Handlungsfähigkeit ... auf der Basis immer wieder erfahrener Machtlosigkeit und Abhängigkeit vom Gefühl der ›Demoralisierung‹ bedroht ist« (Keupp 1994, S. 16). Allerdings finde ich den Begriff »sozial schwach« problematisch, weil hier das Wort »sozial« eine Umdeutung des eigentlich Gemeinten erfährt: »Sozial« als ein Begriff für gerechte Lebensverhältnisse und für ein gemeinschaftlich motiviertes solidarisches Verhalten innerhalb eines Kollektivs.

Den Praktiker/innen der sozialen Arbeit begegnen solche Familien als »Problemfamilien«. Allerdings sagt ein so unpräziser Begriff wie »Problemfamilie« weniger über die Probleme der Familien aus als darüber, dass die soziale Arbeit und die Gesellschaft Probleme mit diesen Familien haben. Um mit ihnen arbeiten zu können, muss der Sozialpraktiker sich auf die unterschiedlichen Einflussfaktoren einlassen, die das Geschehen in einer Familie prägen. Er muss »die gesellschaftlichen Rahmenbedingungen ... kennen, welche auf die Familie als gesellschaftliche Institution einwirken; gleichzeitig jedoch muss er berücksichtigen, dass diese Rahmenbedingungen jeweils durch konkrete Erfahrungen am Arbeitsplatz und in den Lebensverhältnissen (z.B. Wohnung) vermittelt werden, und dass die Mitglieder einer Familie ihre Beziehungen in Abhängigkeit von Erfahrungen, Situationen und individuellen Einstellungen definieren und gestalten« (Liegle 1987, S. 322).

Im Folgenden sollen einige Aussagen über sozial schwache Familien und den Umgang mit ihnen gemacht werden. Dabei geht es in diesem Beitrag allerdings nur um Maßnahmen der sozialen Arbeit, nicht aber der Sozialpolitik (dazu vgl. Conen 1997;

Hanesch 1997; Schäfers/Wewer 1996). Die Basis dieser Aussagen sind vor allem Erfahrungen und Untersuchungen eigener Projektarbeit in einem Duisburger Armutsquartier (Oelschlägel 1993, 1997; Rommelspacher/Oelschlägel 1989; Tobias/Boettner 1992), die durch Erfahrungen aus anderen Projekten, z.B. in Saarbrücken (Stadtteilbüro Malstatt 1993), in der Region Aachen (Forum der Arbeit 1994) und in Trier (Ries et al. 1997), gestützt werden. Sicher erscheint Armut in vielen anderen Formen: vereinzelt und versteckt in »normalen« Wohnquartieren, als ländliche Armut in Dörfern und Kleinstädten, als »neue« Armut in Einfamilienhaussiedlungen ... Dennoch halte ich diesen Erfahrungsbereich »Armutsquartier« für verallgemeinerbar, da bei der gegenwärtigen Armutsentwicklung weitere Segregationsprozesse, d.h. Zusammenballungsprozesse von Armenbevölkerung, zu erwarten sind.

Betrachtet man nun diese Dimension der Armut, ihre räumliche Verteilung auf der Ebene von Stadtteilen, so kann man zwei Pole unterscheiden: Auf der einen Seite ist festzustellen, dass sich ein großer Teil dieser Armut hinter noch recht gut erhaltenen Fassaden versteckt. »In Deutschland nimmt, angesichts einer Wohnungsmarktsituation, die kaum noch eine Fluktuation zulässt, das Ausmaß versteckter Armut zu. Selbst wenn die Wohnkosten für zahlreiche Familien kaum noch aufzubringen sind, besteht in den meisten Fällen keine Möglichkeit zu einem Umzug in eine preiswertere Wohnung« (Froessler 1994, S. 12). Das führt dazu, dass immer höhere Anteile des Einkommens für die Miete benötigt werden und dies mit Einschränkungen an anderer Stelle (Urlaub, Ernährung usw.) kompensiert werden muss. Stadtsoziolog/innen stellten in diesem Zusammenhang noch ein anderes Phänomen fest: eine immer dichtere Belegung der Wohnungen bis hin zu nahezu unerträglichen Wohnverhältnissen, ein regelrechtes »Zulaufen« von Wohnquartieren (a.a.O.). Der Gegenpol zu dieser verdeckten Armut ist die stetig ansteigende Obdach- bzw. Wohnungslosigkeit, für die von den Städten immer mehr Ressourcen aufgebracht werden müssen und die dort auch immer sichtbarer wird. Zwischen diesen beiden Polen finden Prozesse weiterer Verarmung und Ausgrenzung und deren Konzentration in bestimmten, in der kommunalen Planungssprache gern »benachteiligte Stadtgebiete« genannten Quartieren statt. Dies ist einerseits ein Markt- und Konkurrenzprozess, in dem benachteiligte Nachfragergruppen nur wenige Chancen haben. Es ist andererseits auch ein durch kommunale Politik gesteuerter Prozess: durch die starke Abschmelzung des Bestandes an preisgebundenen Wohnungen müssen die Kommunen Familien in der Lebenslage Armut in den immer knapper werdenden Bestand von Sozialwohnungen einweisen. Neue Ghettos werden so geschaffen.

Arme Familien

Die gravierendsten Auswirkungen auf Familien gehen heute von der Arbeitslosigkeit aus, in deren Gefolge sich zumeist Armut einstellt. »In den letzten Jahren hat der Anteil der Familien mit Kindern unter den Sozialhilfebeziehern zugenommen: 28% der Sozialhilfe beziehenden Haushalte sind Familien; sie sind dies zu mehr als 50% aufgrund von Arbeitslosigkeit. Der Anteil der verschuldeten Familien hat stark zugenommen« (Weidacher 1995, S. 173). Viele Familien geraten in Armutssituationen, gerade weil sie Familien sind. Jeder für sich bzw. die Eltern ohne Kinder hätten die Chance, andere Lebensstrategien zu realisieren, als ihnen aufgrund der familiären Situation möglich ist. Das betrifft beispielsweise die berufliche Mobilität oder auch die Frage ausreichenden und bezahlbaren Wohnraums. Die immer nötiger werdende private Vermögensbildung – um eine angemessene Altersversorgung zu sichern – ist gerade Eltern dann nicht möglich, wenn ihre Kinder heranwachsen und in der Ausbildung sind.

Gleichzeitig haben sich in den letzten Jahren die Ausgaben für Grundbedürfnisse, für die es in der Familie keinen Spielraum für Einsparungen gibt, drastisch erhöht: Mieten und Mietnebenkosten (z.B. Müllabfuhr, Wasser, Strom), Kosten für öffentliche Verkehrsmittel, Versicherungen usw. Hinzu kommen die gestiegenen Kosten für das Aufziehen der Kinder aufgrund längerer Bildungszeiten, stärkerer Bedeutung und Kommerzialisierung von Hobby und Sport sowie der Vermarktung von Konsumwünschen, auf deren Erfüllung vor allem Kinder aus unteren Einkommensschichten massiv bestehen und damit ihre Eltern unter Druck setzen.

Die bedrückenden quantitativen Ausmaße familialer Armut können in den »großen« Armutsstudien der letzten Jahre nachgelesen werden (Deutscher Caritasverband und Diakonisches Werk 1997; Hanesch 1994; Hauser/Hübinger 1993, 1995; Hauser et al. 1996; Leibfried et al. 1995). Als besonderes Problem stellt sich – das belegt die aktuellste Untersuchung in den neuen Bundesländern (Deutscher Caritasverband und Diakonisches Werk 1997) – die »verdeckte Armut« dar: »Auf eine Person, die sozialhilfebedürftig ist und ihren Anspruch wahrnimmt, kommen fast zwei, die – aus unterschiedlichen Gründen – die ihnen zustehenden Leistungen aus der Sozialhilfe nicht in Anspruch nehmen und damit in einer gravierenden Armutssituation leben. Bezogen auf die Familiensituation bedeutet dies: Paare mit zwei Kindern sind zu über 18%, Paare mit drei und mehr Kindern sogar zu fast 25% verdeckt arm« (Broch 1997, S. 12).

Wie sozial schwache Familien leben

Wie sozial schwache Familien ihren Alltag bewältigen, darüber kann man aus quantitativen Untersuchungen nur wenig erfahren. Wenn Sozialarbeit etwas zur Bewältigung von Armut und ihren Folgen beitragen soll, dann ist eine wichtige Voraussetzung, dass die Sozialarbeiter/innen wissen, welche Strategien des Umgangs mit ihrer Armut die sozial schwachen Familien selbst entwickeln. Das behutsam herauszufinden, ist eine wichtige Aufgabe von Sozialarbeit und Sozialberichterstattung: Wollen Sozialwissenschaft und Sozialarbeit soziale Wirklichkeit verstehen, dann muss ihnen klar sein – und das hat auch methodische Konsequenzen –, »dass ihr Gegenstand schon immer von den in diesen sozialen Wirklichkeiten lebenden, handelnden und sich verständigenden Menschen (vor-) interpretiert ist; freilich in jeweiligen lebensweltlichen Verstrickungen aus Geschichten, Milieus und Situationen, die den Außenstehenden ... eine besondere Verstehensleistung und Dialogbereitschaft aufnötigt« (Hahn 1988, S. 34f.).

1. Nutzung von Ressourcen: Die meisten armen Familien kommen mit dem, was sie an Leistungen erhalten, sehr knapp oder gar nicht aus. Sie mobilisieren zusätzliche Ressourcen. So gibt es viele Versuche des Nebenerwerbs. Dazu gehört wesentlich die Schwarzarbeit, z.B. Verteilen von Reklamezetteln, handwerkliche Tätigkeiten oder Aushilfe in Geschäften. »Um sich auf diesem ungeregelten, unübersichtlichen und rechtlich ungesicherten Arbeitsmarkt zu behaupten, genügt es nicht, ein halbwegs brauchbarer Handwerker zu sein, vielmehr muss man auch über eine gehörige Portion

Geschäftssinn verfügen. Man ist gewissermaßen sein eigener Unternehmer ...« (Boettner/Tobias 1989, S. 25).

Wie die Caritas-Untersuchung (Hauser/Hübinger 1995) stellten auch wir fest: Fast alle Betroffenen, die wir befragt haben oder kennen, können auf Ressourcen der Familie (Eltern, Schwiegereltern, Geschwister) zurückgreifen: auf Geld, Naturalien, Hilfeleistungen, eine kurzfristige Unterkunft usw. Manche gehen auch regelmäßig zu den Pfarrern der Kirchengemeinden, wo sie manchmal »einen Schein bekommen«. Nach den Erzählungen unserer Gesprächspartner/innen werden auch zweckgebundene Gelder in den alltäglichen Haushalt umgelenkt, um über etwas mehr finanziellen Spielraum zu verfügen. »So wird in einem Fall das Diätgeld vom Sozialamt nicht für Diätlebensmittel ausgegeben, sondern es wird als Einkommensquelle angesehen, aus der der tägliche Bedarf gedeckt wird. In einem anderen Fall wird die Kurzulage für Neuanschaffungen verwendet« (Boettner/Tobias 1989, S. 47).

Nachbarn helfen ebenfalls, beispielsweise wenn es um die Stromversorgung geht. Da kann man schon einmal beim Nachbarn »abzapfen«, wenn das Elektrizitätswerk den Strom abgestellt hat. Da kann man sich einen Rat holen oder bekommt ihn auch ungebeten. Und vielleicht kann man sich auch etwas »pumpen«. »Die ständige Umverteilung des Mangels bringt einen Kreislauf gegenseitiger Verschuldung in Gang: obwohl kaum einer genügend besitzt, um selber davon leben zu können, stehen alle untereinander in der Kreide« berichtet Norbert Preußer (1989, S. 167) aus einem anderen Armutsquartier, dem Mühltal in Wiesbaden.

Die Formen gegenseitiger Hilfe sind vielfältig, werden aber kaum erwähnt, weil sie selbstverständlich zu sein scheinen: Friseurtätigkeiten, Hilfen bei den doch häufigen Umzügen innerhalb des Stadtteils, Tapezieren ... In diesen Bereichen haben sich gerade die Frauen viele Fertigkeiten angeeignet. Viele allein stehende Frauen tapezieren sich ihre Wohnung selbst. Es werden zahlreiche individuelle Strategien der Ressourcengewinnung, d.h. des Überlebens, entwickelt; von kollektiver Selbsthilfe in einem organisierten Sinn ist nicht die Rede.

Auch die Untersuchung von Napp-Peters (1995) bestätigt diese Bewältigungsstrategien: »Sie reichen von Formen der Subsistenzwirtschaft – man ernährt sich aus dem Gartenbau oder unterhält nachbarschaftliche Tauschbeziehungen wie z.B. Dauerwellenlegen und Haarschneiden gegen Lebensmittel oder Brennstoffe – bis hin zu ausbeuterisch anmutenden Dienstleistungen für Hauswirte oder Verwandte. So wird etwa für eine ›niedrige Miete‹ die Wohnung des Vermieters geputzt und der Garten saubergehalten. Verwandte lassen sich für Zuschüsse zum Haushaltsbudget (z.B. die Übernahme der Kfz-Steuer für den Gebrauchtwagen) regelmäßig die Wäsche waschen, die Wohnung saubermachen u.a.m.« (S. 114f.). Nicht unterschlagen sollte man hier die Erschließung materieller Ressourcen am Rande oder außerhalb der Legalität: kleine Betrügereien (vornehmlich gegenüber dem Sozialamt), Schwarzarbeit, Schwarzfahren in öffentlichen Verkehrsmitteln, organisierte Kleindiebstähle etc.

Ebenso ist das Problem der Überschuldung (Kredite, Ratenzahlungen ...) ein besonderes Kapitel, das hier nur erwähnt werden kann. In Notsituationen werden häufig Schuldverpflichtungen eingegangen, in der Regel bei Kreditbanken, die überhöhte Zinsen verlangen. Neuanschaffungen – Auto, Möbel, Fernseher – werden zumeist über Ratenkäufe getätigt. Das Blättern im Versandhauskatalog – der Einkaufsbummel der Armen – eröffnet verlockende Möglichkeiten zu größeren Anschaffungen, auch wenn »momentan«

(so sagen sie) kein Geld vorhanden ist und die anfallenden Raten schließlich unbezahlbar werden. Oft erfolgen Anschaffungen auch über Sammelbesteller/innen. Hier ist die Gefahr der Überschuldung besonders groß, weil diese keine allzu strenge Prüfung der Kreditwürdigkeit vornehmen. Mit der Verschuldung gehen die Familien Belastungen ein, die ein spezifisches Finanzmanagement (»Löcher stopfen«) erfordern und bis weit in die Zukunft reichen. Welche Dimensionen die Überschuldung erreicht, machen die Untersuchungen des Deutschen Caritasverbandes und des Diakonischen Werkes (1997) in den neuen Bundesländern deutlich: Mehr als 40% der dort Untersuchten gaben ein Negativeinkommen an bzw. waren verschuldet, wobei die Höhe der Verschuldung bis zu 100.000 DM reichte. Die Untersuchungen zeigen deutlich, dass die Situation der Überschuldung schnell erreicht werden kann.

2. Mobilität: In allen unseren Untersuchungen – und auch die Beobachtungen aus der praktischen Arbeit anderer Projekte bestätigen dies – wird eine hohe Binnenfluktuation innerhalb des Quartiers festgestellt. Wenige Familien ziehen aus dem Stadtteil weg, eine große Zahl jedoch zieht innerhalb des Stadtteils um. Die Motive können sehr pragmatisch sein: mit einer neuen Adresse, die nicht so schnell bekannt wird, kann man Geldforderungen (wegen Stromgebühren, Miete, Raten usw.) vorerst entweichen. Der Wohnungswechsel kann aber auch als symbolischer Neubeginn gesehen werden: Mit der neuen Wohnung verbindet sich die Vorstellung eines neuen Anfangs und die Illusion eines sozialen Aufstiegs.

Der Aktionsradius der Befragten im Stadtteil beträgt in der Regel nicht mehr als 200 Meter, sieht man von notwendigen Einkäufen und Behördengängen einmal ab. Hier ist annähernd alles zu erreichen, was wichtig ist: der Garten, der Supermarkt, Mutter und Großmutter, die Kneipe oder Trinkhalle, der Bekanntenkreis. Das Sich-wohl-Fühlen ist auf diesen Radius begrenzt. Dies zu wissen, ist wichtig für die Planung von sozialen Einrichtungen: Es impliziert eine deutliche Absage an zentrale Großeinrichtungen zugunsten kleiner dezentraler Räume, wie beispielsweise Nachbarschaftsläden etc. Die Menschen gehen nach unseren Erfahrungen kaum zu Beratungseinrichtungen, wenn sie dafür große Entfernungen zurücklegen müssen.

3. Vom Umgang mit der Zeit: Schon die klassische Marienthal-Studie beschrieb den veränderten Umgang mit Zeit als ein wichtiges Phänomen von Arbeitslosigkeit und Armut. Zeit ist genügend da. Aber: »Sie, die sich nicht mehr beeilen müssen, beginnen auch nichts mehr und gleiten allmählich ab aus einer geregelten Existenz ins Ungebundene und Leere. Wenn sie Rückschau halten über einen Abschnitt dieser freien Zeit, dann will ihnen nichts einfallen, was der Mühe wert wäre, erzählt zu werden« (Jahoda/Lazarsfeld/Zeisel 1975, S. 83).

Bei arbeitslosen Männern sind Versuche zu beobachten, den Schein des Normalen, also des Wechsels von Arbeit und Freizeit, aufrechtzuerhalten. Sie gestalten ihre Schwarzarbeit wie ein Normalarbeitsverhältnis – nur gelingt es ihnen oft nicht. Sie grenzen sich von denen ab, denen die Fähigkeit, ihre Zeit zu strukturieren, verloren gegangen ist – von denen, die den lieben langen Tag auf öffentlichen Plätzen sitzen oder vor Trinkhallen stehen, ihre Zeit verreden oder verdösen und Bier trinken, und die sie »Penner« schimpfen.

Der Umfang der Hausarbeit – sofern nicht viele Kinder da sind – reicht bei Frauen nicht aus, um die Zeit eines ganzen Tages zu füllen. Man muss sich die Strukturen des Tages selber setzen. Das ist offenbar nicht leicht. Sich-Unterhalten und Kaffeetrinken sind die Lückenfüller. Auch hier wird die Bedeutung sozialer Einrichtungen als Hilfe bei der Strukturierung von Zeit deutlich. Von Verlangsamung und Ereignislosigkeit berichten auch die Gespräche mit Frauen aus sozial schwachen, insbesondere von Arbeitslosigkeit betroffenen Familien (Baaken/Hoeppner 1988). Man braucht sich nicht zu beeilen, weniges ist dringend. Resultate und Produkte, die die Leistungsgesellschaft erwartet, verlangt sie von ihnen nicht.

4. Vom Umgang mit Ämtern: Zentrales Amt für arme Familien ist das Sozialamt. Hier wird Sozialhilfe – meist die ausschlaggebende Lebensgrundlage – beantragt, gewährt oder abgelehnt. Obgleich ein Recht auf Sozialhilfe besteht und ihre Gewährung kein Gnadenakt ist wie das Almosengeben der alten Armenfürsorge, ist eine starke »Schamschwelle« zu beobachten. Auffällig ist auch bei vielen Sozialhilfeberechtigten und -empfänger/innen ein geringer Informationsstand. Die Art der Leistungsgewährung vermittelt das Gefühl, betteln zu müssen. Dieses Gefühl führt bei Betroffenen zu wirklich paradoxem Verhalten. Boettner und Tobias (1989) berichten: »Einerseits verzichten sie auf einen Teil der ihnen zustehenden Sozialhilfeleistungen, um dem Sozialamt nicht mehr als unbedingt nötig auf der Tasche liegen zu müssen, andererseits ›betrügen‹ sie das Sozialamt, indem sie einen Teil ihres Lebensunterhalts aus ihrer Schwarzarbeit bestreiten – Einkünfte, die sie eigentlich dem Sozialamt melden müssten und die dann auf ihre Leistungen angerechnet würden« (S. 85).

Nicht wenige Betroffene fühlen sich von den Sachbearbeiter/innen ungerecht behandelt, weil diese nicht die Zeit haben oder sich nehmen, die Klient/innen ausreichend zu informieren. So durchschauen sie nicht, weshalb sie diese Leistung erhalten, jene aber nicht, und warum die Nachbarin scheinbar mehr bekommt als sie selbst (vgl. Krieger/Pollmann/Schläfke 1989). Sie werden dann aggressiv – meist nur verbal. Boettner und Tobias (1989) interpretieren entsprechende Erzählungen ihrer Interviewpartner (Betroffene und Sachbearbeiter/innen des Sozialamtes) dahin gehend, »dass solche Auseinandersetzungen nicht nur verhältnismäßig seltene Ausnahmen sind, sondern von den Betroffenen im Nachhinein zu Heldentaten hochstilisiert werden, die hauptsächlich dazu dienen, das Bittstellergefühl, unter dem sie normalerweise leiden, zu kompensieren« (S. 84).

Die Situation der Abhängigkeit von Transferleistungen, eher aber noch von den sie gewährenden Ämtern, trägt erheblich zum Verlust des Selbstwertgefühls und zur Resignation bei. »Verwaltet und hin- und hergeschoben, resignieren viele Eltern. Besonders Sozialhilfeempfänger beklagen die langen Wartezeiten in den übervollen Korridoren der Sozialämter, den rüden Ton und die abwertende Behandlung der Sachbearbeiter« (Napp-Peters 1995, S. 115). Je länger der Sozialhilfebezug andauert, desto nachhaltiger haften die Diskriminierungserfahrungen. Normalität geht verloren. Die Menschen erleben sich als solche, die Probleme machen, als Objekte sozialer Kontrolle, deren Ergebnisse zur »Aktenlage« gemacht werden. Die Menschen hier zu stärken, ist Aufgabe der sozialen Arbeit.

5. Besonders betroffen – die Kinder: Vor allem Kinder und Jugendliche werden von der sozialen Schwäche armer Familien in Mitleidenschaft gezogen. Sie sind lange von der Forschung nicht als eigenständige Subjekte wahrgenommen worden. Etliche Autoren verweisen darauf, dass es so gut wie keine aktuellen Studien über die Auswirkungen von Armutserfahrungen in der kindlichen Sozialisation gibt (Dangschat 1996; Zander 1997).

Von Ballusek und Trippner (1995) weisen vor allem auf »die Auswirkungen der Kombination materieller Armut und Mängeln in der Erziehungskompetenz« hin (zit. nach

Zander 1997, S. 242), ebenso wie auf die Tatsache, dass die Unzufriedenheit der Erwachsenen mit ihren Lebensbedingungen sich auf die Kinder übertrage, sodass diese auch mit weniger Zufriedenheit und Freude aufwüchsen. Die Kinder spüren nachhaltig die Einschränkungen in der Haushaltsführung der Familie. Zwar werden in der Regel zunächst Einsparungen getroffen, die in erster Linie die Erwachsenen betreffen. »Aber sehr bald folgen dann schon Einsparungen bei der Ernährung, bei der Kleidung sowie bei Freizeitaktivitäten, die für Kinder spürbar werden. Kinder leiden dabei nicht nur unter den physisch negativen Auswirkungen auf ihre Gesundheit, sondern vor allem wegen der ausgrenzenden und stigmatisierenden psychosozialen Wirkung von materiellen Einschränkungen (so z.B. Ausschluss vom Kinobesuch, vom Schulausflug, von Geburtstagsfeiern). Dass anhaltende Armutssituationen von Familien sich auch auf die beruflichen Zukunftsperspektiven von Kindern negativ auswirken, liegt auf der Hand« (Zander 1997, S. 245).

Ein bedeutender Aspekt von Lebensqualität ist für Familien, Urlaub zu machen. Diese Möglichkeit ist wesentlich von der Familiengröße abhängig. So sind laut der aktuellen Untersuchung des Deutschen Caritasverbandes und des Diakonischen Werkes (1997, zit. nach Broch 1997, S. 12) Paare mit drei oder mehr Kindern zu knapp 75% noch nie im Urlaub gewesen.

Armut hat nicht nur finanzielle Einbußen und mangelnde Teilnahmemöglichkeiten an vielen Aktivitäten, wie z.B. Urlaub, zur Folge, sondern ist eine zentrale Krankheitswurzel der Gesellschaft. Das geflügelte Wort »Weil du arm bist, musst du eher sterben« gilt noch immer. Und gerade Kinder und Jugendliche sind die einzige Bevölkerungsgruppe, deren Gesundheit sich in den letzten 20 Jahren spürbar verschlechtert hat. Die Studien von Linnenbank (1987) und Kieselbach (1988) ergaben, dass Arbeitslosigkeit eines oder beider Elternteile bei vielen Betroffenen zu signifikanten gesundheitlichen Einschränkungen führte, die sich in gleicher oder ähnlicher Form dann auch bei den Kindern wiederfinden ließen. Dabei handelte es sich überwiegend um psychosomatische Symptome wie beispielsweise Schlaflosigkeit, Herzbeschwerden, Reizbarkeit, Depressivität, Kopf- und Magenschmerzen. Allerdings beginnen die gesundheitlichen Einschränkungen schon damit, dass oft bei der Ernährung gespart wird (vgl. Busch-Geertsema/Ruhstrat 1993). Vor allem auf frisches Obst und Gemüse wird verzichtet. Die knappe Haushaltskasse führt zu einer abwechslungsarmen, eingeschränkten Ernährung mit allen negativen Folgen für die Gesundheit.

Nach allen Armutsuntersuchungen sind kinderreiche Familien von Unterversorgungslagen im Wohnbereich überproportional häufig betroffen (vgl. Hanesch et al. 1994, S. 167). Aber gerade für Kinder sind die Folgen von Wohnraumknappheit nicht zu unterschätzen, da sie Platz zum Spielen und Ruhe für die Hausaufgaben brauchen. Stadtteilbezogene Armutsberichte (Busch-Geertsema/Ruhstrat 1993; Stadtteilbüro Malstatt 1993) zeigen, dass sich viele Kinder sozial schwacher Familien mit Geschwistern ein Zimmer teilen und Hausaufgaben im Wohnzimmer der Familie machen müssen und dass sie keinen Raum für Spielaktivitäten oder Rückzugsmöglichkeiten haben. »Die Gefahr, dass sich familiäre Konflikte zuspitzen, die sich aus unterschiedlichen Zeitrhythmen, Ordnungserfordernissen, Aktivitäts- und Ruhewünschen ergeben, ist groß« (Neuberger 1997, S. 90).

Ein großes Problem für sozial schwache Familien sind die abnehmenden Teilhabemöglichkeiten am gesellschaftlichen Leben. Dies kann bis hin zur Isolation der Familie oder einzelner Personen führen. Im Caritasverband Aachen haben engagierte Menschen versucht, einige Wochen lang nur von der Summe zu leben, die ihnen als Sozialhilfe zustehen würde. Ihr Fazit: Armut macht einsam. Ein Ehepaar schreibt von seinen Erfahrungen: »... dann die Geburtstagsgeschenke für Kinder und Enkelkinder etc., das ist mit der Sozialhilfe nicht zu bewerkstelligen, da muss man zurückstecken, und das führt wohl in die Vereinsamung, man wird eingeladen, kann nichts mitnehmen und bleibt zu Hause« (Liedgers/Schnitzler 1997, S. 229). Und eine andere Familie berichtet von ihrem Versuch, nur von Sozialhilfe zu leben, dass die Töchter nun nicht mehr mit ihren Freundinnen telefonieren konnten, der Vater sich den Besuch des Bundesligaspiels »seiner« Mannschaft versagen musste und für den Sohn das Geld nicht für den Kinobesuch reichte. Während dieser Aktion haben sie sich immer mehr von ihren Freunden zurückgezogen. Die Eltern betonten, dass »sie froh seien, morgens zur Arbeit gehen zu können, denn wenn man sich nichts erlauben kann und dann auch noch den ganzen Tag zu Hause sitzen muss, wird man verrückt« (a.a.O., S. 232). In vielen sozial schwachen Familien gibt es allerdings niemand, der zu Arbeit gehen könnte. Empirische Untersuchungen bestätigen die hier vorgetragenen Erfahrungen nachhaltig, insbesondere für Kinder (vgl. Tobias/Boettner 1992; Walper 1995).

Soziale Arbeit für sozial schwache Familien

Für die soziale Arbeit sehe ich die Aufgabe, die sozial schwachen Familien nachhaltig zu unterstützen und eigene Handlungspotentiale bei ihnen zu mobilisieren, damit ein Ausweg aus ihrer Situation zumindest machbar erscheint. »Nachhaltige Hilfe bietet soziale Arbeit dann, wenn sie die Lebenswelt und den Lebensraum der Betroffenen einbezieht und deren Selbsthilfekräfte fördert und unterstützt« (Schleimer 1997, S. 41).

Voraussetzung dafür ist folgende Erkenntnis: Die Menschen können sich zu ihrer Armut bewusst verhalten; sie sind Subjekte auch in der Armut; sie haben Alternativen des Handelns vom individuellen Sich-Einrichten bis zu gemeinsamen Bewältigungsstrategien z.B. in einer Sozialhilfegruppe. Aber die Alternativen sind nicht unbegrenzt; ihre Zahl wird beispielsweise eingeschränkt durch die Konstellation, arm zu sein im Armutsstadtteil.

Handlungsfähigkeit wird zur zentralen Kategorie sozialarbeiterischer Intervention. Um ihre Herausbildung, Sicherung und Erweiterung geht es in allen Dimensionen sozialer Arbeit mit armen Menschen. Dabei ist Handlungsfähigkeit kein Wert an sich, sondern es geht um die gemeinsame Kontrolle über die Lebensbedingungen. Das heißt u.a. Verbesserung der materiellen Bedingungen und deren selbstbestimmte Nutzung, zunehmende Teilhabe am öffentlichen Leben, Überwindung von Angst, Einsamkeit, Vereinzelung ... Es geht um die Herstellung, Vermehrung und Sicherung von Handlungsspielräumen. Handlungsspielräume bezeichnen »die Menge der einem Handlungssubjekt zur Verfügung stehenden, alternativen Handlungsmöglichkeiten« (Hucke 1980, S. 55f.) – unabhängig davon, welche der Möglichkeiten tatsächlich realisiert werden. Dies ist natürlich jeweils für die konkrete Situation zu bestimmen.

Handlungsspielräume und Handlungsmöglichkeiten sind zuallererst lebensweltlich bedingt. Die Lebenswelt als »Möglichkeitsraum« stellt immer ein Verhältnis von Behinderungen und Möglichkeiten menschlichen Handelns dar. Die Möglichkeiten und Behinderungen, die das Quartier für seine Bewohner/innen »bereithält«, sind gebunden an Ressourcen, die den Bewohner/innen in unterschiedlicher Weise zugänglich sind. Ressourcen werden hier verstanden als »private und öffentliche Güter ..., die die Lebenschancen von Personen zusätzlich zu ihrem Einkommen beeinflussen« (Franz 1989, S. 22). Solche Ressourcen können Infrastrukturausstattungen, soziale Dienstleistungen, immaterielle Werte oder der Ruf eines Stadtteils sein. Sie sind Gegenstand der Sozialarbeit, wenn es ihr darum geht, Handlungsspielräume für die Bewohner/innen im Stadtteil zu schaffen und zu erweitern.

Es ist eine Erfahrung unserer Arbeit und Ergebnis noch unveröffentlichter Interviews: Arme Menschen beurteilen mehr (oder offener) als andere soziale Arbeit, soziale Einrichtungen und vor allem auch die Menschen, die dort arbeiten, nach dem Nutzen, den sie von ihnen haben oder zu haben glauben. Es soll nicht nur geredet werden, sondern es soll auch »etwas herauskommen«. Sehen die Betroffenen für sich keinen solchen Nutzen, bleiben sie weg. Soziale Arbeit für sozial schwache Familien muss also nützliche Dienstleistungen anbieten, etwa:

- Bereitstellen von materiellen Ressourcen: Räume, Trödel, billiges Mittagessen, Fahrten zu Ämtern usw.,
- Bereitstellen von personellen Ressourcen: Beratung, Betreuung, Qualifizierung, anwaltliche Tätigkeit, Zuhören, Zeit haben etc.,
- Aufbau einer bewohnerorientierten Infrastruktur, innerhalb derer die Menschen informelle Sozialbezüge aufnehmen und sich dann auch in Gruppen organisieren können,
- Bereitstellen von »freien« Orten, wo die Menschen ihre Bedürfnisse leben können, wo sie z.B. nicht sanktioniert werden, wenn sie sich einmal »daneben« benehmen,
- Herstellung, Stützung und Erweiterung von sozialen Netzen und Stützsystemen im Quartier sowie
- Hilfe bei der Problemveröffentlichung, sowohl individuell als auch kollektiv. Viele Menschen müssen erst wieder lernen, dass man Probleme, mit denen man allein nicht fertig wird, haben und aussprechen darf.

Eine zentrale Rolle spielt die Beratung. Hierzu gehört nach unseren Erfahrungen dringend eine allgemeine Lebensberatung, die nicht ressortiert ist nach Schuldner-, Sozialhilfe-, Miet- oder Erziehungsberatung, sondern die diesen Beratungsangeboten vorgelagert ist. Sie katalogisiert nicht von vornherein und schneidet so auch nicht Segmente aus dem Problemknäuel der Betroffenen heraus, sondern nimmt die Problematik erst einmal im Ganzen so auf, wie die Klient/innen sie formulieren können. Vielfach bedarf es erst einmal des gemeinsamen Entwirrens des Problemknäuels, bis man einen roten Faden für die Beratung gefunden hat. Dann wird meist weitervermittelt.

Eine solche Form der Beratung fällt auch unter die Dimension »Problemveröffentlichung«: Die Menschen müssen befähigt werden, ihre Probleme zu übersehen und dann auszusprechen. Beratung »gibt den Leuten die Möglichkeit, nicht nur das zu sagen, was sie zu sagen haben, sondern auch das, von dem sie gar nichts wissen« (Bourdieu 1993, S. 9). Sehr oft brauchen die Menschen jemanden, der nicht sofort mit einem methodischen Konzept, einem forschen Rat oder einem Rezept zur Hand ist, also jemanden, »der zuhört und dabei verstehen will, warum sie gescheitert sind oder warum ihnen etwas gelungen ist, wie es zu den Problemen im Beruf gekommen ist, warum man sie nicht in

Ruhe lässt« (a.a.O.). Dies ist auch eine Chance für Ehrenamtliche in der Arbeit im Armenquartier.

Wir haben gute Erfahrungen gemacht, diese Beratung an ein offenes Café-Angebot zu knüpfen und nicht durch feste Sprechstunden einzuschränken. Das heißt, ein Berater/eine Beraterin steht immer zur Verfügung, und man kann in Ruhe erst einmal das Terrain sondieren und Schwellenängste abbauen, ehe man sich entscheidet, ihn/sie anzusprechen. Wichtig für soziale Arbeit im Armutsquartier und für arme Menschen schlechthin ist somit ein offenes Angebot mit niedrigen Zugangsschwellen (räumlich, preislich, vom Klima her ...), in dem aber die Angebote, die man nutzen kann, deutlich erkennbar sind. Niedrigschwelligkeit beginnt bei der Lage, der Ausstattung und dem Erscheinungsbild der Einrichtung – es muss den Menschen leicht fallen, einfach mal hereinzuschauen und dann auch dazubleiben, ohne gleich pädagogisch oder werbemäßig »bearbeitet« zu werden. Auch die Vielfalt dessen, was in einer solchen Einrichtung geschieht, kann die Zugangsschwelle senken, denn es haftet ihr dann nicht der Geruch von Hilfsbedürftigkeit und Unterprivilegierung (oder im Gegenteil der des Musentempels) an.

Skeptisch bin ich gegenüber großen Einrichtungen, wie es manche kommunalen Bürgerhäuser, aber auch einige Gemeindezentren sind. Hier entsteht oft der Eindruck, dass sie eher zum Ruhme des jeweiligen Bauherrn als zur intensiven Nutzung durch die Betroffenen geplant worden sind. Sie sind für Nutzer/innen unübersichtlich; die Schwellenangst ist größer; die Einflussmöglichkeiten der Besucher/innen sind eher formalisiert. Ihre zentrale Lage entspricht auch nicht der geringen Mobilität der Betroffenen. Deshalb werden sie oft – was legitim ist – zu Zentren für die »Szene«, was die arme Nachbarschaft noch mehr vom Besuch abhält.

Ein neues Schlagwort innerhalb der sozialen Arbeit in »sozial schwachen Stadtteilen« verweist auf eine bisher zu wenig genutzte Ressource für sozial schwache Familien: die »Gemeinwesenökonomie«. Es ist eine Erfahrung in allen mir bekannten Projekten, dass Menschen, die aus dem Arbeitsprozess herausfallen, nicht selten auf ihre Lebenswelt (ihr Quartier) als zusätzliche Ressource zur Existenzsicherung verwiesen werden (soziale Netze, informelle Kreditsysteme, Schwarzarbeit, Nutzgärten usw.) – aber auch hinsichtlich ihrer Teilhabemöglichkeiten am gesellschaftlichen Leben. Zugleich wächst gerade in armen Stadtteilen der Bedarf an zu leistender Arbeit in den Bereichen der Infrastrukturgestaltung (Renovieren von Wohnungen bis zur Gestaltung von Mietergärten) und der sozialen Dienstleistungen, insbesondere der Kinderbetreuung, Altenversorgung und Krankenpflege. Gemeinwesenökonomie führt diese beiden Stränge zusammen: Sie verknüpft den örtlichen Bedarf mit den Ressourcen des Gemeinwesens. Es gibt inzwischen – auch international – eine Vielzahl solcher basisökonomischer Ansätze (vgl. Elsen 1997), »denen gemeinsam ist, dass sie aus der Not geboren, von der Nutzung der Arbeits- und Gestaltungskraft der Menschen in den Gemeinwesen als der entscheidenden und oft einzigen sozialproduktiven Ressource ausgehen und Grundbedürfnisse in den Nahräumen decken« (a.a.O., S. 129). Ob es die »Quartiersunternehmungen« in französischen Großsiedlungen (Lang 1993, S. 198), Tauschringe und Talentbörsen (z.B. Seniorengenossenschaften in Baden-Württemberg) oder genossenschaftlich organisierte Wohnmodelle wie in Trier sind (Elsen 1997) – es gibt zahlreiche Beispiele.

Neben der Bereitstellung von Ressourcen für die eher individuelle Lebensbewältigung im Alltag geht es aber auch um Ressourcen, die gemeinsame politische Aktivitäten für sozial schwache Familien erleichtern. »Im Hinblick auf die Mobilisierung von Stadtteilbewohnern können solche Ressourcen standortgebunden sein (Versammlungsräume, existierende Organisationen, politische Traditionen im Stadtteil), sie können aber auch als individuelle Merkmale auftreten, z.B. wenn Personen Fähigkeiten zur politischen Führung aufweisen, eine intime Kenntnis der lokalen politischen Strukturen besitzen oder bereit sind, eigene finanzielle Mittel für die Verfolgung politischer Ziele einzusetzen« (Franz 1989, S. 120) oder einzuwerben.

Hier liegt eine wichtige Funktion von Gemeindezentren und Sozialarbeiter/innen. Sie können die zaghaften Artikulations- und Aktionsversuche sozial schwacher Familien im Stadtteil stützen - nicht, indem sie sich an die Spitze stellen, was sicher sehr verführerisch ist, sondern indem sie die eben genannten Ressourcen möglichst unauffällig zur Verfügung stellen. Solche Anlaufstellen erleichtern gerade Menschen im Armutsviertel den Zugang zu kollektiven Formen politischen Handelns und machen sie damit unabhängiger von ihren individuellen Ressourcen (Mut, Selbstbewusstsein, Informationen usw.).

Abschließend soll noch auf eines hingewiesen werden: Eine wesentliche Voraussetzung für alle Interventionen sozialer Arbeit ist eine kleinräumige, lebensweltbezogene Sozialberichterstattung/Sozialraumanalyse (vgl. Haller 1989; Herlyn/Lakemann/Lettko 1991; Lakemann 1997; Manos 1989). Sie sollte keine Datenfriedhöfe liefern, sondern nach Ressourcen und Defiziten im Stadtteil suchen sowie quartierstypische Lebensweisen und Bewältigungsstrategien herausfinden, damit soziale Arbeit behutsam und respektvoll in der Lebenswelt sozial schwacher Familien agieren kann.

Literatur

Baaken, A.M./Hoeppner, I.: »Ich bleib hier - hier is et schön«. Soziographie des Hauses Schulstr. 52 in Duisburg-Bruckhausen. Diplomarbeit. Duisburg: Universität Duisburg 1988

Ballusek, H. von/Trippner, I.: Armut von Kindern und Jugendlichen in Berlin. Kind, Jugend, Gesellschaft 1995, 1, S. 15-26

Boettner, J./Tobias, G.: Alltägliche Lebensbedingungen und Armut in Bruckhausen. Unveröffentlichtes Manuskript. Duisburg 1989

Bourdieu, P.: Warum die Clochards nicht zum Sozialamt gehen. Lothar Baier im Gespräch mit dem französischen Soziologen Pierre Bourdieu. Freitag Nr. 21 vom 21.5.1993, S. 9

Broch T.: Arme Familien - arme Gesellschaft. In: Deutscher Caritasverband (Hrsg.): caritas '98. Jahrbuch des Deutschen Caritasverbandes. Freiburg: Selbstverlag 1997, S. 11-17

Busch-Geertsema, V./Ruhstrat, E.-U.: »Das macht die Seele so kaputt ...«. Armut in Bremen. Bremen: Edition Temmen 1993

Conen, G.: Familienpolitik - die unendliche Geschichte. Offene und versteckte Hindernisse bei der Gestaltung der Lebensbedingungen von Familien. Diakonie 1997, 23, S. 2-10

Dangschat, J.: Kinder und Jugendliche in benachteiligten Stadtteilen. In: Mansel, J./Klocke, A. (Hrsg.): Die Jugend von heute. Selbstanspruch, Stigma und Wirklichkeit. Weinheim: Juventa 1996, S. 152-247

Deutscher Caritasverband/Diakonisches Werk der EKD (Hrsg.): Menschen im Schatten. Erfahrungen von Caritas und Diakonie in den neuen Bundesländern: Untersuchung der Lebenslagen der Rat- und Hilfesuchenden in den offenen Diensten von Caritas und Diakonie in den neuen Bundesländern. Caritas 1997, 98, S. 250-304

Elsen, S.: Gemeinwesen als Orte der Existenzsicherung. In: Ries, H.A./Elsen, S./Steinmetz, B./Homfeldt, H.G. (Hrsg.): Hoffnung Gemeinwesen. Beiträge zu einem neuen Verständnis wohnortnaher Lebensqualität. Neuwied: Luchterhand 1997, S. 123-151

Forum der Arbeit (Hrsg.): Nach der Kohlezeit. Stadtteile im Wandel. Stadtteilarbeit in der Aachener Region. Aachen: Einhard 1994

Franz, P.: Stadtteilentwicklung von unten. Zur Dynamik und Beeinflussbarkeit ungeplanter Veränderungsprozesse auf Stadtteilebene. Basel: Birkhäuser 1989

Froessler, R.: Integrierende Politik: Aufgaben, Inhalte und Formen staatlicher Programme zur Erneuerung benachteiligter Quartiere. In: Froessler, R./Lang, M./Selle, K./Staubach, R. (Hrsg.): Lokale Partnerschaften. Die Erneuerung benachteiligter Quartiere in europäischen Städten. Basel: Birkhäuser 1994

Hahn, A.: Die Konstitution sozialer Lebensformen. Der Beitrag einer »interpretativen« Soziologie zum Verständnis »regionaler« Sozialgebilde. Frankfurt: Campus 1988

Haller, D./Ruf, B.: Praxisforschung – ein Weg zu neuen Perspektiven in der Quartiersarbeit. Sozialarbeit (Bern) 1989, 21, S. 25–34

Hanesch, W./Adamy, W./Martens, R./Rentzsch, D./Schneider, U./Schubert, U./Wißkirchen, M.: Armut in Deutschland. Reinbek: Rowohlt 1994

Hanesch, W. (Hrsg.): Überlebt die soziale Stadt? Konzeption, Krise und Perspektiven kommunaler Sozialstaatlichkeit. Opladen: Leske + Budrich 1997

Hauser, R./Hübinger, W.: Arme unter uns. Teil I: Ergebnisse und Konsequenzen der Caritas-Armutsuntersuchung. Herausgegeben vom Deutschen Caritasverband. Freiburg: Lambertus 1993

Hauser, R./Hübinger, W.: Arme unter uns. Teil II: Die Caritas-Armutsuntersuchung: Eine Bilanz. Herausgegeben im Auftrag des Deutschen Caritasverbandes. Freiburg: Lambertus 1995

Hauser, R./Glatzer, W./Hradil, S./Kleinhenz, G./Olk, T./Pankoke, E.: Ungleichheit und Sozialpolitik. Opladen: Leske + Budrich 1996

Helbrecht-Jordan, I.: Familie zwischen sozialer Erosion und neuer Infrastruktur. Selbsthilfe in der Risikogesellschaft. Ein Ansatz auch für benachteiligte Familien. Bielefeld: Kleine 1996

Herlyn, U./Lakemann, U./Lettko, B.: Armut und Milieu. Benachteiligte Bewohner in großstädtischen Quartieren. Basel: Birkhäuser 1991

Hucke, J.: Politische Handlungsspielräume. Bad Honnef: Bock & Herchen 1980

Jahoda, M./Lazarsfeld, P.F./Zeisel, H.: Die Arbeitslosen von Marienthal. Ein soziographischer Versuch. Frankfurt/Main: Suhrkamp 1975

Keupp, H.: Psychologisches Handeln in der Risikogesellschaft. München: Quintessenz 1994

Kieselbach, T.: Familie unter dem Druck der Arbeitslosigkeit. »Opfer durch Nähe« und Quelle sozialer Unterstützung. In: Menne, K./Alter, K. (Hrsg.): Familie in der Krise. Weinheim: Juventa 1988, S. 47–76

Krieger, I./Pollmann, B./Schläfke, B.: »So wie Sie hingehen, so wie Sie auftreten, so werden Sie verdammt noch mal behandelt«. Die Realität der Armutsverwaltung. Neue Praxis 1989, 19, S. 24–37

Lakemann, U.: Stadtteilanalyse Jena Lobeda-Ost. Jena: Fachhochschule Jena 1997

Lang, M.: Die Politik der »Sozialen Stadtteilentwicklung« in Frankreich. In: Jahrbuch Stadterneuerung 1993. Berlin: TU Berlin 1993, S. 188–204

Leibfried, S. u.a.: Zeit der Armut. Lebensläufe im Sozialstaat. Frankfurt/Main: Suhrkamp 1995

Liedgers, H./Schnitzler, G.: Mit der Sozialhilfe leben. In: caritas '98: Jahrbuch des Deutschen Caritasverbandes. Freiburg: Lambertus 1997, S. 229–234

Liegle, L.: Familie/Familienerziehung. In: Eyferth, H./Otto, H.U./Thiersch, H. (Hrsg.): Handbuch zur Sozialarbeit/Sozialpädagogik. Eine systematische Darstellung für Wissenschaft, Studium und Praxis. Studienausgabe. Neuwied: Luchterhand 1987, S. 320–333

Linnenbank, H.: Auswirkungen von Arbeitslosigkeit des Familienvorstandes auf seine Kinder. Dortmund: Fachhochschule Dortmund 1987

Manos, H.: Sankt Pauli. Soziale Lage und soziale Fragen im Stadtteil St. Pauli. Hamburg: VSA 1989

Napp-Peters, A.: Armut von Alleinerziehenden. In: Bieback, K.-J./Milz, H. (Hrsg.): Neue Armut. Frankfurt/Main: Campus 1995, S. 148–180

Neuberger, C.: Auswirkungen elterlicher Arbeitslosigkeit und Armut auf Familien und Kinder. Ein mehrdimensionaler empirisch gestützter Zugang. In: Otto, U. (Hrsg.): Aufwachsen in Armut. Erfahrungswelt und soziale Lagen von Kindern armer Familien. Opladen: Leske + Budrich 1997, S. 79–122

Oelschlägel, D.: Sich schämen ist nicht genug – Gemeinwesenarbeit im Armutsquartier. In: Gemeinwesenarbeit. Brennpunkte sozialer Arbeit. Neuwied: Luchterhand 1993, S. 60–96

Oelschlägel, D.: Gemeinwesenarbeit in Armutsstadtteilen. In: Armutskonferenz. Fachtagung der Landeshauptstadt Düsseldorf. Tagungsdokumentation. Düsseldorf: Landeshauptstadt Düsseldorf 1997

Otto, U. (Hrsg.): Aufwachsen in Armut. Erfahrungswelten und soziale Lagen von Kindern armer Familien. Opladen: Leske + Budrich 1997

Preußer, N.: Not macht erfinderisch. Überlebensstrategien der Armutsbevölkerung in Deutschland seit 1807. München: AG SPAK 1989

Ries, H.A./Elsen, S./Steinmetz, B./Homfeldt, H.G. (Hrsg.): Hoffnung Gemeinwesen. Beiträge zu einem neuen Verständnis wohnortnaher Lebensqualität. Neuwied: Luchterhand 1997

Rommelspacher, T./Oelschlägel, D.: Armut im Ruhrgebiet – regionale Entwicklungstrends und kleinräumige Prozesse am Beispiel eines Duisburger Elendsgebietes. In: Breckner, I./Heinelt, H./Krummacher, M./Oelschlägel, D./Rommelspacher, T./Schmals, K.M. (Hrsg.): Armut im Reichtum. Bochum: Germinal 1989, S. 275–292

Schäfers, B./Wewer, G. (Hrsg.): Die Stadt in Deutschland. Soziale, politische und kulturelle Lebenswelt. Opladen: Leske + Budrich 1996

Schleimer, A.: Menschen im Schatten – Lebenslagenuntersuchung von Caritas und Diakonie in den neuen Bundesländern. In: caritas '98. Jahrbuch des Deutschen Caritasverbandes. Freiburg: Lambertus 1997, S. 35–42

Stadtteilbüro Malstatt: Von der Not, im Wohlstand arm zu sein. Eine Armutserkundung in Saarbrücken-Malstatt. Saarbrücken: Diakonisches Werk 1993

Tobias, G./Boettner, J. (Hrsg.): Von der Hand in den Mund. Armut und Armutsbewältigung in einer westdeutschen Großstadt. Essen: Klartext 1992

Walper, S.: Kinder und Jugendliche in Armut. In: Bieback, K.-J./Milz, H. (Hrsg.): Neue Armut. Frankfurt/Main: Campus 1995, S. 181–219

Weidacher, A.: Einkommenslagen in Haushalten ohne Kinder und mit Kindern. In: Bieback, K.-J./Milz, H. (Hrsg.): Neue Armut. Frankfurt/Main: Campus 1995, S. 148–180

Zander, M.: Kommunale Infrastruktur für Kinder und Familien: Auf dem Weg zu einer kinderfreundlichen Stadt? In: Hanesch, W. (Hrsg.): Überlebt die soziale Stadt? Konzeption, Krise und Perspektiven kommunaler Sozialstaatlichkeit. Opladen: Leske + Budrich 1997, S. 235–256

Wiebke Horn

Gewaltprobleme in Familien

Gewalt in Familien ist seit nunmehr 20 Jahren Gegenstand sozialwissenschaftlicher Forschung (Engfer 1986; Finkelhor et al. 1983; Gelles/Cornell 1990; Gelles/Loseke 1993; Honig 1986; Steinmetz/Strauss 1974) sowie intensiver Bemühungen um die Entwicklung und Anwendung sozialpädagogischer, therapeutischer und medizinischer Konzepte und Hilfeprogramme (Bast et al. 1975; Brinkmann/Honig 1984; Olbing et al. 1989). Für den Bereich des sexuellen Missbrauchs sind zahlreiche Präventionskonzepte in Anlehnung an US-amerikanische Projekte entwickelt worden (vgl. Gilbert et al. 1989; Marquardt-Mau 1993, S. 143).

Die in der Forschungsliteratur offen gelegte Bandbreite der Erscheinungsformen und Komplexität familialer Gewalt umfasst die Gewalt gegen Kinder, gegen Frauen, unter Geschwistern, gegen Eltern und alte Menschen (für alle Formen familialer Gewalt vgl. Gelles/Loseke 1993; Godenzi 1993). Den Schwerpunkt bildet im Folgenden aber die Auseinandersetzung mit dem Problembereich familialer Gewalt gegen Kinder.

Kinder sind sowohl die häufigsten als auch zugleich die verletzlichsten Opfer familialer Gewalt. Die Konfrontation hiermit stellt insbesondere für Angehörige sozialer Berufe ein schwieriges und auch belastendes Problemfeld dar (Rothmaier 1983, S. 79ff.; Hege/Schwarz 1992, S. 79). Sie stehen in ihrer Alltagsarbeit mit gewaltbelasteten Familien oft – aus ihrer gesetzlich bestimmten Funktion heraus, *das Kindeswohl zu schützen* – in dem Dilemma, zwischen Hilfe und Kontrolle, aber auch zwischen Kindeswohl und Elternrecht entscheiden zu müssen (vgl. Hege/Schwarz 1992, S. 79; Mörsberger 1983, S. 85; Zenz 1979).

Trotz der positiven Wandlungsprozesse im Eltern-Kind-Verhältnis (Fend 1982; Textor 1992, S. 15ff.) sind dennoch die alltäglichen Gewalterfahrungen von Kindern und Jugendlichen durch ihre Eltern nicht unerheblich, und für viele Eltern gehören Gewaltanwendungen zur alltäglichen Erziehungspraxis (Bussmann/Horn 1995, S. 33; Honig 1986, S. 25). »Das Kind in der modernen Familie genießt zwar die Aufmerksamkeit der Eltern, aber nicht deren Achtung« (Faltermeier 1992, S. 160). Den veränderten familialen und gesellschaftlichen Einstellungen zu Kindern, die im Laufe des 18. Jahrhunderts mit der »Entdeckung der Kindheit« begann (zur Sozialgeschichte der Kindheit vgl. Ariès 1985), und ihrer heute zweifellos verbesserten gesellschaftlichen Position im Vergleich zu vergangenen Jahrhunderten steht jedoch auf politischer und rechtlicher Ebene ihre einflusslose und schwache Position gegenüber (Frehsee 1992, S. 43; Sünker 1993, S. 44). Das Züchtigungsrecht von Eltern sei hier nur als *ein* markantes Beispiel genannt (Petri 1989, S. 182). Vor allem die soziale Abgeschlossenheit der Familie gegenüber ihrer Umwelt, die auch durch das Recht weitgehend unterstützt wird (siehe Art. 6 Abs.

2 GG; dazu Frehsee 1992, S. 43) wird zunehmend in die Analyse für die Entstehung familialer Gewalt mit einbezogen.

Die auf den ersten Blick banale Aussage, dass Gewalt gegen Kinder oder Kindesmisshandlung ein »normales« Problem in Familien sei (Honig 1986, S. 28), weist darauf hin, dass Kindesmisshandlungen nicht durch »abartige« Personen verübt werden. Gleichwohl scheint die Familie ein geeigneter Nährboden familialer Gewalt zu sein (Hurrelmann 1989, S. 12f.), und die Gefahr für Kinder, Opfer von Gewalt zu werden, ist hier besonders groß: »Gewalt in der Familie ist die ... weit verbreitetste Form von Gewalt« (Schwind et al. 1990, Bd. 1, S. 90).

Definitionen familialer Gewalt gegen Kinder

Der Begriff der familialen Gewalt gegen Kinder wird sowohl in der Theorie- und Praxisdiskussion als auch in empirischer Hinsicht sehr uneinheitlich gebraucht. Während bis zu Beginn der 70er Jahre überwiegend der Begriff der Kindesmisshandlung verwendet wurde, wird heute auch von »Gewalt gegen Kinder« gesprochen, da dieser Begriff gesellschaftliche Gewaltbedingungen mit einbezieht (Hasebrink 1995, S. 225). Misshandlung, Vernachlässigung und sexueller Missbrauch von Kindern werden vor dem Hintergrund dieser Begriffserweiterung nicht mehr wie früher in den Zusammenhang mit Problemfamilien oder Unterschichtsangehörigen gestellt, sondern verweisen auf die allgemeinen gesellschaftlichen Lebensbedingungen von Kindern und die damit verbundene strukturelle Gewalt. Hierzu gehören beispielsweise Gefährdungen im Straßenverkehr, Umweltbelastungen, schlechte Wohnverhältnisse, Arbeitslosigkeit der Eltern und auch die schwache rechtliche Stellung von Kindern in unserer Gesellschaft.

Für alle Formen der Gewalt gegen Kinder oder Kindesmisshandlung (beide Begriffe werden im Folgenden gleichbedeutend verwendet) ist festzuhalten, dass es keine allgemein gültigen Definitionen gibt. Es muss zwischen weiten und engen Misshandlungsbegriffen unterschieden werden. Enge Interpretationen umfassen Fälle körperlicher Verletzungen, während weiter gefasste Misshandlungsbegriffe sämtliche gewaltförmigen Verhaltensweisen von Eltern mit einbeziehen (Frank 1989, S.18; zur ausführlichen Diskussion der unterschiedlichen Misshandlungsbegriffe und ihrer Konsequenzen für die Intervention und Prävention vgl. Engfer 1986, S. 3 ff.). Zur Kindesmisshandlung zählen folgende Formen: körperliche und seelische Misshandlung, körperliche und seelische Vernachlässigung sowie sexueller Missbrauch.

In einem umfassenden Verständnis ist Gewalt gegen Kinder »nicht allein die isolierte gewaltsame Beeinträchtigung eines Kindes. Die Misshandlung von Kindern umfasst vielmehr die Gesamtheit der Lebensbedingungen, der Handlungen und Unterlassungen, die dazu führen, dass das Recht der Kinder auf Leben, Erziehung und wirkliche Förderung beschnitten wird. Das Defizit zwischen diesen Rechten und ihrer tatsächlichen Lebenssituation macht die Gesamtheit der Kindesmisshandlungen aus« (Bundesministerium für Jugend, Familie, Frauen und Gesundheit 1984, S. 15).

Körperliche Misshandlung: Unter körperlicher Misshandlung versteht man physische Gewaltanwendungen (Schlagen, Verbrennen, Schütteln etc.) durch die Eltern oder andere Personen, die Verletzungen beim Kind mit sich bringen können. Sowohl Form und

Schwere der Gewalthandlung als auch die Empfindlichkeit des kindlichen Organismus bestimmen den Grad der Schädigung. So kann beispielsweise schon bei Säuglingen ein heftiges Schütteln Hirnverletzungen verursachen oder können Schläge mit der Hand zu Hämatomen oder auch zu Knochenbrüchen führen.

Seelische Misshandlung: Unter seelischer Misshandlung versteht man sämtliche Verhaltensweisen, die die gesunde seelische Entwicklung des Kindes beeinträchtigen. Hierzu zählen Demütigungen, Drohungen, ständige Beschimpfungen oder das Bestrafen mit Liebesentzug. »Der Begriff der psychischen Misshandlung (ist) möglicherweise der zentralste und umfassendste Misshandlungsbegriff, weil er die durch das elterliche Verhalten bedingten psychischen Beeinträchtigungen des Kindes zum entscheidenden Bestimmungskriterium macht« (Engfer 1986, S. 13).

Körperliche und emotionale Vernachlässigung: Unter Kindesvernachlässigung sind alle Handlungen oder Unterlassungen gefasst, die sowohl die psychische als auch physische Unterversorgung beinhalten und die die körperliche und seelische Entwicklung des Kindes in erheblichem Maße beeinträchtigen können. Vernachlässigung äußert sich u.a. in mangelnder Pflege, unzureichender körperlicher Hygiene, schlechter Ernährung und im Mangel emotionaler Zuwendung. Thyen (1986) beschreibt Vernachlässigung als »einen chronischen Zustand, der von schwerer Retardierung in der emotionalen und physischen Entwicklung gefolgt wird« (S. 104). Kindesvernachlässigung ist überwiegend ein Problem armer Familien und eng mit dem ökonomischen Status der Familie verknüpft (Knoller 1993, S. 2).

Sexueller Missbrauch: Unter sexuellem Missbrauch versteht man alle sexuellen Handlungen, die gegen den Willen des Kindes vorgenommen werden und denen das Kind aufgrund seiner körperlichen, psychischen, kognitiven und sprachlichen Entwicklung nicht wissentlich zustimmen kann (Bange 1992, S. 50ff.; Finkelhor et al. 1983). Der Missbrauch besteht vor allem darin, dass die erwachsene Person ihre Macht- und Autoritätsstellung zur eigenen sexuellen Befriedigung ausnutzt. Sexueller Missbrauch an Kindern unterscheidet sich in vielen Aspekten von den anderen Formen der Gewalt gegen Kinder: Beispielsweise ist sexueller Missbrauch vorrangig ein geschlechtsspezifisches Problem – in erster Linie sind Mädchen betroffen; die Täter sind in der Mehrheit Männer (vgl. Bange 1992). Er führt in den wenigsten Fällen zu sichtbaren körperlichen Verletzungen und geschieht unter dem Druck der Geheimhaltung (Enders 1990). Sexueller Missbrauch an Kindern hat sowohl in der Theorie- als auch in der Praxisdiskussion zu heftigen Kontroversen geführt, auf die an dieser Stelle nicht weiter eingegangen werden kann (zur ausführlichen Diskussion siehe Enders 1990; Kavemann/Lohstöter 1991; Rutschky/Wolff 1994).

Ausmaß und Folgen familialer Gewalt gegen Kinder

Verlässliche Aussagen über das Ausmaß aller Gewaltanwendungen gegen Kinder in der Familie können aufgrund der unterschiedlichen Definitionen (eng/weit) nicht getroffen werden. Studien zu diesem Problembereich können jedoch Annäherungen für das Ausmaß familialer Gewalt gegen Kinder bieten: Jüngere Studien zeigen, dass in ca. 20% aller Familien Kinder von ihren Eltern schwere körperliche Gewalt erfahren (Frehsee et al. 1997). Für den Bereich des sexuellen Missbrauchs zeigen Untersuchungsergebnisse, dass etwa 2 bis 6% aller Mädchen von ihrem leiblichen Vater und ca. 17% von Stief- und Pflegevätern sexuell missbraucht werden (vgl. Finkelhor et al. 1983; Russel 1986).

Die polizeiliche Kriminalstatistik weist für das Jahr 1996 gemäß § 223b StGB (Misshandlung von Schutzbefohlenen) 1.971 angezeigte Fälle von Kindesmisshandlung aus. Für den sexuellen Missbrauch gemäß § 176 StGB wurden 15.674 Fälle registriert (Bundeskriminalamt 1997). Hierunter fallen jedoch sehr unterschiedliche Straftatbestände (z.B. Exhibitionismus) und nicht nur innerfamiliale Vorkommnisse (vgl. Baurmann 1990, S. 37 ff.).

Über das Ausmaß seelischer Misshandlung sind kaum Aussagen zu treffen, da die Grenzziehung zwischen allgemein toleriertem Elternverhalten (z.B. Strafen mit Hausarrest) und schädigendem Elternverhalten (z.B. Einsperren im Keller) schwer fällt.

Die Folgen familialer Gewalt können sehr unterschiedlich für das betroffene Kind sein. Sie hängen sowohl von der Art als auch von der Dauer der Gewaltanwendung ab. Neben eindeutigen körperlichen Symptomen (vgl. Olbing et al. 1989), die auf körperliche Misshandlung, Vernachlässigung oder sexuellen Missbrauch hinweisen, ist jedoch für sämtliche Formen der Gewalt an Kindern festzuhalten, dass körperliche Symptome und auffällige Verhaltensweisen auch andere Ursachen haben können. Dennoch sind bei der überwiegenden Mehrheit der misshandelten Kinder gravierende Beeinträchtigungen in der psychischen und sozialen Entwicklung festzustellen (vgl. Lynch 1989, S. 59). Dabei ist der Mangel an Liebe und Anerkennung für die Kinder teilweise schwerer zu ertragen als die körperlichen Spuren von Misshandlung. Sie fühlen sich trotz der erfahrenen Gewalt an ihre Eltern eng gebunden (Engfer 1986, S. 122f.). Deshalb brauchen betroffene Kinder Hilfen, die sich an die ganze Familie richten, ihre gesamte Lebenslage verbessern und den Opferschutz in den Mittelpunkt stellen – der gegebenenfalls nur durch eine Trennung von der Familie gewährleistet sein kann (vgl. Hartwig 1990; Hege/Schwarz 1992).

Erklärungsansätze familialer Gewalt gegen Kinder

Die Theorieentwicklung zur Erklärung familialer Gewalt gegen Kinder hat sich in den vergangenen zwei Jahrzehnten von einer täterzentrierten zu einer umfassenden Sichtweise bewegt, die sowohl familiendynamische als auch sozialstrukturelle Aspekte mit einbezieht.

Psychopathologische Erklärungsansätze: Anfänglich wurde versucht, Typizitäten ausfindig zu machen und die Ursachen für die Misshandlungen von Kindern in Familien in den Persönlichkeitsmerkmalen der Eltern (insbesondere Depressionen, niedrige Selbstwertgefühle etc.) zu suchen (vgl. Steale/Pollock 1978, S. 172). Dieser Ansatz ist jedoch in seiner Erklärungskraft unzureichend geblieben. In anderen Studien wird nachdrücklich darauf hingewiesen, dass sich die betroffenen Familien trotz vielfältiger seelischer Probleme nicht von der Normalbevölkerung unterscheiden (vgl. Engfer 1986; Ziegler 1990, S. 19).

Weit verbreitet und plausibel in ihrer Analyse ist die These der mehrgenerationalen Weitergabe von Gewalt. Vorerfahrungen mit Gewalt und Ablehnung in der eigenen Kindheit können das Risiko späterer Misshandlungen der eigenen Kinder erhöhen. Jedoch zeigen neuere Studien einerseits, dass nur ca. ein Drittel der Eltern die eigenen

Gewalterfahrungen an ihre Kinder weitergeben, und andererseits, dass auch Eltern ohne selbst erfahrene Gewalt ihre Kinder schlagen (Engfer 1986; Frehsee et al. 1997; Kaufman/Zigler 1993, S. 209).

Ein weiterer Erklärungsansatz auf psychologischer Ebene beschreibt Gewalt gegen Kinder als Symptom gestörter Eltern-Kind-Beziehungen. Eltern, denen in ihrer eigenen Kindheit primäre mütterliche Zuwendung vorenthalten wurde, mangelt es häufig an der Fähigkeit, sich in die Bedürfnisse ihres eigenen Kindes einzufühlen. So werden Verhaltensweisen des Kindes wie Schreien oder Verweigerung als Kritik verstanden. Dadurch wird die Erinnerung an das Kritisiertwerden durch die eigenen Eltern hervorgerufen. Es kommt dabei zur Rollenumkehr (Steale/Pollock 1978, S. 161ff.): Die Eltern arbeiten ihre eigenen frühkindlichen Entbehrungen in der Beziehung zu ihren Kindern auf und verlangen von ihnen Zuwendung, Geborgenheit und Bestätigung. Vermitteln die Kinder ihren Eltern jedoch ein Gefühl von Unsicherheit und Angst, kann es aus der Enttäuschung heraus zu Misshandlungen kommen (vgl. Faltermeier 1983a, S. 13).

Das sozial-situationale Erklärungsmodell: Diesem Ansatz zufolge lösen kindliche Verhaltensauffälligkeiten (z.B. Aggressivität, Quengeln, Ungehorsam etc.) gewaltförmiges Elternverhalten aus: »... Kindesmisshandlungen (werden) als Symptome und Endpunkte gestörter und konflikthaft verlaufender Eltern-Kind-Beziehungen gesehen, in denen sich elterliche und kindliche Anteile vermischen oder auch potenzieren können« (Engfer 1989, S. 11). Reagieren Kinder mit Trotz auf verhaltensverändernde Aufforderungen durch die Eltern, können eskalierende Konflikte die Folge sein. Diesen Mechanismus hat Patterson (1982) recht anschaulich in dem Modell der *Zwangsprozesse* beschrieben. Zwangsprozesse in der Interaktion zwischen Eltern und Kindern entstehen häufig in Konflikt- und Stresssituationen, in denen Eltern zu immer massiveren Gewaltformen greifen, um das erwünschte Verhalten beim Kind zu erreichen.

Faltermeier (1983b) erweitert diesen Ansatz, indem er den prozesshaften Charakter von familiengeschichtlichen Misshandlungen mit einbezieht: »Grundsätzlich ist davon auszugehen, dass ›situative‹ Misshandlungen immer auch auf familiengeschichtliche Misshandlungen und somit auf Störungen in der Beziehung und Kommunikation zwischen Eltern und Kindern schließen lassen« (S. 145). Hierzu zählt vor allem ein gewalthaltiges Familienklima, in dem Kinder wenig positive Erfahrungen im familiären Zusammenleben machen. Gerade die Beschreibung familiendynamischer Beziehungsmuster macht deutlich, dass familiale Gewalt nichts Außergewöhnliches oder Spektakuläres ist, sondern vielmehr ein integraler Bestandteil familialer Beziehungsdynamiken (Honig 1986, S. 46).

Soziologische Erklärungsansätze: Aus soziologischer Sichtweise werden andere Ursachen für familiale Gewalt gegen Kinder in die Analyse mit einbezogen. Dazu zählen z.B. auf gesellschaftlicher Ebene die Tolerierung von Gewalt, die Zugehörigkeit zur unteren Sozialschicht, Arbeitslosigkeit sowie niedriges Einkommen (Garbarino 1993; Gil 1975). Das Zusammentreffen familialer Lebensbelastungen und auch das Fehlen sozialer Unterstützungssysteme werden in dieser Sichtweise als Gewalt begünstigende Bedingungen angesehen. Bedeutsam für die Erklärung familialer Gewalt gegen Kinder in diesem Ansatz ist, dass vielmehr die stressauslösenden Belastungssituationen wie familiale Krisen (z.B. Tod eines Familienmitglieds, Trennungen, Einkommensarmut) für das Entstehen familialer Gewalt von Bedeutung sind. Darüber hinaus begünstigt die aus familialen Krisensituationen resultierende soziale Isolation gewalthaltige Reaktionen gegenüber Kindern. Entscheidend ist in diesem Zusammenhang nicht die Belastungssituation an sich, sondern die Unbewältigbarkeit dieser Situation aufgrund fehlender sozialer Unterstützungssysteme (Engfer 1986; Garbarino 1993). Gewalt gegen Kinder ist vor diesem Hintergrund ein *sozialer Indikator* für die zerstörte Lebensqualität des gesamten Familiensystems (Garbarino 1993). Dieser Erklärungsansatz hat für die Entwicklung hilfeorientierter Konzepte in der Kinderschutzarbeit den größten Einfluss gehabt (vgl. Brinkmann/Honig 1984; Deutscher Kinderschutzbund 1989).

Hilfen für Familien mit Gewaltproblemen

Der Zugang zu Familien mit Gewaltproblemen ist äußerst schwierig. Aus Angst vor Öffentlichkeit, Zerstörung der Familie und vor Strafe vermeiden insbesondere Familien mit gravierenden Gewaltproblemen, um professionelle Hilfe nachzuholen. Hinzu kommt, dass in diesen Familien gewalthaltige Erziehungstile, z.B. in Form von körperlicher Züchtigung als »normal« akzeptiert werden. Je häufiger Kinder und auch Jugendliche von körperlicher als auch seelischer Gewalt betroffen sind, desto eher rechtfertigen sie auch das Verhalten ihrer Eltern (Frehsee et al. 1997).

Gewalt gegen Kinder, verstanden als sozialer Indikator gestörter Lebensqualität, ist immer auch ein Zeichen der Ohnmacht und Hilflosigkeit der betroffenen Eltern, ihren Lebensalltag angemessen zu bewältigen. Traditioneller Kinderschutz reagiert auf familiale Gewaltprobleme vorwiegend kontroll- und sanktionsorientiert – mit der Folge, dass betroffene Familien in Krisen- und Notlagen wenig bereit sind, Hilfe zu akzeptieren.

Vor diesem Hintergrund orientiert sich die freie, aber auch zunehmend die öffentliche Kinderschutzarbeit im Umgang mit familialen Gewaltproblemen an dem Prinzip »Helfen statt Strafen« (Brinkmann/Honig 1984; Deutscher Kinderschutzbund 1989; Hege/Schwarz 1992). Das primäre Ziel liegt darin, eine lebensweltorientierte und alltagsbegleitende Familienarbeit zu leisten. Kinderschutz kann nur gelingen, »wenn wir sie auf Veränderung der persönlichen und familialen Probleme richten und zugleich den sozialen Code der Gewalt und seine gesellschaftlichen Voraussetzungen bekämpfen« (Wolff 1982, S. 78). Schlüsselbegriffe des neuen Kinderschutzes sind u.a. *Freiwilligkeit*, *Offenheit* und *Transparenz* in der Arbeit mit betroffenen Familien (vgl. Brinkmann/Honig 1984).

Insbesondere das sozialökologische Erklärungsmodell Garbarinos (1993) bietet für Familien mit Gewaltproblemen ein umfassendes und zugleich auch präventiv wirkendes Handlungskonzept. Die folgenden Ausführungen beziehen sich auf den sehr zu empfehlenden Projektbericht von M. Hege und G. Schwarz (1992) »Gewalt gegen Kinder. Zur Vernetzung sozialer Unterstützungssysteme im Stadtteil«. Sozialpädagogische Hilfs- und Unterstützungsangebote sind demnach auf den folgenden drei Ebenen anzusetzen:

1. Stärkung der persönlichen Ressourcen,
2. Unterstützung des Familiensystems sowie
3. Stadtteil- und Netzwerkarbeit.

Die *Stärkung der persönlichen Ressourcen* zielt vor allem auf die Stärkung der Eigeninitiative und der sozialen Kompetenz der betroffenen Personen. Um die Akzeptanz der geplanten Handlungsschritte im Hilfeprozess zu erhöhen, ist es wichtig, die Klientin/den Klienten aktiv in alle Entscheidungsprozesse einzubeziehen (ebd., S. 164).

Der *Unterstützung des Familiensystems* dienen Hilfen und Angebote, die zum einen die Stärkung der personenbezogenen Netzwerke im sozialen Umfeld (Freunde, Nachbarn, Verwandtschaft) anstreben, um die gewaltbegünstigende soziale Isolation aufzuheben. Zum anderen sollen die Eltern befähigt werden, wieder Verantwortung für ihre Kinder zu übernehmen und ihren Alltag selbst zu organisieren. Unabdingbar hierfür ist u.a., dass die familialen Gewaltverhältnisse benannt sowie die Anlässe und Bedeutungen der Gewalthandlungen geklärt werden. Dazu gehört auch, die Probleme der Eltern zu diskutieren, den Kindern bei der Bewältigung ihrer Ängste und Gewalterfahrungen Unterstützung zu bieten, sowie nach Lösungen zu suchen, wie Gewaltsituationen künftig vermieden werden können (ebd., S. 167).

In diesem Zusammenhang bietet das Kinder- und Jugendhilfegesetz (KJHG) eine umfassende Beschreibung der Hilfen zur (Familien-)Erziehung (vgl. Münder 1993, S. 105; Textor 1992, S. 14). Das Leistungsangebot »Allgemeine Förderung der Erziehung in der Familie« (§ 16 Abs. 2 KJHG) zielt auf Unterstützung bei allgemeinen Fragen der Erziehung für Eltern und Personensorgeberechtigte, aber auch auf Hilfen für Kinder in familiären Konfliktlagen. Die aktive Beteiligung von Kindern und Jugendlichen an den familienbezogenen Leistungen und ihr Rechtsanspruch auf Beratung ohne Kenntnis der Personensorgeberechtigten sind in § 8 KJHG (»Beteiligung von Kindern und Jugendlichen«) abgesichert (zum gesamten Spektrum der sozialpädagogischen Anwendung des KJHG vgl. Textor 1992).

Stadtteilarbeit und *Netzwerkförderung* haben zum Ziel, das Versorgungsangebot von Hilfeeinrichtungen und -angeboten aufzubauen und diese untereinander zu vernetzen. Insbesondere nicht professionelle Einrichtungen mit einem leicht zu erreichenden Hilfeangebot (Selbsthilfegruppen, Kinderschutzzentrum/Kinderschutzbund) werden von Hilfesuchenden eher angenommen als eine kommunale Einrichtung wie das Jugendamt oder der Allgemeine Sozialdienst (ASD). Gerade in Familien mit Gewaltproblemen ist die Angst vor der »eingreifenden« Behörde besonders groß.

Vor diesem Hintergrund ist vor allem die institutionelle Kooperation beispielsweise in Form von Arbeitskreisen, Berufsgruppen und/oder Fallkonferenzen verschiedener sozialer Dienste öffentlicher und freier Träger sowie von Schulen, Kindertagesstätten, medizinischen Einrichtungen usw. unabdingbar: Oft verhindern Informationsdefizite über Beratungsangebote und Behandlungsansätze anderer Institutionen, dass Familien mit Gewaltproblemen nicht die richtige Form der Hilfe finden und von einer Institution zur nächsten »weitervermittelt« werden. Dies birgt häufig die Gefahr in sich, dass die Hilfesuchenden die Motivation verlieren und ein Kontaktabbruch die Folge ist (vgl. Weber/Rohleder 1995, S. 95ff.).

Extremfälle familialer Gewalt

In jeder Gewaltsituation, besonders in aktuellen Krisenlagen, muss die Intervention am *Wohl des Kindes* ausgerichtet werden. Bei Familien, in denen Kinder immensen Gefährdungen wie schwerer körperlicher und seelischer Misshandlung, Vernachlässigung sowie sexuellem Missbrauch ausgesetzt sind, ist zumindest eine vorübergehende Unterbringung des Kindes (nach § 42 KJHG – Inobhutnahme) bei gleichzeitiger intensiver Beratung der Eltern notwendig (vgl. Koers 1989). Dabei ist zu berücksichtigen, dass die Eingriffsschwelle für die öffentliche Kinder- und Jugendhilfe sehr hoch liegt. Nach § 1666a BGB dürfen die Trennung des Kindes von der Familie und der Entzug der gesamten Personensorge nur als letztes Mittel zur Anwendung kommen, wenn der Gefahr nicht auf andere Weise - z.B. in Form sozialpädagogischer Hilfen - begegnet werden kann. Entsprechende Maßnahmen trifft das Vormundschaftsgericht, wenn das Kindeswohl (§ 1666 BGB) gefährdet ist oder bei der Gefahr »nachhaltiger und schwerer Beeinträchtigung der Entwicklung des Kindes« (§ 1631a BGB; vgl. Bringewat 1997; Mann 1996, S. 77). Die Inobhutnahme ist in der Regel eine kurzfristige Betreuung, d.h., dass während der Inobhutnahme das Jugendamt (hier der ASD) in Absprache mit dem betroffenen Kind (gemäß § 8 KJHG) den weiteren Verbleib sowie Perspektiven zukünftiger Hilfen klären muss (vgl. Schreiber 1992, S. 191). Insbesondere für schwere Gewaltformen, bei denen Kinder zunächst nicht wieder in ihre Familie zurückkehren können, müssen sowohl *kurz- und mittelfristige* Möglichkeiten für eine Krisenunterbringung (z.B. Zufluchtsstätten oder Bereitschaftspflegefamilien) als auch *längerfristige* Unterbringungsmöglichkeiten (z.B. Pflegefamilien, Wohngruppen) zur Verfügung stehen (vgl. Hartwig 1990).

Wirksamer Kinderschutz bei familialer Gewalt gegen Kinder setzt neben einer hohen fachlichen Qualifikation auch ein großes Maß an persönlichem Engagement der involvierten Mitarbeiter/innen der Institutionen der Kinder- und Jugendhilfe voraus (vgl. Hege/Schwarz 1992, S. 133; Wolff 1997). Ein wirksamer Kinderschutz muss darüber hinaus auf gesamtgesellschaftlicher Ebene eingebettet sein. Hierzu zählen u.a. der Aufbau einer gezielten Öffentlichkeitsarbeit im Hinblick auf Kinderbedürfnisse und Kinderrechte, der Einsatz für eine gewaltfreie Erziehung sowie der Abbau sozialer Benachteiligung, um eine Verbesserung prekärer Lebensverhältnisse zu erzielen.

Literatur

Ariès, P.: Geschichte der Kindheit. München: Deutscher Taschenbuchverlag, 7. Aufl. 1985

Bange, D.: Die dunkle Seite der Kindheit. Sexueller Missbrauch an Mädchen und Jungen. Ausmaß - Hintergründe - Folgen. Köln: Volksblatt 1992

Bast, H./Bernecker, A./Kastien, I./Schmitt, G./Wolff, R. (Hrsg.): Gewalt gegen Kinder. Kindesmisshandlungen und ihre Ursachen. Reinbek: Rowohlt 1975

Baurmann, M.C.: Sexuelle Gewalttätigkeit in der Ehe. In: Deutsche Richterakademie (Hrsg.): Gewalt an Frauen - Gewalt in der Familie. Heidelberg C.F. Müller Juristischer Verlag 1990, S. 37–47

Boogaart, H. van den/Fenske, J./Mankau, G./Struck, N./Trede, W. (Hrsg.): Rechte von Kindern und Jugendlichen - Wege zu ihrer Verwirklichung. Beiträge zum Frankfurter Rechte Kongress. Münster: Votum 1996

Bringewat, P.: Tod eines Kindes: Soziale Arbeit und strafrechtliche Risiken. Baden-Baden: Nomos 1997

Brinkmann, W./Honig, M.-S.: Kinderschutz als sozialpolitische Praxis. Hilfe, Schutz und Kontrolle. München: Kösel 1984

Bundeskriminalamt (Hrsg.): Polizeiliche Kriminalstatistik Bundesrepublik Deutschland. Berichtsjahr 1996. Wiesbaden: Selbstverlag 1997

Bundesministerium für Jugend, Familie, Frauen und Gesundheit (Hrsg.): Kindesmisshandlung - Erkennen und Helfen. Eine praktische Anleitung. Bonn: Selbstverlag, 3. Aufl. 1984

Bussmann, K.-D./Horn, W.: Eltern- und Lehrerstrafen. Eine Untersuchung zur Strafpraxis in Schule und Familie. In: Bastian, J. (Hrsg.): Strafe muss sein? Das Strafproblem zwischen Tabu und Wirklichkeit. Pädagogik, 2. Beiheft. Weinheim: Beltz 1995, S. 29–41

Deutscher Kinderschutzbund (Hrsg.): Hilfe statt Gewalt. Die Erklärung des Deutschen Kinderschutzbundes zur gewaltsamen Beeinträchtigung von Kindern in Familien. Hannover: Selbstverlag 1989

Enders, U.: Zart war ich, bitter war's. Sexueller Missbrauch an Mädchen und Jungen. Köln: Volksblatt 1990
Engfer, A.: Kindesmisshandlung. Ursachen, Auswirkungen und Hilfen. Stuttgart: Enke 1986
Engfer, A.: Erklärungsansätze bei Kindesmisshandlungen – kontrovers. Thema Jugend 1989, Heft 1, S. 9–11
Faltermeier, J.: Gewalt gegen Kinder – zur Repression im Erziehungsalltag. In: Faltermeier, J./Sengling, D. (Hrsg.): Wenn Kinder und Jugendliche an ihren Lebenswelten scheitern – eine Herausforderung für die Sozialpädagogik. Frankfurt/Main: Eigenverlag des Deutschen Vereins für öffentliche und private Fürsorge 1983a, S. 4–16
Faltermeier, J.: Kindesmisshandlungen – die Jugendhilfe im Dilemma? In: Faltermeier, J./Sengling, D. (Hrsg.): Wenn Kinder und Jugendliche an ihren Lebenswelten scheitern – eine Herausforderung für die Sozialpädagogik. Frankfurt/Main: Eigenverlag des Deutschen Vereins für öffentliche und private Fürsorge 1983b, S. 141–163
Faltermeier, J.: Gewalt gegen Kinder. Anmerkungen zur Sozialgeschichte der Kindheit und zum Stand der Theorie- und Praxisdiskussion in der Bundesrepublik Deutschland. Blätter der Wohlfahrtspflege 1992, 139, S. 159–165
Fend, H.: Sozialgeschichte des Aufwachsens. Bedingungen des Aufwachsens und Jugendanstalten im zwanzigsten Jahrhundert. Frankfurt/Main: Suhrkamp 1982
Finkelhor, D./Gelles, R.J./Hotaling, G.T./Straus, M.A.: The dark side of families. Beverly Hills: Sage 1983
Frank, R.: Definitionen und Epidemiologie. In: Olbing, H./Bachmann, K.D./Gross, R. (Hrsg.): Kindesmisshandlung. Eine Orientierung für Ärzte, Juristen, Sozial- und Erzieherberufe. Köln: Deutscher Ärzte-Verlag 1989, S. 18–25
Frehsee, D.: Die staatliche Förderung familiärer Gewalt an Kindern. Kriminologisches Journal 1992, 24, S. 37–49
Frehsee, D./Bussmann, K.-D./Horn, W.: Familiale Gewalt gegen Kinder und die Ambivalenz des Rechts. Abschlussbericht des Teilprojektes C5 des Sonderforschungsbereichs 227. Prävention und Intervention im Kindes- und Jugendalter. Bielefeld: Selbstverlag 1997
Garbarino, J.: Children and families in the social environment. New York: Aldine de Gruyter, 2. Aufl. 1993
Gelles, R.J./Cornell, C.P.: Intimate violence in families. Newbury Park: Sage, 2. Aufl. 1990
Gelles, R.J./Loseke, D.R. (Hrsg.): Current controversies on family violence. Newbury Park: Sage 1993
Gil, D.G.: Gewalt gegen Kinder. In: Bast, H./Bernecker, A./Kastien, I./Schmitt, G./Wolff, R. (Hrsg.): Gewalt gegen Kinder. Kindesmisshandlungen und ihre Ursachen. Reinbek: Rowohlt 1975, S. 241–263
Gilbert, N./Berrick, J.D./Le Prohn, N./Nyman, N. (Hrsg.): Protecting young children from sexual abuse. Does preschool training work? Lexington: Lexington Books 1989
Godenzi, A.: Gewalt im sozialen Nahraum. Basel: Helbing & Lichtenhahn 1993
Hartwig, L.: Sexuelle Gewalterfahrungen von Mädchen. Konfliktlagen und Konzepte mädchenorientierter Heimerziehung. München: Juventa 1990
Hasebrink, M.: Gewalt gegen Kinder – Kindesmisshandlung. In: Bienemann, G./Hasebrink, M./Nikles, B.W. (Hrsg.): Handbuch des Kinder- und Jugendschutzes. Münster: Votum 1995, S. 225–231
Hege, M./Schwarz, G.: Gewalt gegen Kinder. Zur Vernetzung sozialer Unterstützungssysteme im Stadtteil. München: Fachhochschulschriften Sandmann 1992
Honig, M.S.: Verhäuslichte Gewalt. Frankfurt/Main: Suhrkamp 1986
Hurrelmann, K.: Gewalt in der Familie. Jugendschutz 1989, 34, S. 10–18
Kaufman, J./Zigler, E.: The intergenerational transmission of abuse is overstated. In: Gelles, R.J./Loseke, D.R. (Hrsg.): Current controversies on family violence. Newbury Park: Sage 1993, S. 209–221
Kavemann, B./Lohstöter, I.: Väter als Täter. Sexuelle Gewalt gegen Mädchen. Reinbek: Rowohlt 1991
Knoller, E.-C.: Kindesvernachlässigung – ein Problem zwischen Verleugnung und Resignation. Thema Jugend 1993, Heft 3, S. 2–3
Koers, A.J.: Intervention bei körperlicher und emotioneller Misshandlung und Vernachlässigung. In: Olbing, H./Bachmann, K.D./Gross, R. (Hrsg.): Kindesmisshandlung. Eine Orientierung für Ärzte, Juristen, Sozial- und Erzieherberufe. Köln: Deutscher Ärzte-Verlag 1989, S. 65–68

Lynch, M.: Symptomatik bei körperlicher und emotioneller Misshandlung und Vernachlässigung. In: Olbing, H./Bachmann, K.D./Gross, R. (Hrsg.): Kindesmisshandlung. Eine Orientierung für Ärzte, Juristen, Sozial- und Erzieherberufe. Köln: Deutscher Ärzte-Verlag 1989, S. 59–65
Mann, M.: Spannungsverhältnis Elternrecht, Kindeswohl, staatliches Wächteramt. In: Boogart, H. van den/Fenske, J./Mankau, G./Struck, N./Trede, W. (Hrsg.): Rechte von Kindern und Jugendlichen – Wege zu ihrer Verwirklichung. Münster: Votum 1996, S. 77–96
Marquardt-Mau, B.: Erste Schritte der Prävention in der Grundschule. In: Johns, I. (Hrsg.): Zeit alleine heilt nicht. Sexuelle Kindesmisshandlung – wie wir schützen und helfen können. Freiburg: Herder 1993, S. 143–156
Mörsberger, T.: Kindesmisshandlung und Behördenauftrag – Kritische Hinweise zum Verhältnis von Rechtspflicht und Fachlichkeit. In: Faltermeier, J./Sengling, D. (Hrsg.): Wenn Kinder und Jugendliche an ihren Lebenswelten scheitern – eine Herausforderung für die Sozialpädagogik. Frankfurt/Main: Eigenverlag des Deutschen Vereins für öffentliche und private Fürsorge 1983, S. 85–116
Münder, J./Greese, D./Jordan, E./Kreft, D./Lakies, T./Lauer, H./Proksch, R./Schäfer, K.: Frankfurter Lehr- und Praxiskommentar zum Kinder- und Jugendhilfegesetz. Stand: 1.4.1993. Münster: Votum 1993
Olbing, H./Bachmann, K.D./Gross, R. (Hrsg.): Kindesmisshandlung. Eine Orientierung für Ärzte, Juristen, Sozial- und Erzieherberufe. Köln: Deutscher Ärzte-Verlag 1989
Patterson, G.R.: Coercive family process. Oregon: Castalia 1982
Petri, H.: Erziehungsgewalt. Zum Verhältnis von persönlicher und gesellschaftlicher Gewaltausübung in der Erziehung. Frankfurt/Main: Fischer 1989
Rothmaier, E.: Kindesmisshandlungen und Sozialarbeit – Anmerkungen einer Sozialarbeiterin zur Praxis behördlicher Familien- und Jugendhilfe. In: Faltermeier, J./Sengling, D. (Hrsg.): Wenn Kinder und Jugendliche an ihren Lebenswelten scheitern – eine Herausforderung für die Sozialpädagogik. Frankfurt/Main: Eigenverlag des Deutschen Vereins für öffentliche und private Fürsorge 1983, S. 79–84
Russel, D.E.H.: The secret trauma. Incest in the lives of girls and women. New York: Lexington 1986
Rutschky, K./Wolff, R. (Hrsg.): Handbuch sexueller Missbrauch. Hamburg: Klein 1994
Schreiber, M.: Inobhutnahme von Kindern und Jugendlichen. In: Textor, M.R. (Hrsg.): Praxis der Kinder- und Jugendhilfe. Handbuch für die sozialpädagogische Anwendung des KJHG. Weinheim: Beltz 1992, S. 191–195
Schwind, H.-D./Baumann, J./Lösel, F./Remschmidt, H./Eckert, R./Kerner, H.-J./Stümper, A./Wassermann, R./Otto, H./Rudolf, W./Berckhauer, F./Kube, E./Steinhilper, M./Steffen, W. (Hrsg.): Ursachen, Prävention und Kontrolle von Gewalt. 4 Bände. Berlin: Duncker & Humblot 1990
Steale, B.F./Pollock, C.B.: Eine psychiatrische Untersuchung von Eltern, die Säuglinge und Kleinkinder misshandelt haben. In: Helfer, R.E./Kempe, C.H. (Hrsg.): Das geschlagene Kind. Frankfurt/Main: Suhrkamp 1978, S. 161–243
Steinmetz, S.K./Straus. M.A. (Hrsg.): Violence in the family. New York: Harper & Row 1974
Sünker, H.: Kinderpolitik und Kinderrechte. Politische Strategien im Kontext der UN-Konvention für die Rechte des Kindes. In: Neubauer, G./Sünker, H. (Hrsg.): Kindheitspolitik international. Opladen: Leske + Budrich 1993, S. 44–58
Textor, M.R. (Hrsg.): Praxis der Kinder- und Jugendhilfe. Handbuch für die sozialpädagogische Anwendung des KJHG. Weinheim: Beltz 1992
Thyen, U.: Kindesmisshandlung und Vernachlässigung. Lübeck: Hanseatisches Verlagskontor 1986
Weber, M./Rohleder, C.: Sexueller Missbrauch. Jugendhilfe zwischen Aufbruch und Rückschritt. Münster: Votum 1995
Wolff, R.: Kindesmisshandlung als ethnopsychische Störung. In: Bernecker, A./Merten, W./Wolff, R. (Hrsg.): Ohnmächtige Gewalt. Kindesmisshandlung: Folgen der Gewalt – Erfahrungen und Hilfe. Reinbek: Rowohlt 1982, S. 69–80
Wolff, R.: Kinderschutz auf dem Prüfstand. Überlegungen zur Notwendigkeit von Qualitätssicherung. In: Kinderschutzzentrum Mainz (Hrsg.): Sternschnuppe 5. Mainz: Selbstverlag 1997
Zenz, G.: Kindesmisshandlung und Kinderrechte. Frankfurt/Main: Suhrkamp 1979
Ziegler, F.: Kinder als Opfer von Gewalt. Ursachen und Interventionsmöglichkeiten. Bern: Hans Huber 1990

Ingrid Arenz-Greiving

Familien mit suchtkranken Mitgliedern

Die Übergänge vom Missbrauch zur Abhängigkeit von Genuss- und Suchtmitteln sind fließend. Nach Schätzungen der Deutschen Hauptstelle gegen die Suchtgefahren (DHS) müssen wir in Deutschland mit mehr als 4 Mio. Menschen rechnen, die behandlungsbedürftig abhängig sind von Alkohol, Medikamenten und illegalen Drogen. Am meisten verbreitet ist bei uns die Abhängigkeit vom Alkohol mit etwa 2,5 Mio. Betroffenen. An zweiter Stelle steht die Medikamentenabhängigkeit (überwiegend Schlaf-, Beruhigungs- und Schmerzmittel) mit 1,2 bis 1,4 Mio. Betroffenen. Die Dunkelziffer ist bei diesen unauffälligen, »leisen« und in der Regel sogar ärztlich verordneten Suchtmitteln besonders hoch. Zudem schätzen wir, dass ca. 120.000 Menschen von illegalen Drogen abhängig sind. Weiterhin gibt es ca. 18 Mio. Raucher/innen, wobei ca. 6 Mio. als behandlungsbedürftig abhängig gelten. Die Zahl Essgestörter (Magersucht, Bulimie, Esssucht) ist nicht erfasst worden. Es gibt lediglich Erfahrungswerte der Geschlechterrelation von neun (weiblich) zu eins (männlich).

Insgesamt ist von mehreren Millionen Suchtmittelabhängigen und Menschen mit problematischem süchtigen Verhalten (incl. Spielsucht und Essstörungen) auszugehen; dazu kommt eine entsprechend große Zahl an Angehörigen (Partner/innen, Kinder, Geschwister und Eltern), die unmittelbar von der Suchterkrankung eines Familienmitgliedes betroffen sind. Es sind schätzungsweise 5 % der Jugendlichen von einer Suchtgefährdung oder Abhängigkeit betroffen.

Sucht und Abhängigkeit

Sucht und Abhängigkeit haben im heutigen Sprachgebrauch nahezu die gleiche Bedeutung. Da Sucht in der Vergangenheit mit vielen negativen Bewertungen verbunden war, hat die Weltgesundheitsorganisation (WHO) in ihren Schriften das Wort »Sucht« durch »Abhängigkeit« ersetzt. Im heutigen Sinne wird der Begriff Sucht erst seit Beginn der Industrialisierung verwendet. Das Spezifische der Sucht ist der innere Zwang, der sich vor allem bei schwachem Selbstwertgefühl aus einer Gewöhnung nach dem Prinzip der Selbstverstärkung bis zum Kontrollverlust steigern kann. Im Falle der Suchtmittelabhängigkeit verfestigt sich süchtiges Verhalten zusätzlich durch die Integration des Mittels in den Stoffwechsel.

Süchtiges Verhalten und Abhängigkeit von Drogen werden allgemein als eine Form abweichenden Verhaltens gesehen, das auf dem Hintergrund besonderer Konfliktsituationen und einer gestörten Persönlichkeitsentwicklung entstehen kann. Die DHS definiert

Sucht mit Wanke (1985) als »ein unabweisbares Verlangen nach einem bestimmten Erlebniszustand. Diesem Verlangen werden die Kräfte des Verstandes untergeordnet. Es beeinträchtigt die freie Entfaltung einer Persönlichkeit und zerstört die sozialen Bindungen und die sozialen Chancen eines Individuums« (in Grigoleit/Wenig/Hüllinghorst 1991, S. 21). Mit dieser Definition wird deutlich, dass die Suchtproblematik nicht ausschließlich in den Bereich der körperlich-pharmakologischen Wirkungen gehört, sondern tief in menschliche Grundhaltungen und Formen des Zusammenlebens eingreift und damit nicht auf den Abhängigen selbst beschränkt bleibt. So gesehen kann jedes Verhalten süchtig »entarten«; man spricht dann von mittelunspezifischen Abhängigkeiten. Suchtmittel können sowohl alle Formen alkoholischer Getränke als auch Arzneimittel und gesetzlich verbotene Drogen sein. Das soziale Umfeld des/der Abhängigen ist ebenfalls beteiligt bzw. betroffen und muss daher in die Hilfeangebote einbezogen werden.

Suchterkrankung und Familie – »Niemand soll es merken ...«

Die Entwicklung einer Suchterkrankung dauert einige Jahre. Der/die Betroffene will die eigene Erkrankung lange nicht wahrhaben, verleugnet und bagatellisiert die Situation. Das bedeutet, dass auch die Familie über Jahre hinweg den schleichenden Prozess der Erkrankung erlebt und verschiedene Phasen des Nicht-wahrhaben-Wollens, Verleugnens und Bagatellisierens durchläuft, bis das Problem offen wird. Viele Familienmitglieder sind auch schon zuvor in ihrer Biografie mit Abhängigkeit konfrontiert worden: Etwa 70% aller Alkoholiker hatten innerhalb der letzten drei Generationen einen Suchtkranken in der Familie; 52% der befragten Alkoholiker waren laut Pierce (1976) selbst Kinder von Alkoholikern, und nach Foster (1976) hatten 60% der nicht trinkenden Ehefrauen von Alkoholikern einen abhängigen Vater (vgl. Wegscheider 1988).

In einer Suchtfamilie kommt es häufig aufgrund der Suchtmittelabhängigkeit eines Elternteils, Partners oder Kindes zu massiven Problemen. Ist der Vater Alkoholiker, so verliert er vielleicht seine Arbeitsstelle. Die Familie leidet früher oder später unter finanziellen Problemen. Sozialkontakte werden erschwert, da die Suchterkrankung immer noch eine stigmatisierte Krankheit ist und das »Familiengeheimnis Sucht« gewahrt werden muss. Die Kinder lernen früh, das Geheimnis zu wahren und mit niemandem über die familiale Situation zu reden. Die einzelnen Familienmitglieder erleben hautnah, wie sich der suchtkranke Angehörige seelisch und körperlich verändert.

Wie beim Abhängigen, so sind auch in der Familie die Abwehrvorgänge der Verleugnung, Verharmlosung, Rationalisierung und Projektion vorhanden. Im Umgang der Familienmitglieder untereinander wird meist ein Muster von intensiver Konfliktvermeidung praktiziert. Typisch hierbei sind massive Verleugnung der zugrunde liegenden Beziehungsprobleme, wie oft auch die Verleugnung der Existenz des Suchtproblems überhaupt. Verleugnen scheint oft die einzig gangbare Lösung zu sein, um überhaupt weitermachen zu können. Zudem gibt es

- Enttäuschung darüber, dass der Abhängige Versprechen nicht einhält;
- Verwirrung und Verunsicherung durch sein widersprüchliches Verhalten;
- Verletzung und Schmerz durch Anschuldigungen, Verdächtigungen und Verletzungen des Abhängigen;

- Schuldgefühle, da Familienmitglieder sich fragen, was sie falsch gemacht haben;
- soziale Ängste davor, was Nachbarn, Verwandte, Kollegen etc. sagen und denken, verbunden mit Isolation;
- Verzweiflung, wie das alles enden soll;
- einen »Gefühlsknoten«, da man glaubt, mit niemandem darüber reden zu können, um die Schande nicht noch größer zu machen.

So werden die negativen Gefühle eingeschlossen und mit einem Abwehrring von Verleugnung, Verharmlosung, Projektion und Rationalisierung umgeben (vgl. Harsch 1979). Wenn man über Gefühle überhaupt spricht, dann höchstens in Form von gegenseitigen Anklagen und Vorwürfen. Angstgefühle werden eher unterdrückt und treten in verzerrter Weise durch die Äußerung von Aggression und abwertendem Ärger zutage. Gefühle von Hilflosigkeit werden kompensiert durch den Versuch, andere in der Familie zu kontrollieren. Die Abwehr der Gefühle führt dazu, dass die Beteiligten sich selbst immer fremder werden, nicht mehr wissen, was sie fühlen und denken. Die Familie beherrscht die Kunst, ein gutes Bild von sich abzugeben, während sie sich gleichzeitig schlecht fühlt (vgl. Harsch 1979). So sucht das am Mangel an emotionaler Zuwendung und Wertschätzung leidende Familienmitglied fortwährend den Schmerz dieser Realität zu lindern, indem es in alle möglichen Formen von Verhaltensweisen ausweicht. Zwanghaftes Arbeiten, Stehlen, Lügen, Glücksspielen und Essen sind nur einige Zwänge. Nicht selten greifen auch Familienangehörige in dieser Situation zur Droge (Alkohol, Medikamenten o.a.), um ihre Gefühle unter Verschluss zu halten.

Partnerinnen und Partner von Suchtkranken

In den amerikanischen Selbsthilfegruppen für Angehörige von Suchtkranken wird folgende Geschichte erzählt: »Hast Du schon von der Frau gehört, die einen Frosch küsste? Sie hatte gehofft, er würde sich in einen Prinzen verwandeln – tat er aber nicht: Sie wurde auch ein Frosch.« In dieser Anekdote ist viel über das Wesen der Co-Abhängigkeit ausgesagt. Die Illusion, »wenn ich den Frosch küsse – also genug Liebe und Überwindung aufbringe –, wird er so werden, wie ich ihn haben will« steht im krassen Gegensatz zur Realität: Stattdessen wird die Co-Abhängige dem Abhängigen immer ähnlicher und verwandelt sich selbst in den »garstigen« Frosch, wie er im Märchen der Gebrüder Grimm beschrieben wird. Selbsthilfegruppen für Angehörige von Suchtkranken blicken in Amerika auf eine längere Tradition zurück als in Deutschland. Bei uns gibt es als spezielle oder »reine« Angehörigengruppen (in der Selbsthilfe) im Wesentlichen die Alanon- und Alateen-Gruppen, die nach ähnlichen Prinzipien wie die Anonymen Alkoholiker arbeiten, und die Elternkreise, in denen sich vor allem Eltern treffen, die ein drogenabhängiges oder -gefährdetes Kind haben. Seit kurzer Zeit gibt es auch in den traditionellen Selbsthilfe- und Abstinenzorganisationen erste Bemühungen, reine Angehörigengruppen zu initiieren (vgl. auch Arenz-Greiving 1995).

In den letzten Jahren ist es zwar gelungen, mehr Partner von suchtkranken Frauen in die Beratung und Therapie einzubeziehen. Jedoch ist das Verhältnis zwischen angehörigen Frauen und Männern sowohl in der Beratungsstelle und Fachklinik als auch in den Selbsthilfegruppen nach wie vor unausgewogen: Es sind immer noch die Frauen, die –

wie selbstverständlich – ihren suchtkranken Partner auf dem Weg aus der Sucht begleiten und für sich selbst Hilfsangebote nutzen. Hingegen ist die Zahl der angehörigen Männer, die mit ihren suchtkranken Partnerinnen eine Beratung oder Therapie in Anspruch nehmen, weiterhin relativ gering. Dies hängt sicherlich auch mit der gesamtgesellschaftlichen Situation und mit der traditionellen Frauenrolle zusammen: Frauen übernehmen immer noch den größeren Teil der Beziehungsarbeit und begleiten ihren (Ehe-)Partner durch die Krisen in *seinem* Leben.

Um der Partnerin/Ehefrau eines suchtkranken Mannes gerecht zu werden, ist es sinnvoll, sie in ihrer Individualität, ihrem Gewordensein und ihrer Entwicklungsambivalenz zu verstehen. Das bedeutet, sich ihrem eigenen Erleben zu nähern (ohne dass sie als »Eintrittskarte« eine Pathologisierung aufgrund ihrer Partnerwahl hinnehmen muss). In der Beratungsarbeit beschreiben Frauen von suchtkranken Männern sich selbst immer wieder folgendermaßen:

- Sie fühlen sich endlos (maßlos, grenzenlos) gebunden an den Partner.
- Sie nehmen sich selbst und ihre Entwicklung nicht wesentlich. Sie empfinden keine innere Richtschnur, keine Orientierung für ihr Selbst.
- Aus dem Ausmaß ihrer Leidensfähigkeit bemessen sie ihren Selbstwert und ihre Selbstachtung.
- Sie sind fürsorglich bis zur aufopfernden Hingabe.
- Sie fühlen sich verantwortlich für die Emotionen und die Atmosphäre in der Familie.
- Sie fühlen sich aber auch überanstrengt und versuchen, ihren Mann und sein Trinken zu verstehen, zu kontrollieren und zu therapieren.
- Sie suchen immer wieder die Schuld für sein Trinken und Verhalten bei sich selbst nach dem Motto: »Wenn ich eine richtige Frau wäre, würde er nicht trinken ...«, »Wenn ich schöner, schlanker, größer, kleiner, sexuell attraktiver etc. wäre, bräuchte er nicht trinken ...«, »Wenn ich ihn genug lieben würde, würde er nicht trinken ...«, »Was habe ich falsch gemacht ...?«

Es ist immer wieder das gleiche Muster: »Irgendetwas stimmt bei mir als Frau (Ehefrau, Mutter ...) nicht, deshalb trinkt mein Partner (Mann, Sohn, ...)!« Mit dieser Selbstwahrnehmung befinden sich die Partnerinnen von suchtkranken Männern in alter weiblicher Tradition: So hatte die Frau immer die Rolle der Hüterin von Gesundheit; sie pflegt die Kranken, sorgt für gesunde Lebensverhältnisse, für Ernährung, Vorratsbildung und Sauberkeit, aber auch für den emotionalen Bereich, für die gesamte Atmosphäre in der Familie. Auch die Selbstverleugnung hat ihre weibliche Tradition: So erfüllen die Partnerinnen von suchtkranken Männern sehr gut die gesellschaftlich an Frauen gestellten Rollenanforderungen. Vielleicht sind diese »Eigenschaften« bei solchen Frauen nur etwas stärker ausgeprägt (Arenz-Greiving 1995).

Eltern von suchtkranken Kindern

Die Schuldfrage ist auch für Eltern – im besonderen wieder für Mütter – von drogenabhängigen Kindern und Jugendlichen von enormer Bedeutung. Der Leidensdruck der Eltern ist bedingt durch ihre Bindung, ihre Liebe zum suchtmittelabhängigen Kind. Sie sind bemüht, den Drogenkonsum zu bekämpfen und ihr Kind zu retten. Dabei erleben sie meist fortwährend Misserfolge und Rückschläge. Die primäre Helferin ist in der Regel die Mutter; ihre Opferbereitschaft übersteigt oft jedes »vernünftige« Maß. Im Verlauf der Zeit zehren sie jedoch die ständigen erfolglosen Hilfeleistungen und Enttäuschungen auf, erschöpfen all ihre Kräfte. Die meisten Mütter und Eltern erkennen die eigene Hilflosigkeit und die damit verbundene Hoffnungslosigkeit aber erst, wenn die Probleme sie überwältigen – wenn die Suchterkrankung auch ihr eigenes Leben *beherrscht*! Diesen Zustand der Kraft- und Mutlosigkeit nennen die Al-Anon den Tiefpunkt. Der Leidensdruck ist wohl der stärkste Beweggrund für die Suche nach Hilfe.

In der Literatur über Angehörige von Suchtkranken taucht immer wieder das Thema Trauer auf. Es wird darauf hingewiesen, dass die Unterdrückung von Gefühlen und die Entwicklung zwanghaften und kontrollierenden Verhaltens von Angehörigen mit coabhängigen Verhaltensweisen dem normalen Abwehrverhalten von Menschen entspricht, die sich in der ersten Phase der Trauerarbeit befinden, wie diese von der Sterbeforscherin Elisabeth Kübler-Ross beschrieben wurde (siehe hierzu Rennert 1989, S. 109-115).

Die Übertragung der Erkenntnisse von Kübler-Ross auf den Prozess der Kapitulation und Genesung in der Arbeit mit Suchtkranken wurde insbesondere im Hinblick auf die Familien von jugendlichen Drogenabhängigen weitergeführt. Man vergleicht dabei die emotionale Belastung und Kränkung dieser Familien sowie deren Genesungs- und Wachstumsprozess mit den fünf Phasen der Trauerarbeit. Diese Phasen müssen nicht unbedingt in der dargestellten Reihenfolge auftreten und auch nicht ein- für allemal abgeschlossen sein, wenn sie einmal durchlaufen sind. Ein trauernder Mensch kann sich von einer Phase zur nächsten und auch wieder zurück bewegen, manchmal kann er sich gleichzeitig in mehreren Phasen befinden.

Die *erste Phase* im Verlauf von Trauerarbeit ist die *Verweigerung oder Verleugnung*. Dies ist ein Zustand von Schock, emotionaler Taubheit, Panik und genereller Weigerung, die Realität anzuerkennen. Die Betroffenen versuchen alles Mögliche, um den alten Zustand wieder herzustellen, oder verhalten sich sogar so, als habe sich nichts ereignet. Der Patient glaubt nicht, dass er tödlich krank ist, die Angehörigen zweifeln Diagnose und Prognose an.

Ähnlich verhalten sich die Familienmitglieder, die emotional mit einem Suchtkranken verbunden sind: Sie leugnen, dass das Kind abhängig ist und dass sie nicht in der Lage sind, den Abhängigen sowie die Gesamtsituation unter Kontrolle zu bekommen. Sie verharmlosen das Ausmaß und die Bedeutung des Drogenkonsums. Sie bagatellisieren ihre schmerzhaften Gefühle (»Das macht mir jetzt überhaupt nichts mehr aus, ich betrachte ihn schon lange nicht mehr als meinen Sohn«), und sie reagieren mit zwanghaften Vorstellungen und Verhaltensweisen, gegebenenfalls mit gesteigertem Schlafbedürfnis. Sie betäuben sich, indem sie ständig in Aktion sind, oder vermeiden auf andere Weise, die Realität zur Kenntnis zu nehmen.

Diese Verleugnung der Realität ist zunächst ein ganz normaler Abwehrmechanismus – eine natürliche Reaktion auf Schmerz, drohenden Verlust und Veränderung. Bei der Arbeit mit den Eltern ist es sehr wichtig, genau das zu vermitteln: Wenn die Angehörigen verstehen, dass es eine ganz natürliche Erklärung für ihr Erleben und Verhalten gibt und dass ihr Selbstwert hierdurch bedroht ist, dann können sie auch dieses Verhalten realistisch zur Kenntnis nehmen. Sie benötigen sehr viel Sicherheit und das Gefühl, angenommen zu sein, bevor sie ihren Blick von dem drogenabhängigen Kind lösen und darauf richten können, was mit den einzelnen Familienmitgliedern und dem Familienleben insgesamt geschieht. Wenn sie in die Lage versetzt worden sind zu beschreiben, wie chaotisch und unkontrollierbar ihr Leben geworden ist, können sie oft auch akzeptieren, dass sie die Existenz der Sucht geleugnet haben. Dies ermöglicht ihnen dann, in die zweite Phase der Trauerarbeit einzutreten.

Die *zweite Phase*, die ein todkranker Mensch durchlebt, wenn er den Charakter seiner Krankheit nicht mehr leugnen kann, aber das nahende Ende noch nicht akzeptiert, ist gekennzeichnet von *Wut, Ärger* und *Selbstmitleid.* Die typischen Fragen lauten dann: »Warum passiert das ausgerechnet mir?« – »Was habe ich getan, um dieses Schicksal ertragen zu müssen?« – »Warum gerade ich?« Die Familienangehörigen von Drogenabhängigen fragen dementsprechend: »Warum gerade wir – warum unser Sohn – unsere Familie?« und »Was haben wir falsch gemacht?« Die Angehörigen von Suchtkranken geben oft zu, dass sie wiederholt versucht haben, den Abhängigen zu retten, aber ebenso häufig erleben mussten, dass ihre Bemühungen zurückgewiesen wurden. Auch hieraus resultieren Gefühle von Wut und Selbstmitleid: Die Angehörigen sind wütend auf den Abhängigen, auf sich selbst, auf das ganze Leben. Manche reagieren ihre Wut nach außen ab, sie werfen den Abhängigen aus dem Haus oder sie schlagen ihn. Andere schließen ihre Gefühle in sich ein und entwickeln eine passiv-aggressive Feindseligkeit.

In dieser Phase besteht das Beratungsziel darin, dass die Einzelnen lernen, ihre Wut wahrzunehmen und anzuerkennen, also ihre Gefühle zuzulassen und mit ihnen bewusst umzugehen. Die Eltern werden ermutigt, auf *ihre* Abhängigkeit zu achten – darauf, wie sie sich in ihrem Denken, Handeln und Fühlen auf das abhängige Kind konzentrieren. Überdies muss berücksichtigt werden, was dieser Prozess für die elterliche Beziehung bedeutet. Wenn die Eltern lernen, das Kind loszulassen, haben sie eine Möglichkeit, sich auf konstruktive Weise als Eltern zu verhalten und dem Abhängigen die Verantwortung für sich selbst zu überlassen.

Die *dritte Phase* im Trauerprozess ist durch Versuche gekennzeichnet, einen Handel abzuschließen – mit dem Arzt, der Drogenberatung oder mit Gott. So wie der Sterbende versucht, noch das Erleben des nächsten Frühlings auszuhandeln, so reagieren auch die Angehörigen von Suchtkranken: »Wenn wir es schaffen, unseren Sohn in diese als besonders gut bekannte Einrichtung zu bringen, dann wird er sich nicht weiter mit Drogen ruinieren.« Häufig werden in dieser Phase Wunderkuren aller Art gesucht. In der Beratung geht es darum, den betroffenen Eltern/Angehörigen zu helfen, sich aus ihrer Abhängigkeit zu lösen und ihre Ohnmacht wahrzunehmen. Sie benötigen Unterstützung, um akzeptieren zu lernen, dass sie ihr Kind nicht verändern können.

Wenn Verleugnung, Wut und Verhandlungsversuche schließlich als sinnlos erlebt werden, setzt als vierte Phase die *Depression* ein: Die Sterbenden erleben die eigene Ohnmacht, den drohenden Verlust des Lebens. Dies entspricht dem »ersten Schritt« der Anonymen Alkoholiker, bei dem sie ihre Ohnmacht gegenüber der Droge zugeben. Wenn die betroffenen Familienmitglieder das Gefühl der Ohnmacht erleben, fangen sie oft an zu weinen. Der emotionale Schmerz in dieser Phase ist so groß, dass sie sich häufig auf eine der früheren Phasen der Trauerarbeit zurückziehen und mit Wut, Verleugnung oder Verhandlungsversuchen reagieren. Oft ist Sarkasmus ein Ausdruck unterdrückter Wut und des Gefühls, persönlich versagt zu haben. Auch in dieser Phase hat die Arbeit mit den Eltern und Angehörigen zum Ziel, ihnen zu helfen, sich der eigenen Gefühle bewusst zu werden und sie zu verstehen.

Für tödlich erkrankte Patienten und deren Familien bedeutet die *letzte Phase* des Trauerprozesses, ihre Grenzen bzw. ihre Ohnmacht, etwas an der Situation zu ändern, anzunehmen. *Akzeptieren* kann dann eine Veränderung der Lebensziele bedeuten oder das Einbeziehen von Krankheit und Tod in das Familienleben. Hieraus kann sich Gelassenheit entwickeln – eine Art von ruhigem Optimismus.

Derselbe Prozess ist auch dem Suchtkranken und seiner Familie möglich. Der Süchtige lernt zu akzeptieren, dass seine Beziehung zur Droge ein Ende haben muss. Die Angehörigen müssen akzeptieren, dass sie ihre Rollen – z.B. als Helfer – aufgeben müssen. An diesem Punkt sind sie in der Lage, sich emotional von den Problemen des Abhängigen zu lösen und ihm seine Probleme »zurückzugeben«. Sie können nun den Süchtigen verstehen – auch dann, wenn dieser sich doch wieder für die Droge entscheiden sollte. Weiterhin akzeptiert die Familie, dass sie nicht dafür verantwortlich ist, ob der Abhängige gesund wird – die Angehörigen können ihn weiterhin lieb haben, brauchen aber weder ihn noch seine Sucht zu versorgen.

Das *Akzeptieren* der Situation bedeutet *nicht Resignation*, sondern den Entschluss, mit dem Problem zu leben und *aktiv damit umzugehen*. Die Kräfte, die bisher durch Leugnung, Wut, Verhandlung und Depression gebunden waren, sind nun frei für das Leben mit selbstbestimmter Gestaltung dessen, was da ist. In den Betroffenen vollzieht sich direkt und indirekt eine Umstrukturierung der Werte und Prioritäten aufgrund von verarbeiteten Erfahrungen. Die Kontrolle über das Verhalten des Kindes wird nicht mehr als vorrangige Elternpflicht betrachtet, sondern die Eltern achten wieder mehr auf ihr persönliches Glück, ihre individuelle Entwicklung und ihre Partnerbeziehung. Sie lernen, sich das Recht zuzugestehen, auch noch etwas vom Leben haben zu wollen.

Kinder suchtkranker Eltern – Atmosphäre in einer Suchtfamilie

Genauso wenig wie es *den* Abhängigkeitskranken, *den* Co-Abhängigen oder *die* Sucht- bzw. Alkoholikerfamilie gibt, sowenig kann es *das* Kind von suchtkranken Eltern geben. Die Entwicklungsverläufe können sehr unterschiedlich sein, Kompensationsmöglichkeiten variieren, und das Ausmaß von Auffälligkeiten hängt auch immer vom Grad der Störung der Familie ab. Die Atmosphäre in der Suchtfamilie ist durch eine ängstlich-gespannte Erwartungshaltung, Unruhe und Ungeborgenheit gekennzeichnet. Werden die Kinder z.B. einerseits vom alkoholisierten Vater wegen Nichtigkeiten bestraft, kann er andererseits im nüchternen Zustand der beste Vater sein. Das Kind versucht, jede Situation genau zu beobachten und unter Missachtung seiner eigenen Gefühle sein Verhalten auf die Stimmungsschwankungen des Alkoholikers abzustimmen (Köppl/Reiners 1987).

Die süchtige Beziehung hat in allen Varianten etwas maßlos Forderndes (Salloch-Vogel 1987). Deshalb wachsen die Kinder unter einem besonderen Stress auf. Wut, Scham, Demütigungen und Hilflosigkeit prägen das Familienklima. Es herrscht eine ständig gespannte Atmosphäre mit extremen, manchmal minutiösen Stimmungsschwankungen in den negativen Bereichen. Die Kinder versuchen, durch erlernte schnelle Abstimmung des eigenen Verhaltens auf die momentane Situation unter Missachtung ihrer eigenen Gefühle zu reagieren: »Ich merke das sofort, wenn der schlechte Laune hat. Es ist irgendwie so sehr in mir drin, ich sehe das schon an der Tür. Ich sehe auch sofort, wenn er getrunken hat. Also das habe ich sehr gut eingeübt« (Bernd, 17 Jahre).

Die Atmosphäre ist von großen Unsicherheiten bestimmt, es herrscht eine ängstlich angespannte Erwartungshaltung: »So vom Grundgefühl in der Familie denke ich, dass da immer eine ständige Angst war - vor ihm. Und zwar davor, dass er schlechte Laune kriegt, weil irgendetwas nicht stimmt« (Daniel, 21 Jahre). Die Familie bewegt sich oft jahrelang zwischen neuer Hoffnung und wiederkehrender Enttäuschung. Besonders bei Rückfällen des abhängigen Elternteils, aber auch bei nicht eingehaltenen Versprechen, verstärken sich im Kind die Gefühle von Verlassenheit und Ablehnung.

Kennzeichnend für die Suchtfamilie sind der unsichere Familienzusammenhalt und die feindselige Stimmung zwischen den Eltern (Schwulenberg nach Köppl/Reiners 1987). Durch elterliche Streitigkeiten und eheliche Spannungen entstehen häufig Loyalitätskonflikte im Kind. Meist fühlt es sich hin- und hergerissen und kann zu keinem Elternteil eine emotional vertrauensvolle Beziehung herstellen. Die Eltern sind oft so sehr mit ihren eigenen Problemen beschäftigt, dass sie den Kindern nicht die nötige Aufmerksamkeit zukommen lassen. Das Kind empfindet sich als nicht erwünscht und überflüssig. Es versucht oft, die Probleme der Eltern zu lösen. Vielfach wird es auch als Ursache für das familiale Elend angesehen, also zum Sündenbock gemacht (Brakhoff 1987). Häufige Streitigkeiten verursachen im Kind immer eine Angst vor Trennung (die auch von Zeit zu Zeit vorkommen können). Oft fühlen sich die Kinder für die Misere verantwortlich und glauben, sie könnten eine Besserung herbeiführen. Diese »meist unbewussten Grandiositätsideen« (Schmidt nach Brakhoff 1987) bringen die Kinder aber ebenfalls in ein sehr aufreibendes Dilemma: Sie versuchen, das Unkontrollierbare zu kontrollieren. Da ihnen dies jedoch nicht gelingt, resultiert aus der ständigen Frustration häufig eine latent oder mehr oder weniger offen wirkende depressive Haltung.

Da die Suchterkrankung immer noch eine stigmatisierte Krankheit ist, ist allen in der Familie klar, dass sie ein *Geheimnis* bleiben muss. Für die Kinder heißt das, in der Schule die Familiensituation vertuschen zu müssen und niemanden spontan mit nach Hause bringen zu können. Sie leben in einer »ängstlichen Dauerspannung«, denn sie wissen nie, was sie zu Hause erwartet. Die Geheimhaltung verstärkt ihr Schamgefühl, und dies führt zu verstärkter Isolation. Somit fehlen den Kindern Möglichkeiten zur Kompensation der Belastungen zu Hause, zum Erfahrungsaustausch mit Gleichaltrigen, zum Erwerb sozialer Kompetenz, zur Entwicklung von Selbstachtung durch positive Kontakte mit anderen, zur Entlastung durch »Ausheulen« oder zur Orientierung an Modellen, die weniger defizitär sind als die der Eltern (Schwoon 1987).

Der alkoholabhängige Vater wird beispielsweise in seiner Beziehung zu den Kindern vornehmlich als angstauslösend, identifikationsunwürdig, intolerant, belastend und emotionslos erlebt (Feldmann nach Köppl/Reiners 1987). Dass auch der nichtsüchtige Elternteil einen schädigenden Einfluss auf das Kind ausüben kann, geht aus folgender Aussage hervor: »Wie mein Vater war, wenn er betrunken war, wusste ich ziemlich gut; wie sich meine Mutter verhielt, wenn mein Vater betrunken war, wusste ich nie.« Auch die Mutter ist infolge Arbeitsüberlastung und psychischem Stress nicht immer in der Lage, sich in adäquater Weise den Kindern zuzuwenden. Die Kinder fühlen sich ungeliebt, vernachlässigt und überflüssig.

Das *zentrale Problem* für diese Kinder ist wohl die *permanente Überforderung*. Oft können und dürfen sie ihre kindgemäßen Bedürfnisse nicht leben. Sie werden früh gefordert und überfordert, wenn sie Aufgaben der Eltern übernehmen müssen. So müssen sie häufig die Geschwister versorgen, die Mutter beruhigen, den Notarzt anrufen, die Eltern aus der Kneipe holen usw. Die inkonsequente Erziehungshaltung, d.h. das Wechselbad zwischen Härte und Verwöhnung, gibt den Kindern die Grunderfahrung, dass sie sich auf ihre Eltern (und auf Erwachsene generell) nicht verlassen können. So können sie frohe Stunden nicht genießen - aus Angst, was danach kommen könnte. Auch wenn es (wie schon vorangestellt) *die* Suchtfamilie nicht gibt, sind Kinder häufig folgenden Belastungsfaktoren ausgesetzt:

- Sie müssen Streit, Auseinandersetzungen und extreme Stimmungsumschwünge aushalten.
- Sie dienen als Objekt von Verwöhnung und Aggression.
- Sie sind Mittel in der Auseinandersetzung zwischen den Eltern und werden gezwungen, Partei zu ergreifen (Loyalitätskonflikte).
- Sie erleben keine Verlässlichkeit und müssen erfahren, dass Versprechen ihnen gegenüber in extremer Weise nicht eingehalten werden.
- Sie erfahren sexuelle Belästigungen und körperliche Misshandlungen.
- Sie erleben extreme körperliche Zustände mit (Rausch, Entzug).

All diese Belastungsfaktoren haben schon in der frühen Kindheit einen schädlichen Einfluss auf die Entwicklung des Kindes, der sich bis in das Erwachsenenalter hinein auswirkt. Die Kinder erlernen schon früh ein dysfunktionales Lebensmuster. Sie sind um ihre Kindheit betrogen und zu früh zum Erwachsensein »verdammt« worden.

Kinder in Suchtfamilien wachsen in einem Gefühlschaos auf. Sie fühlen sich schuldig und verantwortlich für das elterliche Trinken; sie wissen nicht, dass z.B. Alkoholismus eine Krankheit ist, die sie weder verursacht haben noch kontrollieren oder gar heilen können. Sie haben das Gefühl, von den Eltern nicht wahrgenommen zu werden, und fühlen sich ungeliebt, denn das Familienleben dreht sich nahezu ausschließlich um den Alkohol und den suchtkranken Elternteil. Sie sind zutiefst verunsichert wegen des *verlässlich-unzuverlässigen* Verhaltens der Eltern, ihrer Einstellungen und Regeln. Auf nichts ist Verlass, außer auf die Unzuverlässigkeit und Unberechenbarkeit der Eltern. Was den Kindern bleibt, ist ängstliche Verwirrung und Misstrauen, häufig bis ins Erwachsenenalter hinein: »Papa war böse, er hat geschrien und uns alle geschlagen. Am nächsten Tag war er wieder lieb, so, als ob nichts passiert wäre. Er kann doch nicht vergessen haben, was er gesagt und getan hat!« (ein achtjähriger Junge in der Kindertherapie). Die Angst wird noch dadurch verstärkt, dass sie unter der ständigen Befürchtung leben, der alkoholabhängige Elternteil könnte krank werden, einen Unfall haben oder gar sterben - eine Angst, die durchaus realistisch ist: »Wenn er abends nicht kommt, gehen wir ihn suchen. Ich mache mir große Sorgen, habe Angst, dass wir ihn nicht wiederfinden« (ein zehnjähriges Mädchen). Ferner sind die Kinder eingeschüchtert durch familiäre Konflikte, die häufig genug in Gewalt und Misshandlung ausarten. Körperliche Gewalt bedeutet aber immer zu erniedrigen, zu beleidigen, Menschen in ihrer Würde zu verletzen. Misshandlung muss aber nicht immer und ausschließlich körperliche Gewalt bedeuten; sie tritt auch auf, wenn ein Kind ständig als Person abgewertet oder für alles Schlechte im Leben verantwortlich gemacht wird.

Auch Kinder, die mit suchtkranken Eltern aufwachsen, lernen Regeln für ihr Leben. Allerdings sind viele Regeln, die in diesen Familien vermittelt werden, entwicklungshemmend wie z.B. folgende:

1. »Kontrolliere deine Gefühle, verleugne diejenigen, die als Wunsch an andere interpretiert werden, oder die, die eigene Verletzlichkeit und Schwäche zeigen könnten!« Jedes Kind hat Gefühle, auch Kinder von suchtkranken Eltern. In einer Atmosphäre, in der Gefühle zu haben verboten ist, müssen Gefühle versteckt werden aus Scham oder aus Angst, sich bloßzustellen. In Suchtfamilien scheint es kein Gefühl für Gefühle zu geben.

2. »Die Bedürfnisse der anderen sind wichtiger als die eigenen. Bedürfnisse dürfen – wenn überhaupt – nur indirekt und nur so geäußert werden, dass sie als die eigentlichen wahren Bedürfnisse anderer erscheinen, die man bloß interpretiert.« Kindern in Suchtfamilien wird täglich deutlich gemacht, dass sie mit ihren Sorgen und Nöten, mit ihren Wünschen und Bedürfnissen nicht gefragt sind. Würden sie ihre eigenen Bedürfnisse äußern und durchzusetzen versuchen, würde das familiale System noch chaotischer, noch komplizierter werden. Das Kind hat seine Bedürfnisse zurückzustellen. Es muss Verständnis haben für die schwierige Situation von Mama und Papa. Aber: Wer hat Verständnis für die Kinder? Von diesen wird »erwachsenes« Verhalten verlangt. Die Eltern – insbesondere der Abhängige – dürfen sich nahezu alles erlauben, wie ein geliebtes, aber äußerst ungezogenes Kind. Wer es gewohnt ist, eigene Bedürfnisse nicht wahrnehmen zu dürfen, der entwickelt mit der Zeit u.a. Identitätsprobleme etwa derart, dass er das, was *er* will, nicht von dem unterscheiden kann, was *andere* von ihm wollen.

Black (1988) hat die Regeln wie folgt zusammengefasst: *»Rede nicht, traue nicht, fühle nicht!«* Die Kinder suchtkranker Eltern sind gehalten, ihr Verhalten nach diesen Regeln auszurichten, und sie lernen diese Regeln früh und so intensiv, dass dies langfristige Folgen hat. Die Regeln werden vom abhängigen Elternteil aufgestellt und entsprechen *seinen* persönlichen Zielen – den Zugriff auf Alkohol zu garantieren, Schmerzen zu vermeiden und seine Abwehr zu schützen. Diese Regeln, nach denen sich alle Familienmitglieder richten müssen, werden durch Blicke, Gesten und Reaktionen vermittelt. Sie sind unausgesprochen, halten das Familiensystem geschlossen und blockieren die Entwicklung jedes Familienmitgliedes. Der Ausprägungsgrad der einzelnen Regeln ist familienspezifisch. All diese Belastungsfaktoren haben schon in der frühen Kindheit einen schädlichen Einfluss auf die Entwicklung des Kindes, der sich bis in das Erwachsenenalter hinein auswirken kann.

Suchtgefährdung der Kinder suchtkranker Eltern

Rund 30% der Kinder suchtkranker Eltern wählen später suchtkranke Partner. Dabei scheinen zwei Prozesse vor sich zu gehen: (1) Es wird ein Partner ausgewählt, der dem eigenen Vater/der eigenen Mutter gleicht, und (2) wird die Partnerwahl des gleichgeschlechtlichen Elternteils imitiert, indem bei möglichen Partnern u.a. auf solche Signale besonders intensiv reagiert wird, für die auch die eigene Mutter bzw. der Vater schon besonders empfänglich waren (Burr 1985).

Die Kinder von Alkoholikern entwickeln häufig ein ähnliches Trinkmuster wie ihre Eltern oder eine andere Sucht (Stark nach Köppl/Reiners 1987). Etwa 50% der Kinder von Alkoholikern werden selbst alkoholkrank; dabei korreliert die Trinkhäufigkeit der Jungen hoch mit der der Väter, die Trinkhäufigkeit der Mädchen mit der der Mütter (Köppl/Reiners 1987). Nach Black (1988) bezeichnen sich selbst 36,8% der erwachsenen Kinder (Kontrollgruppe 9,5%) als alkoholabhängig. In einer Studie von Fox (1968) beträgt die Zahl der abhängigen erwachsenen Kinder 52% und bei Schuckit, Rimmer und Vinkowe (1971) sogar 72%. Obgleich (oder gerade weil?) viele Kinder aus Alkoholikerfamilien davon überzeugt sind, dass ihnen so etwas, wie sie es in ihrer Herkunftsfamilie erlebt haben, *niemals passieren* wird, werden überdurchschnittlich viele von ihnen selbst suchtmittelabhängig oder sind durch die Heirat eines Abhängigen erneut mit dem Problem konfrontiert.

Die Krankheit Alkoholismus wird durch vielfältige genetische, psychische, soziale und kulturelle Faktoren weitergegeben. Die Gewichtung der einzelnen Variablen ist nur sehr schwer zu analysieren. Ein Gen für Trunksucht wurde laut Zerbin-Rüdin (1977) bislang ebenso wenig nachgewiesen wie eine spezifische Keimzellschädigung durch exzessiven Alkoholgenuss (vgl. von Villiez 1985). Genetische Erbfaktoren sind wohl darin zu sehen, dass auch das Verhalten als Anlage weitergegeben werden kann. Die »Vererbung« bzw. das Erlernen der Sucht als Verhaltensmuster, zum Teil über mehrere Generationen hinweg, scheint wesentlich eindeutiger. So diente z.B. Alkohol von jeher als »Hilfsmittel«, um in Kontakt mit anderen Menschen zu kommen. Das Trinkverhalten der Eltern wird von Heranwachsenden übernommen. Sie verinnerlichen die Selbstverständlichkeit, mit der zu allen möglichen Gelegenheiten Alkohol getrunken wird, und sehen auch, dass ihre Eltern keinen Ausnahmefall darstellen. Häufig wird der Konsum von Alkohol auch als äußeres Zeichen des Erwachsenseins gesehen.

Hilfsangebote für Suchtkranke und ihre Familien

Das Thema »Sucht und Familie« zwingt uns dazu, nicht nur über die Belastungen zu sprechen, denen die Kinder und Angehörigen Suchtkranker in diesen Familien begegnen, sondern auch über präventive, beraterische und therapeutische Maßnahmen nachzudenken, die es in diesem Feld gibt oder geben sollte (vgl. Arenz-Greiving 1997). Wichtigstes Ziel eines Angebotes für Kinder von suchtkranken Eltern ist, den *Teufelskreis der Abhängigkeit* zu unterbrechen. Darüber hinaus ist es wichtig, dass sie (Lebens-)Regeln erlernen, die eine positive Entwicklung ermöglichen und fördern. Angebote für diese Kinder und deren Eltern sollten darauf abzielen, dass persönliche Ressourcen wie z.B. Flexibilität, soziale Intelligenz, Temperament und Sensivität gefördert und soziale Ressourcen wie Bindungsfähigkeit, stabile emotionale Beziehungen, offen unterstützendes Erziehungsklima, Modelle positiver Bewältigung und Wertorientierung angeboten werden.

Wenn wir uns mit der Situation und Lebensrealität der Kinder suchtkranker Eltern beschäftigen, geht es u.a. darum zu verhindern, dass sie die »neue Klientel« der Suchtkrankenhilfe werden – Prävention heißt das Stichwort. Alle, die mit Kindern, Jugendlichen und deren Familien zu tun haben, müssen sich auch mit dem Thema »Suchterkrankungen – Auswirkungen und Hilfen« auseinander setzen und jeweils in ihrem Arbeitsfeld nach Möglichkeiten der Unterstützung betroffener Kinder und ihrer Familien suchen. Eine intensive Kooperation ist sicherlich auch in dem Bereich der Elternarbeit erforderlich.

Angebote der Suchtkrankenhilfe

Suchtmittelmissbrauch und Abhängigkeit führen im Verlaufe von mehreren Jahren in der Regel zu einer Vielfalt körperlicher, psychischer und sozialer Folgen. Genau genommen ist jede Suchtmittelabhängigkeit eine chronische Erkrankung, denn auch jeder trockene/ abstinente Suchtkranke kann zeitlebens rückfallgefährdet sein. Abhängigkeitserkrankungen lassen sich - wie bereits erwähnt - nicht allein auf *eine* Ursache zurückführen. Das Bedingungsgefüge für die Entstehung und Verfestigung der Sucht ist vielschichtig. Daher erfordert die Behandlung Abhängigkeitskranker eine Vielzahl unterschiedlicher Einrichtungen, breit gefächerter Hilfeangebote und Maßnahmen, die in einem Verbund phasengerecht ineinander greifen und nahtlos zusammenarbeiten müssen. Die Behandlungsdauer richtet sich nach Schwere der Erkrankung und den daraus folgenden seelischen, körperlichen und sozialen Belastungen.

Heute lassen sich aus Kenntnis der Vielschichtigkeit der Suchtentwicklung heraus folgende Ziele der Behandlung Suchtkranker beschreiben. Es gilt,

- ein Leben ohne Suchtmittel führen zu können,
- die während der Abhängigkeit entstandenen Schäden im sozialen Bereich auszugleichen und wieder soziales Verhalten in der Familie, am Arbeitsplatz und in der Nachbarschaft zu lernen,
- das Vermögen für die Übernahme von Verantwortung für sich und andere wiederzuerlangen,
- die persönlichen, subjektiven und objektiven Schwächen anzunehmen,
- das Leben neu zu bewältigen sowie schließlich
- Perspektiven für sein zukünftiges Leben zu gewinnen.

Suchtkrankenhilfe orientiert sich an einem ganzheitlichen Menschenbild und will die Gesundheit der Abhängigen in körperlicher, seelischer, geistiger und sozialer Hinsicht wieder herstellen oder fördern. Dazu dienen vorbeugende Maßnahmen, psychosoziale Beratung und ambulante Behandlung, stationäre und teilstationäre Therapie sowie ambulante und stationäre Nachsorge. Hierbei werden bewährte Methoden der Sozialarbeit, der Pädagogik, der Psychologie und der Medizin sowie benachbarter Disziplinen eingesetzt.

Die traditionelle Suchtkrankenhilfe der Beratung, Behandlung und Nachsorge hat sich in den letzten Jahren stark differenziert, qualifiziert und erweitert. Sie versteht sich heute als eigenständiges, auf den Abhängigen selbst sowie auf sein familiäres und soziales Beziehungsfeld ausgerichtetes, zeitlich früh einsetzendes Angebot menschlicher und fachlicher Beratung, Therapie und rehabilitativer Hilfen. Ambulante und stationäre Einrichtungen sind Teile dieses umfassenden Hilfesystems.

Suchtberatungsstellen

Diese ambulanten Beratungsstellen sind – neben den Hausärzten – die wichtigsten Ansprechpartner für das soziale Umfeld eines Abhängigen und den Kranken selbst, um eine Behandlung einzuleiten, zu begleiten oder selbst durchzuführen. Sie sind auch Anlaufstelle für alle, die erste Informationen über Suchtgefährdungen incl. Essstörungen und

Spielsucht suchen. Ambulante Beratungs- und Behandlungsstellen gibt es in allen größeren und vielen mittleren und kleineren Städten. Ihre Träger sind häufig freie Wohlfahrtsverbände wie Caritas, Diakonie, Arbeiterwohlfahrt usw. Manchmal sind diese Stellen auch den Gesundheitsämtern angegliedert.

Die psychosozialen Beratungs- und Behandlungsstellen für Suchtkranke, Suchtgefährdete und deren Angehörige sind für jeden offen – unabhängig von Konfession, Nationalität oder Lebensalter. Sie bieten kostenlose Beratung für diejenigen, die sich mit Fragen und Anliegen direkt an sie wenden. Dazu gehört auch die Beratung von Multiplikator/innen wie z.B. Erzieher/innen oder Lehrer/innen.

Aufgabe der Suchtberatungsstellen ist es vor allem, Abhängige, Angehörige und Interessierte über Grundbegriffe, Ursachen und Folgen von Missbrauch und Abhängigkeitserkrankung sowie über die Beratungs- und Behandlungsmöglichkeiten zu informieren. Darüber hinaus gibt es verschiedene Gesprächs- und Gruppenangebote, die die Motivation zu einer Behandlung wecken und fördern sollen. Zudem wird Hilfestellung bei der Antragstellung für eine Therapiemaßnahme geleistet sowie Beratung in aktuellen Lebensfragen angeboten. Alle Mitarbeiter/innen unterliegen der Schweigepflicht, sodass die Bedingungen für Offenheit und Vertrauen gewährleistet sind.

In vielen Beratungsstellen können Betroffene auch an einer ambulanten Behandlung teilnehmen, sofern sie gut motiviert sind sowie ihr gesundheitlicher Zustand und die soziale Situation dies ermöglichen. Außerdem kann hier nach einer stationären Behandlung die Therapie ambulant fortgeführt werden, wenn dies angebracht und von den Betroffenen gewünscht wird. Zudem vermitteln diese Stellen in weiterführende Hilfen, wenn z.B. eine Selbsthilfegruppe gesucht wird oder Schuldnerberatung und Schuldenregulierung ein nächster wichtiger Schritt sind.

Ein wesentlicher Aspekt der Arbeit von Beratungsstellen ist die Einbeziehung der Familienangehörigen. Es werden Gespräche mit den Lebenspartner/innen, den Eltern und manchmal auch den Kindern durchgeführt. Diese müssen oft erst lernen, die Realität zu sehen und die Suchtkrankheit zu akzeptieren. Auch benötigen sie Unterstützung, wenn sie mit Pflichten und Aufgaben belastet sind, die früher der Suchtkranke selbst wahrnahm. Schließlich können sie all die negativen Erfahrungen in der Vergangenheit nicht »einfach vergessen«, wenn der Suchtkranke keine Suchtmittel mehr zu sich nimmt. Notwendig ist deshalb die Einbeziehung der Angehörigen mit mindestens folgenden Zielen:

1. Es soll das Verständnis für die Entwicklung (Hintergrund, Motive zum Missbrauch) und Art der Krankheit vermittelt werden.
2. Eine offene Aussprache zwischen den Betroffenen soll ermöglicht werden, damit die Vergangenheit bewältigt werden kann.
3. Gemeinsame Vorstellungen über ein zukünftiges Leben sollen entwickelt werden.
4. Möglichkeiten für den Umgang mit immer wiederkehrenden Gefühlen wie Misstrauen, Angst und Ärger sollen erarbeitet werden.
5. Vorbeugend soll ein Vorgehen bei Rückfälligkeit gemeinsam entwickelt und abgesprochen werden.

Die Adressen der Beratungsstellen sind im örtlichen Telefonbuch verzeichnet. Sie werden unter »Suchtberatung«, »Jugend- und Drogenberatungsstelle«, »Psychosoziale Beratungsstelle« und ähnlichen Begriffen geführt.

Besonderheiten in der Arbeit mit und für Jugendliche

Jugendliche brauchen niedrigschwellige Beratungsangebote in Form von aufsuchender Sozialarbeit, die den Kontakt in ihren eigenen Lebenswelten ermöglicht. In Bezug auf die Zielgruppe der konsumierenden und gefährdeten Jugendlichen, die (noch) nicht abhängig sind, und in der Regel ihre Situation nicht so problemhaft beurteilen, wie dies häufig ihr Umfeld tut, greift das Angebot der Beratungsstellen kaum bis gar nicht. Müsste aufsuchende Arbeit im Suchtbereich generell erweitert werden, so ist speziell für Jugendliche nur der Weg des niedrigschwelligen Zugangs denkbar, indem Sozialarbeiter/innen mit ihnen dort Kontakt aufnehmen, wo Jugendliche sich aufhalten.

Information, Austausch, Beratung und Begleitung ermöglicht Eltern und Multiplikator/innen Konsummuster von Jugendlichen besser einzuordnen, Ängste abzubauen und situativ angemessener zu reagieren. So können Beratungsstellen z.B. über unverbindliche Eltern-Info-Abende oder feste Gesprächskreise wie auch über Einzelberatung dazu beitragen, dass Eltern Informationen über Hintergründe und Zusammenhänge bei Suchtmittelkonsum erhalten. Diese sind notwendig, um Unsicherheiten im Umgang mit dem Thema - und somit mit dem Kind - abzubauen.

In der Zusammenarbeit mit Multiplikator/innen aus den Bereichen Schule und Jugendarbeit können Mitarbeiter/innen aus Beratungsstellen – über einen ähnlichen Service wie für Eltern hinaus – selbst bei Projekten mitwirken und sich als Personen und mögliche Ansprechpartner/innen bekannt machen. Sie können Lehrer/innen helfen, die im Schulalltag auf für sie problematische Verhaltensweisen Jugendlicher stoßen oder sie des Drogenkonsums verdächtigen und nicht wissen, wie sie darauf reagieren sollen. So zeigen Erfahrungen, dass Multiplikator/innen aus den Bereichen Schule und Jugendarbeit eine fachliche Beratung und Begleitung zur Durchführung von Projekten, aber auch im alltäglichen Umgang mit den Themen Konsum, Drogen und Sucht als sehr hilfreich und unterstützend erleben.

Stationäre Therapieeinrichtungen

Im Wesentlichen lassen sich folgende Einrichtungen zur stationären Versorgung Abhängiger aufzählen:

- Allgemeinkrankenhäuser mit besonderen internistischen und psychiatrischen Abteilungen,
- Psychiatrische Abteilungen,
- Psychiatrische Krankenhäuser,
- Fachkliniken für Suchtkranke,
- therapeutische Wohngemeinschaften und
- Nachsorgeeinrichtungen.

Dazu kommen Einrichtungen für spezielle Zielgruppen wie z.B. für

- gefährdete oder abhängige Kinder und Jugendliche,
- Drogenabhängige,

- abhängige Frauen,
- suchtkranke Mütter und ihre Kinder,
- suchtkranke ausländische Mitbürger,
- Menschen, die an (suchtartigen) Essstörungen leiden, oder für
- pathologische Spieler/innen.

In den letzten Jahren ist das Hilfesystem erheblich weiterentwickelt worden, sodass wir heute zahlreiche Einrichtungen haben, die für Menschen mit »speziellen« Ausprägungen der Suchterkrankung zur Verfügung stehen.

Die ambulanten Stellen stehen in engem Kontakt mit stationären Einrichtungen. Häufig haben die Suchtkranken, aber auch ihre Familien, Angst vor einer stationären Behandlung. Deshalb ist es wichtig, dass in einer Motivationsphase vor der stationären Behandlung diese Ängste abgebaut und die Beteiligten auf eine Therapie vorbereitet werden. Die Suchterkrankung hat meist eine recht lange Vorgeschichte; deshalb braucht auch der Weg der Genesung seine Zeit.

Die Einrichtungen nehmen mit unterschiedlicher Intensität und Dauer die Entgiftungs- und Entwöhnungsbehandlung von Suchtkranken wahr. In stationären Einrichtungen wie Allgemeinkrankenhäusern und Psychiatrischen Kliniken werden die (körperlichen) Entgiftungsmaßnahmen durchgeführt. Die Entgiftungsphase dauert ca. eine bis drei Wochen; die Kosten für den Aufenthalt übernimmt in der Regel die Krankenkasse.

Im Anschluss an die Entgiftung kann eine stationäre Behandlung in einer Fachklinik für Suchtkranke begonnen werden (Entwöhnungsphase). Bevor ein/e Betroffene/r in einer Fachklinik aufgenommen wird, ist es erforderlich, dass eine Freiwilligkeitserklärung unterschrieben wird und die Entgiftungsphase abgeschlossen ist. Bei Minderjährigen müssen die Eltern oder Sorgeberechtigten ihr Einverständnis erteilen. Im Vorfeld ist mit Hilfe der Beratungsstelle die Kostenübernahme zu klären. In der Regel übernehmen der Rentenversicherungsträger (BfA, LVA u.a.) oder die Sozialhilfe die Kosten für den Aufenthalt in der Klinik. Bei Minderjährigen wird die Krankenversicherung der Eltern erster Ansprechpartner sein.

Das Ziel der Behandlung ist die Abstinenz vom Suchtmittel, die es den Abhängigen erst ermöglicht, in ihrer Persönlichkeitsentwicklung nachzureifen und zu einer größeren Selbstverantwortlichkeit zu kommen. Die Dauer der stationären Therapie ist abhängig vom Zustand des Abhängigen und seiner sozialen Situation. Die Behandlungszeit wird also flexibel auf den Bedarf des/der Einzelnen abgestimmt. Außerdem gibt es Therapiekonzepte von unterschiedlicher Dauer. Für Jugendliche und junge Erwachsene beträgt die Aufenthaltsdauer in stationären Einrichtungen häufig sechs bis zehn Monate.

In einer Fachklinik für Suchtkranke sind Mitarbeiter/innen der verschiedenen Fachrichtungen tätig: Mediziner/innen, Diplom-Psycholog/innen, Sozialarbeiter/innen und -pädagog/innen, Arbeits-, Beschäftigungs- und Sporttherapeut/innen. Durch das kooperative Zusammenwirken wird eine ganzheitliche Behandlung möglich. Es lassen sich folgende Schwerpunkte der stationären Behandlung beschreiben:

1. Behandlung der körperlichen Schäden: Die meisten Suchtkranken sind körperlich erheblich geschädigt; einige sind als schwer krank zu bezeichnen. Im Vordergrund stehen Lebererkrankungen, Schädigungen des Magens, der Bauchspeicheldrüse und des Herzens, Unregelmäßigkeiten des Blutdrucks, Diabetes und Schädigungen des

Nervensystems. Deshalb ist eine sorgfältige Untersuchung und Behandlung erforderlich. Zur allgemeinen Kräftigung werden Sport, Hydrotherapie (Schwimmen, Kneippen etc.), Beschäftigungs- und Arbeitstherapie verordnet.
2. Bewusstmachung der Abhängigkeit: Der/die Suchtkranke soll erkennen, dass eine Abhängigkeit vorliegt. Die Betroffenen sollen herausfinden, wie sie zum jeweiligen Suchtmittel gekommen sind und wie sich ihr Konsumverhalten in verschiedenen Situationen ausgewirkt hat. Die Krankheitseinsicht ist die Basis, auf der die weiteren Behandlungsschritte aufbauen.
3. Realistische und kritische Auseinandersetzung mit der eigenen Lebensgeschichte: Die Suchtkranken sollen lernen, die Schwierigkeiten, vor denen sie mit Hilfe von Alkohol, Medikamenten oder Drogen flüchteten, jetzt ohne ihr Suchtmittel zu bewältigen.
4. Einbeziehung der Familie oder anderer wichtiger Bezugspersonen in die Therapie: Es werden Seminare für Angehörige veranstaltet, zu denen Familienangehörige - meistens die Lebenspartner/innen oder Eltern - eingeladen werden. Sie müssen oft erst lernen, der Tatsache der Suchterkrankung ins Gesicht zu sehen und sich mit den Folgen auseinander setzen.

In einer Fachklinik begegnen die Suchtkranken einem umfassenden Therapieprogramm, das ihr Leben während des Aufenthaltes weitgehend bestimmt. Durch die Betonung der eigenen Entscheidung werden die Abhängigen aufgefordert, ihr Leben (wieder) selbst in die Hand zu nehmen.

Nachsorge

Oft können nicht alle psychischen und sozialen Folgen einer langjährigen Suchterkrankung im Rahmen der ambulanten oder stationären Entwöhnungsbehandlung behoben werden. Vielfach ist der behandelte Suchtkranke noch nicht stabil genug, um dem Ansturm der Belastungen bei einer Arbeits- oder Wohnungssuche standzuhalten. Häufig ist die familiale Situation nicht ausreichend geklärt, Probleme mit den Eltern, dem/der Partner/in oder den Kindern treten deutlich hervor und müssen bearbeitet werden. Daher ist eine Nachbehandlung erforderlich. Sie wird je nach Schwere der noch zu behebenden Probleme stationär, teilstationär oder ambulant in entsprechenden Übergangseinrichtungen durchgeführt. Das Spektrum der Nachsorgeeinrichtungen ist ebenfalls recht groß, insbesondere unter dem Aspekt der unterschiedlichen Angebote für Alkohol- bzw. Medikamentenabhängige und für die Konsumenten illegaler Drogen. Adressen von solchen Einrichtungen können sowohl bei den Fachkliniken als auch bei den Suchtberatungsstellen vor Ort erfragt werden.

Selbsthilfegruppen

Neben der Hilfe durch professionelle Einrichtungen haben sich ehrenamtlich tätige »trockene« Alkoholiker/innen, Medikamentenabhängige und Angehörige in Selbsthilfegruppen zusammengeschlossen. Der Stellenwert dieser Selbsthilfegruppen ist nicht hoch genug einzuschätzen. Die meisten Selbsthilfegruppen für Suchtkranke und deren Angehörige haben sich inzwischen zu bundesweiten Organisationen zusammengeschlossen. Im Einzelnen sind dies:

- Anonyme Alkoholiker (AA),
- Alanon und Alateen (nur für Angehörige),
- Blaues Kreuz in Deutschland (BKD),
- Blaues Kreuz in der Ev. Kirche (BKE),
- Bundesarbeitsgemeinschaft der Freundeskreise (BAG der FK),
- Bundesverband der Elternkreise drogengefährdeter und drogenabhängiger Jugendlicher (BVEK) (nur für Eltern und Angehörige),
- Deutscher Guttempler-Orden (IOGT) sowie
- Kreuzbund (KB).

Dazu kommen noch Selbsthilfegruppen unter dem Dach der Arbeiterwohlfahrt (AWO), des Deutschen Roten Kreuzes (DRK) und des Paritätischen Wohlfahrtsverbandes (DPWV). Eine Vielzahl von Selbsthilfegruppen, die sich nicht verbandlich organisiert haben, arbeitet auf lokaler und regionaler Ebene. Insgesamt zählen wir heute in Deutschland mehr als 7.600 Selbsthilfegruppen für Suchtkranke und deren Angehörige, in denen Menschen Hilfe finden können.

Eines der wichtigsten Ziele bei der Behandlung Suchtkranker ist es, die Selbstheilungskräfte wieder zu mobilisieren, die spätestens seit der Einnahme des Suchtmittels nach und nach verloren gegangen sind. Weitere Merkmale der Suchterkrankung sind zunehmend verzerrte Selbst- und Fremdwahrnehmung, Realitätsferne und soziale Isolation. Daher gehört das Erlebnis, wieder einer Gruppe von Menschen anzugehören, zu einer stark motivierenden Erfahrung für den Suchtkranken. In einer Selbsthilfegruppe erleben die Teilnehmer/innen, dass

- sie nicht allein mit ihren Erfahrungen und Ängsten stehen, dass Partner und Freunde, Kinder und Eltern auch erheblich unter ihrer Abhängigkeit gelitten haben;
- sie sich nicht schämen müssen, weil sie suchtkrank geworden sind;
- sie verstanden und akzeptiert werden sowie
- wieder Verantwortung für sich übernehmen müssen.

Für die Arbeit von Selbsthilfegruppen gelten im Wesentlichen fünf Prinzipien:

1. Die Teilnahme an der Gruppe ist kostenlos und geschieht freiwillig.
2. Alle Gruppenmitglieder sind oder waren selbst von einer Suchterkrankung betroffen (als Abhängige oder Angehörige).
3. Es gilt für alle Anwesenden die Schweigepflicht.
4. Alle Gruppenmitglieder sind gleichberechtigt.
5. Die Gruppen sind für *alle* offen, die sich mit der Suchterkrankung auseinander setzen wollen.

Die Selbsthilfegruppe wirkt als Anlaufstelle für Angehörige und Betroffene, da die Barrieren für den Suchtkranken und sein soziales Umfeld niedriger erscheinen als bei den offiziellen Stellen. Darüber hinaus sind Mitglieder von Selbsthilfegruppen auch abends ansprechbar und machen Hausbesuche. Jedem Suchtkranken wird empfohlen, eine Selbsthilfegruppe aufzusuchen, damit er dem Ansturm der einsetzenden Belastungen in der Außenwelt (z.B. nach einer Therapie) besser gewachsen ist.

Das (meist) wöchentliche Gespräch in der Gruppe mit Betroffenen und Angehörigen über gemeinsame oder ähnliche Probleme führt die eigenen Einstellungen und Verhaltensweisen, aber auch die eigenen Fähigkeiten, vor Augen und fördert die Wachsamkeit gegenüber Risiken eines erneuten Suchtmittelkonsums. Neben dieser Aufgabe ermöglichen die Selbsthilfeorganisationen auch die Weiterbildung und Qualifizierung zu ehrenamtlichen Suchtkrankenhelfer/innen. Darüber hinaus bieten sie Freizeitaktivitäten ohne Alkohol (bzw. ohne Suchtmittel) und die Chance, neue Freundschaften zu schließen. Damit kann den Suchtkranken zu einer langfristig gesicherten Stabilisierung ihrer Persönlichkeit und ihrer Abstinenz verholfen werden.

Die Zahl der Selbsthilfegruppen speziell für junge Gefährdete oder Abhängige ist noch vergleichsweise gering. Das liegt sicherlich auch daran, dass junge Menschen eher eine »andere Art« von Selbsthilfeangeboten wollen als Erwachsene. Hinzu kommt, dass (ehemals) Drogenabhängige nach Überwindung einer Suchterkrankung meist nichts mehr mit Menschen aus dieser »Szene« zu tun haben wollen. Aus diesem und anderen Gründen gibt es – im Vergleich zum Alkoholikerbereich – weniger Ehemalige (Konsumenten illegaler Drogen), die Selbsthilfegruppen für junge Suchtkranke initiieren.

In vielen Städten gibt es heute die Selbsthilfegruppen von Alateen, die sich an Kinder und jugendliche Angehörige von Alkoholikern richten. Alateen-Gruppen arbeiten – wie die Anonymen Alkoholiker – nach einem 12 Schritte-Programm. In der Zentrale in Essen kann man die Adressen der einzelnen Gruppen vor Ort erfragen (Tel.: 0201/773007).

In Elternkreisen treffen sich in der Regel Eltern – vor allem Mütter – von Drogenabhängigen, um Erfahrungen auszutauschen, sich gegenseitig zu informieren und zu stützen. Die meisten Eltern möchten am liebsten ein Patentrezept – aber sie erfahren im Elternkreis: Es gibt keine Patentrezepte, es gibt keine Wundermittel, welche alle aus dem Drama der Sucht befreien können. Das ist zunächst eine bittere Erkenntnis, und manche brauchen lange Zeit, um dies zu akzeptieren. Die meisten Mütter und Eltern erkennen dann die eigene Hilflosigkeit und arbeiten daran, dass die Drogenabhängigkeit ihres Kindes nicht länger ihr eigenes Leben beherrscht.

Literatur

Appel, C.: Aber keiner soll das merken. Partner 1985, Nr. 6, S. 8–10

Arenz-Greiving, I.: Auswirkungen der Suchterkrankung auf die Kinder. In: Deutsche Hauptstelle gegen die Suchtgefahren (Hrsg.): Sucht und Familie. Freiburg: Lambertus 1993, S. 265–281

Arenz-Greiving, I.: Die Betroffenheit der Mitbetroffenen – Partnerinnen von suchtkranken Männern. In: Deutsche Hauptstelle gegen die Suchtgefahren (Hrsg.): Jahrbuch SUCHT 95. Geestacht: Neuland 1995, S. 229–241

Arenz-Greiving, I.: Situation der Kinder von Suchtkranken oder Was ist bloß mit Martin los. In: Landesstelle gegen die Suchtgefahren in Baden-Württemberg (Hrsg.): Kinder von Suchtkranken – Probleme und Hilfemöglichkeiten. Stuttgart: Selbstverlag 1997, S. 7–26

Black, C.: Mir kann das nicht passieren. Wildberg: Bögner-Kaufmann 1988

Brakhoff, J. (Hrsg.): Kinder von Suchtkranken – Situation, Prävention, Beratung, Therapie. Freiburg: Lambertus 1987

Burr, A.: Alkohol in der Familie. München: Kösel 1985

Foster, W.: Our nation's drinking problem. National Council on Women in the USA. New York Times, 3.3.1976

Fox, R.: Treating the alcoholic's family. In: Cantanzaro, R.J. (Hrsg.): Alcoholism. Springfield: Thomas 1968, S. 105–115

Grigoleit, H./Wenig, M./Hüllinghorst, R.: Handbuch Sucht. Sankt Augustin: Asgard 1991

Harsch, H.: Alkoholismus – Schritte zur Hilfe für Abhängige, deren Angehörige und Freunde. München: Blaukreuz 1979

Köppl, B./Reiners, W.: Hilfen für Kinder von alkoholabhängigen Vätern. Freiburg: Lambertus 1987

Krämer, H.: Helft mir – meine Eltern trinken. Hamburg: Neuland 1980

Pierce, J.: Alcoholism: a family disease. Alcoholism and recovery within the naval service. Manuskript 1976

Rennert, M.: Co-Abhängigkeit. Freiburg: Lambertus 1990

Salloch-Vogel, R.-R.: Erwachsene Kinder suchtkranker Eltern. Was wird aus diesen Kindern? In: Brakhoff, J. (Hrsg.): Kinder von Suchtkranken – Situation, Prävention, Beratung, Therapie. Freiburg: Lambertus 1987, S. 11–24

Schmidt, G.: Beziehungsmuster und Glaubenssysteme bei Kindern von Suchtpatienten – eine systemische Betrachtung. In: Brakhoff, J. (Hrsg.): Kinder von Suchtkranken – Situation, Prävention, Beratung, Therapie. Freiburg: Lambertus 1987, S. 25-52

Schuckit, M.A./Rimmer, J./Vinkowe, G.: Alcoholism: the influence of parental illness. British Journal of Psychiatry 1971, 119, S. 663–665

Schwoon, D.: Die Kinder von Abhängigen. In: Hamburgische Landesstelle gegen die Suchtgefahren e.V. (Hrsg.): Schriftenreihe zu Suchtfragen, Heft 1. Hamburg: Selbstverlag 1987

Villiez, T. von: Sucht und Familie. Berlin: Springer 1985

Wegscheider, S.: Es gibt doch eine Chance. Hoffnung und Heilung für die Alkoholiker-Familie. Wildberg: Maria-Kaufmann 1988

Zerbin-Rudin, W.: Das schwierige Kind. Stuttgart: Klett, 2. Aufl. 1977

David E. Biegel

Familie und psychische Krankheit

Schwere und andauernde psychische Krankheit hat bedeutende Auswirkungen auf Patient/innen, Familien und die Gesellschaft. Beispielsweise muss ein junger Erwachsener, der unter Schizophrenie leidet, für längere Zeit mit einer schlimmen Krankheit leben – welche die eigene Fähigkeit beeinträchtigt, zwischenmenschliche Beziehungen einzugehen und aufrechtzuerhalten, für sich selbst zu sorgen, die eigene Ausbildung abzuschließen oder einen Arbeitsplatz zu finden und zu behalten. Ergebnisse der »NIMH Epidemiological Catchment Area Study« (Robins/Regier 1991) zeigen, dass die Symptome der Schizophrenie im Durchschnitt neun Jahre lang bestehen. Die Krankheit bricht oft in der späten Adoleszenz oder im frühen Erwachsenenalter aus und trifft so Menschen in einer Phase ihres Lebenszyklus, in der von ihnen erwartet wird, dass sie selbstständig werden und einen eigenen Haushalt gründen. Stattdessen werden diese Personen wieder von ihren Familien abhängig und benötigen fortwährende Unterstützung, um in der Gemeinschaft verbleiben zu können. Menschen mit Schizophrenie erleben häufig Rückfälle, die immer wieder zu einer Hospitalisierung führen. Schätzungsweise 50% von ihnen entwickeln eine Form der Behinderung, die im Verlauf ihres Lebens von Zeit zu Zeit zu Beeinträchtigungen führt. Weitere 25% gesunden nie und müssen für den Rest ihres Lebens betreut werden. Während der ersten paar Jahre nach Ausbruch der Schizophrenie nimmt das Ausmaß der Beeinträchtigungen häufig zwischen den Krankheitsepisoden zu (American Psychiatric Association 1987; Carpenter 1987; Keith/Matthews 1984).

Schwere und andauernde psychische Krankheit wirkt sich wie andere chronische Erkrankungen nicht nur auf den Patienten aus, sondern auch auf das ganze Familiensystem. Sie bringt oft das Familienleben durcheinander und mag zu einer Umverteilung von Rollen und Aufgaben bestimmter Familienmitglieder führen. Der mit chronischer Krankheit verbundene Stress kann auch zu Familienkonflikten führen und die Gesundheit einzelner Familienmitglieder beeinträchtigen (Bruhn 1977; Leventhal/Leventhal/Nguyen 1985). Die Versorgung chronisch kranker Menschen belastet vor allem die Pflegepersonen – jene Familienmitglieder, die sich ihrer Betreuung und Unterstützung widmen. Unabhängig von der Art der chronischen Erkrankung erleben viele Pflegepersonen einen mittleren bis hohen Grad der Belastung und einige auch einen mittleren bis hohen Grad von Depressivität (Biegel/Sales/Schulz 1991; Bruhn 1977; Leventhal/Leventhal/Nguyen 1985).

Eine große Zahl von Familien ist durch schwere und andauernde psychische Krankheit betroffen. Es gibt allerdings keine exakten Daten über ihre Anzahl bzw. über die Zahl psychisch Kranker, die alleine leben. Untersuchungen (z.B. Lefley 1996) belegen, dass Familien ein hohes Maß an Toleranz gegenüber ihrem psychisch kranken Mitglied zeigen, dass aber auch die Kosten und Belastungen sehr groß und durchgängig sind. Ein Überblick der Group for the Advancement of Psychiatry (1978) über den Rückkehrort von Patient/innen nach der Entlassung aus dem Krankenhaus belegte, dass in den 60er und 70er Jahren fast drei Viertel (72%) der Patient/innen in den USA in ihre Familien zurückkehrten – 50% von ihnen zum Ehepartner, 30% zu den Eltern und 20% zu anderen Verwandten. Ähnliches galt auch für England. Heute kehren in den USA nur 25% der Patient/innen in ihre Familien zurück, aber auch dieser Prozentsatz umfasst noch eine recht große Zahl von Personen (a.a.O.; Talbott 1988). So wird geschätzt, dass rund 150.000 bis 170.000 chronisch Kranke pro Jahr heimkehren. Es liegen aber keine Daten vor, wie viele Personen mit schwerer und lang andauernder psychischer Krankheit derzeit in den USA bei ihren Familien leben (Goldman/Gattozzi/Taube 1981).

Dieses Kapitel beschäftigt sich mit den Auswirkungen psychischer Krankheit auf die »versteckten Patient/innen«, die Pflegepersonen eines erwachsenen psychisch kranken Familienmitgliedes. Leider ignoriert das Gesundheitssystem oft die Bedürfnisse dieser Personen oder befriedigt sie nur zum Teil. Das ist recht kurzsichtig, da die Familienmitglieder bedeutende Elemente des Unterstützungssystems von Patient/innen sind und Untersuchungen zeigen, dass psychisch Kranke mit sehr kleinen sozialen Netzwerken häufiger rehospitalisiert werden (vgl. Cohen/Sokolovsky 1978). Ich werde zunächst auf Theorien über die Ätiologie von Schizophrenie und darauf eingehen, wie diese die Sicht von Familien durch Professionelle geprägt haben. Dann geht es um die Bedeutung psychischer Krankheit für Familien, um Untersuchungen über die Belastungen durch Pflege und die Folgen für die Gesundheit der Familienmitglieder, um einen Überblick über die Probleme und Bedürfnisse dieser Familien sowie um Veränderungen in der Gesundheitspolitik und in der Arbeitsweise psychosozialer Dienste, die zu einer besseren Unterstützung von Pflegepersonen in Familien führen würden.

Die Entstehung von Schizophrenie und die Familie

Die Familien psychisch Kranker betreffenden Fragestellungen können nur richtig verstanden werden, wenn man sich damit beschäftigt, wie in der Vergangenheit die Familie von Psychotherapeut/innen, Psychiater/innen und anderen Fachleuten gesehen wurde. Im Gegensatz zu anderen chronischen Erkrankungen wurden die Pflegepersonen psychisch Kranker als Verursacher der Krankheit »angeklagt«. So wurden ab den 30er und 40er Jahren neue Theorien über die Ätiologie der Schizophrenie entwickelt. Fromm-Reichmann veröffentlichte 1948 ihre Theorie, dass die Ursachen in der Interaktion zwischen Kleinstkind und Mutter lägen – letztere würde ihrem Kind gegenüber Gefühle der Zurückweisung und Ablehnung ausdrücken (Hatfield 1987). Diese Theorie und auf ihr aufbauende Arbeiten beeinflussten die Sichtweise der Professionellen von den Familien psychisch Kranker und färbten ihre Interaktion mit ihnen während der nächsten drei Jahrzehnte. Als Konsequenz fühlten sich die Familien etikettiert, angeklagt und zurückgewiesen von den Professionellen. Auf diese Weise wurde die Bürde, die auf diesen Familienmitgliedern schon aufgrund ihrer Pflegetätigkeit lastet, noch vergrößert. Außerdem haben diese Theorien über die Entstehung psychischer Störungen die Chancen der Pflegepersonen verringert, die benötigte professionelle Hilfe zu erlangen. So waren die Beziehungen zwischen Fachleuten und Familienmitgliedern nicht immer unterstützend.

Allerdings beginnt sich diese Situation zu ändern. Obgleich es eine Entwicklung hin zur Unterbringung von aus dem Krankenhaus entlassenen psychisch Kranken in betreuten Gemeinschaften (anstatt in ihren Familien) gibt, werden in neuster Zeit die Theorien revidiert, nach denen Familien als mitverantwortlich für die Entstehung psychischer Erkrankungen betrachtet wurden. Auch wurden neue Theorien über die Entstehung der Schizophrenie entwickelt. So haben sich die Einstellungen der Familienmitglieder und Fachleute hinsichtlich der jeweils anderen Seite zu verändern begonnen (Beels/McFarlane 1982).

Die Bedeutung psychischer Krankheit für Familien

Es gibt nur sehr wenige Untersuchungen über die Einstellungen und Haltungen von Familien gegenüber psychisch kranken Mitgliedern (Clausen/Yarrow 1955; Kreisman/Joy 1974; Terkelson 1987; Yarrow et al. 1955). In einer der frühesten Studien auf diesem Gebiet haben Yarrow und Mitarbeiter (1955) die kognitiven und emotionalen Probleme erforscht, die Ehefrauen in den ersten Phasen der Bewältigung der psychischen Erkrankung ihrer Ehemänner erleben. Hierzu haben sie eine kleine Anzahl klinischer Fälle analysiert. Nach diesen Autoren entdeckt die Frau zunächst neue und unterschiedliche Verhaltensweisen und versucht, sich diese zu erklären. In dieser frühen Phase schwankt sie hin und her, ob es ein Problem gibt oder nicht und ob das Verhalten normal ist oder nicht. Sie mobilisiert Abwehrmechanismen, die verhindern, dass sie das Verhalten als deviant auffasst; dies können Reaktionen wie Verneinung, Abschwächung oder Normalisierung des Problems umfassen. Irgendwann wird aber ein Punkt erreicht, an dem die Frau glaubt, dass es ein Problem gibt und dass sie alleine mit ihm nicht fertig wird. Zu diesem Zeitpunkt wird das Problem nicht notwendigerweise als eine psychische Erkrankung gesehen, sondern vielmehr als ein physisches, ein »Charakter-« oder ein umweltbezogenes Problem. Variablen, die das Erkennen des Problems in dieser Phase beeinflussen, liegen darin, als wie bedrohlich die psychische Krankheit von der Ehefrau wahrgenommen wird, ob sie sich selbst für die Entstehung der Krankheit mitverantwortlich macht, inwieweit sie befriedigende Beziehungsmuster im Umgang mit dem kranken Ehegatten ändern müsste und wie sie ihre eigene Zukunft als Ehefrau eines psychisch kranken Patienten sieht.

Auf diese Forschungsarbeit aufbauend identifizierte Terkelson (1987) folgende fünf grundlegende Variablen, mit deren Hilfe Unterschiede zwischen Verwandten hinsichtlich der Bestimmung der Bedeutung der psychischen Erkrankung eines Familienmitgliedes erklärt werden können:

1. das Ausmaß der Beteiligung der Verwandten am täglichen Leben des Patienten/der Patientin,
2. die Theorien der Verwandten über Ursachen, Symptome und Ausgang der Krankheit,
3. die Entstehungsgeschichte und Phasen der Erkrankung,
4. die Persönlichkeit und Biografie des Verwandten (einschließlich früherer Erfahrungen mit psychischer Krankheit) sowie
5. die Interaktionen der Verwandten mit Mitgliedern formeller und informeller Netzwerke.

Die erstgenannte Variable ist die wichtigste. Die dem Patienten/der Patientin nächsten Verwandten sind von dem Verhalten desselben/derselben am meisten betroffen und müssen die größte Bürde tragen. Andere Mitglieder des Haushalts mögen sich gegenüber dem Patienten/der Patientin abkapseln und bieten dann der Hauptpflegeperson in der Familie nur wenig Unterstützung. Die Erklärung der Entstehung der Krankheit kann ebenfalls die Reaktion von Familienmitgliedern beeinflussen. Wenn z.B. eine biologische Sichtweise vertreten wird, ist die Wahrscheinlichkeit geringer, dass eine Person die anderen Familienmitglieder oder sich selbst für das deviante Verhalten verantwortlich macht. Wenn eine interpersonale Erklärung übernommen wird, mag es in der Familie mehr Spannungen geben, da sie in Ankläger und Angeklagte zerfällt.

Die Gefühle der Verwandten bezüglich der psychischen Erkrankung werden unvermeidbar von den fluktuierenden Zyklen der Krankheit selbst beeinflusst. Verwandte, die eine akute Verschlechterung im Zustand des Kranken/der Kranken verstehen und akzeptieren können, mögen weniger fähig sein, zu verstehen und zu akzeptieren, dass er auch beim Nachlassen und Ruhen der Erkrankung noch krank ist. Eine immer wieder erwähnte Schwierigkeit für Familien ist der Umgang mit den immer seltener werdenden Zeichen der Zuneigung. Dies mag nicht als durch die Krankheit verursacht wahrgenommen werden und dann zu emotionalen Spannungen im ganzen Familiensystem führen.

Andere Variablen, welche die Reaktionen Verwandter auf psychische Erkrankungen beeinflussen, umfassen deren Alter, individuellen Stärken und Bewältigungsmechanismen, emotionale Belastbarkeit und Vorerfahrungen mit solchen Krankheiten. Schließlich werden ihre Reaktionen von Faktoren geprägt, die in ihrem sozialen Netzwerk liegen. Oft erleben sich Familienmitglieder als isoliert, wenn das Ausmaß der Beschäftigung Außenstehender mit dem/der psychisch Kranken im Verlauf der Zeit immer geringer wird und im gleichen Maße die Bürde der Hauptpflegeperson wächst. Die Interaktionen mit Professionellen, die Familienmitglieder als Verursacher der Erkrankung betrachten, kann ebenfalls eine verwirrende und negative Auswirkung auf Familien haben – obgleich sich diese Haltung ändert, wie bereits oben angedeutet wurde.

Art und Ausmaß der Belastung der Pflegeperson

Das Konzept der »Bürde« ist ein zentrales Merkmal nahezu aller amerikanischen Studien über die Betreuung psychisch Kranker durch ihre Familien, obwohl es immer noch keine Übereinstimmung hinsichtlich der Definition dieses Begriffes und der Messung der Belastung gibt. Einige Forscher unterscheiden zwischen objektiven und subjektiven Aspekten der Bürde (Brown et al. 1966; Thompson/Doll 1982). Mit »objektiver Bürde« sind die durch die Krankheit des Mitglieds hervorgerufenen Brüche im Familienleben und/oder die Zeit und Energie gemeint, welche die Pflegeperson aufbringen muss, um die Bedürfnisse des/der psychisch Kranken zu befriedigen. Dazu können Einschränkungen hinsichtlich bestimmter Aktivitäten oder der Zeitverwendung, mangelnde Unterstützung, übernommene Aufgaben, finanzielle Ausgaben u.Ä. gehören. Die »subjektive Bürde« umfasst hingegen die Menge an empfundener Belastung, die eine Pflegeperson im emotionalen und physischen Bereich, bei der Arbeit oder wegen der Ausgaben erlebt.

Die ersten derartigen Untersuchungen wurden in England durchgeführt und zeigten, dass die Familien ein beachtliches Maß an Belastung erfahren (Brown et al. 1966;

Grad/Sainsbury 1963; Hoenig/Hamilton 1966; Sainsbury/Grad 1962). Grad und Sainsbury waren die ersten Wissenschaftler, die die »Bürde« der Pflegepersonen konzeptualisierten und maßen. Sie berichteten, dass mehr als die Hälfte aller untersuchten Familien Schwierigkeiten wegen der Krankheit der Familien ertragen musste, wobei ein Fünftel der Familien von großer Not sprach. Mehr als die Hälfte der Befragten erwähnte übergroße Angst aufgrund von Sorgen über den Patienten/die Patientin, während ein Drittel von Einschränkungen bei sozialen und Freizeitaktivitäten sowie von Unterbrechungen in der häuslichen Routine berichtete. Verhaltensweisen des Patienten/der Patientin, die für die meisten Aufregungen sorgten, waren die fortwährende Betonung körperlicher Beschwerden, Selbstmordtendenzen und hohe Forderungen an andere. In einem Drittel der Familien waren Kinder gestört, und in einem Viertel musste jemand seine Stelle aufgeben, um sich um den psychisch Kranken/die Kranke kümmern zu können.

Untersuchungen von Brown und Mitarbeitern (1966) sowie von Hoenig und Hamilton (1966) zeigten die Folgen der Rückkehr eines zuvor hospitalisierten Mitgliedes in seine Familie auf. In der erstgenannten Studie wurden Arbeiterfamilien bzw. Familien aus unteren Schichten befragt. Fast die Hälfte der Pflegepersonen berichtete von Sorgen über die Patient/innen, mehr als ein Drittel von negativen Folgen für die eigene Gesundheit und der gleiche Prozentsatz von negativen Auswirkungen auf die Kinder. Fast ein Drittel musste Einschränkungen bei Freizeit- und kulturellen Aktivitäten hinnehmen, und mehr als ein Viertel erwähnte finanzielle Probleme. Trotz aller Schwierigkeiten wünschten nur ganz wenige Befragte, dass der/die psychisch Kranke hospitalisiert oder woanders leben sollte. Bei der zweiten Studie wurde der Begriff der Bürde komplexer konzeptualisiert, wobei objektive und subjektive Komponenten unterschieden wurden (s.o.). In mehr als der Hälfte der vier Jahre lang untersuchten Familien gab es objektive Belastungen wie Beeinträchtigungen des alltäglichen Lebens im Haushalt und das Auftreten anormaler Verhaltensweisen bei dem Patienten/der Patientin. Das Ausmaß der subjektiv empfundenen Bürde war geringer, als man hätte erwarten können. In fast einem Viertel derjenigen Haushalte, in denen der/die psychisch Kranke objektive Belastungen verursachte, wurde nicht von einer subjektiven Bürde berichtet. Dieses Forschungsergebnis belegt wie dasjenige von Brown und Mitarbeitern (s.o.) die Duldsamkeit der Pflegepersonen gegenüber ihrer Bürde.

Große Belastungen der Familien mit einem psychisch kranken Mitglied wurden auch von Pasaminick, Scarpetti und Dinitz (1967) sowie Biegel und Yamatani (1986) ermittelt. Davis, Dinitz und Pasaminick (1974) untersuchten die Stichprobe der erstgenannten Studie zu einem späteren Zeitpunkt erneut und stellten fest, dass die Belastungen über einen Zeitraum von acht Jahren blieben – dass es sich für die Familien also um eine lang andauernde Problematik handelte. Die Mitglieder sorgten sich um den schizophrenen Verwandten, regten sich über dessen bizarres Verhalten auf und wiesen ihn oft in staatliche oder private Einrichtungen ein. Diese Forschungsergebnisse erlangen eine besondere Signifikanz, wenn man bedenkt, dass die Familien mit diesen Problemen bereits mindestens acht Jahre lang – für die Dauer der Untersuchung – umgehen mussten. Man sollte also kumulative Effekte individueller Komponenten der Bürde, das gesamte Ausmaß der Bürde und die zu verschiedenen Zeitpunkten bestehenden Mengen an Belastung berücksichtigen.

Neuere Forschungsergebnisse über Pflegepersonen aus unteren und mittleren Schichten (Biegel et al. 1994; Doll 1975, 1976; Hatfield 1978, 1979a, b; Kint 1978; Kreisman/Joy 1974; Thompson/Doll 1982) entsprechen im Allgemeinen den vorgenannten, wobei aber nicht bei allen dieser Untersuchungen standardisierte Erhebungsinstrumente zur Messung der Bürde von betreuenden Familienmitgliedern verwandt wurden. Beispielsweise fanden Kreisman, Simmons und Joy (1979) heraus, dass vier Fünftel der Pflegepersonen sich Sorgen um den psychisch Kranken/die Kranke machten und Schwierigkeiten auf der Suche nach einer effektiven Behandlung erlebten. Drei Viertel berichteten von chaotischen Phasen im Familienleben, während mehr als 60% von finanziellen, beruflichen und sozialen Problemen sprachen. Ähnlich wie bei der Untersuchung von Kint (1978) empfanden zwei Fünftel der Pflegepersonen Schuldgefühle, während ein Fünftel ihre Stigmatisierung beklagte. Bedeutsame Verhaltensauffälligkeiten der psychisch Kranken umfassten Abkapselung, mangelnde Zukunftsorientierung und Selbstmordversuche.

Im Gegensatz zu all diesen Untersuchungen berichteten Crotty und Kulys (1986) von geringen Belastungen der Pflegepersonen von Familienmitgliedern mit einer chronischen psychischen Erkrankung. Die Stichprobe umfasste Arbeiterfamilien aus einer städtischen, ethnisch gemischten Region, die von einem »Community Mental Health Center« betreut wurden. Die Bürde der Pflegeperson und ihrer Familie wurde anhand einer Skala mit neun Variablen gemessen. Die Ergebnisse waren, dass die Pflegepersonen nur von geringen Belastungen sprachen – mit Ausnahme von zwei der neun Bereiche. Ein Fünftel der Befragten empfand überhaupt keine Belastung durch den psychisch Kranken/die Kranke in den neun Bereichen.

Es ist kompliziert, die Ergebnisse der vorgenannten Untersuchungen miteinander zu vergleichen, da der Begriff der Bürde unterschiedlich konzeptualisiert und operationalisiert wurde, da manchmal keine standardisierten Erhebungsinstrumente verwendet wurden und da verschiedene Stichproben gezogen wurden. Trotzdem zeigen die Studien mehr oder minder übereinstimmend, dass die Betreuung eines psychisch kranken Familienmitgliedes für die Pflegeperson belastend sein kann sowie dass ihre Bürde oft unvorhersehbar ist und über eine beträchtliche Zahl von Jahren hinweg ertragen werden muss. Allerdings gibt es kaum Erkenntnisse darüber, welche Faktoren zu höheren Belastungen führen – obwohl solch ein Wissen für Fachkräfte sehr wichtig wäre, um Pflegepersonen besser verstehen, ihre Bedürfnisse erfassen und ihre Bürde mildern zu können. Erst neuere Untersuchungen beschäftigen sich mit dieser Frage. Biegel und Kollegen (1994) suchten z.B. nach den Prädiktoren für Belastungen in einer Stichprobe schwarzer und weißer amerikanischer Pflegepersonen. Sie stellten folgendes fest: Je größer die Häufigkeit von Verhaltensauffälligkeiten bei dem/der psychisch Kranken und je geringer die wahrgenommene Unterstützung durch die anderen Familienmitglieder ist, umso größer ist die Bürde der Pflegeperson. Die Untersuchung der Prädiktoren für bestimmte Einzelbelastungen wie Auseinanderbrechen der Familie, Stress, Stigmatisierung und Abhängigkeit ergab, dass unterschiedliche Konstellationen von Variablen verschiedene Arten der Belastung voraussagen ließen. So ist es notwendig, nicht nur generell die Bürde der Pflegepersonen zu erfassen, sondern auch die spezifischen Formen der Belastung, die sie unter Umständen erfahren.

Depressivität bei Pflegepersonen

Bis heute haben wissenschaftliche Studien zwei Komplexe von Faktoren identifiziert, die das Ausmaß der Belastung und Beeinträchtigung von Pflegepersonen bei verschiedenen chronischen Krankheiten bestimmen (Biegel/Sales/Schulz 1991; George 1980; House 1974). Der erste Komplex bezieht sich auf Bedingungen, die Stress hervorrufen (Stressoren), und umfasst solche Variablen wie Zustand des Patienten/der Patientin, Länge der Krankheit, Verhaltensstörungen und Prognose. Der zweite Komplex beinhaltet kontextuelle Variablen wie demographische und sozioökonomische Charakteristika der Pflegepersonen (Schichtzugehörigkeit, Geschlecht, Rasse und Beziehung zum kranken Familienmitglied), ihren Gesundheitszustand, ihr soziales Netzwerk und Unterstützungssystem (Biegel/Sales/Schulz 1991). Es wird angenommen, dass beide Komplexe von Variablen die Wahrnehmung der eigenen Bürde und zusätzlich fortdauernde Folgen der Pflege bedingen (z.B. Depression, Ausmaß von Lebenszufriedenheit und psychischem Wohlbefinden) - Letzteres entweder indirekt durch ihre Verbindung mit der Bürde der Pflegeperson oder direkt durch ihren Einfluss auf deren psychischen Zustand. Anzumerken ist, dass sich die meisten der im Folgenden erwähnten Veröffentlichungen auf Studien über depressive Symptome bei Pflegepersonen von Familienmitgliedern mit anderen chronischen Krankheiten (zumeist Alzheimersches Syndrom) beziehen, da es nur wenige Untersuchungen über depressive Symptome der Pflegepersonen psychisch Kranker gibt.

Zu den *Stressoren* gehören *Verhaltensstörungen des/der psychisch Kranken*, deren Beziehung zur Depression in vielen Studien untersucht wurde. Ein durchgängiges Forschungsergebnis war, dass Pflegepersonen mehr depressive Symptome aufwiesen, wenn die zu pflegenden Familienmitglieder mehr Verhaltensauffälligkeiten zeigten (Deimling/Bass 1986; Haley et al. 1987; Pruchno/Resch 1989a; Schulz/Williamson 1991; Song/Biegel/Milligan 1997; Struening et al. 1995). Außerdem fanden Haley und Mitarbeiter (1987) heraus, dass die subjektive Einschätzung der Probleme des Patienten/der Patientin (einschließlich der Gedächtnis- und Verhaltensstörungen) seitens der Pflegeperson ein stärkerer Prädiktor für deren Depressivität war als die objektive Intensität dieser Probleme. In einer Untersuchung über Pflegepersonen psychisch Kranker ermittelten Struening und Kollegen (1995) eine schwache Beziehung zwischen der Zahl psychiatrisch relevanter Symptome und Depressivität bei der Pflegeperson.

Zu *kontextuellen Variablen* gibt es folgende Forschungsergebnisse:

- *Geschlecht der Pflegeperson:* Weibliche Pflegepersonen berichteten von mehr depressiven Symptomen als Männer (Gallagher et al. 1989; Schulz/Williamson 1991). Auch Pruchno und Resch (1989b) fanden heraus, dass die Ehefrauen von Alzheimer-Patienten einen höheren Grad von Depressivität aufwiesen als Ehemänner. Jedoch wurde in der Untersuchung von Jones und Peter (1992) keine signifikante Beziehung zwischen Geschlecht und Depression ermittelt.
- *Rasse:* Pickett und Kollegen (1993) erforschten Unterschiede zwischen weißen und schwarzen Eltern mit einem psychisch kranken Kind hinsichtlich ihrer Bewältigungsmechanismen, ihres Selbstwertempfindens und ihres emotionalen Wohlbefindens. Sie fanden heraus, dass weiße Väter signifikant höhere Werte für Depressivität aufwiesen als schwarze Väter, dass dies aber nicht für weiße versus schwarze Mütter galt. Signifikante Unterschiede hinsichtlich der Bürde von Pflegepersonen wurden wie in

anderen Untersuchungen (Biegel et al. 1994; Song/Biegel/Milligan 1997) nicht ermittelt. Song, Biegel und Milligan (1997) fanden heraus, dass die Rassenzugehörigkeit der Pflegeperson in keiner signifikanten Beziehung zu deren depressiver Symptomatik stand, nachdem andere Variablen kontrolliert wurden. Jedoch bestand bei mehr als zwei Fünfteln der weißen und mehr als einem Viertel der schwarzen Pflegepersonen das Risiko, klinisch depressiv zu werden.

- *Wohnsituation:* Nach der Untersuchung von Cohen und Eisdorfer (1988) wiesen Pflegepersonen, die mit ihren kranken Verwandten zusammenlebten, höhere Werte für Depressivität auf als solche, auf die das nicht zutraf. Außerdem entsprach keine Pflegeperson, die nicht mit der/dem kranken Verwandten zusammen wohnte, den klinischen Kriterien für Depression. Song, Biegel und Milligan (1997) fanden heraus, dass die Wohnsituation nicht den Grad an Depression bei Pflegepersonen mit psychisch schwer kranken Familienmitgliedern voraussagen ließ.
- *Gesundheitszustand:* Nach mehreren Untersuchungen ist der Gesundheitszustand der Pflegeperson ein wichtiger Prädiktor für das Ausmaß ihrer depressiven Symptomatik. Morrissey, Becker und Rubert (1990) kamen zu diesem Ergebnis sowohl für berufstätige als auch für nicht berufstätige Pflegepersonen, wenn andere Variablen (z.B. wahrgenommene negative Konsequenzen, finanzielle Folgen, Grad der Behinderung des/der psychisch Kranken und Größe des Netzwerks aus nicht verwandten Personen) konstant gehalten wurden. Und aus der Untersuchung von Pruchno und Resch (1989b) lässt sich folgern, dass der physische Gesundheitszustand der einzige signifikante Prädiktor für Depressionen bei männlichen Pflegepersonen von Ehefrauen mit Alzheimerschem Syndrom und der stärkere von zwei Prädiktoren für Depressionen bei weiblichen Pflegepersonen war, wenn andere Variablen kontrolliert wurden. Dieses Forschungsergebnis wurde in einer neueren Studie über Pflegepersonen von Verwandten mit schwerer und andauernder psychischer Erkrankung nicht bestätigt (Song/Biegel/Milligan 1997).
- *Soziale Unterstützung:* Zum einen wurde die Auswirkung allgemeiner sozialer Unterstützung auf die depressive Symptomatik von Pflegepersonen untersucht, wobei die Forschungsergebnisse nicht einheitlich waren. Rivera und Kollegen (1991) verglichen depressive und nicht depressive Pflegepersonen und fanden keine signifikanten Unterschiede hinsichtlich der vorhandenen Unterstützung durch das Netzwerk. Hingegen ergab die Längsschnittstudie von Schulz und Williamson (1991), dass die Wahrnehmung geringer sozialer Unterstützung in einer positiven und signifikanten Beziehung zur Depressivität von Pflegepersonen stand, wobei diese Beziehung für einen längeren Zeitraum galt. In einer Untersuchung über die Prädiktoren von Depressivität bei Pflegepersonen von psychisch kranken Erwachsenen fanden Song, Biegel und Milligan (1997) heraus, dass ungenügende allgemeine soziale Unterstützung die größte Voraussagekraft für eine depressive Symptomatik besaß.
  Zum anderen wurde erforscht, wie sich eine speziell auf die Pflege- und Betreuungstätigkeit ausgerichtete Unterstützung durch andere Familienmitglieder und/oder Professionelle auf die Depressivität von Pflegepersonen psychisch Kranker auswirkt. Struening und Kollegen (1995) ermittelten eine ausgeprägte Beziehung zwischen Unterstützung aus dem sozialen Netzwerk und der Qualität des Verhältnisses von Pflegepersonen mit Fachkräften auf der einen Seite und depressiver Symptomatik auf der anderen. Song, Biegel und Milligan (1997) berichteten, dass ungenügende Unter-

stützung der Pflege- und Betreuungstätigkeit durch Familienmitglieder und Professionelle zu mehr Depressivität aufgrund ihrer Assoziation mit der Bürde von Pflegepersonen führte.

Viele Untersuchungen zeigten, dass die Bürde von Pflegepersonen einen signifikanten Effekt auf ihre depressive Symptomatik hat. So fanden Townsend und Kollegen (1989) heraus, dass der von der Pflegeperson subjektiv wahrgenommene Stress eine signifikante Wirkung auf ihre Depressivität hatte. Eine Untersuchung über Pflegepersonen von Herzinfarkt-Patient/innen durch Thompson und Mitarbeiter (1990) erbrachte signifikante Korrelationen zwischen der Wahrnehmung der Bürde und Depressionen. Hinsichtlich der Pflege von psychisch Kranken ermittelten Pickett und Kollegen (1993) eine signifikante Korrelation zwischen Bürde und Depression bei weißen Pflegepersonen, während Oldridge und Hughes (1992) eine solche zwischen subjektiv wahrgenommener Bürde und Depressivität fanden. In einer neueren Untersuchung von Song, Biegel und Milligan (1997) wurde festgestellt, dass je größer die Bürde war, umso stärker die depressive Symptomatik bei Pflegepersonen psychisch kranker Familienmitglieder ausgeprägt war.

Besondere Probleme und Bedürfnisse der Familien psychisch Kranker

Die Verwandten psychisch Kranker übernehmen einen Großteil der Verantwortung für deren Pflege – oft mit unzureichender Unterstützung durch psychosoziale Dienste bzw. Fachkräfte. Die daraus resultierenden Belastungen sind vielfältig und durchgängig. Sie tragen oft zu Gefühlen der Schuld, Ablehnung, Verärgerung, Trauer und Depression bei. Zu den besonderen Fragestellungen und Problemen, mit denen sich Pflegepersonen laut der Berichte aus Wissenschaft und Praxis auseinander setzen müssen, gehören folgende:

1. Umgang mit Symptomatik und Verhalten ihrer psychisch kranken Verwandten: Familien benötigen praktische Methoden und Techniken, mit denen sie angemessen auf einige oder alle Symptome von Patient/innen reagieren können: auf Halluzinationen, irrationale Gedanken, Misstrauen, unangemessene Emotionen, Abkapselung, Rückzug aus der Gesellschaft, ungewöhnliche Einstellungen oder Stimmungsumschwünge. Sie brauchen auch Unterstützung hinsichtlich des Umgangs mit störenden Verhaltensweisen wie ungewöhnlichen Ess- und Schlafgewohnheiten, Aggressivität gegenüber sich selbst und anderen, abweichendem Sexualverhalten und Streitlust. Lamb (1982) merkte an, dass ein Teil der Schwierigkeiten von Familien dadurch bedingt ist, dass das Verhalten des/der psychisch Kranken oft unvorhersehbar ist und die Familienmitglieder nie wissen, wie er/sie in einer besonderen Situation zu einer bestimmten Zeit reagieren wird – manchmal mag es dann auch zu Gewalttätigkeiten kommen. Spaniol und Jung (1983) führten eine landesweite Befragung der Mitglieder von Selbsthilfegruppen durch, die sich der »National Alliance of the Mentally Ill« angeschlossen hatten. Sie stellten fest, dass die Familien Verhaltensstörungen als häufigsten Grund für die Rehospitalisierung des/der psychisch Kranken angaben – ein Untersuchungsergebnis, das diejenigen der bereits erwähnten Studie von Freeman und Simmons (1963) bestätigte.

2. Isolation der Pflegepersonen, mitbedingt durch die Stigmatisierung psychischer Krankheit: So wurde festgestellt, dass den Pflegepersonen oft enge Beziehungen fehlen, in denen sie emotionale Unterstützung finden könnten. Die Familienmitglieder empfinden häufig Gefühle der Scham oder Schuld - zum Teil, weil sie sich selbst verantwortlich machen, zum Teil, weil der Zustand des Patienten/der Patientin mit einem Stigma verknüpft ist (Biegel/Yamatani 1986; Kint 1978; Kreisman/Simmons/Joy 1979). Diese Emotionen mögen sie bewegen, sich aus ihrem sozialen Zirkel zurückzuziehen. Außerdem mag das Verhalten des/der psychisch Kranken Verwandte und Freunde veranlassen, die Familie nicht mehr zu besuchen oder Gesprächen über die emotionalen Probleme auszuweichen, mit denen die Pflegeperson konfrontiert ist. Das Ergebnis ist, dass - wenn Pflegepersonen am meisten die Unterstützung durch andere benötigen - nur wenige oder gar keine Menschen da sind, mit denen sie ihre Last teilen können.

3. Beeinträchtigung der Befriedigung persönlicher Bedürfnisse von Familienmitgliedern: Familien berichten, dass die Pflege eines psychisch kranken Mitgliedes das Familienleben beeinträchtigt und konflikthafte Beziehungen (insbesondere zwischen Geschwistern), finanzielle Nöte, Vernachlässigung individueller Bedürfnisse, Mangel an Freizeit und durch Stress hervorgerufene Gesundheitsprobleme verursachen kann (Doll 1975, 1976; Kreisman/Simmons/Joy 1979; Thompson/Doll 1982). Lamb (1982) merkte an, dass das Verlassen der Wohnung, um einige Einkäufe zu erledigen, oft nur möglich sei, wenn eine andere Person gefunden wurde, die auf den psychisch Kranken/die Kranke aufpasst. »Die Verwandten mögen nicht nur die Gefängniswärter sein, sondern selbst in einem Gefängnis leben« (S. 92).

4. Unfähigkeit des/der psychisch Kranken, die Aufgaben der Alltagsbewältigung zu erfüllen: Manche Patient/innen sind unfähig, die Verantwortung für Körperpflege und Hygiene zu übernehmen, oder sie können nicht ihren Teil der Hausarbeit erledigen. Sainsbury und Grad (1962; Grad/Sainsbury 1963) fanden heraus, dass die Bewertung der Schwere ihrer Bürde durch Pflegepersonen mit der Unfähigkeit des/der psychisch Kranken korrelierte, für sich selbst zu sorgen. Dies mag ein größeres Problem in Haushalten mit niedrigem sozioökonomischen Status sein, die nicht andere Menschen für die Ausübung derartiger Arbeiten bezahlen können.

5. Richtiger Einsatz von Medikamenten: Die regelmäßige Einnahme verschiedener Medikamente durch den psychisch Kranken/die Kranke ist für Familien ein großes Problem. Spaniol und Jung (1983) fanden heraus, dass die Medikamenteneinnahme unzureichend und unregelmäßig überwacht wurde. In ihrer landesweiten Untersuchung über Mitglieder von Selbsthilfegruppen für psychisch Kranke wurde die Verschreibung von Medikamenten als ein Bereich der Behandlung bezeichnet, in dem die meisten Verbesserungen nötig seien - mehr als die Hälfte der Befragten (52%) war unzufrieden mit den entsprechenden Diensten.

6. Fachkräfte psychosozialer Dienste werden oft von Familien als nicht hilfreich erlebt und mögen ihnen den Eindruck vermitteln, dass sie für die Erkrankung der Patient/innen verantwortlich gemacht und schuldig gesprochen werden: Familienmitglieder klagen, dass ihr Wissen und Informationsstand über psychische Krankheiten, den Umgang mit ihnen, ihre Behandlung und vorhandene Dienste unzureichend seien. Beispielsweise führten Holden und Lewine (1982) eine Befragung von 500 Pflegepersonen per Post durch, wobei die Rücklaufquote 41% betrug. Die Befragten waren zumeist weiblich und gehörten der Mittelschicht an. Die Wissenschaftler fanden heraus, dass die meisten Familienmitglieder (54%) laut eigener Aussage von den Fachkräften nicht in die Behandlung ihrer psychisch kranken Angehörigen eingebunden worden waren. Zwei Drittel der Befragten (66%) waren unzufrieden über die Häufigkeit der Kontakte zu Professionellen, während ein Drittel (32%) berichtete, dass sie eine Diagnose erst zwei bis 11 Jahre nach Beginn der Erkrankung erhalten hätten. Bei einer Untersuchung über Familien Schwarzer, bei der Fokusgruppen von Patient/innen, Familienmitgliedern und Professionellen gebildet wurden, beklagten diese, dass sie oft vom Behandlungsprozess ausgeschlossen und ihre Pflegepersonen unzureichend unterstützt wurden (Biegel/Johnsen/Shafran 1997).

Selbst wenn Familien von sich aus um Informationen nachsuchen, erhalten sie diese weder in ausreichender Qualität noch Quantität. Beispielsweise ergab eine Untersuchung von Hatfield (1978, 1979b), dass die Familien von psychisch Kranken darüber klagten, dass die Professionellen nur psychoanalytisch orientierte Therapie anbieten würden – nicht aber das, was die Familien wünschten: eine eindeutige Erklärung der Krankheit der Patient/innen, praktische Hilfe hinsichtlich des Umgangs mit deren Verhalten und Hinweise auf Unterstützungsmöglichkeiten in der Gemeinde. Die Pflegepersonen wurden auch gefragt, welche Arten von Diensten und Hilfsangeboten sie benötigen würden. An erster und zweiter Stelle standen Antworten, die sich auf die Erweiterung des eigenen Wissens bezogen: 57% wollten mehr über die Symptome des Patienten/der Patientin wissen und diese besser verstehen, während ein ähnlich hoher Prozentsatz (55%) spezifische Vorschläge für den Umgang mit dem Verhalten des/der psychisch Kranken wünschte. Auch Kreisman, Simmons und Joy (1979) fanden heraus, dass Familien laut eigenem Bekunden am meisten von genauen Hinweisen hinsichtlich der Reaktion auf Verhaltensweisen der Patient/innen und am zweitmeisten von Kenntnissen über Symptome profitieren würden.

Es ist eine Tatsache, dass Familien oft andere Quellen der Unterstützung als effektiver erleben als diejenigen von Professionellen. Hatfield (1979b, 1981) ermittelte, dass Familien professionelle Hilfe viel weniger positiv bewerteten als die Unterstützung durch Eltern anderer Schizophrener, durch Selbsthilfegruppen oder Freunde und Verwandte. Spaniol und Jung (1983) fragten bei ihrer Umfrage Personen nach dem Grad der Zufriedenheit bzw. Unzufriedenheit mit sieben professionellen Aktivitäten – praktischer Rat, Information über die Krankheit, emotionale Unterstützung, Überweisung, Koordination von Behandlungen, Einstellung gegenüber der Familie und Haltung gegenüber dem kranken Mitglied. Die am häufigsten vorkommende Antwort war »sehr unzufrieden« hinsichtlich der fünf zuerst genannten Aktivitäten. Ähnlich wie Hatfield (a.a.O.) berichteten sie, dass ein Drittel der Stichprobe (32,6%) die Selbsthilfegruppe als ihre wichtigste Quelle der Unterstützung bezeichnete. Hingegen nannte nur ein Fünftel (19,6%) Professionelle als bedeutendste Helfer/innen. Auch wurden nach Meinung der Befragten mehr Informationen von Selbsthilfegruppen als von Fachkräften vermittelt. Leider wissen aber viele Pflegepersonen, insbesondere aus unteren sozialen Schichten, nicht von der Existenz solcher Selbsthilfegruppen, wie Biegel und Song (1995) berichteten. Dasselbe gilt für Multiplikator/innen in diesen Soziotopen (Pfarrer, Politiker/innen usw.), die somit Pflegepersonen nicht an solche Gruppen vermitteln können.

Ähnliche Forschungsergebnisse wie die bereits genannten erbrachten die Untersuchungen von Francell, Conn und Gray (1988) sowie von Biegel, Song und Milligan (1995). In der ersten Studie sprachen Pflegepersonen von einer Vielzahl von Problemen in ihren Interaktionen mit psychosozialen Diensten, wozu Informationsmangel, Kommunikationsstörungen mit Professionellen, mangelnde Beteiligung an Entscheidungen bezüglich der Therapie und Konflikte hinsichtlich ihrer Rolle als Vertreter/innen der Patient/innen gehörten. Bei der zweiten Untersuchung war eine signifikante Minderheit der

Pflegepersonen mit ihren Kontakten zu Fachkräften unzufrieden, weil sie von diesen nicht in die Behandlung des psychisch kranken Familienmitgliedes eingebunden wurden. Sie bewerteten eine intensivere Kommunikation mit Professionellen als ihr größtes Bedürfnis.

7. Die Mängel des Systems psychosozialer Dienste tragen zu den Problemen von Pflegepersonen bei: Die Familienmitglieder werden von der psychischen Krankheit ihres/r Angehörigen, kontextuellen Problemen (bedingt durch Veränderungen in der Behandlung psychischer Erkrankungen während der letzten 25 Jahre) und die gegenwärtigen Mängel des Systems psychosozialer Therapieeinrichtungen beeinträchtigt. Beispielsweise hat in den USA die Politik der Deinstitutionalisierung dazu geführt, dass viele Patient/innen nun ambulant und nicht wie früher stationär behandelt werden. Jedoch hat die bessere Rechtsposition psychisch Kranker dazu geführt, dass sie nicht gezwungen werden können, ambulante Dienste zu nutzen - und oft tun sie dies auch nicht. Patient/innen, die hospitalisiert werden mussten, bleiben heute kürzer in den Kliniken und kehren mit schwereren psychischen Störungen als früher in ihre Familien zurück (Pepper/Ryglewicz 1984).

Ferner werden die Belastungen von Familien dadurch vermehrt, dass in vielen Regionen der USA die Fachkräfte zu viele Patient/innen versorgen müssen oder es ihnen nicht gelingt, deren soziales Netzwerk so auszuweiten, dass ihre Abhängigkeit von Angehörigen abnimmt. Beispielsweise ist es noch immer nicht gelungen, gemeindenahe und umfassende Systeme der sozialen Unterstützung von Personen mit chronischen psychischen Erkrankungen zu entwickeln (Biegel/Tracy/Corvo 1994; Gerhart 1990). Zudem sind viele von Patient/innen benötigte Hilfsdienste wie Wohnungsversorgung, Berufsausbildung oder Training sozialer Fertigkeiten nur in begrenztem Maße vorhanden. Nach Meinung vieler Wissenschaftler/innen hat die Kombination dieser Faktoren zur Folge, dass Familien die Lücken und Unzulänglichkeiten im psychosozialen Versorgungssystem kompensieren müssen und dadurch mehr als früher belastet sind (Pepper/Ryglewicz 1984).

Konsequenzen für psychosoziale Dienste und Politik

Wie die vorausgegangenen Abschnitte dieses Kapitels ganz deutlich machen, haben die Pflegepersonen psychisch kranker Familienmitglieder viele unbefriedigte Bedürfnisse und Probleme. Dieser Bedarf kann und sollte von den Fachkräften psychosozialer Dienste angegangen werden. Hierzu werden nun mehrere Vorschläge gemacht, wobei natürlich gesehen wird, dass *einige* Dienste bereits *einige* dieser Bedürfnisse befriedigen. Im Allgemeinen muss das psychosoziale System jedoch noch viel mehr als bisher unternehmen, wenn es dem Bedarf der Familien von Personen mit lang andauernden und schweren psychischen Krankheiten voll entsprechen will.

1. Einbeziehung von Familien in den Behandlungsprozess: Das psychosoziale System sollte die Rolle von Familien im therapeutischen Bereich hinterfragen und Mechanismen entwickeln, um sie stärker in den Behandlungsprozess einzubinden. Dies wird zu einer größeren Unterstützung der Familien durch Fachkräfte führen. Eine Verbesserung der Beziehung zwischen Familien und Professionellen kann aber nicht einfach dadurch erreicht werden, dass ein Mischmasch von Diensten und Ressourcen angeboten wird. Vielmehr müssen Fachkräfte die Familien als echte Partner in der Betreuung psychisch

Kranker betrachten. Außerdem muss berücksichtigt werden, dass deren Bedürfnisse verschieden sind – bedingt durch Unterschiede in der Familiengeschichte, in den familialen Unterstützungssystemen, hinsichtlich der Phase des Familienzyklus und der ethnischen Zugehörigkeit.

2. *Umgang mit Verhaltensauffälligkeiten psychisch Kranker:* Das psychosoziale System sollte familienbildende Angebote entwickeln, die Pflegepersonen vermitteln, wie sie besser auf Verhaltensstörungen eingehen, die regelmäßige Einnahme von Medikamenten sicherstellen sowie Interaktionsmuster zwischen sich selbst und dem psychisch kranken Familienmitglied verändern können (»McFarlane-Modell«). Auch sollten Informationen über psychische Erkrankungen weitergegeben, Vorschläge für den Umgang mit der jeweiligen Krankheit gemacht sowie Anleitung beim Umsetzen der Ratschläge und Richtlinien geboten werden. Die diesem Modell zugrunde liegenden Vorstellungen sind, dass Familien einen Teil des Behandlungsteams bilden, hilfreich sind, psychische Krankheit nicht verursachen und zu einer Reduzierung der Rückfallquoten beitragen können. Als Ziele sind zu nennen:

- die Einbeziehung zentraler Familienmitglieder zum Zeitpunkt der Einlieferung eines/einer psychisch Kranken,
- die fortlaufende Information über die psychische Erkrankung und den Therapieprozess,
- die frühzeitige Intervention bei einem sich abzeichnenden Rückfall,
- die kontinuierliche Unterstützung, Beratung und Anleitung beim Lösen von Problemen für mindestens zwei Jahre nach Entlassung des Patienten sowie
- die Erweiterung des sozialen Netzwerkes der Familie.

Beim McFarlane-Modell wird mit Gruppen aus mehreren Familien einschließlich der psychisch kranken Mitglieder über einen Zeitraum von zwei Jahren gearbeitet. Evaluationsstudien zeigten, dass diese Interventionen die Rückfallquoten verminderten. Es wird vermutet, dass sie auch die Bürde der Pflegepersonen reduzieren (McFarlane 1993).

3. *Erweiterung der Kenntnisse über psychische Krankheiten, deren Behandlung und gemeindenahe Ressourcen:* Pflegepersonen sollten von Professionellen genaue Informationen über psychische Krankheiten erhalten, was auf verschiedenen Wegen erreicht werden kann: Zum Ersten sollte das psychosoziale System schriftliche Materialien für Pflegepersonen, Familien psychisch Kranker, Multiplikator/innen in der Gemeinde und die Gesellschaft zur Verfügung stellen. Diese Schriften sollten die Natur psychischer Erkrankungen, den Umgang mit Verhaltensauffälligkeiten Kranker, die Wirkungen und Nebenwirkungen von Medikamenten sowie Ressourcen und Hilfsangebote für Pflegepersonen in der Gemeinde abhandeln. Zum Zweiten sollte das psychosoziale System Seminare und Bildungsprogramme für Pflegepersonen anbieten. Zum Dritten müsste es seine Politik hinsichtlich der Schweigepflicht überdenken und klären, wie Familienmitglieder mit für ihre Tätigkeit als Pflegepersonen nötigen Informationen versorgt und gleichzeitig die Rechte der Patient/innen geschützt werden können. Genauer gesagt, die Vorschriften hinsichtlich der Verschwiegenheit sollten dahin gehend untersucht werden, *welche Informationen mit Familien geteilt werden können*. Es sollten Schriften über »Das Recht zu wissen« verfasst werden, die Familien darüber unterrichten, welche Arten von Informationen ihnen rechtmäßig zugänglich sind. Das Ziel ist, nicht das Patientenrecht auf

Verschwiegenheit zu verletzen, sondern vielmehr den Familien Informationen zukommen zu lassen, die ihrer Rolle im Behandlungsprozess entsprechen und für sie unverzichtbar sind.

4. Stärkung der Unterstützungssysteme für Pflegepersonen: Das psychosoziale System sollte Strategien entwickeln, um über Kontakte zu Pfarrern und Laienmitarbeiter/innen der Kirchen bzw. zu den Gemeinden, Organisationen und Schulen Pflegepersonen über Selbsthilfegruppen zu informieren. Außerdem sollte es die Medien – insbesondere Mitteilungsblätter und Zeitungen, die in unteren sozialen Schichten gelesen werden – nutzen, um Pflegepersonen über Unterstützungsangebote zu unterrichten.

5. Direkte Hilfen für Pflegepersonen: Schließlich sollte das psychosoziale System Beratung für Pflegepersonen – für Individuen oder Gruppen, kurz- oder langfristig – anbieten, wenn diese benötigt wird. Auch sollten Dienste bereitgestellt werden, die einen »Urlaub« von der Betreuung psychisch kranker Familienmitglieder ermöglichen. Als Modell für solche Angebote könnten Dienste dienen, wie sie schon längst für Pflegebedürftige und Schwerbehinderte entwickelt wurden und die in diesen Bereichen bereits weit verbreitet sind.

Anmerkung: Die diesem Kapitel zugrunde liegende Forschungsarbeit wurde durch das Office of Program Evaluation and Research, Ohio Department of Mental Health (USA), finanziell gefördert. Der Text wurde von Martin R. Textor aus dem Amerikanischen übersetzt.

Literatur

American Psychiatric Association: Diagnostic and statistical manual of mental disorders. Washington: American Psychiatric Association, 3. Aufl. 1987

Beels, C.C./McFarlane, W.R.: Family treatment of schizophrenia: Background and state of the art. Hospital and Community Psychiatry 1982, 33, S. 541–550

Biegel, D.E./Johnsen, J.A./Shafran, R.: Overcoming barriers faced by African-American families with a family member with mental illness. Family Relations 1997, 46, S. 163–178

Biegel, D.E./Milligan, E./Putnam, P./Song, L.: Predictors of burden among lower socioeconomic status caregivers of persons with chronic mental illness. Community Mental Health Journal 1994, 30, S. 473–494

Biegel, D.E./Sales, E./Schulz, R.: Family caregiving and chronic illness: Alzheimer's disease, cancer, heart disease, mental illness and stroke. Newbury Park: Sage 1991

Biegel, D.E./Song, L.: Facilitators and barriers to caregiver support group participation. Journal of Case Management 1995, 4, S. 164–172

Biegel, D.E./Song, L./Milligan, S.: A comparative analysis of family caregivers' perceived relationships with mental health professionals. Psychiatric Services 1995, 46, S. 477–482

Biegel, D.E./Tracy, E./Corvo, N.: Strengthening social networks: intervention strategies for mental health case managers. Health and Social Work 1994, 19, S. 207–216

Biegel, D.E./Yamatani, H.: Self-help groups for families of the mentally ill: research perspectives. In: Goldstein, M.Z. (Hrsg.): Family involvement in the treatment of schizophrenia. Washington: American Psychiatric Press 1986, S. 58–80

Brown, G./Bone, M./Dalison, B./Wing, J.: Schizophrenia and social care. London: Oxford University Press 1966

Bruhn, J.G.: Effects of chronic illness on the family. Journal of Family Practice 1977, 4, S. 1057–1060

Carpenter, W.T.: Approaches to knowledge and understanding of Schizophrenia. In: Shore, D. (Hrsg.): Special Report: Schizophrenia 1987. Reprinted from Schizophrenia Bulletin, Bd. 13, Nr. 1. Rockville: USDHHS, ADAMHA 1987

Clausen, J.A./Yarrow, M.R. (Hrsg.): The impact of mental illness on the family. Journal of Social Issues 1955, 11, S. 3–5
Cohen, D./Eisdorfer, C.: Depression in family members caring for a relative with Alzheimer's disease. Journal of the American Geriatrics Society 1988, 36, S. 885–889
Cohen, C.I./Sokolovsky, J.: Schizophrenia and social networks: expatients in the inner city. Hospital and Community Psychiatry 1978, 36, S. 407–410
Crotty, P./Kulys, R.: Are schizophrenics a burden to their families? Significant others' views. Health and Social Work 1986, 11, S. 173–188
Davis, A.E./Dinitz, S./Pasaminick, B.: Schizophrenics in the new custodial community. Columbus: Ohio State University Press 1974
Deimling, G.T./Bass, D.M.: Symptoms of mental impairment among elderly adults and their effects on family caregivers. Journal of Gerontology 1986, 41, S. 778–784
Doll, W.: Home is not sweet anymore. Mental Hygiene 1975, 59, S. 2204–2206
Doll, W.: Family coping with the mentally ill: an unanticipated problem of deinstitutionalization. Hospital and Community Psychiatry 1976, 27, S. 183–185
Francell, C.G./Conn, V.S./Gray, D.P.: Families' perception of burden for care for mentally ill relatives. Hospital and Community Psychiatry 1988, 39, S. 1296–1300
Freeman, H./Simmons, O.: The mental patient comes home. New York: Wiley and Sons 1963
Fromm-Reichmann, F.: Notes on the development of treatment of schizophrenia by psychoanalytic psychotherapy. Psychiatry 1948, 11, S. 263-273
Gallagher, D./Rose, J./Rivera, P./Lovett, S./Thompson, L.W.: Prevalence of depression in family caregivers. Gerontologist 1989, 29, S. 449–456
George, L.: Role transitions in later life. Monterey: Brooks/Cole 1980
Gerhart, U.C.: Caring for the chronic mentally ill. Itasca: Peacock 1990
Goldman, H.H./Gattozzi, A.A./Taube, C.A.: Defining and counting the chronically mentally ill. Hospital and Community Psychiatry 1981, 32, S. 22-27
Grad, J.P.D./Sainsbury, P.M.D.: Mental illness and the family. Lancet 1963, 1, S. 544–547
Group for the Advancement of Psychiatry: The chronic mental patient in the community. New York: Mental Health Materials Center 1978, S. 281–379
Haley, W.E./Levine, E.G./Brown, S.L./Bartolucci, A.A.: Stress, appraisal, coping, and social support as predictors of adaptational outcome among dementia caregivers. Psychology and Aging 1987, 2, S. 323–330
Hatfield, A.B.: Psychological costs of schizophrenia to the family. Social Work 1978, 23, S. 355–359
Hatfield, A.B.: The family as a partner in the treatment of mental illness. Hospital and Community Psychiatry 1979a, 30, S. 338–340
Hatfield, A.B.: Help-seeking behavior in families of schizophrenics. American Journal of Community Psychology 1979b, 7, S. 563–569
Hatfield, A.B.: Coping effectiveness in families of the mentally ill: an exploratory study. Journal of Psychiatric Treatment and Evaluation 1981, 3, S. 11–19
Hatfield, A.B.: Families as caregivers: a historical perspective. In: Hatfield, A.B./Lefley, H.P. (Hrsg.): Families of the mentally ill: coping and adaptation. New York: Guilford 1987, S. 3–29
Hoenig, J./Hamilton, M: The schizophrenic patient in the community and his effect on the household. International Journal of Social Psychiatry 1966, 12, S. 165–176
Holden, D.F./Lewine, R.R.J.: How families evaluate mental health professionals, resources and effects of illness. Schizophrenia Bulletin 1982, 8, S. 626–633
House, J.: Occupational stress and coronary heart disease: A review and theoretical integration. Journal of Health and Social Behavior 1974, 15, S. 12–27
Jones, D.A./Peters, T.J.: Caring for elderly dependents: Effects on the carers' quality of life. Age and Aging 1992, 21, S. 421–428
Keith, S.J./Matthews, S.M.: Research overview. The Chronic Mental Patient: Five Years Later. Orlando: Grune & Stratton 1984
Kint, M.G.: Schizophrenia as a family affair: problems of families in coping with schizophrenia. Journal of Orthomolecular Psychiatry 1978, 7, S. 236–246

Kreisman, D./Joy, V.D.: Family response to the mental illness of a relative: a review of the literature. Schizophrenia Bulletin 1974, 10, S. 34–57

Kreisman, D./Simmons, S./Joy, V.D.: Rejecting the patient: preliminary validation of a self-report scale. Schizophrenia Bulletin 1979, 5, S. 220–222

Lamb, H.R.: Treating the long term mentally ill: beyond deinstitutionalization. San Francisco: Jossey-Bass 1982

Lefley, H.P.: Family caregiving in mental illness. Newbury Park: Sage 1996

Leventhal, H./Leventhal, E.A./Nguyen, T.V.: Reactions of families to illness: theoretical models and perspectives. In: Turk, D.C./Kerns, R.D. (Hrsg.): Health, illness and families: a life-span perspective. New York: John Wiley and Sons 1985, S. 108–145

McFarlane, W.R.: Psychoeducational multi-family groups: Are they a treatment of choice for schizophrenia? Presented in the Annual Forum held by the Center for Practice Innovations, Mandel School of Applied Social Sciences, Case Western Reserve University, Cleveland, Ohio 1993

Morrissey, E./Becker, J./Rubert, M.P.: Coping resources and depression in the caregiving spouses of Alzheimer patients. British Journal of Medical Psychology 1990, 63, S. 161–171

Oldridge, M.L./Hughes, I.C.T.: Psychological well-being in families with a member suffering from Schizophrenia: an investigation into long-standing problems. British Journal of Psychiatry 1992, 16, S. 249–251

Pasaminick, B./Scarpetti, F./Dinitz, S.: Schizophrenics in the community: an experimental study in the prevention of rehospitalization. New York: Appleton-Century-Crofts 1967

Pepper, B./Ryglewicz, H.: The young adult chronic patient: a new focus. The Chronic Mental Patient: Five Years Later. Orlando: Grune & Stratton 1984

Pickett, S.A./Vraniak, D.A./Cook, J.A./Cohler, B.J.: Strength in adversity: Blacks bear burden better than Whites. Professional Psychology: Research and Practice 1993, 24, S. 460–467

Pruchno, R.A./Resch, N.L.: Aberrant behaviors and Alzheimer's disease: mental health effects on spouse caregivers. Journal of Gerontology: Social Sciences 1989a, 44, S. 177–182

Pruchno, R.A./Resch, N.L.: Husbands and wives as caregivers: antecedents of depression and burden. Gerontologist 1989b, 29, S. 159–165

Rivera, P.A./Rose, J.M./Futterman, A./Lovett, S.B./Gallagher-Thompson, D.: Dimensions of perceived social support in clinically depressed and non-depressed female caregivers. Psychology and Aging 1991, 6, S. 232–237

Robins, L.N./Regier, D.A. (Hrsg.): Psychiatric disorders in America: The Epidemiologic Catchment Area Study. New York: The Free Press 1991

Sainsbury, P./Grad, J.C.: Evaluation of treatment and services. In: Hill, J.D.N./Carstairs, G.M./Cartwright, A. et al.: The burden on the community: the epidemiology of mental illness. London: Oxford University Press 1962

Schulz, R./Williamson, G.M.: A 2-year longitudinal study of depression among Alzheimer's caregivers. Psychology and Aging 1991, 6, S. 569–578

Song, L./Biegel, D.E./Milligan, E.: Predictors of depressive symptomatology among lower social class caregivers of persons with chronic mental illness. Community Mental Health Journal 1997, 33, S. 269–286

Spaniol, L./Jung, H.: Families as a central resource in the rehabilitation of the severely psychiatrically disabled. Boston: Center for Rehabilitation Research and Training in Mental Health, Sargent College of Allied Health Professions, Boston University 1983

Struening, E.L./Stueve, A./Vine, P./Kreisman, D.E./Link, B.G./Herman, D.B.: Factors associated with grief and depressive symptoms in caregivers of people with serious mental illness. Research in Community and Mental Health 1995, 8, S. 91–124

Talbott, J.A.: The chronic adult mental patient: an overview. In Looney, J.G. (Hrsg.): Chronic mental illness in children and adults. Washington: American Psychiatric Press 1988, S. 19–37

Terkelson, K.G.: The meaning of mental illness to the family. In Hatfield, A.B./Lefley, H.P. (Hrsg.): Families of the mentally ill: coping and adaptation. New York: Guilford 1987, S. 128–150

Thompson, S.C./Bundek, N./Sobolew-Schubin, A.: The caregivers of stroke patients: an investigation of factors associated with depression. Journal of Applied Social Psychology 1990, 20, S. 115–129

Thompson, J.E.H./Doll, W.: The burden of families coping with the mentally ill: an invisible crisis. Family Relations 1982, 31, S. 379–388

Townsend, A./Noelker, L./Deimling, G./Bass, D.: Longitudinal impact of inter-household caregiving on adult children's mental health. Psychology and Aging 1989, 4, S. 393–401

Yarrow, M.R./Schwartz, C.G./Murphy, H.S./Deasy, L.: The psychological meaning of mental illness in the family. Journal of Social Issues 1955, 11, S. 12–24

Hans Layer

Familien mit behinderten bzw. pflegebedürftigen Mitgliedern

Wenn Lebensbedingungen behinderter bzw. pflegebedürftiger Menschen thematisiert werden, gilt das Interesse meist ausschließlich den von der Behinderung selbst betroffenen Menschen. Es wird erörtert, wie es zur Behinderung bzw. Pflegebedürftigkeit kommt, wie sie sich auswirkt, welche Vorurteile gegen behinderte Menschen bestehen oder welche Hilfen es für die betroffenen Personen gibt. Diese Menschen sind jedoch auch Teil einer Familie und werden häufig von anderen Familienmitgliedern betreut oder gepflegt. Welche Probleme daraus für die Angehörigen und für das Familiensystem entstehen können, rückt erst langsam – vor allem seit der Entwicklung der Systemtheorie und ihrer Anwendung in der Familienarbeit (Textor 1994), aber auch seit der Einführung der gesetzlichen Pflegeversicherung – ins öffentliche Bewusstsein. In diesem Kapitel soll nun untersucht werden, welche Belastungen in Familien mit behinderten bzw. pflegebedürftigen Mitgliedern für die anderen Familienmitglieder, vor allem für die mit der Betreuung bzw. Pflege hauptsächlich befassten Angehörigen sowie für das Familiensystem selbst, entstehen können und welche Hilfen angemessen sind und angeboten werden.

Selbstverständlich muss sich die Aufmerksamkeit zunächst auf die von einer Behinderung bzw. Pflegebedürftigkeit direkt betroffenen Menschen, ihre Probleme und für sie geeignete Hilfen richten. Deshalb dürfen die folgenden Ausführungen nicht so verstanden werden, als würden die Einschränkungen nicht gesehen, die behinderte bzw. pflegebedürftige Menschen in Kauf nehmen müssen, und als würden sie auch noch zur Belastung für die Angehörigen stigmatisiert. Es gilt lediglich aufzuzeigen, welche Hilfen die Familie benötigt, wenn zu den heute ohnehin vorhandenen Einflüssen, die sie in ihrer Funktion bedrohen können, Anforderungen aus Behinderung bzw. Pflegebedürftigkeit hinzukommen.

Über die Bedeutung der Familie als Primärgruppe, über ihren Fortbestand und über Alternativen wird viel diskutiert (Textor 1993). Menschen haben Bedürfnisse nach Gruppenanschluss, zu dessen Befriedigung die Familie wie keine andere Gruppe geeignet erscheint bzw. genutzt wird. Das gilt nicht nur für das Kleinkind, für das manche die Familie allenfalls noch als unverzichtbar anzusehen scheinen (Wössner 1973, S. 112). Auf diesen Disput werde ich hier nicht weiter eingehen. Meines Erachtens ist die Familie schon wegen ihrer Universalität und der in der Praxis meist fehlenden Alternativen so zu stützen bzw. zu entlasten, dass sie ihre Funktion erfüllen kann. Dabei ist auch zu berücksichtigen, dass vor allem für Menschen mit Behinderungen meist nur die Herkunftsfamilie als Primärgruppe zur Verfügung steht, was in besonderem Maße im Falle geistiger Behinderungen zu gelten scheint (Theunissen 1996).

Cloerges (1997, S. 250f.) weist auf gesellschaftlich-strukturelle Veränderungen und funktionelle Schwächen der modernen Familie hin, vor allem auf Rollenkonflikte und -überlastungen, die besonders bei Frauen auftreten. Allerdings geht er in seinem Exkurs zur Familiensoziologie (S. 241f.) auf die Primärgruppenthematik nicht ein. Möglichkeiten der Hilfen für Familien spricht er nur unter dem Aspekt an, dass eine Heimunterbringung zu vermeiden sei. Dieser Gesichtspunkt stand lange im Zentrum familiensoziologischer Betrachtungen belasteter Familien; eine Heimunterbringung gilt generell als problematisch wegen der damit verbundenen Gefahr der Hospitalisierung der betroffenen Person. Textor (1994) erwähnt, dass die sozialpädagogische Familienhilfe, die bei vielen Sozialen Diensten heute zum Standardangebot gehört, 1969 von der »Berliner Gesellschaft für Heimerziehung« konzipiert wurde, um die Zahl der Heimeinweisungen zu reduzieren. Die sozialpädagogische Familienhilfe hat sich inzwischen als Hilfe zur Stabilisierung des Familiensystems etabliert. Das zeigt sich in der Breite ihrer Angebote und Leistungen (Textor 1994, S. 203f.), mit denen die gesamte Familie entlastet wird.

Vergleichbare Maßnahmen für Familien mit behinderten bzw. pflegebedürftigen Mitgliedern sind zurzeit in der Entwicklung und Erprobung. Speziell handelt es sich um Angebote für Familien, in denen einzelne Mitglieder durch Betreuungs- und Pflegeaufgaben so in Anspruch genommen sind, dass sie bei der Verfolgung eigener individueller Bedürfnisse und in der Entfaltung ihrer eigenen Persönlichkeit eingeschränkt sind bzw. zu werden drohen. Dies verursacht zugleich Belastungen im Familiensystem, die wiederum auch die Situation der von Behinderung bzw. Pflegebedüftigkeit selbst betroffenen Familienmitglieder erschweren. Deshalb ist eine systemische Betrachtungsweise wie in der sozialpädagogischen Familienhilfe angezeigt. Diese wird hier jedoch nicht behandelt, da sie nicht einfach zu übertragen ist. Sie geht von anderen familiären Bedingungen bzw. Schwierigkeiten aus (Textor 1994, S. 203). Die Familie mit behinderten bzw. pflegebedürftigen Mitgliedern sehe ich allerdings auch nicht als eine völlig andere oder gar besondere Familie. Sie ist ebenfalls Belastungen ausgesetzt, in ihr wirken die gleichen gruppendynamischen Prozesse, und für sie gelten genauso die Erkenntnisse der Rollen- und Gruppensoziologie wie für alle anderen Familien. Im Prinzip gelten deshalb die folgenden Betrachtungen für jede Familie, in der bestimmte Rollen besonders betont oder gefordert werden und die damit das System und seine Funktion belasten – nach Scheidung oder Tod eines Elternteils, für Alleinerzieher/innen, in Familien mit einer größeren Zahl von Kindern, wenn ein Elternteil oder beide auswärts arbeiten, wenn alte Menschen betreut werden usw. Zu klären ist in all diesen Fällen, ob und mit welchen Hilfen die Familie ihre Primärgruppenfunktion aufrecht erhalten kann.

Funktionen der Primärgruppe »Familie«

Leider wird heute in Lehrbüchern die Familie meist nicht mehr so deutlich als Primärgruppe dargestellt und im Kontrast zur Sekundärgruppe in ihrer Bedeutung verständlich gemacht (Biermann et al. 1994), wie dies in früheren Einführungen der Fall war (Wössner 1979). Ein Blick auf die der Familie insgesamt zugeschriebenen Funktionen zeigt aber, wie wichtig gerade eine Betonung ihres Primärgruppencharakters ist. Textor (1993, S. 89ff.) erwähnt zunächst folgende Funktionen: Haushaltsführung, Freizeit, Reproduktion, Sozialisation und Erziehung sowie die Funktion, *»sich selbst als Einheit zu erhalten«*

(S. 121). Wichtig seien auch *»Gefühle der Zusammengehörigkeit, Loyalität und existenziellen Verbundenheit«* sowie die »familiale *Solidarität*«: »So bieten Familienmitglieder einander Sicherheit, Schutz und Geborgenheit ... und helfen einander bei Krankheit, im Alter und bei der Bewältigung von Krisen« (S. 122). Wichtig ist nach Textor auch der »familiale Spannungsausgleich«: »Zum einen unterstützen Familienmitglieder einander bei der Verarbeitung von außen kommender Belastungen, beim Ertragen von Entfremdung und beim Abbau von Stress. ... Zum anderen bemühen sie sich um die Lösung der aus ihrem Zusammenleben resultierenden Probleme und Konflikte ...« (S. 122). Schließlich erwähnt Textor, die Familie diene zur *»Befriedigung grundlegender menschlicher Bedürfnisse*, zum Beispiel nach dauerhafter Bindung, Verlässlichkeit, Sicherheit, Vertrauen, Anerkennung und Zuwendung« (S. 123). Hier zeigt sich, dass die Familie offensichtlich neben eher rational zu verstehenden Aufgaben wie Haushaltsführung oder Freizeitgestaltung auch wesentliche Leistungen im emotionalen Bereich erbringen kann.

Eine gruppen- und rollensoziologische Erörterung kann diese Bedeutung der Familie verdeutlichen. Die Familie gilt in der Soziologie als Primärgruppe. Die definitorischen Merkmale der Primärgruppe sind: enge »face-to-face«-Kontakte, ein speziell ausgeprägtes Wir-Gefühl und vor allem die Integration der einzelnen Mitglieder als *Persönlichkeit*. Eine so gekennzeichnete Gruppe hat folgende Funktionen: Sie gibt Orientierung, Schutz und Sicherheit durch das Gefühl der Zugehörigkeit und dient damit der emotionalen Förderung bzw. Stabilisierung der Persönlichkeit ihrer Mitglieder. Der Primärgruppe stellt Wössner (1979) die Sekundärgruppe gegenüber. In ihr gibt es »Distanzkontakte«, und der Zusammenhalt erfolgt über formale Regeln und Kompetenzordnungen. Als wichtigstes Merkmal gilt, dass die Integration der einzelnen Mitglieder über ihre *Rolle* erfolgt. Die Funktion solcher Gruppen ist vor allem die (rational zu verstehende) Zielerreichung oder Aufgabenerfüllung.

Natürlich hat die Familie mehr Funktionen als die Primärgruppe (vgl. Textor 1993; Wössner 1979), und nicht alle Funktionen machen eine Gruppe wie die in unserer Kultur übliche Familie nötig. Mir erscheint ihre Erhaltung aber deshalb so wichtig, weil ihre zentrale Funktion der emotionalen Förderung und Stabilisierung im Gegensatz zu anderen Funktionen (z.B. wirtschaftliche Sicherung, Teile der Sozialisation und Freizeitgestaltung) kaum durch andere Gruppen übernommen werden kann. Es scheint auch so, als könne der Mensch zwar – ohne nennenswerte Schäden zu erleiden – auf Sekundärgruppen, nicht aber auf eine funktionierende Primärgruppenmitgliedschaft verzichten. Das lässt sich schon aus frühen Forschungen ableiten. Spitz (1959) berichtete von Kleinkindern, die im Heim trotz ausreichender »physischer Betreuung« gestorben sind. Er erklärte das mit »emotionalem Verhungern«. Dass auch Erwachsene ohne befriedigende Einbindung in Primärgruppen leiden, zeigte schon Mayo (nach Wössner 1979) in seinen industriesoziologischen Studien: Arbeiterinnen, die nicht in so genannte »informelle« Gruppen (d.h. Primärgruppen innerhalb der Sekundärgruppe Betrieb) integriert waren, hatten geringere Arbeitsleistungen als andere, waren häufiger krank und weniger zufrieden.

R. König (1969) vermutete, nach dem Verlust früherer Funktionen (z.B. Wirtschaften, Alterssicherung, Sozialisation) an andere gesellschaftliche Institutionen könne sich die Familie verstärkt ihrer emotionalen Funktion widmen. Meines Erachtens hängt das davon ab, ob und mit welchen unterstützenden Hilfen es ihr gelingt, sich von äußeren Einflüssen – vor allem von festen Rollenzuschreibungen – freizuhalten. Es gibt aber viele

Familien, in denen Mitglieder eine besonders belastete Rolle haben. Diese Familien sind gefährdet, ihre Primärgruppenfunktion einzubüßen. Belastende Rollen können haben: behinderte bzw. pflegebedürftige Mitglieder, pflegende Angehörige, Schüler/innen mit Schulschwierigkeiten, Menschen ohne Arbeit. All das sind Rollen, die nicht durch Interaktionen innerhalb des Familiensystems bestimmt werden. Es handelt sich um von außen definierte und zugeschriebene Rollen, mit denen Verhaltensweisen, Gefühle und Einstellungen verbunden sind, die ihre Entsprechung im Verhalten, in den Gefühlen und Einstellungen der Interaktionspartner haben. Damit kann das familiäre Klima leicht eine Qualität gewinnen, wie es für Sekundärgruppen typisch ist (Distanzkontakte, Gestaltung der Beziehungen durch formale Regeln). Durch die Dominanz, die z.B. Betreuungs- und Pflegegesichtspunkte in einer Familie mit behinderten bzw. pflegebedürftigen Mitgliedern gewinnen, kann es zu einer besonderen Betonung der entsprechenden Rollen in den Interaktionen kommen. Die Beziehungen sind dann in der Familie nicht mehr vorwiegend emotional geprägt; nicht mehr die Persönlichkeit steht im Mittelpunkt, sondern die Person als Träger vorgeformter Rollen. Letztlich wird so eine Tendenz zur Hospitalisierung gefördert, die ja gerade durch den Verbleib behinderter bzw. pflegebedürftiger Mitglieder in der Familie verhindert werden soll. Meines Erachtens können bereits Forderungen, z.B. eine Heimunterbringung bestimmter Mitglieder zu vermeiden, einen rationalen Leistungsaspekt und damit Rollendruck in eine Familie hineintragen (»Eine gute Mutter gibt ihr Kind nicht ins Heim oder in Pflege«).

Zwar können im Lebenslauf andere Primärgruppen zur Befriedigung der Bedürfnisse nach Zugehörigkeit und Solidarität wichtig werden (»peer-groups«, Freizeit- bzw. Neigungsgruppen, informelle Gruppen in der Arbeitswelt, Selbsthilfegruppen u.a.). Die Familie dürfte jedoch mindestens für Menschen mit besonderen Belastungen, wie sie z.B. Behinderung oder Pflegebedürftigkeit darstellen, ihre zentrale Bedeutung behalten. Für diese Menschen bestehen oft auch besondere Schwierigkeiten, Wahlmitgliedschaften in anderen Primärgruppen einzugehen. Deshalb müssten diese Familien besondere Unterstützung erhalten, sollen sie ihre Primärgruppenfunktion nicht verlieren. Bisher ging es im Wesentlichen um die Befriedigung der Bedürfnisse nach Zugehörigkeit und persönlicher Annahme. Die Familie kann aber noch mehr leisten. Biermann (1994) spricht der Familie eine weitere wichtige Funktion zu, indem er darauf hinweist, dass im Rahmen familiärer Sozialisationsprozesse der Aufbau der *Identität* geschieht. Darunter versteht er die Fähigkeit, »sich gleichsam aus sich selbst herauszubegeben und aus der Distanz auf die eigene Person zu blicken, bestätigend oder kritisch, konstruktiv oder destruktiv« (S. 36f.). Ein Mensch macht sich in der Interaktion mit anderen Mitgliedern der Familie sein Bild von sich selbst und von den anderen. Es wird angenommen, dass dieser Prozess lebenslang abläuft. Andere Autor/innen verweisen auf die Bildung und Aufrechterhaltung des Selbstkonzeptes bzw. des *Selbstwertgefühls* durch die Beziehungen zu den Familienangehörigen (Reichelt 1992). Identität und Selbstwertgefühl sind Belastungen ausgesetzt, vorwiegend durch »Stufen des Lebenslaufes, biografische Brüche und lebensgeschichtliche Einschnitte ... Es sind aber nicht erst die großen Lebenskrisen, die diese Fragen aufwerfen; schon der Wechsel der Schulklasse, die Aufnahme im Krankenhaus, eine Heimeinweisung oder die Pensionierung können die Identitätsfrage aufwerfen« (Biermann 1994, S. 37). Hilfe bei der Lösung von Selbstwert- und Identitätsproblemen ist am ehesten bei einer stabilen Eingliederung in eine Gruppe zu erwarten, deren Hauptaufgabe die emotionale Erhaltung ist. Biermann betont, »dass man Identität nicht allein durch

Nachdenken über sich selbst, reflektierende Zusammenstellung der eigenen, unverwechselbaren Züge und Beobachtung der eigenen Person gewinnt und stabilisiert, sondern auf dem Umweg über eine bedeutungsvolle und zugleich stabile Umwelt« (S. 38). So prägen Prozesse in der Familie auch die »Bereitschaft und Fähigkeit, sich auf andere einzulassen und von anderen abzugrenzen, Gefühle von Zuneigung und Ablehnung, Vertrauen und Skepsis, Hoffnung und Niedergeschlagenheit an sich und anderen wahrzunehmen, angemessen zu artikulieren und differenziert zu dosieren«, was »Grundbedingung jeglicher sozialer Interaktion« sei (S. 42). Das bedeutet, dass die gesamte Persönlichkeits- und Gefühlsbildung in der Familie ihre grundlegende Basis haben sollte. Sind Mitglieder aufgrund von besonderen Belastungen vorwiegend über von außen bestimmte Rollen integriert, ist auch diese Funktion beeinträchtigt. Die Familie dient dann nicht mehr der Persönlichkeit.

Zur Situation von Familien mit behinderten bzw. pflegebedürftigen Mitgliedern

Behinderte bzw. pflegebedürftige Menschen fordern oft mehr Zeit und Aufmerksamkeit, weil für sie viele für andere selbstverständliche Dinge getan werden oder zu tun sind, die sie nicht selbst tun können, oder weil ständig bzw. häufig eine andere Person anwesend sein muss. Da meist bestimmte Personen in der Familie, vor allem Frauen, diese Aufgaben übernehmen, werden sie besonders belastet – nicht nur körperlich, sondern auch seelisch. Und wird der eigentlich geforderte oder notwendige Aufwand nicht oder nur unvollständig geleistet, kommt es zu weiteren Spannungen.

Schon die Auseinandersetzung mit der Tatsache einer Behinderung oder Pflegebedürftigkeit belastet Familien, wie Textor (1993, S. 227) am Beispiel des behinderten Kindes zeigt: Oft wird es entweder abgelehnt, und die Eltern versuchen, es in einem Heim unterzubringen. Oder die Eltern akzeptieren es und »ändern ihren Lebensplan«, wobei es häufig lange dauert, bis sie eine positive Haltung gegenüber dem Kind einnehmen. Bevor diese Einstellung erreicht ist – in den Phasen der Auseinandersetzung mit Behinderung und Pflegebedürftigkeit, durch Gefühle und Gedanken, die mit der Ablehnung und Absicht des Weggebens einhergehen – ist mit Problemen für das emotionale Klima in der Familie und für die Persönlichkeit der Familienmitglieder zu rechnen. Im Wesentlichen dürften Erwartungen oder Erfahrungen der Überforderung durch Pflege- und Betreuungsaufgaben bei Angehörigen Gedanken an eine Weggabe auslösen. Bei angemessener Hilfe gäbe es diese möglicherweise nicht. Für solche Phasen bedarf es deshalb ebenso familienentlastender Angebote wie in Fällen, in denen Familien behinderte oder pflegebedürftige Mitglieder annehmen und betreuen (wollen). Dies sind keine Aufgaben, die ohne Hilfen im Rahmen des normalen Familienalltags zu bewältigen sind.

Textor (1993) beschreibt typische Probleme von Familien mit behinderten Kindern. Meines Erachtens lässt sich das generalisieren für Familien mit behinderten bzw. pflegebedürftigen Mitgliedern jeden Alters: Diese erfordern, fordern oder erhalten häufig ein Maß an Zeit, Aufmerksamkeit und Zuwendung, das in der Familie dann an anderer Stelle fehlt. Das trifft zunächst einmal die betreuenden Familienmitglieder. Sie haben oft nicht die für sich selbst eigentlich notwendige Zeit, nehmen sie sich nicht oder trauen sich nicht, sie zu nehmen. So vernachlässigen sie ihre eigenen individuellen Bedürfnisse, die

Beziehungen zu den anderen (nicht behinderten oder pflegebedürftigen) Mitgliedern in der Familie, zu Verwandten, Freunden, Bekannten und anderen Personen. Hat vor Beginn der Betreuungsaufgaben z.B. eine Berufstätigkeit bestanden, kommt es auch hier zu Einbußen (Textor 1993).

Wie gravierend die Belastungen in der Praxis sein können, wurde bei einem Treffen von betreuenden Eltern bestätigt (»Heilbronner Stimme« vom 28.4.1997). Es wurde z.B. geklagt, dass behinderte bzw. pflegebedürftige Familienmitglieder oft »wie Termitenköniginnen ... im Bau sitzen ... und alle flitzen für sie.« Da achteten betreuende Angehörige oft nicht auf ihre eigenen Bedürfnisse, schafften sich keine Freiräume, hätten keine Zeit mehr für andere Beziehungen, nicht einmal mehr für die eheliche Partnerschaft. Das führe dazu, dass »der Vorrat an Liebe, Geduld und Fürsorge irgendwann aufgebraucht« sei. Und in dieser Situation stelle sich dann häufig noch das schlechte Gewissen ein, wenn die betreuenden Angehörigen wagen, sich doch einmal etwas Zeit für sich zu nehmen. Es ist nachvollziehbar, wenn es in diesem Teufelskreis aus Forderungen, Betreuenwollen, Überforderung und Versagensgefühlen zu Spannungen in der Familie kommt, die im Einzelfall auch zu Vernachlässigungen oder sogar Aggressionen gegenüber behinderten bzw. pflegebedürftigen Familienmitgliedern führen. Austausch mit Betroffenen und Fachkräften, Information und Beratung mag hilfreich sein. So wurde pflegenden bzw. betreuenden Eltern in dieser Veranstaltung geraten, sich nicht in »Therapiestress« bringen und den Leistungsdruck hinter sich zu lassen sowie dagegen anzukämpfen, immer perfekt sein zu wollen. Beispielsweise spürten behinderte Kinder den Zwang, und dann bringe die beste Betreuung nichts. Vor allem müssten sich die Pflegenden einen eigenen Bereich schaffen, der mit der behinderten bzw. pflegebedürftigen Person nichts zu tun hat.

Ohne weitere Hilfen sind hier wohl viele Familien überfordert, aber welche Angebote stehen zur Verfügung? Obwohl in der sozialen Arbeit generell mit Familien gearbeitet wird, fehlt es meist an speziellen Angeboten für Familien mit behinderten bzw. pflegebedürftigen Mitgliedern. Offenbar steht hier der betroffene Mensch mit seinen Problemen so sehr im Vordergrund, dass wir zwar ein beispielhaftes System zur Rehabilitation Behinderter vorfinden, aber selten entsprechende Familienhilfen. So erwähnt z.B. der »Ratgeber für Behinderte« familienentlastende Dienste überhaupt nicht, obwohl ein Kapitel überschrieben ist: »Behinderte sind ein Teil des Ganzen« (Bundesministerium für Arbeit und Sozialordnung, S. 7). Vielleicht wird es als Selbstverständlichkeit angesehen, dass die Betreuung behinderter bzw. pflegebedürftiger Familienmitglieder von den Angehörigen geleistet und verkraftet wird. Cloerges (1997) zitiert die Klagen von Eltern behinderter Kinder, dass Institutionen wie Tageseinrichtungen, mobile Hilfsdienste oder andere Angebote familienentlastender Dienste fehlen bzw. sie beklagen »das offenkundige Unvermögen der Behörden, die erforderlichen Maßnahmen effektiv zu organisieren« (S. 260). Die daraus resultierenden Belastungen müssen die Familien ertragen, und all das geschieht unter dem meist unausgesprochenen Druck einer Umgebung, die Vorurteile gegenüber Behinderungen hat. Oft sucht sie auch die Schuld für eine Behinderung innerhalb der Familie, besonders bei der Mutter eines behinderten Kindes (Jansen 1974). Belastend ist ferner, wenn die Betreuung von Mitgliedern der Kernfamilie (Eltern und Kinder) erwartet bzw. gefordert wird, aber nicht einmal Verwandte, geschweige denn Nachbarn, sich verpflichtet fühlen, wenigstens zeitweise zu helfen. Häufig kommt eine gesellschaftliche Isolation der Familie hinzu. Die Folgen sind Differenzen in ehelichen

Beziehungen, Frustrationen bei sich zurückgesetzt fühlenden Familienangehörigen, gegenseitige Ablehnungen, Aggressionen und eventuell eine Hospitalisierung von Familienmitgliedern. Problematisch und wenig hilfreich ist offenbar häufig auch das Verhalten von Vätern. Textor (1993, S. 229) berichtet, dass Väter nach der Geburt eines behinderten Kindes häufig zum Rückzug aus der Familie neigen und sich mehr beruflichen und Freizeitaktivitäten zuwenden. Dies kann dazu führen, dass sie nur noch eine sehr formale Rolle in der Familie spielen, sich etwa nur noch um Dinge wie Finanzen und andere sachliche Angelegenheiten kümmern.

Schwierig ist das Vorhandensein einer behinderten bzw. pflegebedürftigen Person in der Familie auch für (nicht behinderte) Kinder, die ihrerseits von der betreuenden bzw. pflegenden Mutter ihr Maß an Zuwendung fordern. Sie fühlen sich häufig benachteiligt, und wenn sie noch sehr klein sind, ist ihnen der Grund dafür nicht einmal vermittelbar. Hinzu kommt, dass sie eventuell noch Aufgaben für sich und für die Familie zu übernehmen haben, für die in anderen Familien andere zuständig sind. So werden Kinder zum Teil überfordert bzw. unterbetreut bei gleichzeitiger Überbetreuung behinderter oder pflegebedürftiger Familienmitglieder. Deren Überbetreuung weckt dann Ansprüche auf Leistungen, die eigentlich gar nicht notwendig wären, und das führt zum Verlust von Eigenaktivität und Selbsthilfefähigkeit behinderter Mitglieder. Es entsteht ein Teufelskreis, der schwer zu durchbrechen ist. Bleibt die Familie auf sich allein gestellt, fehlen ihr Gelegenheiten und Strategien, um z.B. gezielt ein höchstmögliches Maß an Selbstständigkeit für behinderte bzw. pflegebedürftige Mitglieder zu erhalten bzw. zu erreichen.

Eine überwiegend durch Familienmitglieder geleistete Betreuung ist wegen der Gefahr von Rollenfixierungen und den daraus resultierenden Schwierigkeiten für die Primärgruppe eigentlich schon problematisch genug. Wenn sich die Betreuung hauptsächlich im engeren Wohnumfeld der Familie abspielt, kann diese leicht auch noch zu einer »totalen Institution« werden. Die »totale Institution« ist nach Goffman (1981) eine Einrichtung, in der es die übliche Trennung von Lebensbereichen (z.B. Arbeiten, Freizeit, Wohnen, Schlafen) nicht gibt und in der die Menschen auch nicht – wie sonst üblich – wechselnde Interaktionspartner haben. Stattdessen läuft alles »unter einer Autorität und nach einem rationalen Plan« ab und ist von der übrigen Gesellschaft relativ stark abgeschlossen. Goffman hat zweifellos nicht die Familie gemeint, als er die Theorie entwickelte. Er hatte vielmehr Einrichtungen wie psychiatrische Kliniken, Heime u.a. vor Augen, in denen eine »Vielzahl von Menschen« betreut wird. Eine Übertragung auf Familien scheint mir jedoch angezeigt, wenn eine Tendenz zur Isolation einhergeht mit einer starken Binnenorientierung und wenn sich das Leben im Inneren an vorgegebenen, gesellschaftlich definierten Rollenanforderungen ausrichtet, ohne dass individuellen Bedürfnissen besonders Rechnung getragen wird – so, wie es in Familien mit behinderten bzw. pflegebedürftigen Mitgliedern vorkommen kann. Als wesentliche Auswirkungen nennt Goffman u.a. die »Regression«, bei der das Verhalten auf die Alternativen reduziert wird, die die »unmittelbare physische Situation« betreffen (essen, füttern, schlafen, waschen, behandeln usw.). Außerdem beschreibt er die »Konversion«: Die Mitglieder geben individuelle Verhaltensweisen auf zugunsten der auf die Institution passenden »Insassenrolle« (Behinderte, Kranke). Diese Reaktionsformen sind zu befürchten, wenn sich in Familien wegen Betreuungs- oder Pflegebelastungen die Beziehungen an der Behinderung bzw. Krankheit orientieren und nicht an der Persönlichkeit. Die Folgen für die Persönlichkeit betreffen laut Goffman nicht nur die Betreuten (auf die die Hospitalisierungsthese üblicherweise beschränkt ist), sondern auch alle anderen in der Institution lebenden Personen, z.B. die betreuenden Personen. Als wichtigste Entlastungsfaktoren für totale Institutionen gelten: Öffnung der Einrichtung durch Trennung der Lebensbereiche, Hinzunahme weiterer Interaktionspartner, Entlastung der Beteiligten vom Rollendruck und Schaffung von Freiräumen für die Entfaltung der Persönlichkeit.

Hilfen für Behinderte

Diese theoretische Betrachtung erscheint mir wichtig, weil sie zeigen kann, welche Hilfen im Prinzip anzubieten bzw. zu organisieren sind: Maßnahmen, die möglichst beide, die zu betreuenden wie die betreuenden Personen, teil- oder zeitweise aus der Familie bzw. aus den dort infolge Behinderung oder Pflegebedürftigkeit gespielten Rollen herauslösen (d.h., diese auch im Bewusstsein der Beteiligten zurückdrängen). Es sollen Gelegenheiten geschaffen werden, bei denen die Menschen mehr in Einklang mit ihren individuellen Bedürfnissen handeln und bei denen sie ihrer Gesamtpersönlichkeit wie ihrer Stellung als Mitglied der Primärgruppe Familie gerecht werden können. Ferner sollen Tendenzen zur Entwicklung einer »totalen Institution« aufgehoben werden. Die theoretischen Überlegungen sollten die Basis sein, von der aus bestehende Hilfen kritisch zu würdigen sind und weitere Angebote entwickelt werden können. Dies ist mir wichtiger als eine Beschreibung oder eine komplette Liste von zurzeit schon vorhandenen Angeboten, die ohnehin noch bescheiden ausfiele. Auch ist keineswegs alles, was heute angeboten wird, für die Familien wirklich hilfreich; die Leser/innen sollten bestehende Angebote anhand der vorgenannten Kriterien selbst überprüfen (können). Meines Erachtens sind etwa finanzielle Hilfen wie die Zuschüsse aus der gesetzlichen Pflegeversicherung zu problematisieren. Es reicht ja nicht, sie zur Aufbesserung der Haushaltskasse zu nutzen – so angebracht dies im Einzelfall auch erscheinen mag. Sie müssten auch zur Reduktion von Betreuungsaufgaben der Angehörigen eingesetzt werden. Für wenig geglückt halte ich z.B. auch Freizeitangebote für behinderte Personen, die den betreuenden Angehörigen zusätzlichen Aufwand abverlangen (vorbereiten, hinbringen, abholen usw.).

Wichtig für die Familie sind Sondereinrichtungen, die für Menschen mit Behinderungen geschaffen wurden, wenn sie neben der Förderung der von der Behinderung selbst Betroffenen auch die Entlastung betreuender Angehöriger bewirken. Sonderkindergärten, Sonderschulen, Einrichtungen von Verbänden wie der Lebenshilfe, Heime, Rehabilitationseinrichtungen usw. erleichtern Angehörigen ihre Aufgabe dadurch, dass die betroffenen Personen dort zeitweise betreut bzw. beschäftigt sind. Solche Institutionen stelle ich hier nicht genauer vor; einen umfassenden Überblick geben Mühlum und Oppl (1992). Ich werde nur aufzeigen, wo und wie wichtige Informationen und Hilfen zu erhalten sind. Näher werde ich mich anschließend mit Hilfen beschäftigen, die direkt für die Familie und die Persönlichkeitsförderung aller Mitglieder konzipiert bzw. geeignet sind. Dabei muss nicht unterschieden werden zwischen Familien mit behinderten oder mit pflegebedürftigen Mitgliedern und auch nicht zwischen Behinderungsarten oder Pflegestufen.

Es gibt heute ein breites Angebot von Hilfen zur Prävention und Rehabilitation. Damit durch eine Behinderung erst gar keine wesentlichen Nachteile entstehen, sollen

Rehabilitationsbemühungen früh einsetzen, bei Krankheiten und Unfällen möglichst schon mit der Akutbehandlung. Eine Hilfe sind auch die kostenlosen Früherkennungsuntersuchungen für Kinder. Sie sollten genutzt werden, damit Schäden früh erkannt werden und durch Frühbehandlung oder -förderung behoben oder gemildert werden können. Informationen über Rehabilitationsmaßnahmen können z.B. Schriften des Bundesministeriums für Arbeit und Sozialordnung entnommen werden (»Ratgeber für Behinderte«, »Einrichtungen der medizinisch-beruflichen Rehabilitation«, »Berufsförderungswerke«, »Die berufliche Eingliederung psychisch Behinderter« usw.).

Im Falle einer Behinderung im Kindes- oder Jugendalter sind vor allem Erziehungs- und Bildungsmaßnahmen in die Wege zu leiten. Welche Art der Einrichtung für welches Kind in Frage kommt, entscheiden die örtlichen Schulämter aufgrund eines pädagogisch-psychologischen Gutachtens und nach Anhörung der Eltern und des Gesundheitsamtes. Bildungsberatungsstellen und schulpsychologische Dienste helfen den Eltern bei der Entscheidung. Für Behinderte, die ein Studium anstreben, gibt es beim Deutschen Studentenwerk e.V. eine Informationsschrift »Behinderte studieren« mit Hinweisen zur Studienplatzzuweisung, zu Studienbedingungen, Finanzierung und behindertengerechtem Wohnen. Zu denken ist in manchen Fällen auch an ein Studium an der Fernuniversität Hagen. Unter bestimmten Voraussetzungen wird ein Studium als Maßnahme der beruflichen Rehabilitation gefördert, z.B. an der Fachhochschule Heidelberg.

Zu prüfen sind im Falle einer Behinderung in erster Linie die Leistungen der Träger der gesetzlichen Sozialversicherung. Weitere Ansprechpartner sind die Landesversorgungsämter, Versorgungsämter und Hauptfürsorgestellen. Speziell für Leistungen zur beruflichen Rehabilitation ist die Bundesanstalt für Arbeit (Arbeitsämter) zuständig, soweit keiner der anderen Träger (z.B. Rentenversicherung, Berufsgenossenschaften) infrage kommt. Schließlich sind noch die Sozialämter anzufragen, falls kein anderer Träger leistungspflichtig ist.

Da bei diesen Trägern Auskunfts- bzw. Beratungsstellen eingerichtet wurden, die alle Nachfragenden beraten, und da die Träger zur Zusammenarbeit gesetzlich verpflichtet sind, dürfte es nicht schwer fallen, sich im Einzelfall sachkundig zu machen und die gesetzlich zustehenden Leistungen zu vermitteln. Im »Ratgeber für Behinderte« findet sich eine ausführliche tabellarische Übersicht über Leistungen und Träger (Bundesministerium für Arbeit und Sozialordnung, S. 18–21). Auskunfts- und Beratungsstellen gehören auch zum Angebot der Gesundheitsämter, Behindertenverbände und Verbände der freien Wohlfahrtspflege.

Jeder Träger von Rehabilitationsleistungen ist verpflichtet, einen (formlosen) Antrag auf Rehabilitationsmaßnahmen oder -leistungen entgegenzunehmen, auch wenn er im Einzelfall für eine Leistung nicht zuständig ist. Sind mehrere Maßnahmen angezeigt oder mehrere Träger beteiligt, wird ein Rehabilitations-Gesamtplan aufgestellt. Er fasst die zu erwartenden bzw. vorgesehenen Maßnahmen und Leistungen zeitlich und maßnahmepraktisch so zusammen, dass eine sinnvolle Gesamtrehabilitation möglich wird. Selbst wenn zunächst Unklarheit darüber herrscht, welcher Leistungsträger letztlich zuständig ist, darf die Einleitung von Rehabilitationsmaßnahmen keinen Aufschub erleiden. Für diesen Fall ist vorgesehen, dass die Rentenversicherungsträger im medizinischen Bereich und die Arbeitsämter im beruflichen Bereich in Vorleistung treten.

Die Berufsförderung nimmt im Rahmen der Hilfen einen besonderen Stellenwert ein. Es werden vielfältige Maßnahmen angeboten, die die Erwerbsfähigkeit behinderter Menschen herstellen, wiederherstellen, erhalten oder bessern sollen. So gibt es Hilfen zur Erhaltung des Arbeitsplatzes oder zur Wiedereingliederung in eine frühere Berufstätigkeit, z.B. in Form der Kostenübernahme für technische Hilfen, die bei bestimmten Behinderungsauswirkungen angezeigt sind. Auch für Probebeschäftigung, Anpassung von Arbeitsplätzen und Einarbeitungszeit sind Zuschüsse vorgesehen. Hinzu kommen Angebote wie Fortbildungslehrgänge. Auskunft erteilen die Beratungsstellen der Arbeitsämter.

Berufliche Rehabilitationsmaßnahmen umfassen neben Ausbildungsmaßnahmen vorgeschaltete Angebote der Berufsberatung, Berufsfindungs- und Arbeitserprobungslehrgänge sowie ausbildungsvorbereitende Maßnahmen. Bei betrieblichen Maßnahmen gibt es Zuschüsse, über die die Beratungsstellen beim Arbeitsamt Auskunft erteilen.

Wenn der bisherige Beruf nicht mehr ausgeübt werden kann, ist eine berufliche Neuorientierung möglich. In Frage kommen dann vor allem Umschulungsmaßnahmen in einem Betrieb, einer örtlichen Weiterbildungseinrichtung oder einem Berufsförderungswerk. Auch hier sind umfangreiche Test- und Erprobungsphasen zur Feststellung von Eignung und Neigung vorgesehen. Das umfassendste Angebot an Leistungen zur Rehabilitation findet sich dabei in den Berufsförderungswerken. Dies sind Dienstleistungsunternehmen mit bundesweitem Einzugsbereich, die Fortbildungs- und Umschulungsmaßnahmen mit individueller Betreuung und in der Regel mit internatsmäßiger Unterbringung verbinden. Hier kann bei Wahrnehmung entsprechender Trainingsangebote auch soziales Verhalten eingeübt werden, wodurch die Aussichten auf soziale Eingliederung steigen. Das Ausbildungsangebot umfasst kaufmännisch-verwaltende und gewerblich-technische Berufe sowie Berufe des Sozial- und Gesundheitswesens. Das Berufsförderungswerk Heidelberg bietet auch Fachhochschulstudiengänge in diesen Berufsbereichen an.

Jugendlichen Behinderten, die wegen Art oder Schwere ihrer Behinderung nicht betrieblich ausgebildet werden können, stehen Ausbildungsplätze in den Berufsbildungswerken offen. Dort ist eine Ausbildung in anerkannten Ausbildungsberufen oder in besonderen Ausbildungsgängen möglich, in der Regel mit einer Abschlussprüfung bei der Industrie- und Handelskammer oder der Handwerkskammer. Ausbildungsbegleitend werden die Jugendlichen durch Ärzte, Psychologen, Sonderpädagogen und andere Fachkräfte betreut.

Wer wegen Art oder Schwere der Behinderung nicht, noch nicht oder noch nicht wieder auf dem allgemeinen Arbeitsmarkt tätig werden kann, findet unter Umständen Arbeit in einer Beschäftigungsgesellschaft oder in einer Werkstatt für Behinderte. Werkstätten kombinieren zunächst im Arbeitstrainingsbereich berufsfördernde, arbeitserprobende und persönlichkeitsbildende Maßnahmen. Anschließend erfolgt die eigentliche Beschäftigung in der Werkstatt, die nach Möglichkeit darauf vorbereiten soll, auf dem allgemeinen Arbeitsmarkt vermittelt zu werden. Auskünfte erteilen die Werkstätten oder Beschäftigungsgesellschaften selbst, die Beratungsstellen der Arbeitsämter oder die Bundesarbeitsgemeinschaft der Werkstätten für Behinderte.

Zu prüfen ist im Einzelfall auch, ob Leistungen nach dem Schwerbehindertengesetz zustehen. Es sieht u.a. Zuschüsse für die technische Ausstattung von Arbeitsplätzen und Eingliederungshilfen vor. Auskünfte erteilen die Beratungsstellen der Arbeitsämter und die Hauptfürsorgestellen.

Erleichterungen bei der Lohn- und Einkommensteuer sollen helfen, Mehraufwendungen auszugleichen, die behinderten Menschen für die Lebenshaltung entstehen. Ihnen wird ein Pauschbetrag – gestaffelt nach dem Grad der Behinderung – als »außergewöhnliche Belastung« zugestanden. Wenn ein Kind den Pauschbetrag nicht selbst in Anspruch nimmt, können ihn die Eltern auf sich übertragen lassen. Unter Anrechnung der »zumutbaren Belastung« können je nach Höhe der Einkünfte und Familienstand statt dem Pauschbetrag auch die tatsächlich entstandenen Aufwendungen abgesetzt werden. Für »hilflose und blinde Menschen« gelten besondere Regelungen. Neben dem Behindertenpauschbetrag können außergewöhnliche Krankheitskosten, Kosten für eine Heilkur und Kosten für Heim- oder Pflegeunterbringung berücksichtigt werden, in besonderen Fällen auch Aufwendungen für eine Hilfe im Haushalt. Über alle Steuerbestimmungen, auch über eventuelle KFZ-Steuer-Vergünstigungen und Fahrtkosten zur Arbeitsstelle, geben die Finanzämter Auskunft. Über Erleichterungen im Personenverkehr (Freifahrten, Ermäßigungen) erteilt das zuständige Versorgungsamt Auskünfte, über die Kraftfahrzeughilfe die Arbeitsämter, Rentenversicherungsträger und Hauptfürsorgestellen.

Hilfreich ist eventuell auch die Vermittlung einer öffentlich geförderten Mietwohnung, eine Anpassung von Wohnraum an die Behinderung oder der Erwerb entsprechenden Wohnraumes. Hier ist auf der Grundlage der Wohnungsbaugesetze und Wohnungsbauförderungsbestimmungen der Länder zu prüfen, ob finanzielle Vergünstigungen beantragt werden können. Ein Rechtsanspruch auf Mittel des Wohnungsbaus besteht aber nicht. Bei den Gemeinden und Landkreisen erhält man hierzu genauere Informationen, ebenso zum Wohngeld. Über sonstige Vergünstigungen (z.B. Telefonanschluss, Rundfunkgebühren, Eintritt zu Veranstaltungen und öffentlichen Einrichtungen) geben zum Teil Arbeitsämter, Gemeinde- und Kreisverwaltungen, Behindertenverbände und Hauptfürsorgestellen ebenso wie die Wohlfahrtsverbände Auskunft. Ein bedeutendes Angebot im Falle von Pflegebedürftigkeit sind die Leistungen aus der gesetzlichen Pflegeversicherung für häusliche wie für stationäre Pflege, wodurch ebenfalls die Familien entlastet werden. Bei häuslicher Pflege kann zwischen Pflegesachleistungen (d.h. »professioneller« Hilfe durch einen zugelassenen Pflegedienst), Pflegegeld (wenn Angehörige die Pflege sicherstellen) oder deren Kombination gewählt werden. Ferner können unter bestimmten Voraussetzungen ergänzende Leistungen wie eine Pflegevertretung bei Krankheit oder Urlaub, Tages- bzw. Nachtpflege, Kurzzeitpflege oder Pflegehilfsmittel bezuschusst und die soziale Sicherung der Pflegepersonen sichergestellt werden. Auskünfte geben die Krankenversicherungen.

Dieser knappe Überblick über wichtige Angebote, Träger und Informationsstellen sollte verdeutlichen, dass es heute möglich ist, vielfältige Hilfen in Anspruch zu nehmen. Die Maßnahmen sind zwar in erster Linie für die behinderten bzw. pflegebedürftigen Menschen selbst gedacht und sollen vorwiegend deren individuelle Situation verbessern. Sie können aber auch hilfreich sein, die Belastung zu reduzieren, die anderen Familienmitgliedern durch ihre Betreuung, Versorgung oder Pflege entsteht. Dies ist am deutlichsten bei Maßnahmen der schulischen oder beruflichen Eingliederung, bei denen die betroffenen Personen außerhalb der Familie betreut bzw. beschäftigt werden. Auch durch eine gezielte Verwendung von finanziellen Hilfen kann der Einsatz von Familienangehörigen erleichtert werden, wenn z.B. eine Vergütung für die Betreuung durch Dritte, in Institutionen, bei Freizeitaktivitäten und auf Reisen bezuschussbar oder steuerlich absetzbar würde. Allerdings muss noch mit entsprechendem Nachdruck öffentlich gefordert werden, dass Steuererleichterungen und Zuschüsse für solche Aufwendungen großzügiger gewährt werden, nicht nur Kosten einer »Haushaltshilfe in besonderen Fällen« oder von anderen Betreuungskosten unter Anrechnung der »zumutbaren Belastung«. Sicher wäre hier weit mehr an Hilfen für Familien als heute möglich, und sie sollten vor allem auch dazu dienen, dass behinderte bzw. pflegebedürftige Personen lernen, wesentliche Verrichtungen des täglichen Lebens selbstständig zu übernehmen.

Schließlich kann durch zunächst individuell gedachte Maßnahmen auch ein Teil der Stigmatisierung als »Behinderte/r« oder gar als »behinderte Familie« (Theunissen 1996) abgebaut werden. Es wird unter Umständen so viel Normalität hergestellt, dass weniger Isolationseffekte entstehen und eine Integration behinderter bzw. pflegebedürftiger Menschen in die weitere soziale Umwelt gelingt. Besonders wichtig erscheint mir auch zu sein, dass die Betroffenen bei bildungs- und berufsfördernden Maßnahmen ihr Selbstwertgefühl stärken. Sie sollten (wieder) lernen, so viele ihrer Bedürfnisse und Interessen wie möglich selbst zu artikulieren, zu vertreten und zu befriedigen. Dadurch werden auch am ehesten Sonderrollen und die darauf gerichteten anti-integrativen Gefühle, Einstellungen und Verhaltensweisen anderer Personen abgebaut.

Heime, Pflegestationen u.Ä. sehe ich grundsätzlich dann als Hilfen für Familien, wenn sie die Familie *teilweise* entlasten, ohne die Mitglieder endgültig zu separieren. Sie können vor allem als *vorübergehende* Entlastung der Familie (bei Krankheit, Urlaub usw.) angezeigt sein – als Dauerlösung aber nur, wenn sichergestellt ist, dass die Primärgruppenfunktion der Familie erhalten bleibt. Darauf werde ich im Zusammenhang mit den Angeboten des betreuten Wohnens eingehen.

Hilfen für Familien mit behinderten bzw. pflegebedürftigen Mitgliedern

Hilfen, die sich direkt an der Familie orientieren, wurden erst viel später angeboten als individuelle Rehabilitationsmaßnahmen. Ich werde exemplarisch einige Angebote vorstellen und kommentieren. Ich füge Vorschläge und Überlegungen zur Entwicklung weiterer familienentlastender Maßnahmen an, die die Primärgruppenfunktion der Familie unterstützen können. Wichtig erscheint mir, das Prinzip solcher Angebote für Familien zu zeigen, in denen behinderte bzw. pflegebedürftige Personen zusammen mit anderen Familienmitgliedern leben. Im konkreten Fall sind Auskünfte über vorhandene Angebote bei Sozialdiensten, Sozialstationen oder IAV-Stellen (Informations-, Anlauf- und Vermittlungsstellen für ältere, kranke und behinderte Menschen und pflegende Angehörige) zu erhalten. Sie sind im Einzelfall hinsichtlich ihrer Wirksamkeit zu überprüfen.

Beispiel 1: Integrationshilfen für Behinderte

Hier handelt es sich um ein breites Angebot, wie es z.B. von der »Evangelischen Stiftung Lichtenstern« im Rahmen der offenen Hilfen vorgehalten wird (Kasiske 1996; Römmele 1997). Die Maßnahmen sind vor allem geeignet, behinderten Menschen neue Erfahrungen zu ermöglichen. Sie werden weitgehend getrennt von anderen Familienmitgliedern durchgeführt und sollen auch von deren permanenter Anwesenheit unabhängig machen. Besonders wichtig ist, dass neue Bezugspartner/innen gewonnen werden. Es ist auch beabsichtigt, dass die betreuenden bzw. pflegenden Familienmitglieder in der frei werdenden Zeit die Chance haben, eigenen Interessen und Bedürfnissen zu folgen. Vor allem wird darauf geachtet, dass nichts angeboten wird, was die Lebensräume von behinderten Menschen nur auf Kosten von Aktionsmöglichkeiten anderer Familienmitglieder erweitert. Bei vielen anderen Maßnahmen sind die Angehörigen nämlich mit Vorbereitung, Begleitung und Vor-Ort-Betreuung zusätzlich beschäftigt, was man bei den Integrationshilfen zu vermeiden trachtet.

Es werden vorwiegend Aktivitäten im Freizeitbereich (Sport, Kultur, Hobbys, Reisen usw.) angeboten. Sie werden durch den sozialen Dienst geplant, organisiert und durchgeführt oder begleitet. Zum Teil werden Angebote und Einrichtungen der Kommunen genutzt, die für alle Bürger/innen gedacht sind. Es werden aber auch besondere Veranstaltungen durchgeführt, von denen eine Integrations- bzw. Verselbstständigungswirkung ausgehen kann, vor allem gemeinsame Freizeitaktivitäten für behinderte und nichtbehinderte Personen. Hier wird darauf geachtet, dass die Angebote für alle Mitglieder einer Gemeinde oder Nachbarschaft offen sind, damit der Eindruck der Behindertensonderveranstaltung mit ihrem häufig stigmatisierenden Charakter vermieden wird.

Bei der weiteren Entwicklung solcher Integrationshilfen ist Kreativität bei den Mitarbeiter/innen der sozialen Dienste gefragt. Dazu einige Anregungen: Ein Sozialdienst könnte Patenschaften zur Eingliederung von behinderten Mitbürger/innen in Sport-, Gesangs- oder sonstige Vereine, in Theater-, Konzert- und Museumsbesuchsgruppen u.Ä. vermitteln. Er könnte eventuell die An- und Abfahrt zu den Veranstaltungen der Vereine und Kultureinrichtungen bis hin zur Betreuung während dieser Aktivitäten zusammen mit den Pat/innen übernehmen, solange das notwendig erscheint. Zu prüfen ist ferner, ob Urlaubs- oder andere Reisen für Behinderte bzw. Pflegebedürftige in gemischten Reisegruppen möglich sind. Einige der großen Reisegesellschaften haben schon Angebote im Programm, die sich für Menschen mit Behinderungen eignen (vgl. Bundesministerium für Arbeit und Sozialordnung, S. 62).

Bei der Entwicklung und Nutzung entsprechender Freizeitangebote sollte sich die Fantasie vor allem auf die Organisation der Maßnahme und Betreuung richten und an der Frage orientiert sein, wie der Familie als System am besten zu dienen ist. Es kann nicht um die Erfindung möglichst origineller *Angebote für Behinderte* gehen. Diese sind für eine Integration eher hinderlich. Markowetz (in: Cloerges 1997) stellte dazu bei Erhebungen fest, dass behinderte Menschen weitgehend dieselben Vorstellungen und Bedürfnisse wie nicht behinderte bei der Freizeitgestaltung haben, tatsächlich aber meist ausgeschlossen seien, weil ihnen *besondere* Freizeitbedürfnisse unterstellt würden. Die Folge sei eine weitere Belastung der Familien, da behinderte Mitglieder einen großen Teil ihrer freien Zeit im Kreis ihrer Familien verbringen, »die damit vielschichtige und komplexe Anforderungen zu bewältigen haben« (S. 292f.). Ganz so einfach ist es nun sicher auch wieder nicht. Integrationsbemühungen gelingen nicht schon dann, wenn pauschal gleiche Freizeitbedürfnisse unterstellt und entsprechende Veranstaltungen organisiert werden. Auf jeden Fall ist von den Anbietern zusammen mit den Betroffenen zu prüfen, welches subjektive Bedürfnis, gemessen an der Behinderung bzw. Pflegebedürftigkeit, auch zu befriedigen ist und von wem wo was angeboten wird. Ferner muss so organisiert und betreut werden, dass auch vorhandene Vorurteile und Unsicherheiten bei den Menschen berücksichtigt bzw. abgebaut werden, die als neue Interaktionspartner vorgesehen sind.

Grundsätzlich ist jedoch Markowetz' Forderung an Familienentlastende Dienste, Selbsthilfegruppen und -verbände zuzustimmen, für die Integration in ganz »normale« Freizeitaktivitäten zu wirken. Er beschreibt ein bereits erfolgsreiches Modell näher: PFiFF e.V. in Ladenburg bietet integrative Freizeitinitiativen für Kinder und Jugendliche an, wobei vor allem das Organisationsmodell Interesse verdient. Es sieht mehrere Phasen des integrativen Prozesses vor. Zunächst wird nach einem Gespräch mit den Eltern eine Person gesucht, die als Integrationsbegleiter/in wirkt. In der folgenden Kontaktphase lotet der/die Integrationsbegleiter/in zusammen mit dem behinderten Kind oder Jugendlichen und den Familienangehörigen Interessen, Fähigkeiten und Möglichkeiten aus. Sodann wird ein geeigneter Freizeitverein gesucht und die Person zur Probe angemeldet. Erfahrungen in dieser Phase, die im Wesentlichen von den Integrationsbegleiter/innen betreut wird, werden gemeinsam ausgewertet. Hat sich die Maßnahme bewährt, wird eine Stabilisierung angestrebt, bis sich das behinderte Kind bzw. der/die Jugendliche weitgehend im Rahmen einer normalen Mitgliedschaft im Verein bewegen kann. Wurde ein Misserfolg verzeichnet, erfolgt ein anderer Versuch.

Für entscheidend halte ich, dass es nur insoweit zu einer Ablösung von externen Hilfen kommt, wie dadurch nicht neue bzw. zusätzliche Aufgaben auf Familienmitglieder zukommen. Bei Bedarf wird die integrative Aktivität über einen längeren Zeitraum von Dritten begleitet – es muss sich ja auf jeden Fall in der Summe ein Gewinn an Freiheit für alle Familienmitglieder ergeben. Dieses Prinzip hat für alle Versuche der Integration in den Freizeitbereich zu gelten.

Markowetz erwähnt weitere Beispiele und Vorschläge für freizeitpädagogische Maßnahmen für Behinderte bzw. für integrative Gruppen aus Behinderten und Nicht-Behinderten (S. 196f.), wobei offen bleibt, welcher Aufwand seitens der Familienangehörigen dem Nutzen für die Betroffenen gegenübersteht.

Beispiel 2: »Familienentlastende Dienste« (FED)

FED sind entwickelt worden, weil einerseits aufgrund demographischer und familienstruktureller Veränderungen die Zahl kleinerer Familien wächst, andererseits aber der weitaus größte Teil von behinderten bzw. pflegebedürftigen Menschen nach wie vor in der Familie betreut wird. So konzentriert sich die Arbeit auf immer weniger Menschen. Für sie waren somit entlastende Angebote zu finden. Die FED sollen im Wesentlichen Rahmenbedingungen schaffen, in denen behinderte bzw. pflegebedürftige Familienmitglieder so weit versorgt, betreut bzw. gefördert werden, dass ein Verbleiben im Familienverband möglich bzw. für alle Mitglieder zumutbar ist. Die Angehörigen sollen so entlastet werden, dass sie ihren eigenen individuellen Bedürfnissen in ausreichendem Maße nachkommen können. FED unterstützen daher die betreuenden Familienmitglieder bei ihren Aufgaben, wodurch Freiräume entstehen sollen: im alltäglichen Bereich zum Einkaufen oder Sich-pflegen, zur Entspannung bzw. Erholung, für die Pflege der Beziehung zum Ehepartner, zu Kindern, Verwandten, Nachbarn, Freunden und Bekannten, eventuell auch für eine berufliche Tätigkeit. Die Angebote sollen den betreuenden bzw. pflegenden Angehörigen die üblichen, als *normal* geltenden Lebensbedingungen gewährleisten.

FED werden zum Teil von Sozialdiensten, Vereinen und Stiftungen angeboten. Sie sollen weniger ein festes Angebot machen als vielmehr flexibel an den Bedürfnissen der Behinderten und Pflegebedürftigen sowie ihrer Angehörigen orientiert sein. In den Familien wird zunächst über grundsätzliche Möglichkeiten und Angebote informiert und beraten. Die Familienmitglieder entscheiden dann, welche Maßnahmen durchgeführt werden sollen. Darüber wird eine Vereinbarung getroffen (Art, Ort, Umfang, Personal). Ebenso wird durch den Fachdienst abgeklärt, wie die Finanzierung zu erfolgen hat. Möglich sind: Hilfen bei Betreuung und Pflege, Beratung und Begleitung in Angelegenheiten des täglichen Lebens, Hilfe bei der Organisation notwendiger Dienste Dritter (z.B. Fahrdienste), Beratung in sozialversicherungsrechtlichen Angelegenheiten (Pflegegeld, Heil- und Rehabilitationsmaßnahmen, Zuschüsse), Vermittlung von freiwilligen Helfer/innen zur Begleitung und Betreuung der betroffenen Familienmitglieder, von Gastfamilien, von Vereinen bzw. von als Integrationshelfer/innen vorgesehenen Vereinsmitgliedern usw., Vermittlung von Kurzzeitunterbringungen (z.B. bei Urlaubs- oder anderen Reisen der betreuenden Angehörigen), regelmäßige Information über Angebote innerhalb der Gemeinde (Kultur-, Sport- und andere Freizeitaktivitäten) und über Ausflugs- und Reisemöglichkeiten sowie deren Vermittlung und Betreuung. Sozialarbeiter/innen und Sozialpädagog/innen haben dabei folgende Aufgaben: Information, Beratung und Organisation; Gewinnung, Anleitung und Betreuung von Freiwilligen, Zivildienstleistenden und Praktikant/innen; Vernetzungs- und Öffentlichkeitsarbeit. Schließlich ist es auch ihre Aufgabe, über die bestehenden Angebote hinaus konzeptionell tätig zu sein, um neue familienentlastende Maßnahmen zu entwickeln und zu erproben. Besonders die Evaluation mit dem Ziel der Verbesserung der Organisation vorhandener Angebote gehört zu den vordringlichen Aufgaben der Fachkräfte.

Maßnahmen der FED können auch mit betreutem Wohnen kombiniert werden. Üblicherweise richtet sich das Angebot betreuten Wohnens an behinderte bzw. pflegebedürftige Personen, die nicht (mehr) mit der Familie zusammen in einem Haushalt leben wollen oder können. In solchen Fällen kann betreutes Wohnen eine Lösung sein. Dieses gibt es für Einzelne, Paare und Wohngemeinschaften. Die behinderten oder pflegebedürftigen Personen werden dann von professionellen Kräften im eigenen Wohnraum versorgt. Das kann durchaus eine positive Auswirkung auf die Familie haben, indem so ein unbelasteter Umgang der Familienmitglieder miteinander möglich bleibt oder wird. Die sozialen Dienste sollten aber nicht nur betreutes Wohnen anbieten. Die Familie müsste auch so weit unterstützt werden, dass gute Beziehungen zwischen den dann getrennt wohnenden Familienmitgliedern aufrechterhalten bleiben.

Die Bedeutung der FED für die Familie wird außerdem dadurch unterstrichen, dass die Mitarbeiter/innen die Angehörigen ermutigen bzw. motivieren sollen, eigene Bedürfnisse wahrzunehmen, sich Freiräume zu erschließen und zu nutzen. Entsprechende Freizeitaktivitäten für Angehörige sollten allerdings nicht durch soziale Dienste angeboten werden. Ihre Aufgabe sehe ich allenfalls bei der Organisation, z.B. beim Aufbau und bei der Organisation von Selbsthilfegruppen.

Beispiel 3: Selbsthilfegruppen

Grundidee der Selbsthilfegruppen ist, dass sich Menschen mit ähnlichen Problemen zu gegenseitiger Beratung und Unterstützung zusammenschließen. Weit verbreitet sind z.B. Selbsthilfegruppen für Menschen mit Krankheiten und Behinderungen. Zunehmend entstehen aber auch Gruppen für Menschen mit anderen Problemen oder Anliegen. Generell will ich hier Entwicklung und Funktion der Selbsthilfegruppen nicht darstellen (siehe hierzu z.B. Moeller 1978; Wohlfahrt/Breitkopf 1995). Ich möchte als Beispiele für Familien mit behinderten bzw. pflegebedürftigen Mitgliedern modellhaft die Selbsthilfegruppen für Eltern behinderter Kinder und die in jüngster Zeit entstehenden Selbsthilfegruppen für pflegende Angehörige betrachten.

Die Mitglieder erfahren in solchen Gruppen – wie in anderen Selbsthilfegruppen auch – in erster Linie, dass sie mit ihrem Problem nicht allein sind. Aber sie können sich darüber hinaus vergewissern, dass es akzeptabel ist, auch an sich selbst zu denken. Schließlich können sie sich mit Rat und Tat gegenseitig helfen, z.B. hilfreiche Informationen austauschen oder wechselseitig ihre behinderten bzw. pflegebedürftigen Familienmitglieder betreuen. Sie können Fachleute zu Vorträgen einladen oder professionelle Dienste zu ihrer Entlastung organisieren. Die Erfahrung zeigt, dass im Laufe der Zeit ein umfassendes Expertenwissen in solchen Gruppen entsteht (Wohlfahrt/Breitkopf 1995).

Mitarbeiter/innen sozialer Dienste haben im Rahmen der Selbsthilfebewegung folgende Aufgaben: Sie sammeln Informationen über bestehende Gruppen, können also, z.B. in Kontakt- und Informationsstellen (KISS) oder Selbsthilfebüros, Interessierten den Weg zu geeigneten Gruppen weisen. Sie nehmen Daten von Interessierten auf und helfen beim Aufbau neuer Gruppen. Ferner helfen sie bei der Organisation oder durch Bereitstellung, Ausstattung und Finanzierung von Räumen für die regelmäßigen, meist wöchentlich stattfindenden Treffen. Schließlich können Fachkräfte zu Beginn einer neuen Gruppe oder sporadisch Gruppensitzungen begleiten (vor allem bei gruppendynamischen Problemen), können informieren, Vorträge organisieren oder halten. Manchmal bieten Träger solche Gruppen als begleitete oder angeleitete Gruppen an, z.B. für pflegende Angehörige. Wesentlich ist aber auch hier die schrittweise Ablösung der Gruppenmitglieder von den professionellen Kräften.

Auch die Öffentlichkeitsarbeit wird in der Selbsthilfegruppenbewegung zum Thema. Hier empfiehlt sich eine enge Zusammenarbeit zwischen den »Expert/innen in eigener Sache« in den Gruppen und den Professionellen bei den Kontaktstellen und Selbsthilfebüros. Öffentlichkeitsarbeit richtet sich nicht nur an Betroffene, sondern auch an alle Bürger/innen in einem Gemeinwesen, um sie über die Situation der Familien mit behinderten bzw. pflegebedürftigen Mitgliedern zu informieren, dadurch eventuell Vorurteile und Fehleinschätzungen zu korrigieren und insgesamt ein günstiges Unterstützungs- und Selbsthilfeklima zu schaffen (Wohlfahrt/Breitkopf 1995). Ein weiteres Ziel kann dabei sein, freiwillige Helfer/innen zu motivieren (die anschließend zu vermitteln wären) oder für integrative Veranstaltungen zu werben (bei deren Organisation dann zu helfen wäre). Hilfreich kann schon sein, wenn es durch Information zur Entstigmatisierung und damit eventuell zu mehr Integrationschancen kommt.

Die gemeinsame Öffentlichkeitsarbeit von Familien und Kontaktstellen oder Selbsthilfebüros ist auch unter politischen Gesichtspunkten von Bedeutung. Sie kann als Sprachrohr gesehen werden, mit dem Familien öffentlich Gehör verschafft wird, sodass ihre Forderungen nicht mehr so leicht übergangen werden wie etwa die Klagen und Wünsche Einzelner. Indem ihre Interessen, Bedürfnisse und Forderungen zur öffentlichen Angelegenheit gemacht werden, entsteht eventuell im politischen Raum Druck, und es werden Maßnahmen ergriffen, die zu einer Entlastung führen.

Schmidt (1993) beschreibt eine Gesprächsgruppe für pflegende Angehörige, die zwar als angeleitete Gruppe angeboten wurde, aber im Sinne einer Selbsthilfegruppe arbeitet. Durch Kontakt, Austausch und gegenseitige Unterstützung sollen die Selbsthilfekräfte der pflegenden Angehörigen gestärkt werden. An erster Stelle erwähnt Schmidt, die Gruppentreffen seien »für die pflegenden Angehörigen Zeit, die sie für sich nehmen« (S. 66). Dadurch verschaffen sie sich Entlastung und Distanz. Außerdem erhalten die Mitglieder nützliche Informationen. Ferner werden Ideen für die Organisation der Pflege und zur Entlastung durch professionelle Dienste entwickelt. Das Angebot des Trägers besteht zum einen aus der Bereitstellung eines Raumes und der Organisation der wöchentlichen Treffen. Der Sozialdienst hilft zum anderen bei der Vermittlung von Personen an einzelne Gruppenmitglieder oder an die Gruppe, organisiert in Absprache mit den Gruppenmitgliedern Vorträge von Fachkräften und gestaltet die Öffentlichkeitsarbeit. Eine Sozialarbeiterin aus dem Sozialdienst hat eine Leitungsrolle in der Gruppe. Sie ist wichtig, um die Kontinuität zu sichern, wenn einzelne Mitglieder nur sporadisch kommen können oder wenn neue hinzukommen, aber auch, um bei gruppendynamischen Problemen zu helfen. Zudem sorgt sie für die Themenarbeit und übernimmt die Moderation. Sie ist verantwortlich für den Gruppenprozess. Diese Leitungsrolle erfordert an fachlichen Qualifikationen Kompetenz auf psychologisch-beraterischem Gebiet, in Bezug auf systemische Arbeit und bei gerontologischen Fragen. Wichtig ist ferner der Überblick über das gesamte Spektrum der relevanten Angebote vor Ort, damit auf Integrationshilfen und familienentlastende Dienste hingewiesen werden kann, sodass diese auch in Anspruch genommen werden.

Es ist im Übrigen manches intensive und einfühlsame Gespräch mit Angehörigen zu führen, bis die Nutzung von Angeboten zur Entlastung der Familien eine Selbstverständlichkeit wird. Eine Mutter eines geistig behinderten Kindes beschreibt ihre Freude über die Angebote zur Freizeitgestaltung für ihr Kind, die sie gerne annimmt, obwohl solche Veranstaltungen für die Eltern immer mit zusätzlichen Fahrten verbunden seien (Kasiske 1996). Sie betont, den vom gleichen Träger angebotenen Fahrdienst wolle sie jedoch nicht in Anspruch nehmen, um den Sozialdienst »nicht damit zu belasten« (S. 316). An dieser Haltung ist zu sehen, unter welchen Bedingungen Angebote statt zu einer Hilfe für die Familie eher zu zusätzlichem Aufwand für die Angehörigen werden. Das ist besonders bedauerlich, wenn man bedenkt, dass behinderte Kinder, wenn ihre Betreuung nicht zu Überlastungseffekten führt, sehr positive Auswirkungen auf das Familienleben haben können. Darauf weist Textor (1993) hin: »Die gemeinsame Betreuung eines behinderten Kindes kann jedoch auch *die Ehe der Eltern stärken*, eine Intensivierung der Kommunikation hervorrufen sowie eine Zunahme an Liebe, Zärtlichkeit, Geduld, gegenseitiger Rücksichtnahme, Verständnis, Bescheidung und Demut bewirken. Viele Eltern werden sich mehr und mehr der *positiven Seiten behinderter Kinder* bewusst – wie beispielsweise ihrer unmittelbaren Herzlichkeit, ihres Vertrauens, ihres unbeschwerten Spiels sowie der Ganzheit und Eindeutigkeit ihrer Gefühle. Sie freuen sich über jeden Entwicklungsfortschritt« (S. 229). Ich möchte nur hinzufügen, dass dies vor allem dann sein *kann*, wenn familienunterstützende Maßnahmen genutzt werden.

Literatur

Biermann, B./Bock-Rosenthal, E./Doehlemann, M./Grohall, K.-H./Kühn, D. (Hrsg.): Soziologie. Neuwied: Luchterhand 1994

Bundesministerium für Arbeit und Sozialordnung (Hrsg.): Ratgeber für Behinderte. Bonn: Selbstverlag 1995

Cloerges, G.: Soziologie der Behinderten. Heidelberg: Winter 1997

Goffman, E.: Asyle. Über die soziale Situation psychiatrischer Patienten und anderer Insassen. Frankfurt/Main: Suhrkamp 1981
Jansen, G.W.: Die Einstellung der Gesellschaft zu Körperbehinderten. Neuburgweier: Schindele 1974
Kasiske, B.: »Nicht die Defizite, die Stärken sehen«. Blätter der Wohlfahrtspflege 1996, 143, S. 315–316
König, R. (Hrsg.): Handbuch der empirischen Sozialforschung, Band II. Stuttgart: Enke 1969
Moeller, M.L.: Selbsthilfegruppen. Reinbek: Rowohlt 1978
Mühlum, A./Oppl, H. (Hrsg.): Handbuch der Rehabilitation. Neuwied: Luchterhand 1992
Reichelt, M.: Die verletzte Seele. München: Heyne 1992
Römmele, E.-M.: Möglichkeiten des Normalisierungsprinzips zur Entstigmatisierung und Enthospitalisierung von Menschen mit geistiger Behinderung. Unveröffentlichte Diplomarbeit. Heidelberg: Fachhochschule Heidelberg 1997
Schmidt, M.: Die Selbsthilfekräfte stärken. Blätter der Wohlfahrtspflege 1993, 140, S. 66–68
Spitz, R.: Die Entstehung der ersten Objektbeziehungen. Stuttgart: Klett 1959
Textor, M.R.: Familien: Soziologie, Psychologie. Freiburg: Lambertus 1993
Textor, M.R.: Drei Hilfsangebote für Familien im Vergleich. Soziale Arbeit 1994, 43, S. 201–206
Theunissen, G.: Verbundsysteme und Regionalkonferenzen sind notwendig. Blätter der Wohlfahrtspflege 1996, 143, S. 317–319
Wohlfahrt, N./Breitkopf, H.: Selbsthilfegruppen und soziale Arbeit. Freiburg: Lambertus 1995
Wössner, J.: Soziologie. Wien: Böhlaus Nachf. 1979

Autor/innen

Arenz-Greiving, Ingrid, Dipl.-Sozialpädagogin, trialog, Dülmen

Biegel, David E., Prof. Dr., Case Western Reserve University/Cuyahoga County Community Mental Health Research Institute, Cleveland

Gaitanides, Stefan, Prof. Dr., Fachhochschule Frankfurt/Main

Greese, Dieter, Jugendamt der Stadt Essen

Güthoff, Friedhelm, Deutscher Kinderschutzbund Landesverband Nordrhein-Westfalen e.V., Wuppertal

Horn, Wiebke, Dipl.-Päd., Universität Bielefeld

Layer, Hans, Prof. Dr., Fachhochschule Heidelberg

Oelschlägel, Dieter, Prof. Dr., Gerhard-Mercator-Universität - Gesamthochschule - Duisburg

Textor, Martin R., Dr., Staatsinstitut für Frühpädagogik, München